LA POLITIQUE D'ARISTOTE

DU MÊME AUTEUR
À LA MÊME LIBRAIRIE

Hobbes. Matérialisme et politique, 1994, 398 pages.

Hobbes, *De Homine,* texte latin, introduction, traduction et notes par C. Béal, Ph. Crignon, B. Graciannette, J. Lagrée, J. Médina, A. Milanese, M. Pécharman et J. Terrel, 2015, 560 pages.

BIBLIOTHÈQUE D'HISTOIRE DE LA PHILOSOPHIE

NOUVELLE SÉRIE

Fondateur : Henri GOUHIER — Directeur : Emmanuel CATTIN

LA POLITIQUE D'ARISTOTE

LA DÉMOCRATIE À L'ÉPREUVE DE LA DIVISION SOCIALE

par

Jean TERREL

Ouvrage publié avec le concours du Centre national du livre

PARIS

LIBRAIRIE PHILOSOPHIQUE J. VRIN

6, Place de la Sorbonne, V[e]

2015

Les riches et les pauvres semblent être les parties par excellence de la cité.

IV, 4, 19, 1291 b 8

La première démocratie tient avant tout son nom de sa conformité à l'égalité. Car l'égalité, dit la loi d'une telle démocratie, c'est que ni les pauvres ni les riches ne soient en rien les uns au-dessus des autres, qu'aucun des deux groupes n'ait la suprématie et qu'ils soient les uns et les autres semblables.

IV, 4, 22, 1291 b 30-34

Imprimé en France
ISSN 0249-7980
ISBN 978-2-7116-2636-6

www.vrin.fr

LIMINAIRE

Parmi les autorités démocratiques qui, « sous la belle apparence du nom de liberté », apprennent « à mépriser les lois et à regarder les rois comme des loups », Hobbes place « le grand Aristote » [1], « le pire enseignant qui fut jamais (…) en matière politique et éthique » [2]. C'est pourtant mon travail sur Hobbes qui m'a conduit à étudier les *Politiques*. La connaissance de cet ouvrage est indispensable pour comprendre l'histoire de la pensée politique moderne. Tout lecteur cultivé les a lues ou en connaît des résumés. Qu'on tienne le discours du droit naturel et du contrat social, celui des arts de gouverner ou celui de la libre république, qu'on adhère ou non à la nouvelle théorie de la souveraineté inventée par Bodin, on se réfère en bien ou en mal aux *Politiques*, le plus souvent sans le dire tant leur connaissance va de soi.

Cet ouvrage doit beaucoup aux vingt années que j'ai passées à l'Université Bordeaux Montaigne. Je pense à ceux qui, au printemps 2009, assistaient sur les marches du Grand Théâtre à un cours sur le citoyen au livre III des *Politiques* ; à ceux qui, au printemps 2011, dans un séminaire où nous parlions des formes du capitalisme spécifiques à l'occident, ont eu la primeur de ma lecture des analyses d'Aristote sur l'acquisition monétaire des biens (la chrématistique) et ses effets sur la recherche sans fin du profit [3]. Je pense à Emmanuel Bermon et à Valéry Laurand, avec lesquels

1. *Histoire ecclésiastique*, vers 367-376, Paris, Honoré Champion, 2008, p. 344.

2. « Je l'ai entendu dire qu'Aristote était le pire enseignant qui fut jamais, le pire en matière politique et éthique… mais que sa rhétorique et son discours sur les animaux étaient des choses rares » John Aubrey, « Thomas Hobbes », in *Brief Lives*, édition Clark, Oxford, Oxford Clarendon Press, 1898, t. I, p. 357.

3. *Cf.* Giovanni Arrighi, *Adam Smith in Beijing: Lineages of the 21st Century*, London/New York, Verso, 2007, trad. fr. Nicolas Veillescazes, *Adam Smith à Pékin*, Paris, Max Milo, 2009. Pour le citoyen, voir *infra* I, p. 72 *sq.*, pour la chrématistique III, p. 283 *sq.*

nous avons organisé régulièrement des rencontres sur les *Politiques* de 2005 à 2012[1] ; à mes discussions avec Valéry sur l'esclavage[2] ou sur la manière de comprendre la différence entre le politique et le roi au tout début du livre I[3] ; à Pierre-Marie Morel, à Marie-Noëlle Ribas et à Pierre Pellegrin que nous avons rencontrés à l'occasion de ces rencontres. Ces spécialistes de philosophie ancienne me pardonneront, j'en suis sûr, d'avoir abordé des terres qui n'étaient pas les miennes et d'y avoir longuement séjourné.

Jean-Maurice Baudon, Claude Baudon-Terrel, Bernard Graciannette, Céline Spector, Pierre Véry, Detlef Wenzel ont pris le temps de lire la première version d'une partie ou, pour Claude, de la totalité de cet ouvrage. Merci à tous.

1. Elles ont donné ou vont donner lieu à des publications : *Politique d'Aristote*, sous la direction d'Emmanuel Bermon, Valéry Laurand et Jean Terrel, Pessac, PUB, 2011 ; *L'excellence politique chez Aristote*, édité par Emmanuel Bermon, Valéry Laurand et Jean Terrel, à paraître à Louvain-La-Neuve aux éditions Peeters en 2015, ouvrage élaboré à partir des communications présentées du 11 au 14 juin 2008 au colloque international de Bordeaux. Dans le présent ouvrage, j'utilise en le remaniant en profondeur l'exposé que j'ai présenté à cette occasion (« Deux voies d'accès à l'excellence pour les cités et leurs régimes », p. 107-133). Pour les journées de 2012 sur les livres IV à VI, j'ai bénéficié de l'exposé de Marie-Noëlle Ribas.

2. Voir sur ce point *infra* III, p. 314 *sq*.

3. Voir sur ce point, I, 3, p. 147-149 et « Annexes », p. 349-353.

ÉDITIONS, TRADUCTIONS ET ABRÉVIATIONS UTILISÉES

Les politiques

Guillaume de Moerbeke (abr. GM), traduction latine des *Politiques*, en tête du commentaire de Thomas d'Aquin (abr. TA), terminé à partir de III, 9 par Pierre d'Auvergne (abr. PA). J'ai utilisé deux éditions de cette traduction et de ce commentaire : Sancti Thomæ Aquinatis, *in octo libros politicorum aristotelis expositio seu de rebus civilibus*, peculiaris editio, alumnis universitatis lavallensis exclusive reservata, Quebeci, 1940, abr. Laval ; et S. Thomæ Aquinatis, *in octo libros politicorum aristotelis expositio*, Cura et studio P. Fr. Raymundi M. Spiazzi O. P., Taurini / Roma, Marietti, 1966, abr. Spiazzi (pour cette édition, je donne après la page le numéro de l'article).

Maistre Nicole Oresme, *Le livre de Politiques d'Aristote* (environ 1370), *Transactions of the American Philosophical Society*, Independence Square, Philadelphia, New Series, volume 60, part 6, november 1970, abr. Oresme.

La Politique d'Aristote, in *La Morale et la Politique d'Aristote,* traduites du grec par M. Thurot, Paris, Firmin Didot, 1824, t. II, abr. Thurot.

La Politique, traduction Thurot, nouvelle édition revue par A. Bastien, Paris, Garnier Frères, 1881, abr. Bastien. Après les livres I, II, III, cette édition place les autres livres dans l'ordre suivant : VII (qui devient IV), VIII (V), IV (VI), VI (VII) et V (VIII). Bastien modifie l'ordre traditionnel respecté par Thurot en suivant Barthélemy Saint-Hilaire.

Politique, texte établi et traduit par Jean Aubonnet, Paris, 5 volumes, Les Belles Lettres, 1960-1989, abr. Aubonnet.

La Politique, introduction, notes et index par Jules Tricot, Paris, Vrin, 1987 (1re édition 1962), abr. Tricot.

Les politiques, traduction et présentation par Pierre Pellegrin (1re édition 1990), Paris, Flammarion, 1993, abr. Pellegrin.

Ἀθηναῖων πολίτεια (littéralement, *Constitution des Athéniens*), *Constitution d'Athènes*, traduit par George Mathieu et Bernard Haussoulier, revu par Claude Mossé, introduction et notes de Claude Mossé, Paris, Belles Lettres, 1996.

Éthique à Nicomaque, abr. *EN*, introduction, notes et index par Jules Tricot, Paris, Librairie philosophique J. Vrin, 1987 (1re édition 1967). Pour le texte grec, *Etica Nicomachea*, BUR, Rizzoli, 2012, 2 volumes.

Économique, texte établi et traduit par B. A. van Groningen et A. Wartelle. Introduction et notes par Pierre-Emmanuel Dauzat, Paris, Les Belles Lettres, 2003. L'attribution de cette œuvre à Aristote est discutée.

INTRODUCTION

Depuis leur redécouverte il y a maintenant 850 ans grâce à leur traduction en latin par Guillaume de Moerbeke [1], les *Politiques* d'Aristote n'ont jamais cessé d'être lues, commentées, citées et utilisées après avoir été plus longtemps encore presque complètement oubliées. À mon tour, j'en propose une interprétation d'ensemble. Était-ce bien nécessaire ? Pour que mes lecteurs puissent en juger, je présente ce qui fait selon moi le grand intérêt de cet ouvrage – la réflexion systématique sur les problèmes posés par la création de la cité et de la démocratie (I) – et les grandes lignes de la lecture que je propose (II).

LA CRÉATION DE LA CITÉ ET DE LA DÉMOCRATIE

Aristote est pour nous un témoin privilégié de deux créations essentielles : les Grecs ont institué des cités et, dans certaines d'entre elles, expérimenté les chances et les périls de la démocratie. Plus important encore, la création de cette forme politique, la cité, et ensuite de ce régime, la démocratie, a été consciente et réfléchie. Ce qui importe pour nous, ce n'est pas simplement ces deux inventions mais cette réflexion, que nous pouvons nous-mêmes reprendre, sur des problèmes qui, sous une autre forme, sont encore les nôtres : la définition, au-delà du mot ou du statut légal, de la citoyenneté effective ; le choix des critères pour y accéder et les risques

1. Vers 1260. Traduction reprise en tête du commentaire de Thomas d'Aquin qui l'utilise : Sancti Thomæ Aquinatis, *In octo libros politicorum Aristotelis expositio, seu de rebus civilibus*, peculiaris editio alumnis universitatis lavallensis exclusive reservata, Quebeci, 1940 (abr. Laval). S. Thomæ Aquinatis, *In octo libros politicorum Aristotelis expositio*, éd. R. M. Spiazzi, Marietti, Turin, Rome, 1966 (abr. Spiazzi). À partir de III, 9, le commentaire est de Pierre d'Auvergne (disciple de Thomas d'Aquin, recteur de l'université de Paris en 1275, mort en 1304 alors qu'il était évêque de Clermont depuis 1302). Guillaume de Moerbeke (1215-1286) est d'origine flamande, dominicain comme Thomas d'Aquin, évêque de Corinthe à la fin de sa vie.

qu'ils comportent ; la nature des questions dont on peut et doit délibérer en commun, excédant ou non le minimum (auquel les libéraux entendent se limiter) rendant compatibles les activités privées des individus ou des groupes ; la grandeur convenant aux cités ou aux États pour que la citoyenneté puisse réellement s'y exercer ; leurs relations d'indépendance ou de subordination.

Les sophistes ont pris la mesure de cette création de la cité et de la démocratie en distinguant la nature (φύσις) et l'institution (νομός). Affirmant que la cité est naturelle, Aristote met lui aussi en valeur, malgré les apparences, le fait de la création. Pour lui, les cités sont relativement rares et n'ont pas toujours existé : avant de naître et d'essaimer partout autour de la Grèce, sur la côte d'Asie mineure et en Sicile [1], elles ont été précédées par des familles, puis par des villages, gouvernés eux aussi comme les familles de manière monarchique [2]. À la différence des sophistes, Aristote n'oppose pas la nature et l'institution [3] mais use de cette distinction pour montrer que l'institution de la cité est naturelle, donnant ainsi un contenu plus riche au mot nature. Malgré leur relative rareté, les cités sont naturelles mais autrement que les familles : certains hommes ont

1. Pour traduire ἀποικία (*apoikia*), nous parlons de « colonisation » et de « colonie », ce qui risque de nous faire croire, à tort, que ces « colonies » sont nécessairement assujetties à une métropole.

2. « Tout à fait conformément à la nature, le village semble être une colonie de la famille [ἀποικία οἰκίας], les villageois étant appelés par certains frères de lait, enfants et petits-enfants » I (livre), 2 (chapitre), 6 (paragraphe), 1252 b 16-18. Aristote use de la parenté des termes ἀποικία et οἰκία (*oikia*) pour mettre le village en continuité avec la famille, ce que la traduction de Guillaume de Moerbeke cherche à rendre en jouant sur la parenté de *vicus* (village) et de *vicinia* (à la fois ressemblance et voisinage) : *Maxime autem videtur secundum naturam vicus vicinia domus esse*, « tout à fait conformément à la nature le village semble être le prolongement de la famille » (Spiazzi, p. 5, 14 [numéro de l'article], Laval, p. 7, 1re colonne [abr. c.]). Mais quand ἀποικία renvoie à la création d'une nouvelle cité, cette idée d'une continuité (en particulier ethnique) entre la cité d'origine et la colonie doit être tempérée : dans ses institutions et dans sa politique étrangère, la nouvelle cité se veut pour l'essentiel indépendante : d'où les conflits sur ce point avec la cité d'origine.

3. Selon Aristote (*Les réfutations sophistiques*, 12, 8, 173 a 7 *sq*.), le point de vue sophistique consiste à faire de φύσις et de νόμος des contraires : à qui parle selon la φύσις, on opposera le νόμος ; à qui parle selon le νόμος, on opposera la φύσις. À propos de l'effort d'Aristote pour « naturaliser » le pouvoir humain d'instituer, voir Jean Terrel, « φύσις et νόμος : Aristote est-il naturaliste ? », in *Politique d'Aristote : Famille, régimes, éducation*, sous la direction d'Emmanuel Bermon, Valéry Laurand et Jean Terrel, Pessac, PUB, 2011, p. 55-70. Les traductions les plus usuelles du couple φύσις/νόμος sont « nature/loi » ou « nature/convention ». « Loi » ou « convention » ont en français un sens juridique et suggèrent une règle ou des clauses résultant de décisions volontaires explicites. Or le mot νόμος a un sens plus large, raison pour laquelle je le traduis par « institution ».

pris l'initiative d'en rassembler d'autres pour établir des cités [1] et réaliser avec eux ce qui existe en puissance dans la nature humaine, le désir de la communauté la plus haute, visant, au-delà du maintien et de la reproduction de la vie assurés par les familles et les villages, le bien vivre ou le bonheur : pour les citoyens, l'excellence, autant que faire se peut, de toutes leurs capacités physiques, intellectuelles, éthiques et esthétiques.

Pour Aristote et les Grecs de son époque, une cité (πόλις) n'est pas d'abord une ville ou un territoire, cette ville et la campagne environnante, même si cela lui est indispensable [2], mais la communauté de régime (πολίτεια) existant entre des hommes [3] – définis comme citoyens (πολίτης, au pluriel πολίται) par cette appartenance – pour décider de leurs affaires communes, siéger au tribunal, désigner et contrôler les magistrats que cette vie commune rend nécessaires. Aristote définit ces pouvoirs (ἀρχή au sens large) – délibérer et juger en commun ou exercer à titre personnel une magistrature (ἀρχή au sens étroit) [4] – comme « politiques » en les distinguant de ceux qui sont exercés dans les familles et les villages – du maître sur l'esclave, du père sur son enfant ou de l'époux sur l'épouse –, tous ordonnés à la vie nue et non à la vie accomplie, tous pensés sur l'horizon d'une inégalité naturelle provisoire ou définitive, si toutefois la fonction de l'esclave est assurée, ce qui n'est pas toujours le cas selon Aristote, par des hommes naturellement incapables de se gouverner eux-mêmes et de gouverner les autres. Dans le cas du pouvoir du maître sur

1. « Est donc naturel l'élan présent en tous les hommes vers une telle communauté mais le premier qui l'établit [συστήσας, participe aoriste de συνιστήμι] fut cause des plus grands biens » I, 2, 15, 1253 a 29-31. Au sens premier συνιστήμι signifie « constituer en assemblant ».

2. Voir VII, 5-6, 1326 b 26-1327 b 19. Sur le fait qu'une cité rassemble d'abord des hommes avant d'être un territoire, voir *infra*, p. 34, n. 2.

3. « Si la cité est une certaine communauté, elle est une communauté de citoyens entre lesquels il y a communauté de régime [κοινωνία πολιτῶν πολιτείας] » III, 3, 7, 1276 b 1-2. Il est impossible de traduire cette phrase sans périphrase. Pour éviter le double génitif des manuscrits parfaitement correct et clair, sinon facile à traduire, certains corrigent πολίτειας en πολίτεια. Voir sur ce point, « La définition aristotélicienne de la *polis* en *Politiques* 1276 b 1-2 », *in* Mogens H. Hansen, Polis *et cité-État. Un concept antique et son équivalent moderne*, Paris, Les Belles Lettres, 2001, p. 197-199.

4. On a l'habitude de parler en français d'une « magistrature » (ἀρχή au sens étroit) pour tout pouvoir politique (ἀρχή au sens large) confié à tel ou tel citoyen en personne pour une durée limitée et d'un « magistrat » (ἄρχων, participe présent du verbe ἄρχειν, au sens étroit) pour celui qui exerce cette fonction (sur le sens d'ἀρχή et d'ἄρχειν, voir *infra,* II, 8, p. 251-253). Ce « magistrat » n'est donc pas le juge qui siège au tribunal. Ce tribunal est en général une assemblée nombreuse dont les fonctions sont souvent politiques (par exemple juger de la légitimité de telle ou telle loi votée par l'assemblée du peuple) avant d'être judiciaires.

l'esclave, Aristote note une autre différence : il vise d'abord l'avantage du maître, alors que le pouvoir politique vise l'avantage de la communauté et celui du père ou de l'époux le bien des enfants ou de l'épouse.

Dans sa définition, la cité implique ce que Thucydide appelle αὐτονομία (autonomie), le fait d'être gouverné en vertu de ses propres institutions (ses propres νόμοι). Cette définition est normative : au sens plein du terme, selon la fin qui la définit, une cité relève de ses propres lois et non d'un homme ou d'une puissance étrangère, même si certaines cités dévient en fait de cette visée et sont gouvernées par une fraction de leurs citoyens ou/et dépendent d'un autre État plus puissant. L'autonomie vaut donc en même temps pour la relation de la cité avec l'extérieur et pour son régime intérieur, la πολιτεία qui organise les relations des citoyens entre eux, la manière dont ils se gouvernent. Selon le traité signé entre les Athéniens et les Lacédémoniens en 421, « le sanctuaire et le temple d'Apollon à Delphes ainsi que les Delphiens relèvent de leurs propres lois, de leurs propres impôts et de leurs propres tribunaux [αὐτονόμους εἶναι καὶ αὐτοτελεῖς καί αὐτοδίκους] » : Thucydide ne sépare pas ces deux aspects, externe et interne, de l'autonomie [1].

Dans sa dimension externe, l'αὐτονομία est plus proche de notre « indépendance » que de notre « autonomie », celle dont bénéficie par exemple la Catalogne en Espagne.

Dans sa dimension interne, l'αὐτονομία n'est pas ce que l'autonomie deviendra à partir de Rousseau dans certaines théories de la souveraineté, le fait pour un peuple ou un individu d'obéir à des lois qu'ils se donnent à eux-mêmes au moment où ils leur obéissent. Même dans une démocratie comme celle des Athéniens, personne ne considère que toutes les lois – y compris les plus anciennes dont le peuple assemblé ne délibère pas aujourd'hui – tirent leur autorité de sa volonté *présente*, au sens où il pourrait toujours les abroger s'il le voulait. Pour Aristote, les lois renvoient au régime et au passé de la cité ; le pouvoir de les amender n'est qu'un élément parmi d'autres de la délibération sur les affaires communes [2] et n'est jamais pensé comme le pouvoir de produire à chaque instant toute la législation, pouvoir exorbitant et fictif – excédant les pratiques réelles de législation – que Hobbes et Rousseau attribueront au souverain. Ce qui vaut pour

1. Thucydide, *La Guerre du Péloponnèse*, Paris, Les Belles Lettres, texte établi et traduit par Jacqueline de Romilly, introduction et notes de Claude Mossé, 2009, t. I (livres I-II), II (livres III-V) et III (livres VI-VIII), désormais Thucydide, V (livre), 18 (paragraphe), 2 (alinéa).

2. IV, 14, 3, 1298 a 3-7, traduit p. 253-254.

l'Athènes démocratique vaut à plus forte raison à Sparte où le rôle des citoyens dans l'élaboration des lois est beaucoup plus réduit.

Dans les *Politiques*, le vocabulaire de l'autonomie est pourtant presque complètement absent. Le substantif αὐτονομία n'est jamais utilisé. Aristote parle une seule fois des régimes où les citoyens sont « autonomes » pour les distinguer des tyrannies : pour préserver son régime, écrit-il, le tyran doit honorer ceux qui le méritent pour leur ôter l'idée qu'ils l'auraient été mieux dans un régime où les citoyens sont « autonomes »[1] : c'est l'unique fois dans les *Politiques* où la distinction entre être gouverné par un homme et l'être en vertu des lois de sa propre cité, présente à de multiples reprises, est exprimée en termes d'autonomie. Mieux, pour parler de l'indépendance de la cité (et non plus de son régime interne), essentielle, nous allons bientôt le constater, à la définition qu'il en donne, Aristote n'utilise jamais le vocabulaire de l'autonomie, à la différence de Thucydide.

En effet ces deux penseurs prennent en compte de manière différente les deux aspects externe et interne définissant la cité. Parce qu'il écrit sur la guerre du Péloponnèse, le conflit qui a opposé à la fin du Ve siècle (431-404) Athènes et Sparte, Thucydide privilégie la question de l'indépendance des cités et des menaces que les tentatives de domination ou d'hégémonie font peser sur elle. En reconstituant l'oraison funèbre prononcée par Périclès au tout début de la guerre[2], il présente aussi la manière dont les Athéniens comprenaient le second aspect de l'autonomie, l'exercice de la citoyenneté dans une démocratie. À la différence de Thucydide, Aristote privilégie la vie interne de la cité, son régime, sa πολιτεία. Avant certains textes du livre VII sur lesquels il nous faudra revenir, il est peu question, sauf de manière allusive, des relations de la cité avec l'extérieur.

1. Aristote utilise l'adjectif αὐτόνομος : « Ceux qui se sont montrés bons en un certain domaine, [le tyran doit] assez les honorer pour qu'ils ne croient pas qu'ils l'auraient été davantage par des citoyens autonomes [ὑπὸ τῶν πολιτῶν αὐτονομῶν ὄντων] » V, 11, 26, 1315 a 4-6. Il ne s'agit pas d'opposer les citoyens d'une cité indépendante et ceux d'une cité qui ne le serait pas, comme la traduction Aubonnet pourrait le laisser croire. Il s'agit du versant interne de l'autonomie. Parler « de citoyens qui se donnent à eux-mêmes leurs lois » (Pellegrin) est trop proche du sens moderne du mot autonomie signalé plus haut. Guillaume de Moerbeke parle des *cives suæ legis existentes*, « des citoyens qui relèvent de leur propre loi » (Spiazzi, p. 298, 774, Laval, p. 305, 1re c.), Oresme « des citoiens de leur lay », c'est-à-dire, glose-t-il, « qui sunt sous la lay et sous les drois de leur cité ou de leur policie » (p. 250, 1re c.).

2. II, 35-46.

Thucydide écrit en temps de crise. Du fait de leurs succès dans les deux guerres médiques, les cités grecques ont préservé leur autonomie contre l'empire perse. Avec Périclès, la démocratie athénienne est à l'apogée de sa puissance, au terme d'une dynamique plusieurs fois reprise de démocratisation : à partir des réformes de Solon (594 av. J.-C.), « le commencement de la démocratie, ἀρχὴ δημοκρατίας » à Athènes selon lui, Aristote compte quatre changements importants jusqu'au milieu du Ve siècle [1]. Avant d'être un régime, la démocratie est cette création continuée de pratiques et d'institutions nouvelles [2]. Thucydide le traduit à sa manière en mettant dans la bouche des Corinthiens, pourtant leurs ennemis, cet éloge des Athéniens : audacieux, vifs pour imaginer, ouverts aux changements ; ces qualités font leurs succès et les rendent particulièrement dangereux [3]. Voilà l'argument dont usent les Corinthiens pour convaincre les Spartiates d'entrer en guerre. Thucydide entend montrer que la crainte des cités du Péloponnèse devant la puissance croissante d'Athènes fut « le motif le plus réel et aussi le moins avoué » de la guerre [4]. Au moment où il écrit, la situation est critique pour les Athéniens, tout pouvant basculer dans un sens ou dans son opposé : très vite après la mort de Périclès, la dynamique de la démocratie va la conduire à la démesure, aux aventures militaires et à la défaite.

Un siècle plus tard, Aristote analyse de manière très différente les succès et les échecs de cette même expérience. Cela vaut pour les deux aspects qui font la spécificité des cités – dans le langage de Thucydide, leur autonomie : leur indépendance vis-à-vis des autres cités ou des autres

1. La tyrannie de Pisistrate (voir *infra*, p. 341), la réforme démocratique de Clisthène (voir *infra*, p. 31-32 et 41-42), l'infléchissement du régime dans le sens de la prépondérance de l'Aréopage et la réforme démocratique d'Éphialte (réduisant le pouvoir de l'Aréopage), *Constitution d'Athènes*, XLI, 2 (pour le titre de cet ouvrage, Ἀθηναίων πολίτεια, je garde la traduction usuelle, malgré son inexactitude : on devrait dire *Régime* ou *Constitution des Athéniens*). Sur Solon, voir *infra*, p. 44-46. L'Aréopage (Ἄρειος πάγος) est une des plus anciennes institutions athéniennes. C'est un conseil composé des citoyens ayant rempli les magistratures les plus importantes, dont les réformes démocratiques tendront à limiter les fonctions, aux Ve et IVe siècles, au domaine judiciaire. Il siège sur l'Ἄρειος πάγος (la colline d'Arès), d'où son nom.

2. « La démocratie n'est pas un modèle institutionnel, elle n'est même pas un "régime" au sens traditionnel du terme. La démocratie, c'est l'auto-institution de la collectivité par la collectivité, et cette auto-institution comme mouvement. » Castoriadis, « La démocratie athénienne : fausses et vraies questions », *La monté de l'insignifiance*, Paris, Seuil, 1996, p. 187.

3. Thucydide, I (livre), 70 (paragraphe), 2-3 (alinéas).

4. Thucydide, I, 23, 6.

États (1) et l'aptitude de leurs membres à exercer leur citoyenneté commune (2).

L'indépendance des cités et les menaces pesant sur elle

Partons d'une difficulté souvent signalée[1]. Dès les premiers mots des *Politiques*, la cité est présentée comme la communauté par excellence : elle permet à ses membres de réaliser leur vocation naturelle en devenant des hommes accomplis[2]. Définie de cette manière, la cité est l'objet des *Politiques*. Or, au moment où cet ouvrage est écrit (fin du IVe siècle)[3], la cité entame un déclin durable, précipité par les souverains de Macédoine dont Aristote était proche puisque Philippe l'avait choisi comme précepteur de son fils Alexandre. La victoire de Philippe et d'Alexandre – il commandait l'aile gauche de l'armée à Chéronée (338) – sur la coalition dirigée par les Athéniens marque le début de la prépondérance de la Macédoine en Grèce ; elle met fin, semble-t-il, à l'indépendance des cités qui leur est essentielle. S'il en est bien ainsi, les cités vont bientôt appartenir au passé plus qu'à l'avenir. De là, peut-être, c'est une hypothèse fréquente, l'étrange réception de l'ouvrage qui en traite, sur laquelle nous allons revenir à la fin de cet ouvrage : Aristote se passionne pour une réalité politique en train de perdre son actualité.

L'objet des *Politiques* est-il vraiment la cité autonome au sens de Thucydide ? Comment Aristote conçoit-il les relations de la cité avec l'extérieur ? A-t-il compris que l'entreprise d'Alexandre était contraire à ce qu'il lui avait lui-même enseigné ? Pour mieux comprendre le sens de notre difficulté initiale, il faut tenter de répondre à ces questions.

1. « Comment Aristote qui assistait (...) à la fin de la cité grecque s'acharna-t-il à en faire l'horizon indépassable de l'association humaine ? Et Aristote, (...) un envoyé de ce roi de Macédoine qui fut le destructeur de la cité, pas n'importe quel envoyé, puisque c'est à lui que le roi en question avait confié l'éducation de son fils Alexandre. » Pellegrin, Aristote, *Les politiques*, « Introduction », p. 18.

2. I, 1, 1, 1252 a 1-7, II, traduit p. 147.

3. Au livre V, 10, 16, 1311 b 1-3, Aristote évoque le complot de Pausanias contre Philippe de Macédoine en 336 av. J.-C. Aucun événement postérieur n'étant évoqué ailleurs dans l'ouvrage, C. Mossé juge que les *Politiques* ne peuvent pas avoir été écrites après 336 (*Constitution des Athéniens*, « Introduction » p. VIII). Il faut plutôt dire qu'elles ne peuvent avoir été terminées avant cette date. Selon Aubonnet (« Introduction », p. CX), les *Politiques* dateraient de la dernière période (330-323) du Lycée, l'école créée par Aristote en 335.

Aristote et l'autonomie

Comme nous venons de le signaler, Aristote ne parle jamais d'autonomie pour caractériser le statut d'une cité par rapport aux autres puissances étrangères. Mogen H. Hansen en conclut, à tort comme nous allons le voir, qu'Aristote n'a rien à nous dire sur l'autonomie au sens de Thucydide : selon lui, « il est tout simplement faux » d' « affirmer que, dans les *Politiques*, Aristote traite de la "πόλις autonome" » :

> Pour Aristote, c'est le concept d'αὐτάρκεια [autarcie] et non celui d'αὐτονομία [autonomie] qui est inséparablement lié à celui de πόλις [cité] ; et son concept d'αὐτάρκεια comporte seulement deux aspects : l'autosuffisance économique (le fait d'être indépendant des importations et des exportations) et l'autosuffisance démographique (avoir le nombre de citoyens de plein droit requis pour accomplir la fin de l'homme en cette vie : vivre un βίος πολιτικός [une vie politique]). Il n'y a rien qui pourrait laisser entendre que l'autosuffisance politique (*i.e.* l'indépendance) faisait partie du concept aristotélicien d'αὐτάρκεια [1].

Faut-il réduire ainsi l'αὐτάρκεια d'Aristote à ce que nous, modernes, appelons « autarcie » et l'opposer ainsi à l'αὐτονομία selon Thucydide ? Avant de répondre à cette question, il faut tenter de comprendre ce jugement si catégorique. On a tort, selon Hansen, d'opposer le temps de l'indépendance des cités et celui de leur subordination, comme si Chéronée marquait une rupture radicale, la servitude succédant à la liberté ; car beaucoup de cités, à l'époque classique (Vᵉ-IVᵉ siècles), étaient dépendantes d'une puissance extérieure, des Perses puis des Athéniens ou des Spartiates. Aristote le savait et c'est la raison pour laquelle il se garde, selon Hansen, de faire entrer l'αὐτονομία, au sens d'indépendance, dans sa définition de la cité.

La discrétion d'Aristote sur les relations de domination ou d'hégémonie

Reconnaissons d'abord qu'Aristote, au contraire de Thucydide, parle peu des relations de domination et d'hégémonie dans les *Politiques*. Jusqu'au livre VII, il n'aborde jamais directement cette question. Il se contente de constater que les Athéniens et les Spartiates ont usé les uns comme les autres de leur hégémonie [ἡγεμονία] au Vᵉ siècle, dans le conflit qui a débouché sur la guerre du Péloponnèse, pour établir dans les autres cités leurs régimes respectifs (démocratique ou oligarchique), qu'il juge

1. *Polis et cité-État...*, p. 121.

« déviés » parce que les pauvres ou les riches y gouvernent dans leur propre intérêt[1].

Aristote suggère parfois l'existence d'un lien possible entre les dissensions civiles (les στάσεις qui jouent un rôle central au livre V des *Politiques*)[2] et l'intervention d'une puissance étrangère : celle des Athéniens dans l'île de Lesbos au début de la guerre du Péloponnèse (428-427) ou celle de Philippe en Phocide au cours de la 3e guerre sacrée (355-347)[3], premier épisode d'une série de conflits armés aboutissant à Chéronée et au début de la prépondérance de la Macédoine en Grèce. Aristote fait cependant référence à ce lien entre conflit civil et guerre étrangère avec discrétion. D'une part, l'intervention de Philippe au cours de la guerre sacrée n'est pas mentionnée, comme l'est celle des Athéniens quatre-vingt ans plus tôt à propos de Mytilène, la cité la plus importante sur l'île de Lesbos. D'autre part, la guerre entre Mytilène et Athènes est analysée de manière très différente par Thucydide et par Aristote un siècle plus tard. Dans le récit d'Aristote, un différend entre notables est l'origine d'un conflit à Mytilène, puis de l'intervention des Athéniens : un homme important, Dexandros, se voit refuser la main de deux riches héritières pour ses deux fils ; proxène (πρόξενος) des Athéniens (c'est-à-dire citoyen de Mytilène en charge de leurs intérêts), il excite leur colère, ce qui déclenche la guerre, le siège et la prise de la ville. Ce récit est d'autant plus significatif qu'Aristote a longuement montré que la principale cause de dissension civile est d'ordinaire la division sociale, le conflit idéologique et politique entre le peuple et les notables, entre les passionnés d'égalité et les passionnés d'inégalité[4]. Or il ne mentionne pas ce facteur dans le cas de Mytilène. Dans le récit des mêmes événements par Thucydide[5], l'essentiel est la question de l'autonomie (ou si l'on veut de l'indépendance) des alliés des Athéniens. La ligue dont ces derniers ont pris l'initiative à la fin des guerres médiques pour défendre la liberté des cités grecques contre les Perses est devenue l'empire d'Athènes : la plupart des cités alliées ont renoncé à entretenir une flotte indépendante et accepté de financer la flotte commune, en fait celle des Athéniens. Constatant que ces derniers ont privé de toute indépendance leurs alliés les moins puissants et que seule celle de

1. IV, 11, 18, 1296 a 32-36.

2. Une στάσις, c'est d'abord l'action de poser debout, de dresser, puis ensuite de se dresser, de s'opposer : de là, le sens de dissension civile ou de soulèvement.

3. V, 4, 6-7, 1304 a 4-13 : guerre sacrée à cause du sanctuaire d'Apollon à Delphes, dont on connaît l'importance pour toutes les cités.

4. V, 1, 4-11, 1301 a 33-1301 b 29 ; V, 2, 2, 1302 a 22-29.

5. Thucydide, III, 2-6, 8-14 et 25-28.

Lesbos et de Chios a été provisoirement préservée, les gens de Mythilène se sentent menacés : du fait de la disproportion des forces en présence, leur autonomie est devenue purement nominale. Pour prévenir l'assujettissement qu'ils redoutent, ils se préparent donc à changer de camp et à rejoindre les cités qui, sous la direction de Sparte, ont entrepris la guerre contre Athènes dont elles craignent la puissance croissante [1]. C'est alors qu'une faction dirigée à Mytilène par des citoyens défendant les intérêts des Athéniens (leurs proxènes) tente de susciter leur crainte et leur colère en invoquant le risque de défection [2], non mentionné par Aristote. Tout se passe comme si ce dernier voulait éviter de s'attarder sur les questions de la dépendance ou de l'indépendance et du rapport entre la division sociale interne à chaque cité et ses relations avec l'extérieur, question qu'il mentionne pourtant au livre IV des *Politiques* (Athéniens et Spartiates cherchant à établir chez leurs alliés la démocratie ou l'oligarchie). Or cette dernière question prend de plus en plus d'importance dans le récit de Thucydide, à mesure que la guerre entre les deux grandes coalitions se prolonge et s'aggrave : la dissension civile est souvent la cause immédiate de la guerre entre les cités (quand un des deux camps, pour éviter la défaite, cherche des alliés à l'extérieur) ; à son tour, la guerre exacerbe au sein de chaque cité belligérante le conflit entre riches et pauvres, partisans de l'oligarchie et de la démocratie. Si cela ne devient manifeste que plus tard à Corcyre et ensuite partout en Grèce – sous forme de corruption générale et de déchaînement de toutes les passions, ambition, cupidité, désir de dominer, haine et ressentiment [3] –, cela commence déjà à être vrai dans le cas de Mythilène. Thucydide ne dit rien de l'orientation politique de la faction qui a averti les Athéniens des préparatifs de défection – à ce stade de l'analyse, il insiste sur la puissance des Athéniens et sur la crainte qu'elle suscite chez leurs alliés encore autonomes (Mytilène) et leurs ennemis du Péloponnèse (Corinthe et Sparte) –, mais montre ensuite que le conflit entre le peuple et les notables est l'origine de la reddition de Mytilène [4]. La durée du siège contraint les dirigeants à donner des armes lourdes au peuple

1. C'est le discours des envoyés de Mytilène devant la ligue péloponnésienne pour justifier leur changement de camp (8-14) qui met en évidence l'importance de cette question de l'autonomie.

2. « (…) à Mytilène même, agissant pour leur propre compte en faction [κατὰ στάσιν], des proxènes des Athéniens allèrent dénoncer aux Athéniens qu'on imposait aux Lesbiens de s'unir à Mytilène et qu'on poussait tous les préparatifs d'une défection » Thucydide, III, 2, 2. Le conflit matrimonial mentionné par Aristote n'est pas évoqué.

3. III, 70-84.

4. III, 27.

qui, une fois armé, menace de ne pas combattre et de négocier à son propre compte avec l'ennemi si les magistrats n'acceptent pas une répartition plus équitable des vivres : la peur de ces revendications et de cette éventuelle défection conduit alors les notables à négocier la reddition de la ville avec le stratège athénien [1]. Là encore le silence d'Aristote est d'autant plus significatif qu'il montre ailleurs qu'il est à la fois nécessaire et dangereux d'armer le peuple : nécessaire pour défendre la cité et dangereux pour le régime si le peuple se juge lésé dans la répartition des biens et des pouvoirs [2].

À la difficulté mentionnée plus haut – l'écart entre le projet d'Aristote et la réalité de la nouvelle période politique qui s'ouvre avec Alexandre, il faut donc en ajouter une seconde. Puisque le monde grec est aussi pluriel et divisé que le sera bien plus tard l'Europe jusqu'à la seconde guerre mondiale, la question des relations, pacifiques ou polémiques, entre les cités, des diverses tentatives pour conquérir la prépondérance et des résistances qu'elles ont suscitées est aussi essentielle que le sera celle de l'équilibre européen de 1648 (traités de Westphalie) à 1945 ; pourtant cette question est marginale dans les *Politiques*, au moins jusqu'au livre VII.

Autonomie et autarcie

Cette discrétion à propos des relations entre les cités n'est pas silence : comme on l'a vu, les éléments qui sont au cœur de l'histoire de Thucydide se retrouvent dispersés dans les *Politiques*. Il est vrai qu'Aristote parle d'αὐτάρκεια [autarcie] là où Thucydide parle d'αὐτονομία [autonomie]. Est-elle seulement pour lui, comme l'affirme Hansen, la capacité pour une cité d'assurer sa subsistance dans l'indépendance, par sa production propre ou son commerce, et l'autosuffisance démographique en vue d'une vie véritablement politique ? Voici la première mention de l'αὐτάρκεια dans les *Politiques*. Si l'on traduit ce texte comme Tricot, la question est très vite résolue dans le sens de Hansen :

1. Pachès. Le stratège est à Athènes un des plus hauts magistrats, désigné par élection et non par tirage au sort. Il exerce le commandement militaire. Périclès a été stratège à plusieurs reprises.

2. « Et d'ordinaire, en temps de guerre, les gens du peuple hésitent à servir si on ne leur donne pas de quoi vivre et s'ils sont pauvres » *Politiques*, IV, 13, 9, 1297 b 10-11 ; VI, 7, 3, 1321 a 19-22 : dans ce dernier texte, il s'agit d'armer le peuple d'armes légères et non d'armes lourdes comme chez Thucydide. Mais le danger serait accru s'il s'agissait d'armes lourdes, ce qu'Aristote n'envisage pas.

> La communauté achevée formée à partir de plusieurs villages [ἐκ πλειόνων κωμῶν] est une cité dès qu'elle a atteint le niveau de l'autarcie pour ainsi dire totale [Tricot, la limite de l'indépendance économique] : née pour vivre, elle existe pour bien vivre [1].

Pourtant, ce texte indique clairement que l'αὐτάρκεια, pour être complète, dépasse le simple vivre, l'indépendance économique de Tricot, pour s'ordonner au bien vivre. Hansen le sait, puisqu'il dit de l'autosuffisance démographique qu'elle a pour fin la vie politique et non la simple conservation de la vie. Considérés de manière isolée, certains des textes qu'il cite sont compatibles avec ce qu'il dit du sens de l'αὐτάρκεια selon Aristote, qu'il élargit juste assez pour qu'il reste compatible avec eux, comme, par exemple, dans cette définition de la cité :

> Nous appelons cité la multitude composée de tels citoyens [qui viennent d'être définis par la faculté de délibérer et de juger en commun] si elle est suffisante pour vivre en autarcie [πρὸς αὐτάρκειαν ζωῆς], pour parler ainsi [2].

Mais en réalité, l'αὐτάρκεια d'Aristote s'écarte bien plus du français « autarcie » que ne le veut Hansen. L'αὐτάρκεια ne peut être réduite ni à l'autosuffisance économique d'une communauté fermée sur elle-même, ni à l'indépendance économique obtenue grâce à des échanges équilibrés avec l'extérieur, ni même à l'autosuffisance démographique en vue de la vie politique (ces deux derniers sens étant bien sûr toujours présents). Aristote pense à une communauté capable de satisfaire à *toutes* les exigences d'une vie proprement politique, capable de se défendre, de délibérer sur tout ce qui la concerne et de rendre la justice, comme le montre un texte du livre VII où une expression proche de celle que nous commentons, πρὸς αὐτάρκειαν ζωῆς, est utilisée :

> Voilà donc les fonctions [1. la nourriture, 2. les métiers, 3. les richesses, 4. le service de dieux, 5. les armes, 6. les instances pour délibérer et juger] nécessaires (…) à toute cité (en effet la cité n'est pas une multitude de rencontre mais une multitude autarcique en vue de la vie [πλῆθος… πρὸς ζωῆν αὔταρκες], comme nous le disons). Et si l'une de ces choses fait défaut, il est impossible à cette communauté d'être parfaitement autarcique [ἁπλῶς αὐτάρκη] [3].

1. I, 2, 8, 1252 b 27-30, Tricot, p. 27.
2. III, 1, 12, 1275 b 20-21.
3. VII, 8, 8, 1328 b 15-19. Ce texte conclut l'exposé à propos des 6 fonctions (et donc des 6 groupes d'hommes) indispensables à toute cité. Voir III, 9, tableau V, p. 276.

Toutes indispensables à la cité, les six fonctions que nous venons d'énumérer, de l'alimentation au rôle militaire et politique des citoyens, sont hiérarchisées. L'αὐτάρκεια est d'abord politique et militaire : la fonction politique est « la plus nécessaire de toutes » [1] ; quant à la capacité autonome de se défendre, voici ce qu'Aristote écrit à son sujet dans un premier texte du livre IV consacré lui aussi aux éléments nécessaires à toute cité. L'existence d'une force destinée à la guerre est indispensable à qui ne veut pas être asservi par des agresseurs. Après avoir cité quatre premières fonctions et donc quatre premiers groupes humains nécessaires à l'αὐτάρκεια d'une cité – les agriculteurs, les artisans, les commerçants et les travailleurs salariés –, Aristote en vient en effet à la force armée :

> Un cinquième élément, c'est la force destinée à la guerre, aussi nécessaire à la cité que les précédents si l'on ne veut pas devenir l'esclave de ses agresseurs. *Car il est impossible que mérite le nom de cité celle qui est esclave par nature. En effet une cité est autarcique* [αὐτάρκης] *et ce qui est esclave n'est pas autarcique* [αὔταρκες] [2].

Ce texte est catégorique. Une cité qui abandonne à un autre le soin de sa défense, quitte à se voir imposer pour cela une contribution financière, s'écarte de ce qui est naturel à une cité. D'ailleurs, il est dangereux de relier, comme le fait Hansen, la fréquence des faits de dépendance aux Ve ou IVe siècles et la définition aristotélicienne de la cité qui selon lui n'inclurait pas l'indépendance : car cette définition ne peut être réduite à l'ensemble des caractères *de fait* les plus fréquents dans les cités, elle est aussi la cible que visent ceux qui forment ces communautés, dont ils s'approchent plus ou moins bien selon les lieux, les moments et la compétence de ceux qui les conseillent. De ce point de vue, la cible visée, l'autarcie complète, inclut bien, selon Aristote, l'indépendance ou ce que Thucydide appelle autonomie.

Aristote et Alexandre : domination despotique ou hégémonie politique

En un sens, notre difficulté se renforce : si l'indépendance est si importante, si la liberté de la cité est incompatible avec la servitude, comment comprendre la discrétion d'Aristote à propos des relations entre les cités ? Il est trop facile de n'invoquer que la prudence ou, avec moins

1. VII, 8, 7, 1328 b 13-14.

2. IV, 4, 10-11, 1291 a 6-10. C'est moi qui souligne. Hansen cite pourtant ce texte ainsi que celui du livre VII que je viens de traduire, sans les commenter il est vrai, pour justifier sa conception trop réductrice de l'αὐτάρκεια chez Aristote (*Polis et cité-État*, n. 391, p. 269).

d'indulgence, l'opportunisme : étant donné ses relations avec Philippe et avec son fils Alexandre, Aristote aurait délibérément évité de rendre visible tout ce qui, dans les *Politiques*, était peu compatible avec les orientations nouvelles de la politique de la Macédoine [1]. En réalité, la question des relations dissymétriques entre les cités, autrement dit impliquant des puissances inégales, est abordée au livre VII. Dans ce livre, la science politique suppose qu'aucun obstacle ne s'oppose à ses vœux et, dans cette hypothèse, examine ce qu'est la vie la meilleure pour la cité. Comme Platon l'avait fait avant lui au livre I des *Lois*, Aristote critique les nombreuses cités et nations dont les lois visent la domination (τὸ κρατεῖν). Il cite en vrac Lacédémone, les cités crétoises, les Scythes, les Perses, les Ibères et – ce n'est peut-être pas un hasard – l'ancienne Macédoine. Tous ces peuples, cités et régimes ont le tort de confondre le pouvoir politique exercé sur des hommes libres avec leur consentement (ἄρχειν πολιτικῶς, cela vaut à l'intérieur comme à l'extérieur de la cité) et le pouvoir despotique (ἄρχειν δεσποτικῶς, δεσπόζειν) [2]. Ce dernier pouvoir, il est absurde de l'imposer à des hommes ou à des peuples,

> Sauf si par nature certains sont destinés à être gouvernés despotiquement et d'autres non [φύσει τὸ μὲν δεσποστόν ἐστι τὸ δε οὐ δεσποστόν] et que, par conséquent, il ne faille pas, dans cette situation, chercher à dominer despotiquement tout le monde [οὐ δεῖ πάντων πειρᾶσθαι δεσπόζειν], mais seulement ceux qui y sont destinés, de même que, pour un banquet ou un sacrifice, on ne chasse pas des hommes mais ceux qui sont appropriés à cette chasse, comme le sont les animaux sauvages comestibles [3].

Pour Aristote, distinguer entre ces deux naturels – ceux que leur nature voue respectivement à être gouvernés en hommes libres (politiquement) ou en esclaves (despotiquement) – revient à distinguer les Grecs et les Barbares [4] : la servilité caractérise les peuples d'Asie tandis que les peuples de l'Europe et du Nord manquent d'intelligence et d'habileté technique ; la cité est rare, car, pour l'essentiel, elle est le fait des Grecs qui réalisent l'heureux mélange des qualités des peuples d'Asie (intelligence et habileté) et des peuples de l'Europe et du Nord (courage, haine de la servitude),

1. Pellegrin, « Introduction », *op. cit.*, p. 59.

2. VII, 2, 7, 1324 a 35-38 pour cette distinction entre ἄρχειν πολιτικῶς et ἄρχειν δεσποτικῶς.

3. VII, 2, 15, 1324 b 36-41.

4. « Aussi les poètes disent-ils : "aux Barbares, il convient que les Héllènes commandent", comme si par nature c'était la même chose qu'un Barbare et un esclave » I, 2, 4, 1252 b 7-9.

sans être affectés de leurs défauts respectifs (servilité pour les uns, manque d'intelligence et d'ingéniosité technique pour les autres)[1]. Thucydide, Antiphon et Platon jugeaient cette distinction entre Grecs et Barbares moins évidente. Le premier remarque qu'elle est récente : nulle part, écrit-il, Homère ne parle des Barbares, car « les Grecs n'étaient pas encore groupés, de leur côté, sous un terme unique qui pût s'y opposer »[2]. Antiphon est plus explicite dans la critique : « par nature, écrit-il, nous naissons tous semblables en tout, et les Barbares et les Grecs »[3]. De son côté, Platon critique la méthode de division privilégiant la catégorie à laquelle appartient celui qui divise (les hommes si c'est un homme, les grues si c'est une grue, les Grecs si c'est un Grec) pour lui opposer en bloc une catégorie fictive sans unité autre que négative, les animaux autres que les hommes ou que les grues ou, si celui qui divise est grec, tous les hommes qui ne parlent pas grec, les Barbares[4].

Pour sa part, Aristote distingue le naturel des Grecs, politique, et le naturel des Barbares, nés pour la domination ou la servitude. Mais sa critique d'une politique et d'une législation centrées sur la domination doit être bien comprise. Le pouvoir exercé par une cité sur une autre n'est pas nécessairement « despotique », il peut relever de l'hégémonie consentie. Pour comprendre cette distinction, il faut oublier le sens trop fort que le mot hégémonie a parfois pris aujourd'hui, la différence entre contrainte et consentement tendant à s'effacer. D'un autre côté, l'« hégémonique » et le « politique » ont une relation complexe. Quand il s'agit des relations internes à la cité, Aristote ne parle pas d'« hégémonie » pour n'importe quel pouvoir politique, par exemple pour celui d'un magistrat quelconque dans une démocratie, mais seulement pour la conduite de la guerre, et il ne parle pas « d'hégémonie politique » pour la suprématie de la multitude dans un régime populaire droit, mais pour la suprématie du ou des meilleur(s) dans une royauté ou une aristocratie, régimes dont les formes d'autorité

1. VII, 7, 1-4, 1327 b 19-38, texte commenté *infra*, III, 9, p. 270-271.

2. Thucydide, I, 3, 3.

3. Extrait probable d'un traité *Sur la vérité*, Papyrus d'Oxyrhinque LII 3647, *addendum* à 1364 (1-3), éd. M. S. Funghi, trad. fr. Marie-Laurence Desclos, *Les Sophistes*, sous la direction de J. F. Pradeau, I, Paris, Flammarion, 2009, p. 201. Antiphon a vécu à la fin du Ve siècle (né vers 480 av. J.-C., exécuté en 410 au moment de la chute du régime oligarchique des Quatre-cents, auquel il avait participé, instauré à Athènes la suite du désastre de l'expédition de Sicile). Thucydide aurait suivi son enseignement.

4. *Le Politique*, 262 a-e.

sont encore apparentées à celles qui s'exercent dans une famille[1]. « Politique » peut donc se prendre en deux sens : large, au sens où la royauté est un régime politique ; étroit, au sens où il y a, nous le verrons, une différence de nature et non simplement de degré (de plus et de moins) entre le pouvoir royal et le pouvoir politique[2].

Le pouvoir exercé par une cité sur une autre peut être « politique » au sens large où l'on peut parler d'hégémonie politique ; comme tel, il est une hypothèse à envisager quand on détermine l'accès à la mer, les relations commerciales et la puissance navale nécessaires à la cité la plus conforme à nos vœux :

> Pour les forces navales [περὶ δὲ τῆς ναυτικῆς δυνάμεως], il n'est pas douteux que le mieux est d'en disposer jusqu'à une quantité déterminée [μέχρι τινὸς πλήθους] (car ce n'est pas seulement aux siens mais à certains de ses voisins qu'on doit être redoutable et pouvoir venir en aide sur terre comme sur mer. Pour la quantité [πλήθους] et l'importance de ces forces, il faut aussi considérer ce qu'est la vie de la cité. *Si elle vit une vie hégémonique et politique* [εἰ μὲν γὰρ ἡγεμονικὸν καὶ πολιτικὸν ζήσεται βίον], *elle doit nécessairement disposer d'une puissance à la mesure de ses actions* [τὰς πράξεις σύμμετρον][3].

Alors que Platon condamne une politique commerciale, maritime et hégémonique comme celle des Athéniens, Aristote tente de la modérer et de la corriger. Les échanges avec l'étranger sont nécessaires pour importer ce qu'on n'a pas chez soi et exporter ce qu'on a en surplus[4], à condition de

1. Pour l'hégémonie comme direction des affaires militaires, voir II, 10, 6, 1272 a 9 ; III, 14, 12, 1285 b 9 et 13, 1285 b 18-19. Pour l'hégémonie politique, voir III, 17, 3-4, 1288 a 6-15, texte traduit et commenté *infra*, I, 3, p. 142.

2. *Cf.* trad. et comment. de I, 1, 2, 1252 a 13-16, I, p. 147-149, et « Annexes I », p. 347-351.

3. VII, 6, 6-7, 1327 a 40-b 6. C'est moi qui souligne. Sauf erreur de ma part, Aristote n'use jamais du mot ἡγεμονία pour la domination despotique : la vie d'une cité dans ses relations avec les autres cités peut être politique si cette cité les conduit (marche en leur tête, a l'initiative, le français « hégémonie » risquant d'avoir un sens trop fort) sans les dominer. Ce que Plutarque a parfaitement compris quand il oppose ἡγεμονικῶς et δεσποτικῶς. Voir p. 28. Guillaume de Moerbeke (Spiazzi, p. 356, 954, Laval, p. 358, 1re c.) traduit *ducalis et politica vita* : la relation d'une cité avec les autres est politique et non despotique si elle conduit (*ducere*) sans asservir. Il faut donc traduire πολιτικὸν littéralement : il ne s'agit pour une cité ni d'être « belliqueuse et ambitieuse » (Thurot, p. 451), ni d'être « ambitieuse pour les affaires extérieures » et en même temps de s'occuper des affaires intérieures (Bastien, p. 161), ni d'aspirer « à l'hégémonie ou à un rôle parmi les autres États » (Tricot), ni de « vivre une vie d'hégémonie et d'être maîtresse de sa politique » (Aubonnet), ni de mener « une vie hégémonique dans ses relations avec les autres » (Pellegrin).

4. VII, 6, 4, 1327 a 25-27.

ne pas viser l'accumulation sans fin des richesses. L'hégémonie est envisageable parce qu'elle est « politique » et non « despotique », passant par la coopération volontaire des intéressés. L'importance reconnue à la mer et à la puissance navale ne doit pas conduire, comme ce fut le cas à Athènes, à accorder la citoyenneté aux marins qui sont pour l'essentiel des travailleurs manuels travaillant pour autrui (et peu aptes, du fait de leur activité et de cette dépendance, à la citoyenneté) [1].

Une cité peut donc ne pas s'asservir et conserver son autarcie (incluant ce que Thucydide nomme « autonomie ») tout en acceptant l'hégémonie politique d'une autre puissance, comprise comme différant en nature d'une domination despotique. Ce discours peut s'adresser aux Athéniens qui ont résisté à Philippe sous l'impulsion de Démosthène. Il peut aussi s'adresser à Alexandre : décrire son hégémonie sur la Grèce comme « politique » et non « despotique », revient à lui prescrire un programme :

> Comme elle occupe une position médiane [entre l'Europe et l'Asie], la race des Hellènes partage certains traits avec les peuples de ces deux contrées. Elle est en effet courageuse et intelligente. *C'est pourquoi elle se conserve libre, organisée au mieux en cités et capable de gouverner tous les peuples si elle parvient à une seule organisation politique* [διόπερ ἐλεύθερον τε διατελεῖ καὶ βέλτιστα πολιτευόμενον καὶ δυνάμενον ἄρχειν πάντων, μιᾶς τυγχάνον πολιτείας] [2].

Aristote est contemporain de l'entreprise macédonienne à l'état naissant : il a pu imaginer la Macédoine utilisant son hégémonie pour donner à des cités grecques restées autonomes une organisation politique unique, comme Athènes l'a fait immédiatement après les guerres médiques [3], et réservant la domination despotique aux nations barbares.

1. VII, 6, 7, 1327 b 7-9.

2. VII, 7, 3, 1327 b 29-33. C'est moi qui souligne : cette formule est à comparer à celle qui est utilisée pour les ethnies des régions froides et de l'Europe : ἐλεύθερα διατελεῖ μᾶλλον, ἀπολίτευτα δὲ καί τῶν πλησίον ἄρχειν οὐ δύναμενα, « elles se conservent plutôt libres, mais ne s'organisent pas en cités et sont incapables de gouverner leurs voisins » (1327 b 25-26). Guillaume de Moerbeke (Spiazzi, p. 361, 969-970, Laval, p. 361, 1re c.) traduit διατελεῖ par *perseverat* et accentue par sa traduction l'opposition entre ἀπολίτευτα (*non politizare*) et βέλτιστα πολιτευόμενον (*maxime politizans*). S'agit-il pour les Grecs, avec l'expression μιᾶς τυγχάνον πολιτείας de parvenir tous à un même régime, au sens où toutes les cités associées sous une direction commune auraient chacune la même πολιτεία ? Je crois plutôt qu'Aristote pense à l'unique régime politique (au sens où politique s'oppose à despotique) régissant l'ensemble qu'elles formeraient : *una respublica*, dit Pierre d'Auvergne (Spiazzi, p. 362, 1119, Laval, p. 363, 1re c.), *respublica* désignant chez lui aussi bien cet ensemble que son régime.

3. Voir sur ce point V, 4, 8, 1304 a 23 (commenté *infra*, II, 4, p. 188-189).

L'avenir a été différent, brouillant la distinction entre le politique et le despotique : le pouvoir exercé sur les cités grecques a menacé leur autonomie et, en même temps, Alexandre a refusé de traiter despotiquement tous les Barbares. Comme le remarque Plutarque [1], il n'a pas suivi le conseil d'Aristote qui « lui conseillait de traiter les Grecs *en* leader [ou *hégémoniquement*] et les Barbares *en maître* [ou *en despote*] [συνεβούλευεν αὐτῷ, τοῖς μὲν Ἕλλησιν *ἡγεμονικῶς* τοῖς δε Βαρβάροις *δεσποτικῶς*] ».

Avec les royautés hellénistiques des successeurs d'Alexandre et ensuite les conquêtes de Rome, à l'époque de la république puis de l'empire, le modèle que les Grecs avaient expérimenté pendant deux siècles – le jeu des équilibres et des rapports de force entre des cités de même culture, de même langue et de même religion, toutes attachées à leur autonomie, mais avec des réussites inégales – devient caduc. Il ne retrouvera une actualité que bien plus tard, à partir du XIIe siècle, comme arme des villes et royaumes indépendants contre les projets de « monarchie universelle », tentatives de faire revivre le défunt empire romain dont le fantôme hantait l'Europe. Peut-être, cela peut-il contribuer à expliquer le nouvel intérêt né alors pour les *Politiques*.

La démocratie en question

La cité n'est pas seulement définie par son indépendance mais aussi par son régime : l'autonomie a aussi une dimension interne. De là une relation complexe entre l'invention de la cité, abstraction faite de son régime, et celle de la démocratie : elles ne sont pas confondues – Sparte est une cité sans être une démocratie – et pourtant la cible que les hommes visent quand ils instituent une cité ne peut être pleinement atteinte sans démocratie. Entre les deux inventions, il y a en même temps continuité et différence. Par exemple, il y a deux manières différentes de parler du même pouvoir des lois selon que la cité est ou n'est pas une démocratie : d'un côté Thucydide (par la bouche de Périclès) ou à un moindre degré Aristote ; de l'autre le spartiate Démarate mis en scène par Hérodote. Pour les premiers, il s'agit de ne pas dépendre dans la vie publique des caprices et passions

1. *La fortune ou la vertu d'Alexandre*, I, 6, 329 b (*Œuvres morales*, t. V, 1ère partie, édité et traduit par Françoise Frazier et Christian Froidefond, Paris, Les Belles Lettres, 1990). C'est moi qui souligne pour rendre visible l'opposition entre ἡγεμονικῶς et δεσποτικῶς. « Il résista, écrit Montesquieu, à ceux qui voulaient qu'il traitât les Grecs comme maîtres, et les Perses comme esclaves » *El*, X, 14, p. 161. « C'était le conseil d'Aristote », ajoute Montesquieu en note, faisant référence à ce texte de Plutarque et donnant raison à Alexandre (n. e).

d'un homme, sans que cela affecte, du moins pour Périclès, plus démocrate en cela qu'Aristote, la vie privée de chacun. Le contraste avec le spartiate Démarate est saisissant : il oppose les sujets perses de Xerxès dont les armées s'apprêtent à envahir la Grèce et les citoyens de Sparte qui craignent la loi, maître (δεσπότης), dit-il devant le Grand roi, encore plus redoutable que tout monarque [1]. Ni Périclès ni Aristote, pour lesquels la liberté et la loi sont conditions l'une de l'autre, n'auraient songé à présenter la loi comme un despote encore plus redoutable que le Grand roi, comme si les citoyens étaient les esclaves de la loi. « Il ne faut pas croire, écrit Aristote, que ce soit un esclavage de vivre conformément au régime [et donc aux lois qu'il implique], alors que c'est le salut » [2]. Il est vrai que cette déclaration est opposée aux partisans des démocraties les plus déviées [3] qui, selon Aristote, opposent faussement la liberté aux lois, chacun faisant ce qu'il veut et allant où son désir le conduit [4] : dans ce contexte, Aristote peut même parfois, comme Platon, prendre appui sur le régime de Sparte où le législateur a prêté attention au genre de vie de chacun, à l'alimentation et aux mœurs [5] pour condamner la liberté dont chacun jouirait à Athènes dans sa famille. Mais cela ne le conduit jamais à parler de la loi comme d'un despote.

Autarcie et démocratie

Pour Aristote, l'autarcie n'est pas seulement économique et démographique mais implique ce que Thucydide appelait « autonomie ». En effet l'autarcie vaut pour la cité dans sa totalité en vue de sa fin propre, le bien vivre [6] : elle est donc d'abord politique. Parmi toutes les fonctions nécessaires à l'autosuffisance d'une cité, la plus importante pour les citoyens est de délibérer sur leurs affaires communes, de juger et de distribuer entre eux (ou entre certains d'entre eux) les magistratures. Délibérer en commun, siéger au tribunal ou être magistrat, c'est toujours pour Aristote exercer un pouvoir spécifiquement politique, se distinguant

1. Hérodote, *Histoires*, livre VII, texte établi et traduit par Philippe Ernest Legrand, Paris, Les Belles Lettres, 1951, désormais Hérodote, VII, 104. Dans la *Lettre VII*, Platon utilise lui-aussi ce thème de l'esclavage des citoyens et surtout des bons gouvernants envers les lois : ces derniers susciteront le respect (αἰδώς) des gouvernés en étant les premiers à vouloir et à pouvoir se faire les esclaves des lois (337 a-b).

2. V, 9, 16, 1310 a 34-36.

3. V, 9, 14, 1310 a 25-26.

4. V, 9, 15, 1310 a 31-34.

5. *EN*, X, 10, 1180 a 24-26.

6. I, 2, 8-9, 1252 b 27-1253 a 5

des autres pouvoirs par deux caractères, sa finalité, le bien commun, et la relation d'égalité entre les membres de la communauté : la hiérarchie entre les magistrats et les citoyens ordinaires n'est pas permanente, comme entre un mari et son épouse, un père et son enfant (tant que ce dernier n'est pas adulte) ou, à plus forte raison, un maître et son esclave, mais provisoire, dépendante de la délibération de tous sur les affaires communes, et pensée sur l'horizon de l'égalité que confère la participation à une même communauté.

De ce point de vue, la démocratie n'est pas seulement pour Aristote un régime dévié, se détournant du bien commun au profit de l'avantage d'une fraction, même majoritaire, de la cité. Dans sa visée première dont elle dévie presque toujours, la démocratie est indispensable à l'autarcie politique.

Pour mieux définir cette visée, relisons ce qu'écrit Hérodote, un siècle auparavant. Donnant la parole à un partisan de la démocratie, il ne parle ni de démocratie ni de δῆμος (mot qui désigne en même temps le peuple et l'assemblée des citoyens) : dans ce contexte, ces termes sont réservés à ceux qui critiquent ce régime et préfèrent confier le pouvoir à quelques-uns ou à un seul [1]. Hérodote parle d'ἰσονομία (*isonomie*, « égalité par et devant la loi ») ou d'ἰσηγορία (*iségorie*, « liberté égale de prendre la parole » quand les affaires sont « au milieu de tous »). Si l'on suit Hérodote, « isonomie » et « iségorie » ont été au départ des termes positifs, « démocratie » et δῆμος des termes péjoratifs, mais ces jugements de valeur ne seront pas durables : chez Thucydide, les démocrates (Périclès et Athénagoras) [2] parlent de la « démocratie » pour en faire l'éloge tandis que « l'isonomie politique pour la multitude [πλήθους ἰσονομία πολιτική] », comme d'ailleurs, dans le camp opposé, « la sagesse de l'aristocratie », sont les slogans des factions démocratique et oligarchique en lutte pour leur propre domination, dans le climat délétère créé par la prolongation et

1. En réalité ni Mégabyze (le partisan de l'oligarchie, Hérodote, *Histoires*, livre III, texte établi et traduit par Philippe Ernest Legrand, Paris, Les Belles Lettres, 1939, désormais Hérodote, III, 81), ni Darius (le défenseur de la monarchie, III, 82) n'usent du mot « démocratie ». Ils parlent seulement du régime confiant le pouvoir au δῆμος. Par exemple, Mégabyze enjoint ironiquement « ceux qui veulent du mal aux Perses d'user du δῆμος ».

2. Né vers 495, mort en 429, Périclès est le principal dirigeant de la démocratie athénienne à l'apogée de sa puissance. Athénagoras est le *leader* du parti populaire à Syracuse au moment de l'expédition de Sicile (415-414) : elle a provoqué la défaite des Athéniens dans la guerre qui les opposait aux Péloponnésiens dirigés par les Spartiates.

l'aggravation de la guerre entre les deux grandes coalitions dirigées par Athènes et Sparte [1].

Revenons à Hérodote. Otanès loue l'*isonomie* [2] dans le fameux débat entre les notables perses : ils ont renversé le pouvoir tyrannique des Mages et veulent choisir un régime ; leur débat, imaginé par Hérodote qui transpose en Perse un débat propre au monde grec [3], est l'esquisse de la première classification des régimes dont nous disposons, avec trois solutions possibles – suprématie de la multitude, de quelques-uns ou d'un seul –, chacune envisagée dans sa forme droite et dans sa forme corrompue. Le premier à parler est Otanès, qui a pris l'initiative de la résistance au pouvoir tyrannique des Mages. Il propose de « mettre les affaires au milieu des Perses [ἐς μέσον Πέρσῃσι καταθεῖναι τὰ πράγματα] » sans laisser une fraction quelconque de la communauté s'approprier le pouvoir de décider, « d'élever la multitude [τὸ πλῆθος ἀέξειν] », de la mettre en position de suprématie, cette isonomie et cette suprématie impliquant d'user du sort pour désigner les magistrats et de les soumettre à la reddition de comptes pour les contrôler. Il faut imaginer les citoyens répartis sur un cercle dont le centre est vide, occupé de manière seulement provisoire par celui qui donne son avis sur l'affaire dont on délibère.

Plus loin, Hérodote évoque les réformes de Clisthène. À la charnière des VIe et Ve siècles, elles ont, selon la plupart des historiens modernes, institué la démocratie à Athènes. Clisthène était issu d'une grande famille, les Alcméonides, dont sera également issu Périclès. Les réformes de Clisthène consistent à accorder plus largement la citoyenneté et à réorganiser complètement la répartition des citoyens en 10 tribus, chacune composée de 3 sections [4], de la ville, de la zone côtière et de la campagne. Chaque tribu désigne 50 membres du Conseil, l'organe qui organise le travail de l'assemblée ouverte à tous les citoyens. L'objectif est donc d'unifier le corps civique en mélangeant dans chaque tribu des citoyens d'origines territoriales et sociales différentes [5]. Pour résumer les effets positifs de ces mesures, Hérodote évite de nouveau le mot « démocratie » et

1. Thucydide, III, 82, 8.

2. Hérodote, III, 80. Pour l'ensemble du débat et sa conclusion 80-83.

3. En réalité le débat n'est ni grec ni perse. Ni grec, parce que les cités grecques choisissent entre démocratie et oligarchie (comme l'étude des *Politiques* le montre, la monarchie n'est pas véritablement pour elles une solution envisagée) ; ni perse non plus : la monarchie ne résulte pas en Perse d'un débat de type grec sur le meilleur régime.

4. Chacune de ces sections est une « trittye » (τριττύς), mot qui désigne d'abord le nombre trois.

5. *Constitution d'Athènes*, XXI.

écrit que « l'*iségorie* [le fait de donner à chaque citoyen la même liberté de parole dans les débats sur les affaires communes] est un bien précieux » : « les Athéniens virent grandir leur puissance » : « soumis aux tyrans les Athéniens ne valaient pas mieux à la guerre que leurs voisins, mais libérés de la tyrannie, leur supériorité fut éclatante » [1].

Dans cet ouvrage, je montre qu'Aristote fait clairement référence, au chapitre 4 du livre IV des *Politiques* [2], à cette visée première de la démocratie. Dans ce texte, la démocratie n'est pas, comme elle l'est le plus souvent dans les *Politiques*, une déviation, le pouvoir despotique des pauvres sur les riches ; elle est « première » au sens normatif et non chronologique :

> elle tient surtout son nom de sa conformité à l'égalité [κατὰ τὸ ἴσον]. Car l'égalité, dit la loi [νόμος] d'une telle démocratie, c'est que *ni les pauvres ni les riches ne soient en rien les uns au-dessus des autres, qu'aucun des deux groupes n'ait la suprématie et qu'ils soient les uns et les autres semblables* [τὸ μηδέν μᾶλλον ὑπερέχειν τοὺς ἀπόρους ἢ τοὺς εὐπόρους, μηδὲ κυρίους εἶναι ὁποτερουσοῦν, ἀλλ'ὁμοίους ἀμφοτέρους].

Comme le mot δημοκρατία ne contient dans son étymologie aucune référence à l'égalité et à la loi, Aristote doit penser dans ce texte à l'ἰσονομία ou à l'ἰσηγορία, plus probablement à l'ἰσονομία du fait de la référence à « la loi d'une telle démocratie ». Il prend soin d'exclure en priorité le pouvoir des pauvres sur les riches et ensuite seulement toute suprématie des uns sur les autres : on comprend mieux qu'il privilégie l'expérience démocratique de la délibération de tous sur les affaires communes quand, au début du livre III, il définit le vrai citoyen par sa participation au pouvoir de délibérer et de juger, ce qui serait très étrange si la démocratie était seulement une déviation [3].

1. Hérodote, *Histoires*, livre V, texte établi et traduit par Philippe Ernest Legrand, Paris, Les Belles Lettres, 1946, V, 78. Hérodote fait référence à la longue période (561-510) où, à la suite de l'archontat de Solon (voir *infra*), Pisistrate, le chef du parti populaire, installe à Athènes une tyrannie qui va se poursuivre après sa mort avec ses fils (*Constitution d'Athènes*, XIV-XIX). Le premier effet des luttes populaires n'est donc pas l'instauration d'une démocratie mais d'un régime autoritaire donnant une relative satisfaction aux revendications populaires. Voir sur ce point, p. 341.

2. C'est le texte sur la première démocratie (22-23, 1291 b 30-38) traduit et commenté plus loin, II, 5, p. 201-207. C'est moi qui souligne le passage montrant que cette démocratie n'est pas une déviation.

3. Ainsi défini, « le citoyen existe surtout dans une démocratie », III, 1, 10, 1275 b 5-6. Voir sur ce point, I, 1, p. 74.

La démocratie comme déviation

Pour Aristote, la démocratie dévie cependant presque toujours de sa cible première. De « politique », ordonné au bien commun, le pouvoir devient « despotique », ordonné au bien des gouvernants : les pauvres détiennent la suprématie et visent leur propre avantage. Plus elle se radicalise, plus la démocratie devient despotique : pour finir, elle cesse même, comme la tyrannie et l'oligarchie les plus déviées, d'être un régime politique. Mieux, les *leader*s populaires auxquels Hérodote pensait certainement quand il faisait l'éloge du pouvoir de la multitude, Clisthène, Éphialte et Périclès, semblent pour Aristote responsables du processus qui a conduit à la tyrannie populaire [1]. Comment expliquer que la suprématie de tous devienne celle du δῆμος, d'un peuple qui n'est plus l'ensemble des citoyens mais seulement la fraction la plus nombreuse, la plus pauvre de la communauté ? On ne peut se contenter de mettre en cause le principe majoritaire, car tout régime y fait appel pour prendre certaines décisions [2]. Aristote montre que dans beaucoup de cités, et en particulier à Athènes à partir de Clisthène, un grand nombre de travailleurs manuels libres, souvent pauvres, ont accédé à la citoyenneté, non seulement légale ou nominale, mais effective, si bien que le principe majoritaire a conduit à la suprématie des pauvres. Les oligarchies et les démocraties se corrompent donc pour des raisons différentes : dans le premier cas, la déviation tient au désir des riches d'être de plus en plus riches et d'avoir de plus en plus de pouvoir. Dans le second, les pauvres veulent seulement (Aristote l'affirme bien avant Machiavel) ne pas être asservis et dominés [3], mais la rencontre malheureuse de la visée première de la démocratie – le projet d'égalité – avec la division sociale présente dans la communauté civique et le fait que les pauvres constituent le plus souvent la majorité détournent le débat politique de la visée du bien commun. Que les pauvres soient majoritaires n'a pour Aristote rien de nécessaire. C'est seulement ce qui se produit le plus souvent. L'égalité devant la loi est renversée en son contraire : l'absence de suprématie des uns sur les autres devient la suprématie des pauvres sur le reste de la cité. On peut éclairer ce renversement en comparant les analyses d'Aristote et de Thucydide.

1. II, 12, 4, 1274 a 5-11, pour Éphialte et Périclès ; III, 2, 3, 1275 b 34-37, pour Clisthène. On verra plus loin que l'analyse d'Aristote est en fait plus complexe.

2. IV, 8, 7, 1294 a 11-14. Voir, II, 5, p. 205.

3. IV, 13, 8, 1297 b 6-8. Voir II, 5, p. 209.

La corruption de la démocratie selon Thucydide et Aristote

Pour Aristote, le bien de chaque citoyen et celui de la cité sont inséparables. Il n'y a donc pas lieu de subordonner la communauté à l'individu, comme le feront beaucoup plus tard les libéraux, ou à l'inverse, selon la finalité que ces derniers ont souvent attribuée à tort à toutes les cités antiques pour montrer qu'elles n'étaient pas libérales, de sacrifier l'individu à la communauté : ni la communauté, ni l'individu ne sont des absolus ; on ne doit pas oublier pour l'une et l'autre leur relation à l'autre. Le régime démocratique athénien du milieu du Ve siècle – dont Thucydide fait l'éloge par la bouche de Périclès dans l'oraison funèbre aux citoyens morts pour la cité, au cours de l'hiver qui suit la première année de la guerre du Péloponnèse, à un moment où les effets délétères et corrupteurs de cette guerre ne se sont pas encore manifestés – est très éloigné de la cité antique que les modernes, pensant davantage à Sparte qu'à Athènes trop moderne à leur goût, ont peu à peu imaginée et reconstruite, imposant à chacun depuis l'enfance de se sacrifier à la communauté. C'est avec la même liberté, déclare Périclès, que nous nous gouvernons pour les affaires communes (il fait ici référence à l'égale liberté de parole dans le débat public) et dans nos relations mutuelles, dans les regards dépourvus de soupçon que nous portons sur nos vies privées respectives, que chacun de nous est libre d'organiser à sa guise :

> C'est librement que nous nous gouvernons pour ce qui touche au commun et aussi à la suspicion des uns et des autres sur les mœurs de chaque jour [Ἐλευθέρως δὲ τά τε πρὸς τὸ κοινὸν πολιτευόμεν καὶ ές τὴν πρὸς ἀλλήλους τῶν καθ'ἡμέραν ἐπιτηδευμάτων ὑποψίαν] [1].

Par excellence (ἀρετή), Aristote entend pour tous et pour chacun le bien vivre, la vie accomplie dans toutes ses dimensions. Un tel *éthos* n'est pas très éloigné de l'attitude que Périclès décrit dans l'oraison funèbre, en usant de manière significative de la première personne du pluriel pour désigner les Athéniens [2], nous, chaque citoyen et la communauté que nous formons :

1. II, 37, 2 : ὑποψία, c'est le regard d'en dessous.

2. Οἱ Ἀθηναῖοι, et non Athènes, expression impersonnelle qui ferait de la cité une réalité différente des citoyens d'Athènes présents, passés et à venir. Ἀθηναῖων πολίτεια devrait donc se traduire *Régime* (ou *Constitution*) *des Athéniens*, et non *Constitution d'Athènes*.

> Nous vivons dans l'amour de la beauté avec frugalité et dans l'amour de la sagesse [ou en philosophant] sans manquer de fermeté, φιλοκαλοῦμεν τε γὰρ μετ'εὐτελείας και φιλοσοφοῦμεν ἄνευ μαλακίας [1].

Μετ'εὐτελείας, cet amour de la beauté est simple, frugal ; ἄνευ μαλακίας, Thucydide estime sans doute, comme ensuite Aristote [2], que la culture de l'intelligence peut conduire à la mollesse, à un manque de caractère et de courage, autrement dit à la servilité. Périclès précise plus loin que les Athéniens ont la capacité de réfléchir, de calculer et de discuter sans que la parole soit un obstacle à l'action, à la résolution et au courage quand le moment de combattre est venu [3].

Si cette visée fondamentale de la démocratie selon Périclès est bien aussi celle de la cité pour Aristote, la question de l'accès à la citoyenneté est devenue pour ce dernier difficile : c'est ici qu'il s'écarte de la démocratie du v e siècle dont Périclès faisait l'éloge. Pour vivre et agir en aimant beauté et sagesse, chaque citoyen doit, selon Aristote, bénéficier de loisir, ne pas être absorbé par le souci quotidien de vivre et de faire vivre sa famille, au contraire de ce que déclare Périclès juste après avoir affirmé que tous les citoyens (riches ou pauvres) vivent dans cet amour, sobre pour la beauté et ferme pour la sagesse :

> Nous préférons user de la richesse pour agir à propos plutôt que pour parler avec arrogance [πλούτω τε ἔργου μᾶλλον καιρῷ ἢ λόγου κόμπω χρώμεθα] ; et la pauvreté, l'avouer tout haut n'est pas une honte, mais c'est plus honteux de ne pas agir pour en sortir. Une même personne peut à la fois prendre soin de ses affaires domestiques et de celles de la cité ; et quand des gens différents se tournent vers des occupations différentes, ils peuvent cependant juger des affaires de la cité sans rien qui laisse à désirer [4].

Les citoyens dont parle Périclès sont riches ou pauvres, leurs affaires privées diffèrent selon le travail ou le loisir, la pauvreté ou la richesse des uns et des autres, et aussi selon la manière quotidienne de vivre, propre à

1. Thucydide, II, 40, 1, trad. modifiée. Je m'inspire de la traduction et des commentaires de Castoriadis : « La *polis* grecque et la création de la démocratie », in *Domaines de l'homme. Les carrefours du labyrinthe* II, Paris, Seuil, 1986, p. 304-306 ; *La cité et les lois. Ce que fait la Grèce, 2.* Séminaires 1983-1984, Paris, Seuil, 2008, p. 161-166 ; ou encore, *Thucydide, la force et le droit*, Paris, Seuil, 2011, p. 165. Castoriadis reprend et discute le commentaire d'Hannah Arendt (*La crise de la culture*, Paris, Gallimard, 1972, p. 273-274).

2. Pour Aristote, le mélange d'intelligence et de servilité caractérise les peuples d'Asie. Voir le texte du chapitre 7 du livre VII cité p. 25, n. 1.

3. Thucydide, II, 40, 2-3.

4. Thucydide, II, 40, 2, trad. modifiée.

chaque famille, que les autres s'abstiennent de regarder avec suspicion. Tous pourtant peuvent vivre dans l'amour de la beauté et la sagesse, être bons juges des affaires communes; selon ses qualités ou compétences, chaque citoyen peut s'honorer en accédant à une fonction publique et servir la cité sans que sa pauvreté et l'obscurité de sa condition ne soient pour lui un obstacle [1]. Ce régime porte le nom de « démocratie », car on n'y gouverne pas en vue de quelques-uns mais du plus grand nombre [2]. Dans le discours de Périclès, les références à l'égalité et à l'excellence s'accordent sans difficulté. Le pouvoir du peuple (δῆμος) n'est pas celui des pauvres sur les riches mais celui qu'Athénagoras décrit beaucoup plus loin dans le récit de Thucydide [3]. Pour ce chef du parti populaire à Syracuse au moment de l'expédition de Sicile [4], le mot δῆμος renvoie à toute la communauté [5] et non à l'une de ses parties comme c'est le cas quand on parle d'oligarchie. Dans une démocratie, affirme Athénagoras, il appartient aux riches de veiller aux finances, aux meilleurs de donner les conseils les plus sûrs, au grand nombre de juger et de décider après avoir écouté ces conseils : « de manière semblable, chacun selon son rôle et tous ensemble, ils ont part égale à la démocratie ταῦτα ὁμοίως καὶ κατὰ μέρη καὶ ξύμπαντα ἐν δημοκρατίᾳ ἰσομοιρεῖν ». Certains jugeront peut-être que cette démocratie aristocratique, faisant bon usage des compétences (des riches en matière de finances et des meilleurs pour éclairer la décision) [6] est un mythe masquant la réalité des divisions sociales et politiques. On constatera par exemple qu'Athénagoras réplique au nom du peuple au représentant du parti oligarchique et que Périclès, dans le dernier discours reconstitué par Thucydide, doit affronter le mécontentement de tous les citoyens qui, résidant à la campagne, ont dû s'enfermer dans la ville et assister en spectateurs à la destruction de leurs cultures : comptant d'abord sur la supériorité navale d'Athènes, Périclès a en effet proposé de ne pas affronter directement

1. Thucydide, II, 37, 1.

2. II, 37, 1.

3. VI, 39.

4. Entreprise par les Athéniens en 415, après la mort de Périclès, cette aventure militaire conduira finalement à leur défaite.

5. « (…) le mot peuple [δῆμος] désigne un tout complet », *ibid.* Les mots « peuple » et δῆμος ont la même ambiguïté en français et en grec : ils désignent tous les citoyens ou une fraction d'entre eux, les couches populaires par opposition à une minorité de privilégiés.

6. Claude Mossé, *Thucydide*, t. I, « Introduction », p. XXVI. Reconstituant de manière ironique une oraison funèbre préparée par Aspasie, la compagne de Périclès, Socrate dit que la démocratie athénienne est « une aristocratie paraissant bonne à la multitude [μετ᾽εὐδοξίας πλήθους ἀριστοκρατία] », *Ménéxène*, 238 c-d.

l'ennemi quand il envahit l'Attique [1]. Certes, les contextes d'une oraison funèbre et des discours contradictoires devant une assemblée devant ensuite trancher dans un sens ou dans un autre sont très différents : on met l'accent dans un cas sur l'unité de la communauté, dans l'autre sur la nécessité de choisir entre deux politiques contraires. Mais le discours d'Athénagoras montre que le thème de l'unité n'est pas réservé à l'oraison funèbre : le δῆμος [peuple] n'y est pas seulement une partie de la cité, le grand nombre dont le rôle spécifique est de décider, il est aussi *toute* la cité. Thucydide juge donc possible, dans certaines circonstances, non d'effacer, mais de dépasser la division sociale pour réaliser un mélange équilibré où les qualités des riches et du grand nombre se complètent et s'ajustent les unes aux autres, de même que les visées d'excellence et d'égalité. Les riches n'usent plus de leur richesse pour se vanter, dominer et humilier : elle leur donne le pouvoir d'agir quand il le faut et comme il le faut, en saisissant l'occasion opportune qui se présente. De l'autre côté, la pauvreté ne conduit pas à la honte, au ressentiment ou au retournement chrétien où elle devient une vertu : on peut l'avouer sans honte à condition de ne pas s'y complaire.

Un siècle plus tard, au moment où Aristote écrit les *Politiques*, la division sociale s'est exacerbée : c'est la raison pour laquelle la démocratie est le plus souvent pour lui une déviation – la suprématie despotique d'une partie de la cité sur la communauté –, même s'il ne se contente pas de dire que la démocratie et l'oligarchie sont des déviations symétriques et définit la visée de la cité à peu près comme Périclès ou Athénagoras, raison pour laquelle je m'autorise à rapprocher le bien vivre selon Aristote et l'*éthos* des Athéniens selon Périclès.

Dans les *Politiques*, Aristote juge que les occupations de la plupart des pauvres que les nécessités de la vie contraignent à travailler de leurs mains sont incompatibles avec la citoyenneté dont l'oraison funèbre fait l'éloge. Dans les démocraties qu'Aristote a sous les yeux à la fin du IVe siècle, les occupations privées des citoyens restent aussi diverses que cent ans auparavant à l'époque de Périclès. Mais, à la différence de Périclès, Aristote en conclut que tous les citoyens ne sont pas capables d'avoir ou d'acquérir toutes les qualités physiques, intellectuelles et politiques nécessaires à une citoyenneté accomplie : il faudra distinguer une excellence civique ordinaire (celle du citoyen zélé qui accomplit les devoirs attachés à ce statut, capable, en particulier de défendre la patrie et de mourir pour elle) et celle d'une élite qui, vivant grâce à son loisir dans l'amour de la sagesse et de la

1. II, 60-64.

beauté, pourra exceller en tout et jouer un rôle privilégié dans la direction des affaires publiques. Analysant cette hypothèse au chapitre 4 du livre III[1], Aristote montre les risques auxquels elle conduit : le gouvernement des meilleurs peut être despotique. Même si cette conséquence extrême est évitée, le projet d'une excellence identique pour tous est compromis et il n'est pas certain que le peuple saura distinguer le bon dirigeant du démagogue et prendre les décisions qui conviennent au bien commun.

D'un autre côté, une communauté civique réduite à ceux qui sont assez riches pour vivre dans le loisir peut ne pas bénéficier de l'indépendance et de la sécurité suffisante : les hommes libres exclus des honneurs publics attachés à la citoyenneté risquent de devenir des ennemis de la cité et de son régime ; de même tous les travailleurs de condition servile.

Comparons cette analyse d'Aristote à celle de Thucydide. Pour ce dernier, la guerre du Péloponnèse est une tragédie de la démocratie[2] : le projet d'excellence démocratique décrit dans l'oraison funèbre est mis à l'épreuve d'une guerre d'une intensité exceptionnelle. Plus la guerre dure, plus elle est corruptrice. À Athènes, la guerre aggrave l'épidémie de peste ; au gré de leurs malheurs ou de leurs succès, les Athéniens passent du découragement et du défaitisme à une volonté insensée d'expansion et de domination, qui va les conduire après la mort de Périclès à l'aventure de l'expédition de Sicile et à la défaite finale. Dans un cas, ils se laissent aller à la faiblesse devant leurs adversaires ; dans l'autre, ils oublient le conseil que Périclès leur a adressé parce qu'il craignait cette démesure : consentez « à ne pas étendre votre domination dans le temps où vous êtes en guerre et à ne pas aller chercher délibérément des périls supplémentaires »[3]. L'équilibre entre les riches et les pauvres, entre le grand nombre et les meilleurs, l'égalité et l'excellence (équilibre évoqué dans l'oraison funèbre), dépend donc en même temps de circonstances indépendantes de la volonté humaine (la découverte des mines du Laurion dont l'argent permet de donner aux pauvres la possibilité effective de participer à la vie politique grâce aux diverses indemnités de présence et ce qui, dans la victoire ou la défaite, dépend de la fortune)[4] et de la qualité de la politique décidée et

1. Voir, I, 1, p. 80-82.

2. J'emprunte cette idée à Castoriadis : *Thucydide, la force et le droit*, séminaires 1984-1985, p. 167-168, et p. 284-286.

3. Conseil donné dès le premier discours de Périclès devant l'assemblée rapporté par Thucydide (I, 140-144), 144, 1 pour ce conseil.

4. Dès son premier discours, Périclès insiste sur ce facteur et demande aux Athéniens, s'ils se rangent à ses conseils de fermeté, de soutenir en cas d'échec les décisions communes,

pratiquée. C'est dire l'importance que Thucydide accorde à la clairvoyance et à l'autorité de Périclès [1]. « Sous le nom de démocratie, écrit-il, c'était en fait le pouvoir du premier homme [de la cité] ». On en a conclu qu'il était hostile à la démocratie qui, selon lui, ne pourrait être sauvée qu'en se dotant d'un gouvernement monarchique [2]. Cette conclusion est excessive. Si Thucydide est lucide sur les dérives possibles de la démocratie et sur la nécessité pour elle de s'autolimiter, il ne décrit pas le pouvoir du premier citoyen comme monarchique et encore moins comme tyrannique, puisqu'il repose uniquement sur sa clairvoyance, son refus de la démagogie et sa capacité à convaincre les citoyens rassemblés, tout ce que Foucault appelle sa παρρησία (littéralement franc-parler), en utilisant un terme que Thucydide n'utilise pas dans ce contexte [3].

Foucault réduit cependant la πολίτεια à une constitution juridique égalitaire qui conduirait la démocratie à sa perte si elle n'est pas compensée par les qualités intellectuelles et morale de l'élite qui gouverne. La démocratie serait ainsi sauvée en dépit d'elle-même. Foucault a de plus en plus insisté sur les risques inhérents à cette constitution égalitaire : de gouvernementale dans le cours de 1983, la crise de la démocratie grecque devient dans le cours de 1984 structurelle [4], au point que Foucault semble adopter le point de vue de Platon au livre VIII de la *République* : en autorisant la parole de celui qui la veut, du premier venu (ὁ βουλόμενος), la constitution favorise la confusion entre le franc parler du bon gouvernant et le discours du démagogue qui dit tout haut avec brutalité ce que chacun pense tout bas ; le franc-parler serait donc condamné à l'échec.

car souvent l'événement prend un tour imprévu qui déjoue le raisonnement et la prévision (I, 140).

1. Thucydide résume au style indirect un deuxième discours de Périclès devant l'assemblée au moment de la première invasion de l'Attique (II, 13), puis reconstitue au style direct un dernier discours au moment de la seconde invasion et de l'épidémie de peste (II, 60-64). Le paragraphe qui suit (65) contient le jugement de Thucydide sur Périclès.

2. C'est par exemple l'opinion de Hobbes, le premier à traduire Thucydide en anglais à partir du grec. Dans la préface aux lecteurs (*EW* VIII, p. III-XXXII, trad. Vrin, p. 142 pour ce passage), il cite la phrase que je viens de citer (*in the beginning of the war,* [*the government of Athens*] *was democratical in name, but in effect monarchical*) pour prouver la préférence de Thucydide pour le gouvernement royal (*he best approved the regal government*).

3. 2 février 1983, 2e heure, *Le gouvernement de soi et des autres*, année 1982-1983, Paris, « Hautes Études », Gallimard-Seuil, 2008, p. 158-164. Je commente ce texte dans « La *parrêsia* en démocratie », *Politiques de Foucault*, Paris, P.U.F., 2010. Voir aussi « Annexe II », « Foucault, la démocratie grecque et nous », p. 369.

4. *Le Courage de la vérité, Le gouvernement de soi et des autres*, 1983-1984, Paris, « Hautes Études », Gallimard-Seuil, 2009, p. 33-39.

Mais dans la définition qu'en donnent Périclès et Athénagoras, c'est le régime démocratique lui-même qui donne toute sa place à l'excellence, qu'on soit d'une grande famille ou de condition modeste. Thucydide et plus tard Aristote n'opposent jamais, comme le fait Foucault, la πολίτεια, réduite à une constitution juridiquement égalitaire, et la manière de gouverner (impliquant le franc-parler, la παρρησία d'un bon leader) qui protégerait cette constitution contre les effets corrupteurs inhérents à sa propre structure. Pour Aristote, le « parler libre (παρρησιάζεσθαι) » est affaire de régime, car une tyrannie sans mélange doit pour se conserver y faire obstacle en envoyant partout des espions qui susciteront la crainte ou dénonceront ces libres discours [1].

Périclès, Clisthène, Solon

Pourquoi la démocratie se corrompt-elle ou devient-elle, en particulier dans le cas d'Athènes, de plus en plus déviée ? Sur cette question, Aristote s'écarte manifestement de Thucydide. Ce dernier insiste sur la corruption qui se développe en même temps que la guerre et sur le rôle décisif d'un *leader* éclairé comme Périclès. Comme nous l'avons vu, Aristote parle peu de la guerre du Péloponnèse et très tardivement des relations entre cités. Il y a dans les *Politiques* une seule référence à Périclès [2], défavorable si l'on se souvient du jugement de Thucydide. Périclès a instauré une rétribution pour les membres des tribunaux, selon ce texte les institutions les plus démocratiques du régime parce qu'ouverts à tous les citoyens et recrutés par tirage au sort. L'indemnité favorise donc la candidature des citoyens pauvres aux tribunaux et leur présence effective, contribuant ainsi à déséquilibrer le régime dans le sens d'un despotisme populaire, même si, à en croire *La Constitution d'Athènes*, Périclès ne la propose pas dans cette intention, mais parce qu'il est en compétition avec un autre notable, plus riche que lui et capable d'obtenir la faveur du peuple par ses largesses dans le financement des liturgies [3]. Dans le même ouvrage, l'analyse de cette période se termine par un relatif éloge : « tant que Périclès dirigea le peuple, la vie politique fut meilleure, βελτίω τὰ κατὰ τὴν πολιτείαν ἦν » [4].

1. V, 11, 7, 1313 b 15 et 16.

2. II, 12, 4, 1274 a 8-9.

3. *Constitution d'Athènes*, XXVII, 3-5. Une liturgie était une charge financière assumée par un citoyen riche, par exemple le financement d'une tragédie, avec son chœur, ses acteurs et sa mise en scène.

4. *Ibid.*, XXVIII, 1. Si ce jugement positif concerne les règles d'accès à la citoyenneté caractéristiques de chaque régime, il faut donner à πολιτεία le sens de régime. Mais la suite du texte montre plutôt que la dégradation de la vie politique tient au fait que le peuple, jusqu'à

La politique de Périclès, moins mauvaise que celle de ses successeurs (peut-être en partie parce qu'il a mis provisoirement fin à l'élargissement sans fin de l'accès à la citoyenneté), s'inscrit cependant selon Aristote dans le processus, commencé avec Clisthène et peut-être même avec Solon, au cours duquel le régime démocratique dévie de plus en plus jusqu'à finir en tyrannie.

Le cas de Clisthène est particulièrement intéressant. Dans les *Politiques*, il est d'abord l'un de ces chefs du peuple qui, pour établir la dernière espèce de démocratie, la plus déviée, cherchent à renforcer le peuple en lui adjoignant le plus de gens possible. Car Clisthène a accordé largement la citoyenneté à des « métèques d'origine étrangère et [même] servile [ξένους καὶ δούλους μετοίκους] » [1], alors que Périclès au contraire fera voter un demi-siècle plus tard, en 451, une loi restreignant la citoyenneté aux fils dont les deux parents étaient citoyens [2].

Clisthène renforce aussi la démocratie en créant des tribus plus nombreuses (on passe de 4 à 10) pour que les citoyens « se mêlent le plus possible les uns aux autres [ἀναμειχθῶσι πάντες ἀλλήλοις] » [3]. Ce thème du mélange à réaliser au sein de chaque tribu (ce qui, associant des gens de la ville, de la zone côtière et de l'intérieur, neutralise les intérêts liés à la résidence) et donc par là au sein de tout le corps civique, est repris deux fois

Périclès, avait pris ses leaders parmi les honnêtes gens (οἱ ἐπιεικεῖς), ce qui n'a pas été le cas ensuite.

1. III, 2, 3, 1275 b 34-37. Je comprends que des métèques (soit des étrangers domiciliés légalement à Athènes mais privés en tant que tels de la citoyenneté) deviennent citoyens, alors qu'ils étaient d'origine étrangère (comme tout métèque) et, pour certains, d'origine servile, devenus dans ce cas métèques par affranchissement. Traduction différente : « des étrangers et des esclaves métèques », mais dans ce cas l'expression δούλους μετοίκους devient très étrange, ce qui incite ceux qui choisissent cette solution à la sous-traduire (« esclaves résidents » ou « esclaves domiciliés »). Elle traduirait alors, selon P. Vidal-Naquet (*La démocratie athénienne vue d'ailleurs*, Paris, Flammarion, 1990, p. 74-75), l'embarras d'Aristote à propos d'une période (début du Ve siècle) où la différence de statut entre esclave et métèque n'était pas nettement fixée. Au livre VI (4, 16-17, 1319 b 6-17), Aristote décrit cette politique sans nommer Clisthène qui va l'être au § 18, mais il s'agit de lui comme le montre le passage du livre III que je viens de commenter.

2. Dans les *Politiques*, Aristote ne cite pas Périclès à propos de cette loi à laquelle il fait allusion à plusieurs reprises : dans ce texte du livre VI, en III, 2, 1, 1275 b 21-25 (de manière ironique, en régressant de manière absurde à la citoyenneté du père et de la mère qui renvoie à l'infini à une citoyenneté plus ancienne), et de manière plus imprécise quand il définit le 2e degré de déviation de la démocratie par le fait de réserver la citoyenneté à ceux dont la naissance ne soulève aucune contestation (IV, 4, 24, 1292 a 1-2 et IV, 6, 3, 1292 b 35-36).

3. VI, 4, 18-19, 1319 b 19-27.

dans la *Constitution d'Athènes* avec le même vocabulaire[1]. Or une des deux voies que les *Politiques* proposent pour empêcher le régime populaire de dévier vers le pouvoir despotique des pauvres est précisément la politique du juste mélange (d'éléments démocratiques et oligarchiques ainsi que des couches sociales correspondantes et de la classe moyenne) que nous analysons dans la deuxième partie de cet ouvrage. Aristote, nous le savons, était sensible comme Clisthène aux risques des particularismes territoriaux : pour assurer une bonne délibération à propos de la guerre et des relations avec les pays limitrophes sans pression des intérêts particuliers, il faut, écrit-il, soit que chaque citoyen ait des propriétés près de la ville et près de la frontière, soit dans le cas contraire (si la répartition territoriale des propriétés donne aux uns et aux autres des intérêts opposés) décider, comme le font certains (ἔνιοι), que les citoyens résidant près de la frontière, au contact de ces voisins limitrophes, ne prendront pas part à la délibération[2]. Alors qu'il critique explicitement la création massive de citoyens nouveaux pris dans n'importe quelle couche de la population, Aristote décrit la politique du mélange de Clisthène sans porter de jugement négatif sur elle.

Pour renforcer une démocratie (comme tout autre régime dévié), il ne faut pas suivre la pente où l'entraîne son déséquilibre initial, en l'occurrence renforcer le peuple (considéré seulement ici comme une partie de la cité), autrement dit accentuer toujours plus le caractère despotique du régime. Car le renforcement quantitatif du peuple (comme d'ailleurs tout ce qui renforce son importance politique, par exemple le recours croissant au tirage au sort et aux indemnités favorisant la présence des pauvres au tribunal ou à l'assemblée) a une efficacité assez vite atteinte : il doit cesser dès que la multitude l'emporte sur les notables et la classe moyenne, faute de quoi la force du peuple devient la faiblesse du régime, car un déséquilibre excessif en sa faveur provoque la révolte des notables[3]. Peut-être

1. XXI, 2-3 : comme dans le texte des *Politiques*, Aristote utilise le verbe ἀναμίσγειν, qu'il est inexact de rendre comme les traducteurs de la *Constitution d'Athènes* en parlant de « fondre » ou de « fusion ».

2. VII, 10, 11-12, 1330 b 14-23. Les quelques cités en question ne sont pas nommées dans ce texte.

3. « Pour établir une telle démocratie [la forme la plus déviée], les dirigeants ont coutume de rendre le peuple plus fort en lui adjoignant le plus de gens possible, autrement dit en faisant citoyens non seulement les enfants légitimes, mais encore ceux qui sont illégitimes, c'est-à-dire dont un seul parent est citoyen, je veux dire le père ou la mère, car pour un peuple de ce genre, prendre tout le monde est ce qui convient le mieux. Voici donc comment les chefs du peuple établissent ce peuple, qu'il faut cependant augmenter jusqu'au point où la multitude

Aristote considère-t-il que la loi de 451 (proposée par Périclès, même si cela n'est pas rappelé dans les *Politiques*) [1] est une manière d'éviter que le rapport de force entre le peuple et les autres citoyens continue à se dégrader au détriment des riches et de la classe moyenne : pour être citoyen, il fallait désormais être né d'un père citoyen et d'une mère citoyenne [2]. Sur ce point au moins, Périclès aurait imposé une limite à une démocratisation excessive du régime, à laquelle il aurait cependant contribué en favorisant la présence effective des citoyens pauvres dans les tribunaux.

Il y a donc pour Aristote deux manières opposées de sauvegarder une démocratie (comme d'ailleurs une oligarchie) : la première consiste à renforcer par rapport aux autres, autant qu'on le peut, la partie de la cité qui a la suprématie, en augmentant sans limite le nombre des nouveaux citoyens de revenu modeste et travaillant de leurs mains, ou encore en adoptant les dispositions convenant à une tyrannie (étant donné que la démocratie la plus déviée est une tyrannie exercée par le peuple) : libérer esclaves, femmes et enfants de tout pouvoir exercé sur eux, et laisser chaque citoyen mener sa vie privée et familiale à sa guise [3]. Aristote reprend ici à son compte la description caricaturale de l'anarchie démocratique proposée par Platon dans la *République* [4]. Alors que Thucydide estimait, par la bouche de Périclès, que la liberté laissée à chaque Athénien dans sa vie privée était compatible avec le respect des lois et des décisions prises en commun [5], Aristote et Platon associent l'anarchie des vies privées et la destruction de l'autorité des lois.

l'emporte [ὑπερτείνῃ] sur les notables et la classe moyenne, sans dépasser cette limite. Car en la dépassant, on accroît le désordre du régime et on irrite davantage les notables jusqu'à leur rendre la démocratie difficile à supporter » VI, 4, 16-17, 1319 b 6-17 : ὑπερτείνω signifie le plus souvent « tendre avec excès » (sur ce vocabulaire de la tension appliqué au dosage des régimes déviés qui mélangent démocratie et oligarchie, voir II, 4, p. 187-191) ; ici il s'agit de « l'emporter sur… ».

1. « (…) à cause du nombre croissant de citoyens et sur proposition de Périclès, on décida de ne pas laisser jouir des droits civiques quiconque ne serait pas né de deux citoyens », *Constitution d'Athènes*, XXVI, 4, mais c'est aussi le point de vue des *Politiques* comme le montre le texte traduit à la note précédente.

2. En quel sens peut-on parler d'une citoyenne alors que seuls les hommes peuvent être citoyens ? Voir sur ce point I, 1, p. 72, n. 4.

3. VI, 4, 20, 1319 b 27-32.

4. VIII, 562 d-563 d.

5. « Malgré cette tolérance qui régit nos rapports privés, la crainte nous retient avant tout, dans les affaires publiques, de rien faire d'illégal, car nous prêtons attention aux magistrats qui se succèdent et aux lois (…) » II, 37, 3.

Mais puisque ce renforcement de la tendance démocratique du régime contribue à un moment donné à le détruire, on peut aussi lui imposer des limites : ne pas laisser se dégrader toutes les relations d'autorité, ne pas permettre à n'importe qui d'accéder à la citoyenneté. La démocratie se sauve en se modérant : en empruntant à l'oligarchie des contrepoids utiles [1]. Je fais l'hypothèse que la politique du mélange pratiquée par Clisthène, comme la limitation par Périclès de l'accès à la citoyenneté, relèvent pour Aristote de cette bonne manière de renforcer la démocratie. Alors que l'accroissement excessif du poids quantitatif du peuple incite les notables à la sédition, la politique du mélange vise à tempérer les effets nocifs de la division sociale.

Pour Aristote, le mouvement de démocratisation a commencé avec Solon [2], près d'un siècle avant Clisthène et 130 ans avant Périclès : Solon réintègre à la cité les paysans pauvres autochtones en les libérant de l'esclavage pour dettes (c'est la σεισάχθεια, au sens propre le fait de décharger d'un fardeau) et en leur donnant des droits politiques élémentaires. On se contente souvent de rappeler le jugement positif d'Aristote sur ces réformes, comme si le régime instauré par Solon était la démocratie la meilleure, si peu déviée qu'elle tend parfois à se confondre avec la forme droite du régime populaire, la *politeia* [3]. Mais en réalité l'analyse d'Aristote est beaucoup plus nuancée.

La *Constitution d'Athènes* contient un récit très détaillé de la politique de Solon (594-593) [4]. Un des premiers citoyens de la cité par sa naissance et sa réputation mais homme de la classe moyenne par sa fortune, Solon est choisi par les deux camps dans une situation de guerre civile entre riches et pauvres [5]. Sa première mesure consiste à abolir l'esclavage pour dettes et à l'interdire pour l'avenir [6]. Ce qui est supprimé, ce n'est pas l'esclavage en général, en particulier pour tous ceux qui sont d'origine barbare, mais celui qui frappait beaucoup de paysans athéniens autochtones. Aristote évoque pour la rejeter l'explication malveillante de la réforme selon laquelle

1. Voir sur ce point *infra*, II, 5 et 6, p. 207-208 et p. 219 *sq*.

2. « Le troisième changement [μεταβολή] [de régime] se produisit après une guerre civile, sous Solon : c'est à partir de lui que commence la démocratie » *Constitution d'Athènes*, XLI, 2.

3. Sur le sens de cette appellation, voir dans la deuxième partie de mon introduction l'exposé sur la deuxième aporie du livre III, p. 53-54. Pour mes raisons de ne pas traduire dans ce cas πολίτεια, voir p. 50, n. 1.

4. V-X.

5. V.

6. VI.

l'abolition des dettes aurait été un moyen pour Solon de s'enrichir et adopte la version des démocrates : Solon n'a pas pris part à la manœuvre de certains de ses amis nobles qui, sachant par avance que la réforme les libérerait de leurs obligations, se sont endettés pour acheter des terres ; il s'agissait bien pour lui de libérer le peuple en abolissant l'esclavage pour dettes et en donnant aux citoyens les plus pauvres des droits politiques minimaux.

Dans les *Politiques* [1], Aristote rappelle que pour certains (il ne s'agit donc pas de sa propre thèse), Solon est un législateur de valeur : il a établi « la démocratie de nos pères », beau mélange d'une institution oligarchique (le conseil de l'Aréopage), d'une procédure aristocratique (l'élection des magistrats) et d'une institution démocratique (les tribunaux) [2].

En réalité, rectifie Aristote, les deux premiers éléments de ce régime existaient déjà auparavant. Au crédit de Solon, on ne doit donc porter que l'élément démocratique du régime, les tribunaux, désormais ouverts à tous et recrutés par tirage au sort. D'où un second débat : pour certains, cette réforme n'aboutit pas à un régime équilibré car l'institution démocratique (les tribunaux) a désormais la suprématie en tout [3], ce qui conduira au Ve siècle – en particulier avec Périclès qui renforce le caractère populaire des tribunaux en instituant une indemnité de présence – à une démocratie de plus en plus déviée et pour finir à la tyrannie du peuple.

Selon la *Constitution d'Athènes*, les trois mesures les plus démocratiques de Solon furent l'abolition de l'esclavage pour dettes (c'est, selon ce texte, le plus important), le droit donné à chacun d'intervenir en justice en faveur d'une personne lésée, et enfin, « dit-on » (l'auteur prend donc ses distances avec ce jugement comme dans les *Politiques*), le droit d'appel aux tribunaux, « car, quand le peuple est maître du vote, il est maître du régime ». Cette fois, Solon n'est plus accusé d'avoir favorisé une fraction des notables qui voulait s'enrichir mais au contraire d'avoir fait un premier pas décisif en direction de la démocratie radicale : il aurait volontairement favorisé l'imprécision des lois pour que les tribunaux, les organes les plus démocratiques, puissent intervenir le plus souvent possible et acquièrent ainsi la suprématie dans le régime.

1. II, 12, 2-6, 1273 b 35-1274 a 21.

2. II, 12, 2, 1273 b 35-41. À noter que l'élection est jugée ici aristocratique alors que le sort (désignant n'importe qui) est démocratique. Sur ce que sont respectivement les magistrats et les tribunaux dans les cités, voir p. 13, n. 4. À propos de l'Aréopage, voir p. 16, n. 1.

3. II, 12, 3, 1274 a 3-5.

Aristote accepte la description d'un régime dont la tendance démocratique se renforce sans cesse, en remarquant cependant que cette évolution n'est pas conforme aux intentions de Solon. « Il n'est [donc] pas juste d'apprécier l'intention de Solon d'après ce qui se produit maintenant »[1]. Ce dernier ne voulait confier au peuple que le choix des magistrats et le contrôle de leur gestion, réformes qu'Aristote juge indispensables pour que le peuple cesse d'être esclave et donc hostile à la cité et à son régime. Ce qui se produit ensuite résulte de la rencontre malheureuse entre l'institution inventée par Solon (un tribunal ouvert à tous et tiré au sort) et les circonstances : les succès de la flotte athénienne au cours des guerres médiques (allusion évidente à Salamine) augmentent le poids politique des marins qui sont le plus souvent d'origine populaire[2].

Il y a donc débat, à l'époque où Aristote écrit, entre deux interprétations de l'œuvre de Solon. Pour les uns, il a institué « la démocratie de nos pères », régime qui est moins une démocratie qu'un mélange d'oligarchie, d'aristocratie et de démocratie, chacun de ces régimes étant représenté par un élément clairement identifié[3]. Pour d'autres penseurs, la déviation qui conduit finalement à la tyrannie du peuple commence déjà avec Solon.

Aristote s'inspire de ces deux thèses contraires. Il admet que la démocratie commence avec Solon, ce qui signifie que la « démocratie de nos pères » est bien, comme son nom l'indique, une démocratie, une forme modérée de suprématie populaire et non un partage parfaitement équilibré entre oligarchie, aristocratie et démocratie[4]. Mais l'évolution qui suit ne signifie pas que le ver démocratique était déjà dans le fruit mais montre que, dans les affaires humaines, la nature ne fait pas toujours ce qu'elle veut[5] : du fait des circonstances, une bonne réforme peut servir de point d'appui à la déviation qui transforme la suprématie de la multitude, naturelle à la cité, en despotisme des pauvres.

1. *Constitution d'Athènes*, IX, 2.

2. II, 12, 5-6, 1274 a 11-21.

3. Beaucoup plus tard, Polybe verra dans la république romaine un mélange de ce type, avec cette différence que la monarchie y aura sa place – le consulat, le sénat et les comices du peuple représentant respectivement la monarchie, l'aristocratie et la démocratie. Nous montrons dans cet ouvrage qu'Aristote a conçu un tout autre type de mélange, voir II, « La politique du mélange », p. 249-250.

4. III, 11, 8, 1281 b 31-34.

5. Selon une formule qu'Aristote utilise à propos de l'esclavage (I, 6, 8, 1255 b 2-4), pour constater que la différence naturelle entre ceux qui sont aptes à se gouverner eux-mêmes comme à gouverner les autres et ceux qui ne le sont pas est souvent peu lisible quand on analyse les formes instituées de liberté et de servitude.

UNE PENSÉE AU TRAVAIL

Entre le VIIe et le IVe siècle, les Grecs ont réalisé deux inventions majeures, la cité et la démocratie. Ils ne nous ont pas procuré un modèle à imiter mais ont « problématisé » pour la première fois des questions qui sont encore les nôtres [1] : qu'est-ce que la politique, qu'est-ce qu'un citoyen, quels sont les effets d'un accès large à la citoyenneté sur la vie politique – distribution des pouvoirs ne pouvant être exercés en même temps par tous, mode de désignation (élection, tirage au sort…) et de contrôle (reddition de comptes) convenant pour chacun d'eux ? etc. Sur ces deux inventions de la cité et de la démocratie, sur les problèmes qu'elles ont suscités, Aristote a accumulé une documentation d'une grande richesse. Aidé par ses élèves, il aurait, selon Diogène Laërce, recensé et analysé 158 régimes [2]. La *Constitution d'Athènes*, l'étude la plus longue qui nous est parvenue, donne un aperçu du sérieux de ce travail lui-même orienté par les questions suscitées par l'élaboration des *Politiques*, l'enquête empirique et la réflexion théorique se nourrissant mutuellement. Cela permet de comprendre que la rédaction de la *Constitution d'Athènes* soit peut-être postérieure à celle des *Politiques* [3].

Dans l'état où elles nous sont parvenues, les *Politiques* constituent une réflexion systématique sur l'expérience ainsi recueillie. Depuis leur redécouverte il y a maintenant plus de huit siècles, elles ont suscité les interprétations et les usages les plus divers ou contradictoires. On est tenté de l'expliquer par les partis pris ou le manque de rigueur des traducteurs et interprètes. Il faut d'abord revenir au texte pour comprendre comment il rend possibles des lectures si différentes. Ce n'est pas invoquer l'histoire chaotique de la transmission des manuscrits – ici la responsabilité d'Aristote n'est pas engagée – ou sa biographie intellectuelle, lui dont on a

1. Ma démarche est proche ici de celle de Castoriadis selon lequel la création grecque de la politique et de la démocratie n'est pas un modèle à copier, mais un germe, *Thucydide, la force et le droit*. Séminaires 1984-1985, p. 180.

2. « Aristote », *Vies et doctrines des philosophes illustres*, Librairie Générale française, 1999, p. 584. Diogène Laërce a probablement vécu dans la première moitié du IIIe siècle ap. J.-C.

3. Claude Mossé situe la rédaction finale de la *Constitution d'Athènes* entre 330 et 310, « Introduction », p. VIII et XXIII. Comme cette dernière (*ibid.*, XXIII et XXIV), j'estime qu'il s'agit d'un traité aristotélicien, écrit par Aristote ou tout au moins en accord avec les principales thèses des *Politiques*. Selon Philippe Gauthier (« *Constitution d'Athènes*. Notice », *in* Aristote, *Œuvres*, Paris, Gallimard, 2014, p. 1408), la rédaction de la première version de la *Constitution* semble remonter aux années 334-330 avec des ajouts jusqu'à 322. Pour l'une et l'autre, il n'y a pas antériorité de ce texte par rapport aux *Politiques*.

longtemps pensé à tort qu'il avait lentement évolué de l'idéalisme, qu'on prête à Platon, au réalisme[1]. Mon hypothèse est plutôt qu'il est possible de trouver sens et cohérence aux *Politiques* en respectant l'ordre dans lequel ses huit livres nous ont été transmis et de découvrir, sans forcer les textes, une pensée au travail, une réflexion cohérente sur l'histoire des cités depuis la fin du VIe siècle : il ne s'agit pas d'une synthèse dogmatique mais de la problématisation rigoureuse d'une expérience nouvelle, riche, diverse et en elle-même déjà problématique.

De là les deux paradoxes que nous venons d'évoquer. Ils touchent à l'essentiel : d'une part, à *l'autonomie des cités les unes par rapport aux autres* – à sa compatibilité avec les diverses formes d'hégémonie ou de domination, à la viabilité de l'équilibre instable, souvent polémique, entre ces cités qui se veulent indépendantes ; d'autre part, à *la visée démocratique* qui se réalise plus ou moins bien dans certaines d'entre elles. À propos de ce second paradoxe, Aristote met en évidence des apories (1). Il cherche ensuite à les résoudre en explorant deux voies assez différentes selon que l'accès à la citoyenneté effective est relativement ouvert (2) ou restreint à ceux qui peuvent vivre dans le loisir (3). Il est pour finir lucide sur les difficultés propres à chacune de ces voies. C'est assez pour que les *Politiques* aient suscité, selon les contextes et les idéologies des uns et des autres, des lectures et des usages différents et souvent opposés.

Les trois apories du livre III

La première partie de cet ouvrage porte sur le livre III des *Politiques*. Si on laisse de côté son dernier tiers – tout ce qui, à partir du milieu du chapitre 13, concerne plus ou moins directement la monarchie[2] – ce livre

1. On verra plus loin qu'une évolution de l'idéalisme au réalisme a aussi été attribuée à tort à Platon lui-même, que le vieillissement aurait conduit à abandonner l'idéalisme de la *République* pour s'accommoder de la réalité dans le *Politique* et dans les *Lois*. Sur ce point, voir II, 6, p. 225.

2. Le débat sur l'ostracisme à la fin du chapitre 13 prépare le débat sur la monarchie. Voir *infra*, chap. III, « La suprématie du meilleur et l'ostracisme, p. 130-135. L'ostracisme est une procédure instaurée à Athènes à l'initiative de Clisthène au début du Ve siècle (*Constitution d'Athènes*, XXII, 1) : selon Aristote, elle a été établie « parce qu'on se défiait des gens puissants, διὰ τὴν ὑποψίαν τῶν ἐν δυνάμεσιν (*ibid*., XXII, 3) ; elle permettait de bannir provisoirement un homme exceptionnel devenu trop important sans qu'il perde pour autant ses droits civiques, sa réputation ou ses biens. L'interprétation d'Aristote est en accord avec celle de beaucoup d'historiens pour lesquels l'ostracisme visait à s'opposer aux risques de tyrannie. Selon une autre interprétation, il s'agit de tempérer les antagonismes politiques en éloignant

est sans doute le plus lu et commenté aujourd'hui. Aristote semble y exposer, c'est la lecture la plus courante, les fondements d'une politique systématique. Il définit le citoyen (πολίτης), la cité (πόλις), le régime (πολίτεια, la distribution des pouvoirs propre à chaque cité, qui assure son unité à un moment donné et sa continuité au cours du temps) [1]. Il présente ensuite le tableau à double entrée des six principaux régimes en combinant la description (qui détient la suprématie, un, quelques-uns ou le grand nombre ?) et l'évaluation (cette suprématie vise-t-elle ou non, dans chacun de ces trois cas, le bien commun ?) : les trois régimes droits ordonnés au bien commun, royauté, aristocratie et régime populaire droit (*politeia*), font face à leurs déviations, tyrannie, oligarchie et démocratie [2]. Il examine enfin lequel des trois régimes droits est préférable pour la communauté, autrement dit s'il vaut mieux que la multitude, les meilleurs ou le meilleur détiennent le pouvoir suprême [3].

À en rester à cette lecture, on ne sait pas quoi faire du traité sur la monarchie qui occupe quatre chapitres (14 à 17) à la fin du livre III, ni des chapitres 4 et 18 : traitant de la difficulté à concilier l'excellence de la communauté et celle de chacun de ses membres, ils parviennent à des conclusions difficiles à accorder à propos de l'identité ou de la différence entre l'excellence de chaque citoyen et celle de l'homme de bien accompli. De plus, le troisième sujet des 13 premiers chapitres du livre III dans cette lecture dogmatique – le débat pour choisir le ou les détenteur(s) de la suprématie – fait lui aussi difficulté : il est en effet loin d'être évident qu'Aristote tranche toujours en faveur de la suprématie du grand nombre [4]. Enfin ce qui

provisoirement le chef d'une des deux factions en lutte. Voir C. Castoriadis, *La cité et les lois*, p. 104-105, et déjà « La *polis* grecque et la création de la démocratie », *op. cit.*, p. 294.

1. Chap. 1-3. Quand πολίτεια ne désigne pas un régime particulier (la forme droite du régime populaire au livre III et le régime harmonieusement mélangé au livre IV), je traduis par « régime politique », en abrégé « régime », pour couvrir l'ensemble des sens du terme – étroit, « distribution des pouvoirs » dans la cité, et large, « vie » de cette même cité dans ce qu'elle a de spécifique : « le régime d'une cité est pour elle une certaine vie, ἡ (…) πολίτεια βίος τίς ἐστι πόλεως » IV, 11, 3, 1295 a 40-1295 b 1.

2. Chap. 6-7. Sur la non traduction de πολίτεια quand le 3ᵉ régime droit porte ce nom commun à tous les régimes, voir p. 50, n. 1. Voir *infra*, I, 2, tableau I, p. 100-101.

3. Chap. 10-13.

4. De là l'intérêt et les difficultés des lectures par ailleurs diverses (en France, Pierre Aubenque, Cornelius Castoriadis, Francis Wolf par exemple) selon lesquelles Aristote penche vers la démocratie : d'un côté, la démocratie est presque toujours une déviation, despotique dans sa forme la plus déviée, de l'autre elle n'est pas une déviation comme une autre puisque sa visée est celle de toute cité. D'autres (Ellen Meiksins par exemple) attribuent à Aristote des préférences oligarchiques (nettes selon elles dans la cité selon nos vœux du

résume pour certains les *Politiques*, la célèbre classification des régimes au chapitre 7, contient une pierre d'achoppement : il est impossible de donner un nom propre au régime populaire droit, réduit de ce fait à porter le nom commun à tous les régimes, πολίτεια [1].

Invoquer le manque d'unité et l'inachèvement des *Politiques*, rappeler que les manuscrits sont souvent incertains, que l'œuvre, et donc le livre III, ne nous est peut-être pas parvenue dans un état reflétant les intentions véritables d'Aristote est une réponse paresseuse tant qu'on n'a pas fait l'effort, en assumant les risques que cela comporte, de comprendre le texte dans l'état où il nous a été transmis.

Ma démarche implique que l'ordre actuel des livres ait un sens et puisse être compris, sinon avec certitude, du moins avec vraisemblance. Aristote en est-il plus ou moins directement responsable ? Sans être exclue, la réponse positive n'est pas certaine. Faut-il pour autant y voir le fruit du hasard ? Ce n'est pas le plus vraisemblable. Si les manuscrits nous ont été conservés dans l'ordre que la plupart des éditeurs ont choisi de respecter, il est raisonnable d'en rechercher un sens possible.

La lecture dogmatique nous contraint à expliquer ce qui lui résiste – questions traitées ou réponses apportées – par l'imperfection des manuscrits, imputée selon les commentateurs aux difficultés de leur transmission, aux évolutions dans la pensée d'Aristote, le plus souvent vers

livre VII, tout en reconnaissant qu'il a dû tenir compte, en particulier dans les livres IV, V et VI, de la rupture introduite par l'invention de la cité puis de la démocratie (« *Les Politiques* d'Aristote », in *Des citoyens aux seigneurs*, Montréal, Lux Éditeurs, 2013, p. 158-168).

1. Alors que je traduis πολίτεια, en son sens le plus général, par « régime » (pour mes raisons, voir p. 49, n. 1), je ne traduis pas ce terme et j'écris *politeia* quand il désigne un régime particulier : au livre III le régime populaire droit, au livre IV le mélange harmonieux de démocratie et d'oligarchie qui permet de mesurer la qualité de tous les autres mélanges. Se souvenant peut-être des commentaires de Thomas d'Aquin (voir « Annexe I », p. 354-355), Thurot et Tricot disent dans ce cas « république ». « République » est la traduction usuelle du titre de l'ouvrage de Platon appelé en grec Πολίτεια : c'est jouer sur le couple république/démocratie (où le premier terme est souvent, depuis Rousseau, valorisé, comme l'est en latin *respublica*, alors que δημοκρατία peut être en grec péjoratif), mais perdre l'idée essentielle, le fait que ce nom est commun à tous les régimes. P. Pellegrin dit « gouvernement constitutionnel », « constitutionnel » renvoyant à « constitution », sa traduction de πολίτεια au sens le plus général. Mais en français, l'expression « gouvernement constitutionnel » n'évoque pas un nom commun à tous les régimes mais plutôt un gouvernement réglé par une constitution par contraste avec celui qui ne l'est pas. Aubonnet dit « politie », manière de ne pas traduire. Guillaume de Moerbeke (Spiazzi, p. 135, 245, Laval, p. 139 1re c.), Oresme (p. 128, 2e c.) et Thomas d'Aquin (voir « Annexe I », p. 354-355) traduisent πολίτεια (aux deux sens de régime et de régime populaire droit) le premier par le latin *politia,* le deuxième par « policie », le troisième par *respublica*.

plus de réalisme, ou à ses hésitations. Je soumets à l'épreuve des textes une autre hypothèse : de manière délibérée, Aristote cherche, dans ce livre III, à mettre en évidence des apories, à poser des problèmes qu'il travaille à résoudre dans la suite des *Politiques*. Au lieu de considérer que tout ce qui s'écarte de l'apparence dogmatique relève de l'imperfection ou du défaut, il faut en partir pour examiner ce qui, pour les premiers lecteurs d'Aristote et pour nous-mêmes, est trop clair ou trop évident. Si on lit ainsi le livre III, trois difficultés reliées entre elles sont successivement mises en évidence, concernant l'excellence des régimes, le régime populaire droit et la suprématie.

L'excellence de chaque citoyen et celle la cité (première aporie)

Dès les premiers mots des *Politiques*, Aristote affirme, ce qu'il ne cesse ensuite de répéter, que tous ceux qui forment une communauté visent un certain bien :

> Puisque toute cité, nous le voyons, est une sorte de communauté et que toute communauté a été constituée [συνεστηκυῖαν] en vue d'un certain bien (c'est en effet pour ce qui leur semble un bien que tous agissent en tout), toutes les communautés, c'est manifeste, visent un certain bien, et c'est avant tout le bien suprême entre tous [τοῦ κυριωτάτου πάντων] que vise celle qui est suprême entre toutes [ἡ πασῶν κυριωτάτη] et qui les contient toutes. C'est elle qu'on nomme cité et, comme communauté, celle qui est politique [ἡ κοινωνία ἡ πολιτική] [1].

Le bien de chacun et celui de tous, dans une cité l'excellence de chacun et celle de tous, ne peuvent être séparés. Par excellence, il faut entendre pour tous et pour chacun la vie humaine accomplie dans toutes ses dimensions. Pour donner au lecteur une idée de ce que vise Aristote, nous l'avons plus haut comparé à l'attitude que Périclès attribue aux Athéniens, vivre dans l'amour sobre de la beauté et ferme de la sagesse. Nous avons aussi montré qu'Aristote juge impossible ce que Périclès estimait être la réussite du régime athénien : selon les *Politiques*, la coexistence au sein de la même communauté civique de ceux qui doivent travailler pour vivre et de ceux qui sont assez riches pour avoir une vie de loisir est difficilement compatible avec les fins de la cité – l'absence de suprématie des uns sur les

1. I, 1, 1252 a 1-7. À noter l'usage de l'adjectif κύριος, utilisé ailleurs pour désigner l'instance qui détient la suprématie, et aussi le fait que, tout en étant naturelles, les communautés sont « constituées ». Pour les conséquences selon Aristote de la spécificité de la cité par rapport aux autres communauté, voir *infra*, I, 3, p. 147, la traduction de ce qui suit. Voir « Annexe I », p. 347-348 la traduction de ce texte par Guillaume de Moerbeke.

autres, la délibération de tous sur les affaires communes et l'accès aux magistratures de ceux qui en ont la capacité sans que la pauvreté y fasse obstacle. Dès lors, l'accès à la citoyenneté devient un problème.

Si on la résout à la manière des Athéniens, si la plupart des hommes libres qui doivent travailler pour pourvoir aux nécessités de la vie, paysans, artisans, commerçants et salariés, sont citoyens au sens plein, non par la seule fiction d'un nom et d'un titre légal mais par leur activité réelle, en ayant part au pouvoir de délibérer et de juger, il faut distinguer deux excellences : celle des citoyens ordinaires agissant pour le salut de la cité, en particulier en combattant avec courage pour la défendre [1] ; et celle d'une élite capable d'atteindre l'excellence complète des hommes de bien, seuls compétents pour exercer les magistratures les plus importantes. Cette hypothèse d'une communauté civique fortement hétérogène est envisagée dans la première partie du chapitre 4 du livre III. Comme nous l'avons déjà indiqué, Aristote la juge dangereuse. Ce gouvernement des citoyens ordinaires par une élite, seule capable d'exceller dans tous les domaines, vaut pour une cité réduite à une grande famille : au mieux, les citoyens sont traités comme des enfants ou des épouses ; au pire, comme des esclaves.

On sera donc tenté de préférer une communauté civique plus homogène, dont les membres seraient tous assez fortunés pour mener une vie de loisir. Tous pourraient cultiver la beauté dans la sobriété et aimer la sagesse sans manquer de courage ; tous les pouvoirs politiques pourraient être répartis de manière égalitaire : la difficulté tenant à la distinction des deux excellences, celle des magistrats et celle des citoyens ordinaires, serait, semble-t-il, surmontée. Mais le prix à payer est peut-être trop lourd. La cité a besoin de cultivateurs, d'artisans et de commerçants. S'il s'agit d'hommes libres privés de la citoyenneté et des honneurs publics qu'elle implique, ils risquent de devenir des ennemis de l'intérieur ; de même s'ils sont de condition servile, par leur statut légal ou la mauvaise réputation attachée à leur métier, quelles que soient, nous le verrons, les méthodes utilisées pour les maintenir dans la soumission.

1. Au moment où il juge presque impossible que tous les membres d'une multitude accèdent individuellement à l'excellence en tout, Aristote fait une exception pour l'excellence guerrière (III, 7, 4, 1279 b 1-2). Traduction et commentaire de ce passage situé à la fin du texte énumérant et classant les 6 régimes fondamentaux, I, 2, p. 101-102.

Une pierre d'achoppement dans la classification des régimes : le régime populaire droit (deuxième aporie)

Résumant les tentatives de classification de ses prédécesseurs, et d'abord celle d'Hérodote au siècle précédent[1], Aristote distingue trois détenteurs possibles de la suprématie, un seul, quelques-uns, la multitude et, pour chacune de ces solutions, une forme droite, ordonnée au bien commun, et une forme déviée, ordonnée aux intérêts des détenteurs de la suprématie et donc despotique : comme des esclaves, les citoyens y sont les instruments de ceux qui les gouvernent. Les deux premières formes droites, la royauté et l'aristocratie, sont en fait toutes deux des aristocraties dans lesquelles le ou les meilleurs gouvernent en vue du meilleur pour la cité. Chacune a un nom propre, βασιλεία ou ἀριστοκρατία, manifestant le principe d'excellence qui, en chacune d'elle, a la suprématie. Quand on en vient à la troisième forme droite, à la suprématie de la multitude, ce principe d'excellence se dérobe, du moins si la cité n'est pas composée seulement d'hommes de bien accomplis du fait de l'hétérogénéité du corps civique (voir la première aporie). Privé de principe d'excellence, le régime populaire droit l'est aussi de nom propre. Il porte le nom commun de tous les régimes (πολίτεια). À ce stade de l'analyse (mais cela va changer par la suite), la *politeia* n'est pas le régime politique par excellence, ni *a fortiori* le seul régime véritablement politique. Le fait qu'elle n'ait pas de nom propre montre plutôt que la classification du chapitre 7 du livre III n'est pas le dernier mot d'Aristote : c'est un point de départ et non un point d'arrivée. Sa grande clarté et sa simplicité logique, qui lui ont permis d'être indéfiniment reprise et enseignée, risque d'occulter l'intention véritable d'Aristote : montrer que le théorème de l'excellence – le gouvernement le meilleur est celui des meilleurs – conduit, dans le cas de la suprématie de la multitude, à une aporie, effet, dans ce nouveau contexte, de l'aporie des deux excellences explorée au chapitre 4. La classification implique en effet une communauté civique hétérogène dont tous les membres ne sont pas excellents en tout. On aura donc à choisir entre deux solutions peu

1. Hérodote, III, 80-83. Ce texte a déjà été évoqué plus haut. Suprématie de la multitude (80), de quelques hommes parmi les meilleurs (81) ou d'un seul (82) : pour la forme droite de pouvoir de la multitude, l'exposé d'Otanès, pour sa forme déviée celui de Mégabyze ; pour la forme droite du pouvoir de quelques uns, l'exposé de Mégabyze, pour sa forme déviée celui de Darius ; pour la forme droite de la monarchie, l'exposé de Darius, pour sa forme déviée celui d'Otanès. Pour finir, Darius propose de limiter la comparaison aux formes droites : malgré son apparence d'impartialité, cette méthode est à l'avantage de la monarchie, puisque le défaut de ce régime tient d'abord aux inconvénients graves de sa déviation.

satisfaisantes : soit confier la suprématie au(x) meilleur(s), avec les risques de despotisme que cela comporte, déjà signalés au chapitre 4, soit la confier à une multitude dont l'excellence est problématique.

La question de la suprématie (troisième aporie)

Il y a deux manières différentes de comprendre cette difficulté à donner un nom propre au régime populaire droit, toutes deux explorées par Aristote.

Selon la première, l'impossibilité pour tous les citoyens d'être excellents en tout, dans les situations courantes à l'époque où les *Politiques* sont écrites et en particulier dans les démocraties accordant la citoyenneté à une partie plus ou moins importante des travailleurs manuels libres, conduit à hiérarchiser les trois régimes droits et à placer en tête la royauté et l'aristocratie (telle qu'elle est définie en III, 7 comme le pouvoir exercé par une minorité d'hommes excellents en tout), régimes où le ou les meilleurs ont la suprématie en vertu du théorème de l'excellence. Cette conclusion est explicitement présente à la fin du livre III [1] et au début du livre IV [2].

À l'inverse, on peut considérer que la deuxième aporie, celle du régime populaire droit, conduit à ne plus confier la suprématie à la meilleure partie de la cité, à remettre en cause le théorème de l'excellence selon lequel le gouvernement des meilleurs est le meilleur pour la cité : de là la troisième aporie, de mieux en mieux mise en évidence dans la suite du livre III, celle de la suprématie.

Pour classer les régimes, il faut en effet comparer la manière dont chacun d'eux organise tous les pouvoirs et d'abord celui qui est suprême en tout [3]. Il s'agit de savoir en quoi consiste ce pouvoir suprême et qui le détient ou doit le détenir. Au livre III, Aristote dit qu'il est suprême en tout, dans les régimes droits comme dans certains des régimes les plus déviés. La compétence de l'instance suprême – a-t-elle ou non des limites, et si oui lesquelles ? – est donc à déterminer, de même que son détenteur souhaitable. Or toute la fin du livre III montre l'extrême difficulté à répondre à ces deux questions.

1. III, 18, 1, 1288 a 32-b 2, voir plus loin, I, p. 143.

2. IV, 2, 1, 1289 a 30-33, voir plus loin, II, 4, p. 174.

3. « Un régime est une organisation de tous les pouvoirs de la cité et particulièrement de celui qui est suprême en tout [ἐστι δὲ πολιτεία πόλεως τάξις τῶν τε ἄλλων ἀρχῶν καὶ μάλιστα τῆς κυρίας πάντων] » III, 6, 1, 1278 b 8-10.

D'un côté, comme le début du chapitre 4 le laissait déjà entendre, aucune partie de la cité, *même s'il s'agit des meilleurs citoyens*, ne peut prétendre légitimement détenir seule la suprématie, car cela revient pour elle à vouloir gouverner les citoyens comme un chef de famille gouverne son épouse, ses enfants ou même ses esclaves. Cette conclusion vaut *a fortiori* pour la situation exceptionnelle où ce candidat aurait des qualités divines : la cité ne pourrait pas le traiter comme un citoyen ordinaire et devrait lui confier la royauté en tout (παμβασίλεια). Or cette solution n'est présentée que pour être exclue. Elle est l'exception confirmant la règle, car une cité soumise à un pasteur divin n'a plus à proprement parler de régime politique, de πολίτεια, comme Platon l'avait déjà écrit dans le *Politique* [1] : or sans πολίτεια, une cité peut-elle être encore une πόλις ?

De l'autre, confier la suprématie à la multitude, mettre les affaires au milieu des citoyens, selon la belle formule d'Hérodote [2], est difficile à envisager. En premier lieu, il est difficile d'espérer que cette multitude sera excellente en tout, comme elle peut l'être en matière militaire. La solution que le chapitre 11 commence à examiner – la possibilité d'une excellence collective faite des qualités de chacun et non de ses défauts, à laquelle chaque citoyen aurait part sans être nécessairement lui-même un homme de bien accompli – demande à être confortée. En second lieu, la multitude, c'est aussi le grand nombre : dans les conditions les plus courantes à l'époque où écrit Aristote, le pouvoir populaire est souvent celui des pauvres sur les riches, d'autant plus despotique qu'il se libère davantage de la généralité et de la permanence des lois (νόμοι) pour s'exercer au jour le jour sous la forme de décrets (ψήφισματα) appropriés à des situations toujours particulières.

Apories de l'excellence, du gouvernement populaire droit et de la suprématie : ce sont elles qu'Aristote s'efforce de résoudre dans les cinq livres suivants des *Politiques*. Pour y parvenir, il s'engage dans deux directions différentes, que j'analyse dans les deuxième et troisième parties

1. 271 e. Aristote ne parle pas dans ce cas, comme le fait Platon, d'un pasteur (image qui implique une différence de nature entre le pasteur humain et son troupeau d'animaux), mais il s'agit bien pour lui d'envisager le cas où le roi diffère en nature de ceux qu'il gouverne. Aristote commence à poser (III, 15, 3, 1286 a 5-6) que la παμβασίλεια est la seule forme de royauté qui est πολιτείας εἶδός, « espèce de régime ». Mais la suite de l'exposé aboutit à une aporie : cette royauté par excellence, seule de toutes les royautés à pouvoir être un régime spécifique (πολιτείας εἶδός), n'est pas en réalité un régime, une manière de distribuer les pouvoirs entre des citoyens ayant tous part, selon la définition de III, 1, 12, 1275 b 17-20, au pouvoir de délibérer et de juger. Voir *infra*, I, 3, p. 135 *sq*.

2. Voir *supra*, p. 31.

de ce livre. La première implique un accès relativement ouvert à la citoyenneté. Un peu comme dans la cité de l'oraison funèbre dont Périclès fait l'éloge (mais avec un accès moins large à la citoyenneté), il y aura des citoyens plus ou moins riches dont les occupations privées seront inévitablement très différentes. La seconde voie implique une communauté civique plus homogène : les activités nécessaires à la vie sont confiées à des travailleurs dont le statut est servile ou dont les tâches sont considérées comme telles ; la vie politique est réservée aux hommes libres assez fortunés pour disposer de loisir.

La politique du mélange et la politeia (Politiques*, IV, 2-VI*)

La première voie consiste à examiner comment on peut réformer les régimes les plus courants, dans des cités où beaucoup de travailleurs manuels sont libres et accèdent à la citoyenneté comme c'était le cas à Athènes depuis les réformes de Clisthène. La communauté des citoyens est hétérogène, la division sociale la traverse. Il s'agit donc d'en tempérer ou même d'en effacer l'effet politique néfaste : la lutte entre les riches et les pauvres pour instaurer une oligarchie ou une démocratie servant leurs intérêts respectifs.

La réponse d'Aristote est originale. Au lieu d'écarter ces régimes les plus courants, soit pour construire en paroles un régime radicalement nouveau, comme Platon avant lui l'avait tenté à deux reprises (dans la *République* et dans les *Lois*) [1], soit pour chercher l'inspiration ailleurs, à Sparte, à Carthage ou en Crête comme le font à Athènes les adversaires de la démocratie, il établit un état critique des lieux. La plupart des régimes sont selon lui des mélanges d'éléments démocratiques et oligarchiques, penchant dans l'un ou l'autre sens, selon des modalités et des degrés divers qu'il faut exactement décrire et mesurer. En les examinant et en les classant de manière nouvelle par rapport au tableau trop statique du livre III – démocraties de moins en moins déviées d'un côté, oligarchies de moins en moins déviées de l'autre, chacun de ces deux régimes opposés étant de mieux en mieux tempéré par des contrepoids empruntés à l'autre –, on peut dessiner deux tendances ascendantes et, en les prolongeant, déterminer leur point virtuel de convergence, un mélange social et politique permettant à toute la communauté (et pas seulement à l'une de ses parties, même la plus nombreuse ou la meilleure) de délibérer sur ses propres affaires et

1. « (…) par le parole produisons une cité à partir du commencement », *République*, II, 369 c.

d'atteindre l'excellence : mélange *social*, pour que les citoyens de fortune moyenne soient plus puissants que ceux que leurs intérêts de riches ou de pauvres opposent ; mélange *politique*, pour que le pouvoir de la multitude ne devienne pas la domination des pauvres sur les riches, que les affaires soient au milieu de tous, sans suprématie des uns sur les autres. Les éléments sociaux (riches, pauvres, gens de condition moyenne) et politiques de ce beau mélange – telle institution, tel type de magistrature avec chacune son mode de désignation, etc., chacun mêlant à sa manière oligarchie et démocratie – restent présents dans la composition finale mais dans un tel équilibre les uns par rapport aux autres et surtout si bien ajustés – comme des fragments d'une unique pièce auparavant provisoirement séparés pour servir de signes de reconnaissance [1] – que le salut du régime repose davantage sur la volonté commune de le préserver que sur l'équilibre instable entre intérêts et forces opposés.

Voilà la nouvelle définition de la *politeia* : elle n'est plus la forme droite de la suprématie du grand nombre mais l'exercice de la suprématie par toute la communauté. La définition de la *politeia* au livre III – le πλῆθός détient la suprématie – était imprécise puisque le mot πλῆθός pouvait désigner le grand nombre ou tous les citoyens. Cette ambiguïté disparaît. La *politeia* n'est plus, comme au livre III, dépourvue de nom propre du fait de son excellence problématique ; *politeia* devient le nom propre du régime politique par excellence, du seul mélange d'oligarchie et de démocratie réalisant complètement les fins de la cité. Cette *politeia* est la juste mesure permettant d'évaluer le degré de déviation des autres mélanges et les réformes à proposer pour qu'ils s'en approchent le mieux possible.

Ainsi redéfinie, la *politeia* est en même temps commune et rare : norme commune de tous les mélanges d'oligarchie et de démocratie, permettant de mesurer pour chacun d'eux son degré de déviation et la manière dont on peut le réformer ; norme peu visible, rarement ou peut-être jamais réalisée dans l'histoire des cités, découverte par Aristote dans l'immanence du réel parce qu'il ne veut ni construire en paroles une cité idéale ni faire de telle ou telle cité existante un modèle à imiter.

1. IV, 9, 1, 1294 a 30-35. Ce texte est traduit et commenté *infra*, II, 6, p. 220.

La véritable aristocratie : la cité des semblables dont tous les citoyens sont des hommes de bien (Politiques, *VII-VIII*)

Du chapitre 2 du livre IV à la fin du livre VI, la *politeia* est au centre des analyses : quand un législateur veut réformer tel ou tel mélange d'oligarchie et de démocratie, il doit d'abord déterminer son degré exact de déviation par rapport à cette mesure, puis évaluer l'étendue et la nature des améliorations que le naturel du peuple rend possibles, avec souvent la contrainte supplémentaire de devoir conserver le principe du régime existant. Une rupture se produit au début du livre VII. Depuis le chapitre 2 du livre IV, le législateur devait tenir compte de conditions qu'il n'avait pas choisies : tel peuple, tel territoire et même parfois tel régime (ou plus exactement le principe de ce régime, à conserver quand on tente de le réformer). Le nouveau point de vue du livre VII consiste à déterminer le mode de vie le plus digne d'être choisi (VII, 1-3) puis, en dépendant, « les conditions fondamentales [τὰς ὑποθέσεις] nécessaires pour y parvenir, « car il est impossible qu'advienne le régime le meilleur sans ressources à sa mesure [ἄνευ συμμέτρου χορηγίας] » [1]. Les difficultés à comprendre la cohérence des *Politiques* tiennent pour une bonne part, si nous laissons de côté celles du livre III que nous avons déjà évoquées, à la discontinuité au moins apparente entre les livres dits « réalistes » (IV-VI) et cette nouvelle séquence (VII-VIII), consacrée, selon la traduction Tricot, à la « constitution idéale » ou même à « l'État idéal » [2], expressions au parfum platonicien qui conduisent à imaginer une couche platonicienne des *Politiques*, probablement la plus ancienne si l'on juge naturel pour un disciple de s'éloigner peu à peu de son maître [3].

Il est plus prudent de ne pas faire appel à la biographie intellectuelle d'Aristote ainsi reconstruite avant d'avoir tenté de donner un sens à l'existence problématique de ces deux voies dans les *Politiques*, en amont et en aval de ce qui commence au livre VII. J'espère montrer au lecteur que sa prudence, s'il adopte mon point de vue, sera récompensée. En se souvenant des problèmes posés au livre III, on comprend mieux qu'Aristote puisse sans se contredire explorer dans le même ouvrage deux solutions pour les résoudre : loin d'être dogmatiques et définitives, elles conservent les traces des apories qui les ont suscitées.

1. VII, 4, 1-2, 1335 b 35-38.

2. Tricot, p. 482 *sq*.

3. Sur ce type d'analyse et en particulier celles de Jaeger, voir P. Pellegrin, « Introduction », p. 63 *sq*.

Pour tempérer cette impression de discontinuité, remarquons d'abord que l'objet des deux derniers livres – la cité la plus conforme à nos vœux si les conditions extérieures lui sont favorables, dans laquelle chaque citoyen est un homme de bien – ne surgit pas brusquement en rupture avec de longs développements d'apparence réaliste. Cette cité est présente très tôt dans les *Politiques*. Dès le chapitre 4 du livre III, Aristote en formule fugitivement l'hypothèse pour l'écarter provisoirement [1], mais il la reprend dès la fin du chapitre suivant en distinguant deux types de cités selon que l'excellence du citoyen et celle de l'homme de bien y sont ou non identiques [2] : l'hypothèse de l'identité est celle de la cité dont tous les citoyens sont des hommes de bien accomplis. Au seuil du livre IV, au moment où la mise en évidence des apories du livre III permet de comprendre, dans leurs différences et leur complémentarité, toutes les tâches de la science politique à partir d'un objectif général unificateur, la recherche du régime le meilleur, la première tâche citée est celle qui sera mise en attente jusqu'au début du livre VII : « dire lequel est le meilleur et en déterminer les caractères pour qu'il réponde le mieux possible au souhaitable, si rien d'extérieur ne s'y oppose » [3]. Enfin, Aristote évoque au début du chapitre 7 du livre IV [4] un régime dont tous les citoyens sont des hommes de bien. Il est beau, écrit-il, de parler dans ce cas d'une aristocratie : elle n'est plus celle du livre III où quelques citoyens, les meilleurs, exerçaient leur suprématie sur les citoyens ordinaires, car désormais seuls les meilleurs sont citoyens.

Ainsi définie, l'aristocratie sans mélange a les mêmes buts fondamentaux que la *politeia*, le régime du juste mélange. Ils dépendent des impératifs découverts au livre III : ne pas séparer l'excellence de chacun et celle de tous, éviter qu'une partie de la cité ait la suprématie sur le reste, en particulier quand cette partie est le grand nombre. Mais les voies explorées pour les atteindre sont différentes. Dans le cas de la *politeia*, la communauté des citoyens reste relativement hétérogène : les uns sont riches, d'autres pauvres, d'autres de condition moyenne ; de plus, les éléments dont le régime est le mélange (démocratiques ou oligarchiques à des degrés divers) ne sont pas dissous dans le résultat final, même si leur suture tend à devenir invisible. La pure aristocratie du livre VII est plus homogène. Tous ses membres sont assez fortunés pour être libérés des tâches nécessaires à

1. 5, 1276 b 37-38.
2. 10, 1278 a 40-b 5. Traduction et commentaire de ce texte I, 1, p. 88-90.
3. 1, 3, 1288 b 23-24.
4. 2, 1293 b 1-7. Ce texte est traduit plus loin dans cet ouvrage, p. 265.

la vie, confiées à des travailleurs dont le statut est servile (agriculteurs) ou dont les occupations (commerçants et artisans) le sont. La division sociale a été chassée de la cité strictement entendue, réduite à l'ensemble des citoyens. Entre les citoyens, les différences qui subsistent tiennent à l'alternance pour les magistratures que tous ne peuvent exercer en même temps et aussi à l'âge : les jeunes combattent et défendent la cité, les hommes mûrs sont citoyens actifs, les citoyens âgés ont la charge d'honorer les dieux.

Aristote semble indiquer clairement sa préférence. Puisque cette pure aristocratie est le régime le plus conforme aux vœux du législateur quand les conditions sont favorables, on devrait, semble-t-il, se contenter, quand elles le sont moins, du mélange le plus proche possible de la *politeia*. En somme, la politique du mélange serait « une seconde manière de naviguer » (δεύτερος πλοῦς) : quand le vent tombe, quand les conditions extérieures s'opposent à nos vœux, il faut se mettre à ramer [1].

Si l'on s'arrête à cette préférence pour la cité selon nos vœux, le problème posé par la discontinuité entre les deux voies est presque résolu. Les mélanges imparfaits renvoient à une norme, la *politeia*, qui est encore un mélange et non une fusion : les ingrédients restent présents dans le mélange tout en tendant à devenir invisibles, dans ce qui est déjà, pour une large part, une cité des semblables ou du moins s'en approche au plus près [2]. Mais quand aucun obstacle extérieur ne s'oppose plus au souhaitable, on fait un pas de plus dans la même direction : Aristote ne parle plus de mélange, sauf pour souligner que chaque citoyen, par son origine géographique et ethnique, mêle en lui l'intelligence et le courage, les qualités asiatique et européenne [3] ; il n'est plus besoin de mélanger les citoyens, les couches sociales et les institutions, car chaque citoyen réalise déjà en lui le mélange convenable.

Or Aristote ne peut s'en tenir à cette solution selon laquelle la *politeia*, sans être le meilleur régime quand toutes les conditions favorables sont réunies, s'en approche autant que possible quand elles ne le sont pas. D'une part, il souligne sa différence avec Platon en affirmant que l'unité de la cité

1. Aristote use de cette expression proverbiale à propos de l'ostracisme (III, 13, 23, 1284 b 17-20). Platon en use également dans le *Politique* (300 c) : en l'absence de l'heureuse rencontre entre la science politique complète (qui permet de bien légiférer et aussi de se passer des lois si nécessaire pour s'ajuster à chaque situation singulière) et le pouvoir suprême de la cité, la « seconde manière de naviguer » consiste à se contenter d'une royauté, d'une aristocratie ou d'une démocratie qui s'en tiennent strictement à l'ordre légal.

2. « La cité veut être composée d'égaux et de semblables ὅτι μάλιστα, *autant que cela est possible* » IV, 11, 8, 1295 b 25-26. C'est moi qui souligne.

3. VII, 7, 1-4, 1327 b 19-1327 b 38.

n'est pas celle d'une famille ou à plus forte raison d'un individu [1]. L'hétérogénéité est essentielle à la richesse de la communauté politique, à ce qui est le plus politique en elle. L'idéal ne peut être de tendre vers l'effacement des traces du mélange pour s'approcher d'une fusion. D'autre part, résout-on la question de la division sociale en la chassant de la cité, en faisant appel de plus en plus massivement au travail servile ? Nous verrons comment Aristote lui-même analyse lucidement les apories qui en résultent.

La difficulté à hiérarchiser les deux solutions possibles aux apories du livre III ne doit pas être considérée comme un défaut des *Politiques*, mais plutôt comme une preuve de la lucidité et du sens critique de leur auteur. Il faut changer de perspective. Au lieu d'évaluer les problèmes qu'on rencontre à l'aune de l'idéal d'un système dogmatique et d'en attribuer la responsabilité à Aristote lui-même – il aurait hésité ou changé d'avis au cours de sa vie – ou aux hasards malheureux dans la transmission des manuscrits, il faut y voir les effets positifs d'une volonté de problématiser, assez constante et systématique pour se maintenir tout au long de l'ouvrage : au point de départ, il y a les trois problèmes étroitement liés de l'excellence, du gouvernement populaire droit et de la suprématie, au point d'arrivée, deux solutions possibles et la difficulté à les hiérarchiser quand on est tenté de le faire, comme Aristote l'a été. En lisant les *Politiques* de cette manière, on est mieux préparé à comprendre les paradoxes de leur réception : presque tombées dans l'oubli une trentaine d'années après la mort d'Aristote pour plus de quinze siècles, elles n'ont cessé ensuite d'être traduites et commentées. Nous reviendrons sur ce paradoxe en conclusion de cet ouvrage.

1. II, 2, 2, 1261 a 14-22.

PREMIÈRE PARTIE

LES TROIS APORIES DU LIVRE III

INTRODUCTION

DES TROIS APORIES DU LIVRE III AUX RECHERCHES SUR LE MEILLEUR RÉGIME (LIVRES IV-VIII)

On s'est souvent interrogé sur l'unité des *Politiques* et le crédit qu'il faut accorder à l'ordre actuel de ses huit livres. Pierre Pellegrin a montré [1] que le premier chapitre du livre IV expose un programme d'étude cohérent, réalisé ensuite dans le reste des *Politiques* (IV-VIIII) [2]. Aristote assigne à la science politique une tâche générale : déterminer ce qu'est, pour une cité donnée, le meilleur régime (πολίτεια). Elle implique quatre tâches particulières.

1. « La *Politique* d'Aristote : Unité et fractures. Éloge de la lecture sommaire », in *Aristote politique. Études sur la* Politique *d'Aristote*, sous la direction de Pierre Aubenque, publiées par Alonso Tordesillas, Paris, P.U.F., 1993, p. 3-34.

2. Pour cette conclusion, cet article, p. 25, pour le programme d'étude proposé par Aristote, *ibid.*, p. 8 *sq.* Comme P. Pellegrin, je dissocie la visée générale (rechercher le meilleur régime) de la première tâche particulière (le déterminer si rien ne s'oppose aux vœux du législateur). Dans cette perspective, les quatre tâches particulières sont toutes, d'une manière ou d'une autre, liées à la visée générale (recherche du meilleur régime) : si, en IV, 1, Aristote ne parle pas de « meilleur régime » pour les deux dernières tâches, en IV, 11, il parle d'ἀρίστη πολιτεία (1, 1295 a 25), puis de κοινωνία ἡ πολιτικὴ ἀρίστη (10, 1295 b 35) pour le régime le mieux accordé à la plupart des cités (4e tâche). Voir aussi, sur ce texte et l'interprétation de P. Pellegrin, Pierre-Marie Morel, « Le meilleur et le convenable. Loi et constitution dans la *Politique* d'Aristote », in *Politique d'Aristote*, Pessac, PUB, 2011, p. 95-100.

1. Décrire le régime le meilleur le plus conforme à nos vœux (μάλιστα κατ'εὐχὴν) si aucun obstacle extérieur ne s'y oppose [1].

2. Déterminer le régime le mieux « accordé » (ἁρμόττουσα) à chaque cité, le meilleur eu égard à des circonstances [τὰ ὑποκειμένα] diverses plus ou moins conformes à de tels vœux [2].

3. Étudier les moyens de conserver et de réformer un régime quand on doit accepter le principe fondamental (ὑπόθεσις) qui le caractérise, ne pas passer de ce type de régime (par exemple la démocratie ou l'oligarchie) à un autre [3]. Dans ce cas, les obstacles au souhaitable sont si importants qu'Aristote évite – dans ce chapitre 1 comme dans le reste du livre IV et les deux livres qui suivent – de qualifier d'excellent le régime que le législateur peut obtenir. Cependant la réforme continue à viser l'excellence, sous la forme du régime bien équilibré, en harmonie avec la plupart des cités (voir la 4 e tâche au paragraphe qui suit) au sens où il est la norme ou la mesure permettant dans chaque cas de déterminer la réforme qui convient.

4. Déterminer le régime le mieux accordé (ἁρμόττουσα) à la plupart des cités existantes [4]. Le participe passé du verbe ἁρμόττειν, impliquant un jugement de valeur, est utilisé pour les tâches 2 ou 4, trop souvent comprises comme relevant du renoncement d'Aristote à son idéal d'excellence sous les contraintes du réel. Or la comparaison ouvrant le chapitre entre les tâches respectives de la gymnastique et de la science politique montre que la recherche de l'harmonie exprimée par le verbe ἁρμόττειν vaut aussi pour la première tâche, déterminer le régime le meilleur si aucun obstacle extérieur ne s'oppose à nos vœux : pour les corps comme pour les

1. IV, 1, 3, 1288 b 23-24. Pour abréger, je dis souvent « régime le plus conforme à nos vœux », mais il faut toujours sous entendre « si aucun obstacle extérieur ne s'y oppose ». Le grec use du singulier, littéralement, « conforme à notre souhait ».

2. *Ibid.*, 24-28. Il faut donner ici au mot « accordé » un sens presque musical, voir Pierre-Marie Morel, article cité, p. 93 *sq*. Ἁρμόττουσα, participe de ἁρμόζω (« ajuster », « adapter ») est de même racine que ἁρμόνια : on recherche l'harmonie entre le régime et la cité. Or l'harmonie a un sens à la fois éthique et musical. Voir par exemple ce texte à propos de l'enseignement de la musique aux jeunes : « L'enseignement de la musique est en harmonie [ἁρμόττουσα] avec la nature de cet âge, car les jeunes, du fait de leur âge, ne supportent volontiers rien de désagréable, et la musique fait partie par nature des choses agréables. Et il semble y avoir chez eux une certaine affinité avec les harmonies [ἁρμονίαις] et les rythmes. C'est pourquoi beaucoup de sages disent, les uns que l'âme est une harmonie [ἁρμονίαν], les autres qu'elle a de l'harmonie [ἁρμονίαν] » VIII, 5, 25, 1340 b 14-19.

3. IV, 1, 4, 1288 b 28-33.

4. IV, 1, 5, 1288 b 33-37.

cités, on doit rechercher le régime le meilleur, « nécessairement *en harmonie* » avec celui qui est « le plus riche en qualités naturelles et en moyens » et aussi le régime, le même pour tous, le meilleur pour la plupart[1] : dans le cas de la gymnastique, la nécessité de l'accord musical vaut explicitement pour la tâche 1 et implicitement pour la tâche 4. C'est l'inverse en politique.

La première tâche particulière – décrire le régime le plus conforme à nos vœux – est l'objet des livres VII et VIII. Aux chapitres 9 et 11 du livre IV, Aristote traite du régime le mieux accordé à la plupart des cités (4e tâche), puis des deux autres tâches, au livre IV (chapitres 12-13) pour la seconde (le meilleur régime eu égard aux circonstances) et au livre V pour la troisième (la réforme des institutions et des pratiques quand on ne peut pas modifier le principe du régime). Aux livres VII et VIII, le législateur travaille à partir de conditions conformes à ses vœux, même s'il ne les a pas directement choisies. Aux livres IV, V, et VI, ce n'est pas le cas : les conditions sont dans chaque cas plus ou moins favorables. Pour les connaître, on doit établir l'état des lieux. Il faut donc connaître, pour chaque type de régime (par exemple, la démocratie), combien il en existe d'espèces. Tout le début du livre IV (chapitres 2-8) est consacré à une telle enquête.

Comme je l'ai déjà indiqué en introduisant cet ouvrage, j'entends montrer que ce programme, ordonné à la recherche du régime le meilleur, est la réponse à trois apories étroitement liées apparues successivement au livre III.

1. La première est la difficulté d'articuler l'excellence du citoyen et celle du régime (chapitres 2-5). L'excellence du régime, c'est la capacité de la cité à réaliser sa fin naturelle, non seulement la préservation de la vie des citoyens et de la communauté qu'ils forment, mais la vie heureuse pour chacun d'eux et la communauté, la réussite dans l'exercice des fonctions corporelles, intellectuelles et morales les plus hautes. L'excellence de la cité et celle de chaque citoyen sont inséparables. Faut-il donc, pour qu'une cité soit excellente, que chaque citoyen le soit au même titre et au même degré ? Une réponse positive ne conduit-elle pas à restreindre l'accès à la citoyenneté et à la réserver à une élite ?

1. Τίς ἀρίστη (τῷ γὰρ κάλλιστα πεφυκότι καὶ κεχορηγημένῳ τὴν ἀριστην ἀναγκαῖον *ἁρμόττειν*), καὶ τίς τοῖς πλείστοις μία πᾶσιν (IV, 1, 1, 1288 b 13-15), c'est moi qui souligne ἁρμόττειν.

2. La deuxième aporie concerne le régime populaire droit. Elle est manifestée par son absence de nom propre, puisqu'il a le nom commun de tous les régimes (πολίτεια)[1]: comment une multitude composée de citoyens pour la plupart médiocres pourrait-elle user de sa suprématie pour réaliser le bien et l'excellence de tous (chapitre 7) ?

3. En troisième lieu, il est difficile de définir le pouvoir suprême (le plus haut des divers pouvoirs politiques) et de déterminer son bon détenteur (chapitres 8-17) pour que la cité soit bien gouvernée.

Comme nous l'avons déjà observé et comme le reste de cet ouvrage tente de l'établir, ces trois apories – touchant à l'excellence des citoyens, au régime populaire droit et à la suprématie –dépendent les unes des autres. Si tous les citoyens ne sont pas excellents de la même manière (1re aporie), si l'excellence complète est réservée à une élite, une cité dans laquelle la suprématie appartient à la multitude peut-elle être gouvernée au mieux (2e aporie) ? Et si la suprématie appartient seulement à une partie des citoyens, le grand nombre ou cette élite, les citoyens ne sont-ils pas gouvernée comme le sont les enfants et l'épouse ou au pire les esclaves au sein d'une famille (3e aporie) ?

On pourra objecter à cette démarche le fait que l'ordre actuel des huit livres des *Politiques* peut ne pas avoir été voulu par Aristote et on ajoutera peut-être que la comparaison entre la dernière phrase du livre III et la première du livre VII, qui parlent de manière presque identique d'une recherche à entreprendre à propos du régime le meilleur (ἄριστη πολίτεια), peuvent inciter à placer les livres VII et VIII immédiatement après le livre III, en sautant la séquence considérée comme plus réaliste (IV-VI)[2]. Si cependant on constate, avec Pierre Pellegrin, que le livre IV s'ouvre par

1. Sur la traduction de πολίτεια, en son sens le plus général, par « régime » voir « Introduction », p. 49, n. 1 ; pour sa non traduction quand il désigne un régime particulier, au livre III le régime populaire droit, voir *ibid.*, p. 50, n. 1 : j'écris alors *politeia*.

2. Dernière phrase du livre III : « Ayant donné ces précisions sur le régime, il faut maintenant essayer de parler du meilleur, de quelle manière il advient naturellement et comment il s'établit : il est nécessaire à celui qui doit le soumettre à l'examen qui convient…, ἀνάγκη δὴ τὸν μέλλοντα περὶ αὐτῆς ποιήσασθαι τὴν προσήκουσαν σκέψιν » 18, 2, 1288 b 5-6. Première phrase du livre VII : « Au sujet du meilleur régime celui qui doit mener la recherche qui convient doit d'abord déterminer la vie le plus désirable, περὶ δὲ πολιτείας ἀρίστης τὸν μέλλοντα ποιήσασθαι τὴν προσήκουσαν ζήτησιν ἀνάγκη διορίσασθαι πρῶτον τίς αἱρετώτατος βίος » 1, 1, 1323 a 14-16. Voir le commentaire de P. Pellegrin, article cité, p. 26-27. Cet ordre (I, II, III, VII, VIII, etc.) est adopté par A. Bastien quand il révise la traduction Thurot.

l'énoncé d'un programme d'étude concernant l'ἄριστη πολίτεια, la dernière phrase du livre III peut très bien annoncer le contenu du premier chapitre du livre IV : après l'étude de la notion de πολίτεια (il est peu question de son excellence au livre III), vient celle de l'ἄριστη πολίτεια dont le chapitre I du livre IV expose le programme.

Dans l'article cité plus haut, Pierre Pellegrin défend la cohérence de la séquence IV-VIII en s'appuyant exclusivement sur les déclarations explicites d'Aristote. Ma démarche semblera moins prudente [1] : elle va des apories du livre III à leur « solution » (elle-même « ouverte » puisqu'il y a deux voies qu'Aristote hésite à hiérarchiser) aux livres IV-VIII, en partant d'une reconstitution qui excède les déclarations explicites présentes dans le texte. Cela implique, comme je le répète à nouveau, que l'ordre actuel des livres ait un sens et qu'il soit raisonnable de le rechercher. J'espère montrer que mon hypothèse rend les *Politiques* plus intelligibles et permet de résoudre un certain nombre de difficultés textuelles qui ont souvent arrêté éditeurs, traducteurs et commentateurs.

Dans cet ouvrage, je ne procède pas à un commentaire suivi des deux premiers livres [2] : je tente simplement de montrer que le livre III met en évidence trois apories auxquelles l'étude de l'ἄριστη πολίτεια s'efforce de répondre dans la suite de l'ouvrage. Si l'on en croit les derniers mots du livre I et les premiers du livre II, l'étude de l'ἄριστη πολίτεια (fin du livre I) [3] et de la communauté politique « qui l'emporte sur toutes les autres [κρατίστη πασῶν] pour ceux qui sont capables de vivre *autant que possible* selon leurs vœux » (début du livre II) [4] commence au livre II par l'examen de ce qui a été dit par d'autres et expérimenté ici ou là sur cette question. Il est conforme aux habitudes d'Aristote de justifier sa propre recherche en présentant un bilan critique de ce qui a été expérimenté auparavant et de ce qu'ont proposé d'autres penseurs. Là encore, du fait du κατ'εὐχήν, certains seront tentés de placer le livre VII immédiatement après le livre II. Mais si, admettant que les livres IV-VIII réalisent un même programme, on prête

1. Sur les conseils de prudence de P. Pellegrin concernant le rôle et l'ordre des livres I, II et III par rapport au bloc IV-VIII, voir article cité, p. 26 *sq.* À l'opposé de ma propre démarche, on est allé jusqu'à voir dans les *Politiques* « un fatras en huit livres », Auguste Francotte, « *Politique*. Notice », *in* Aristote, *Œuvres*, p. 1320.

2. Voir cependant, pour le livre I, ce que je dis de son ouverture (I, 3, p. 147-149), de la chrématistique (III, 10, p. 282-297) et de l'esclavage (III, p. 314-318) ; pour le livre II, ce que je dis du chapitre 2 (III, 10 p. 301-304), du chapitre 6 (II, 6, p. 224-228), du chapitre 7 (II, 6, p. 232-233).

3. I, 13, 16, 1260 b 23-24.

4. II, 1, 1260 b 27-29.

attention à la différence entre la tâche *particulière* des livres VII-VIII – l'étude de la *politeia* « la plus conforme à nos vœux *si rien d'extérieur ne s'y oppose,* μάλιστα…κατ'εὐχήν, *μηδενὸς ἐμποδιζοντος τῶν ἐκτός* », c'est moi qui souligne la formule absente du texte du livre II – et la formule plus *générale* du livre II qui ne mentionne pas l'absence d'obstacle externe – l'examen de la communauté politique la meilleure « pour ceux qui sont capables de vivre selon leurs vœux autant que possible, ὅτι μάλιστα κατ'εὐχήν » –, rien ne s'oppose au respect de l'ordre actuel : avant d'examiner, pour son propre compte, comment il faut concevoir le régime le meilleur (livres IV-VIII) pour répondre aux problèmes mis en évidence au livre III, Aristote fait le bilan de l'expérience et des réponses autres que la sienne (livre II). La première partie de cet ouvrage consacre un chapitre à chacune de ces apories que le livre III des *Politiques* met successivement en évidence.

CHAPITRE PREMIER

PREMIÈRE APORIE QU'EST-CE QU'UN BON CITOYEN ? (III, 1, 4 ET 5)

LA DIFFICILE DÉFINITION DU CITOYEN (III, 1)

Si l'on prend à la lettre ses premiers [1] et derniers mots [2], le livre III traite du ou des régime(s) (πολίτεια) mais pas encore, du moins explicitement, du régime le meilleur : Aristote ouvre le livre III en adoptant le point de vue de celui qui veut étudier ce qu'est un régime ou peut-être les régimes, et le clôt en annonçant l'examen de celui qui est le meilleur. Or la notion de πολίτεια implique celles de cité (πόλις) et de citoyen (πολίτης) : un régime est « une certaine organisation de ceux qui habitent la cité » [3] ; la cité est « une

1. Τῷ περὶ πολιτείας ἐπισκοποῦντι, « Pour qui fait des recherches sur ce qu'est un régime… », si πολιτείας est un génitif singulier, ou « sur les régimes », si πολιτείας est un accusatif pluriel, III, 1, 1, 1274 b 32. Sur ces deux éventualités, voir P. Pellegrin, *les Politiques*, « Introduction », p. 8-10. Aubonnet choisit l'accusatif pluriel, qui semble avoir la préférence de Pellegrin ; Tricot et Oresmes optent pour le génitif singulier ; Guillaume de Moerbeke traduit par un singulier (*de politia*, Spiazzi, p. 120, 223, Laval, p. 121, 1re c.) et Thomas d'Aquin passe au pluriel dans son commentaire (*de politiis*, Spiazzi, p. 121, 348, Laval, p. 123, 1re c.).

2. Διωρισμένων δὲ τούτων περὶ τῆς πολιτείας ἤδη πειρατέον λέγειν τῆς ἀριστης… « Ayant donné ces précisions sur le régime, il faut maintenant essayer de parler du meilleur… », III, 18, 2, 1288 b 2-4.

3. ἡ δὲ πολιτεία τῶν τὴν πόλιν οἰκούντων ἐστὶ τάξις τις, III, 1, 1, 1274 b 38. Cette première définition est provisoire : ceux qui habitent (sens du verbe οἰκεῖν dans ce contexte) la cité ne sont pas tous citoyens : sans doute faut-il comprendre que la πολιτεία n'organise pas seulement les relations entre citoyens mais aussi entre citoyens et simples résidents, en parti-

multitude déterminée de citoyens »[1], ou encore – comme le dit un peu plus loin le chapitre 3 pour souligner la spécificité de cette communauté – « une communauté des citoyens entre lesquels il y a communauté de régime » : les citoyens forment cette communauté qu'est la cité parce qu'ils ont en commun un même régime[2]. « Cité » peut se prendre en deux sens : large comme communauté de résidence, étroit comme communauté que forment les seuls citoyens unis par un même régime. De là la difficulté de savoir si des résidents aussi indispensables à l'existence de la cité que les étrangers domiciliés (« métèques »), les femmes, les enfants ou les esclaves en sont ou non des « parties ». La réponse d'Aristote varie selon le sens large (IV, 4) ou étroit (VII, 8) donné à cette notion de « partie »[3] : au sens large, tout élément indispensable à la cité en est une partie ; au sens étroit, seuls les citoyens ont ce statut.

Pour définir plus précisément la πόλις au sens étroit et sa πολίτεια, il faut donc définir d'abord le πολίτης.

Aristote précise d'abord l'objet de sa recherche : *le citoyen au sens plein* (ἁπλῶς). Il écarte ainsi les citoyens « fabriqués », τοὺς ποιητοὺς [de ποιεῖν, « faire », « produire »] πολίτας, par telle ou telle loi ou décret (pouvant être des citoyens légaux ou nominaux sans être de ce seul fait de vrais citoyens), les esclaves, les métèques et ceux qui sont trop jeunes ou trop âgés pour participer pleinement aux activités civiques[4]. Ceux qui sont

culier en attribuant aux uns et non aux autres la citoyenneté. Pour la définition de la πολιτεία au début du chapitre 6 du livre III comme « organisation des divers pouvoirs et surtout de celui qui a la suprématie en tout », voir plus loin, l'analyse de la seconde aporie, celle du gouvernement populaire droit, chap. II, p. 93.

1. ἡ γὰρ πόλις πολιτῶν τι πλῆθός ἐστιν, III, 1, 2, 1274 b 41 ; *civitas enim civium quædam multitudo est* (GM, Spiazzi, p. 120, 224, Laval, p. 121, 1re c.). Je traduis πλῆθός par « multitude » et non par « ensemble » (Pellegrin) ou « collectivité » (Aubonnet, Tricot) pour attirer l'attention sur le fait qu'Aristote use de ce même terme pour désigner le détenteur de la suprématie dans le régime populaire droit (III, 7, 3, 1279 a 37).

2. III, 3, 7, 1276 b 1-2. J'ai cité et commenté cette définition dans la première partie de mon introduction, voir p. 13, n. 3.

3. Voir *infra*, III, 9, p. 276, le tableau V qui compare les exposés des livres IV et VII sur les éléments nécessaires à une cité.

4. III, 1, 3-5, 1275 a 5-22. Dans cette liste, les femmes ne sont pas citées alors que les esclaves et les métèques le sont. L'exclusion des femmes n'est pas de même nature puisque certaines sont dites en grec « citoyennes », πολίτιδες : la pleine citoyenneté peut transiter par elles, quand il faut, pour être citoyen, soit « être né de deux citoyens », ἐξ ἀμφοτέρων πολιτῶν (III, 2, 1, 1275 b 21-22) – allusion à loi de 451 votée sur proposition de Périclès, voir sur ce point introduction, p. 41 –, soit « être né d'un citoyen ou d'une citoyenne, ἐκ πολίτου ἢ ἐκ πολίτιδος » (III, 2, 3, 1275 b 32-33) ou d'une citoyenne, ἐκ πολίτιδος (III, 5, 7, 1278 a 28), si l'on manque de citoyens à la suite d'une guerre ou si l'on veut ouvrir largement l'accès à la

écartés le sont pour des raisons différentes : les uns parce qu'ils ne sont plus ou pas encore de vrais citoyens, d'autres parce que leurs droits politiques ne sont qu'une apparence légale ou verbale, d'autres enfin (métèques et esclaves) parce qu'ils n'ont en commun avec les citoyens que la résidence et des droits juridiques découlant pour les métèques de conventions entre cités [ἀπὸ συμβόλων] [1].

Définir le vrai citoyen est difficile. Aristote propose successivement deux définitions dont la différence n'est pas immédiatement perceptible.

1. Le citoyen au sens plein est d'abord défini par « le fait d'avoir part au jugement [soit aux tribunaux] et au pouvoir [μετέχειν κρίσεως καὶ ἀρχῆς] » [2]. Dans cette première définition, Aristote choisit de donner à ἀρχή un sens très large qui n'est pas le sens usuel admis par tout le monde dans ce contexte politique : à côté des ἀρχαί au sens étroit du terme admis par tous – les magistratures ou fonctions d'autorité qu'on exerce à titre personnel et au sein d'un collège réduit, limitées en durée, souvent non renouvelables [3] – ἀρχή désigne ici le pouvoir exercé en commun au sein de l'assemblée ou des tribunaux, du moins quand, comme dans un régime populaire, ces institutions existent. La pleine citoyenneté implique-t-elle l'accès à *tous* les pouvoirs (à durée limitée ou non, exercés à titre personnel ou comme membre d'une assemblée quelconque) ou seulement la participation à l'assemblée et aux tribunaux (ou encore l'exercice collectif de la

citoyenneté. Sur cette position des femmes par rapport à la citoyenneté, voir Jean Terrel, « Nicole Loraux et Michel Foucault : deux regards sur le *Ion* d'Euripide », in *Politiques de Foucault,* Paris, P.U.F., 2010, p. 224-254.

1. « Métèques et esclaves ont en commun la résidence [κοίνωνοῦσιν τῆς οἰκήσεως] » ; ceux qui ont le droit d'aller en justice ont en commun ce droit du fait de conventions » (III, 1, 3-4, 1275 a 7-11). Dans ce texte, ce droit concerne certains métèques mais selon un texte de *l'Éthique à Nicomaque* traduit *infra,* p. 278 (VIII, 14, 1161 a 30-1161 b 5), une communauté de loi et à de contrat (συνθήκη) peut exister avec un esclave, non en tant qu'esclave mais comme être humain qui n'est pas seulement, comme l'animal domestique, un instrument animé, même s'il l'est aussi.

2. III, 1, 6, 1275 a 22-23. Si l'on s'arrête à cette seule formule, on pourrait croire que le jugement (κρίσις) ne relève pas de l'ἀρχή. Mais la suite du texte exclut cette interprétation. Le καὶ ἀρχῆς n'ajoute pas l'ἀρχή au jugement qui n'en relèverait pas, il procède plutôt à une généralisation : est citoyen celui qui a part au jugement et plus généralement à toute forme de pouvoir politique.

3. À Athènes, les magistrats tirés au sort ne pouvaient pas exercer deux fois la même charge et devaient avoir été soumis à la reddition de comptes avant de pouvoir exercer une nouvelle fonction. En revanche une magistrature élue pouvait être renouvelée, comme celle de stratège dans le cas de Périclès (Bernard Manin, *Principes du gouvernement représentatif*, Paris, Flammarion, 1996, p. 24-27).

suprématie)[1] ? L'accès de chaque citoyen à tous les pouvoirs impliquerait une démocratie très égalitaire (dans laquelle les droits des citoyens sont entièrement indépendants de leur richesse) ou un corps civique socialement très homogène. Pour Aristote, participer aux pouvoirs collectifs suffit à la pleine citoyenneté : « nous posons donc, écrit-il, que sont citoyens ceux qui ont part à ce genre de pouvoir »[2], celui qui vient d'être défini comme ἀορίστος, de durée indéterminée et qu'exercent par exemple les membres d'une assemblée populaire.

2. Aristote remarque ensuite que sa définition vaut surtout pour la démocratie[3] : que va-t-il se passer quand n'existent pas d'assemblée populaire convoquée à dates régulières[4] et de tribunal ouverts à tous les citoyens, quand les pouvoirs de délibérer et de juger sont réservés à tous ou à certains de ceux qui exercent des magistratures ? Il faut donc proposer une définition plus générale du citoyen, applicable à tous les régimes : c'est maintenant celui « qui a la faculté d'exercer en commun [avec les autres citoyens] le pouvoir de délibérer ou de juger, ἐξουσία κοινωνεῖν ἀρχῆς βουλευτικῆς ἢ κριτικῆς »[5]. La correction est au départ si subtile qu'elle en devient presque invisible, puisque l'assemblée implicitement présente dans la définition précédente (si l'on tient compte du commentaire à propos du sens d'ἀρχή) a le pouvoir de délibérer. En fait, ce texte apporte deux précisions donnant à la seconde définition une portée plus générale.

– Le mot ἐξουσία (« faculté ») montre que les instances qui délibèrent et jugent peuvent ne pas avoir l'existence légale régulière qu'elles ont dans

1. Τάχα μὲν οὖν ἂν φαίη τις οὐδ' ἄρχοντας εἶναι τοὺς τοιούτους, οὐδὲ μετέχειν διὰ ταῦτ' ἀρχῆς· καίτοι γελοῖον τοὺς κυριωτάτους ἀποστερεῖν ἀρχῆς, « Peut-être dira-t-on que ces gens-là [membres des tribunaux et de l'assemblée] n'exercent pas de pouvoir et que ces fonctions ne les font pas participer à un pouvoir. Mais il serait ridicule de priver de pouvoir ceux qui détiennent la suprématie », soit « de refuser d'user du mot "pouvoir" pour ceux qui détiennent la suprématie », III, 1, 7, 1275 a 26-29. Il n'est pas fait mention du Conseil (l'instance qui à Athènes prépare la délibération de l'assemblée) ni dans cette première définition ni dans la définition rectifiée. Notons aussi que ce texte, dans sa lettre, associe la notion de suprématie collective au fait de siéger à l'assemblée et au tribunal : cela montre que le pouvoir de délibérer sur les affaires communes définissant en IV, 14, 3 et 16 la suprématie n'est pas nécessairement exercé par la seule assemblée populaire dont certains tribunaux ont le pouvoir d'annuler certaines décisions.

2. Τίθεμεν δὴ πολίτας τοὺς οὕτω μετέχοντας, III, 1, 8, 1275 a 32-33.

3. III, 1, 10, 1275 b 5-6.

4. À Athènes, le Conseil doit convoquer l'assemblée 4 fois par prytanie (36 ou 35 jours) soit 40 fois par an (*Constitution d'Athènes*, XLIII, 2).

5. III, 1, 12, 1275 b 17-20.

une démocratie comme celle d'Athènes : elles peuvent n'être convoquées et réunies, comme le texte le précise plus haut, que de manière irrégulière, quand le besoin s'en fait sentir[1]. La possibilité de participer à la délibération ou au jugement peut être actualisée de manière régulière ou non : même en l'absence d'actualisation régulière et continue, comme dans certains régimes oligarchiques, on demeure citoyen si on a cette possibilité de délibérer et de juger.

– Parlant de ces deux pouvoirs (délibérer et juger), Aristote se réfère sans doute à la distinction ultérieure entre les trois genres de pouvoirs existant dans tous les régimes – délibérer sur les affaires communes (1), exercer une magistrature, ἀρχή au sens étroit (2) et juger (3)[2]. En ne mentionnant que le 1er et le 3e de ces types de pouvoirs, la définition corrigée précise la première en indiquant que le fait d'avoir ou de ne pas avoir la possibilité d'être magistrat (le 2e genre de pouvoir) est sans incidence directe sur la citoyenneté : il suffit d'avoir la possibilité de participer aux pouvoirs de délibérer et de juger (exercés dans une démocratie par l'assemblée et les tribunaux). La nouvelle définition convient aux régimes populaires réservant toutes ou certaines des magistratures aux citoyens assez fortunés, et aux régimes aristocratiques ou oligarchiques confiant les pouvoirs de délibérer et de juger à tous ou à certains des magistrats : dans ces régimes, ce n'est pourtant pas l'accès aux magistratures (le 2e genre de pouvoir) qui fait le vrai citoyen mais le droit pour tous ou certains d'entre eux d'exercer ensemble les autres pouvoirs (des 1er et 3e genres).

La difficulté à commenter ce texte traduit en fait un certain embarras d'Aristote. L'insuffisance de la première définition provient, écrit-il, de la

1. « Dans certaines cités, il n'y a pas d'assemblée populaire (δῆμος), ni de réunions régulières de l'assemblée, mais seulement sur convocation » III, 1, 10, 1275 b 7-8.

2. IV, 14, 1-2, 1297 b 37-1298 a 3. Le pouvoir de délibérer sur les affaires communes est le pouvoir suprême. Le pouvoir de juger ne se limite pas à notre pouvoir judiciaire, au sens moderne, car beaucoup de tribunaux ont une fonction politique et peuvent de ce fait contribuer par leur pouvoir de *veto* à la délibération commune. Quand le mot ἀρχή a le sens étroit de pouvoir conféré à titre temporaire, comme en IV, 14, 2, 1298 a 1, à propos du second des trois éléments (μόριον) de tout régime (les trois sortes de pouvoir qu'il comporte), on peut le traduire par « magistrature ». Une ἀρχή au sens étroit (selon cette convention de traduction, une « magistrature » se distinguant de la participation au pouvoir collectif de délibérer et de juger) est exercée le plus souvent à titre personnel, avec cependant le cas limite du Conseil (βουλή) : ce ne sont pas les conseillers mais le Conseil qui exerce ici l'ἀρχή, la magistrature. Voir plus loin sur ce point II, 8, p. 255-256. Pour cette définition du mot ἀρχή et la complexité de l'analyse tout au long des *Politiques*, on peut renvoyer à l'exposé de Marie-Noëlle Ribas aux journées organisées à Bordeaux en 2012 sur les *Politiques* : « Magistratures et magistrats aux livres IV, V et VI de la *Politique* ». Je la remercie de m'avoir communiqué son texte.

diversité des régimes, et en particulier de la différence entre ceux qui sont droits, ordonnés au bien commun de tous et de chaque citoyen, et ceux qui sont déviés, visant seulement l'avantage d'une partie de la communauté. C'est la première fois que cette distinction apparaît. Or, poursuit Aristote, les régimes droits sont antérieurs à ceux qui sont déviés [1]. Cette antériorité est logique et non chronologique, puisqu'il faut partir du droit pour comprendre en quel sens il y a déviation : on vise la cible et la flèche en dévie. Dès lors, pourquoi partir de la démocratie pour définir le citoyen ? En effet, le mot « démocratie » désigne le plus souvent chez Aristote le régime où le grand nombre des citoyens pauvres gouverne en cherchant son avantage et non celui de toute la communauté : *en ce sens*, la démocratie est une déviation [2]. Certes, la définition du vrai citoyen est ensuite corrigée, mais cela ne nous fait pas passer du dévié au droit, mais plutôt du particulier au général. On comprend mieux la démarche d'Aristote si l'on examine ce que la définition corrigée conserve de la première, c'est-à-dire de l'expérience démocratique : en toute vraie cité – on découvre de nouveau que la définition de la cité est normative –, la vraie citoyenneté implique de pouvoir exercer en commun (κοινωνεῖν) le pouvoir de délibérer et de juger. La différence entre les régimes est donc relativisée : toujours et partout, une vraie cité est une multitude de citoyens qui met la délibération sur les affaires communes « au milieu de tous », ce qui, chez Hérodote, ne s'appelle pas encore « démocratie » mais suprématie de la multitude, « isonomie (ἰσονομία) » et « iségorie (ἰσηγορία) ». La démocratie n'est donc pas simplement un régime dévié [3]. La différence entre les régimes pourra tenir, entre autres choses, au nombre des résidents accédant à la pleine citoyenneté : la vraie citoyenneté peut en effet être réservée à une élite, à un petit nombre des magistrats réunis en corps, ou au contraire ouverte à un beaucoup plus grand nombre d'hommes libres composant de ce fait une communauté culturellement, socialement et éthiquement moins homogène. Aristote fait référence à cette question quand il ajoute, immédiatement après avoir énoncé la définition rectifiée, que ceux qui ont la faculté d'exercer en commun le pouvoir de délibérer et de juger constituent

1. III, 1, 9, 1275 a 38-1275 b 3.

2. Voir sur ce point la première partie de mon introduction, p. 33 *sq*.

3. Je reviendrai plus loin sur cette question (II, 5) en commentant ce que dit Aristote de la « première démocratie », qui ne s'appelait pas encore ainsi mais tirait son nom de l'égalité instituée par la loi (IV, 4, 22, 1291 b 30-34), autrement dit de l'isonomie. Sur l'usage des termes « isonomie » et « iségorie » par Hérodote, voir « Introduction », p. 30-32.

une cité s'ils forment une multitude assez nombreuse pour une vie d'autarcie :

> [Nous appelons] cité la multitude composée de tels citoyens [qui viennent d'être définis par la faculté de délibérer et de juger en commun] si elle est suffisante pour vivre en autarcie [πρὸς αὐτάρκειαν ζωῆς], pour parler ainsi [1].

Comme je l'ai indiqué au début de l'introduction [2], le mot αυτάρκεια a chez Aristote un sens beaucoup plus riche que le français « autarcie », ce qui peut ne pas apparaître si on lit ce texte de manière isolée : en fait, on doit comprendre que le nombre des citoyens doit être suffisant pour le maintien et la reproduction de la vie mais aussi pour que toutes les fonctions indispensables à une vraie cité soient assurées, y compris celles qu'Aristote place au premier rang, l'exercice de la citoyenneté collective par la délibération et la possibilité pour la cité de se défendre contre ses ennemis de l'intérieur et de l'extérieur.

À celui qui serait tenté de réserver la vraie citoyenneté à une petite élite censée être seule capable de l'exercer, Aristote rappelle donc que cette réduction du nombre des citoyens est limitée par l'impératif d'autarcie bien entendu : il faut que les citoyens soient assez nombreux pour pouvoir 1) commercer avec les autres cités sans perdre leur indépendance (ce qui serait le cas si la production agricole et artisanale était insuffisante), 2) se défendre contre les autres cités ou contre ceux qui habitent la cité sans être citoyens s'ils deviennent hostiles, 3) exercer toutes les fonctions indispensables à une vie authentiquement politique.

Cette définition du citoyen est exigeante : les citoyens doivent être capables de délibérer en commun sur les orientations fondamentales de leur vie commune en vue de la vie heureuse. Il faut donc s'interroger sur les qualités nécessaires à cet effet : c'est l'objet du chapitre 4. La manière dont ce chapitre définit le bon citoyen a des incidences sur la composition de la communauté politique, en d'autres termes sur l'accès à la citoyenneté : c'est l'objet du chapitre 5.

1. III, 1, 12, 1275 b 20-21.
2. « Introduction », p. 21-23.

L'excellence d'un homme de bien (ἀρετή ἀνδρὸς ἀγαθοῦ) et l'excellence d'un bon citoyen (ἀρετή πολίτου σπουδαίου) sont-elles identiques (III, 4) ?

Quelles sont les qualités d'un citoyen remplissant sa fonction avec zèle (σπουδαῖος, que Guillaume de Moerbeke traduit par *studiosus*) [1], d'un bon citoyen ? L'analyse commence [2] avec une première définition de l'excellence requise : c'est l'aptitude de chacun des citoyens à réaliser leur œuvre commune, la sauvegarde de la cité. C'est une définition minimale : elle vaut pour tout régime, excellent ou non, droit ou dévié. L'excellence du citoyen ainsi définie diffère de celle de l'homme accompli : la première est relative à chaque cité et au principe spécifique qui fonde son régime (son ὑπόθεσις), la seconde est universelle ; quand il s'agit du salut d'un régime dévié, l'excellence du citoyen zélé est très éloignée de l'excellence achevée (ἀρετή τέλεια) consistant, pour un homme, à posséder les qualités physiques, intellectuelles et morales les plus hautes, à « vivre dans l'amour sobre de la beauté et ferme de la sagesse » [3]. Pris en ce sens minimal, le citoyen zélé n'est pas cet homme accompli. Pierre Pellegrin parle d'une excellence fonctionnelle [4] : de même qu'un couteau coupe bien ou mal, un citoyen a ou n'a pas, dans telle cité déterminée, les aptitudes et les comportements assurant le salut de la cité. La communauté, écrit Aristote, « c'est le régime, κοινωνία δ'ἐστὶν ἡ πολιτεία » [5]. Puisque le régime est le principe d'unité et d'identité de la cité [6], qui lui donne son unité à un moment donné

1. Spiazzi, p. 127, 233, Laval, p. 128, 1re c. Thomas d'Aquin reprend *studiosus* et dit ensuite *bonus civis* (Spiazzi, p. 128, 365, Laval, p. 130, 1re c.). Dans les trois premiers paragraphes, σπουδαῖος qualifie le citoyen zélé, tandis que ἀγαθός ἀνήρ (latin *vir*, l'homme de sexe masculin et non l'ἄνθροπος, l'être humain) désigne l'homme de bien, mais aux 4e, 5e et 7e paragraphes, Aristote use aussi de σπουδαῖος pour l'homme de bien (4, 1276 b 35 ; 5, 1276 b 38 ; 7, 1277 a 14). Dans l'*Économique*, σπουδαῖος est utilisé pour les esclaves : on doit travailler à disposer d'esclaves zélés (δούλους παρασκευάζεσθαι [apprêter pour soi] σπουδαίους), car parmi les biens acquis, l'homme est le meilleur (I, V, 1, 1344 a 23-25).

2. Moment introductif, à partir de la comparaison du navire et de la cité : III, 4, 1-3, 1276 b 20-34. Sur cette comparaison, voir le texte d'Emmanuel Bermon, « Une image de l'excellence politique comparable à un couteau de Delphes : la navigation des marins (*Pol.* III, 4, 1276 b 16-34) », in *L'excellence politique chez Aristote, op. cit.*, p. 25-49.

3. Sur l'emprunt de cette expression à Thucydide pour faire sentir ce que peut être un homme accompli pour Aristote, voir « Introduction », I, p. 35. L'expression ἀρετή τέλεια est utilisée à 2 reprises en 3, 1276 b 32-34.

4. Aristote, *Les Politiques*, « Introduction », p. 52.

5. III, 4, 3, 1276 b 29.

6. « il faut dire que la cité est la même en regardant en premier lieu son régime », μάλιστα λεχτέον τὴν αὐτην πόλιν εἰς τὴν πολιτείαν βλέποντας (III, 3, 9, 1276 b 10-11). L'argument

et lui permet d'être la même à travers le renouvellement des générations, on est tenté de comprendre que le bon citoyen doit tout faire pour sauver le pire des régimes, quitte à s'engager dans la voie du mal : conclusion excessive, absente de la lettre du texte. Aristote montrera qu'il y a des degrés dans la déviation, jusqu'à parvenir à des formes de gouvernement tendant à n'être plus des régimes politiques [1] et détruisant la cité au lieu de la sauvegarder. Il faut donc se contenter de dire que l'excellence du citoyen (visant toujours le bien commun) est relative au régime de la cité considérée.

Aristote parvient à cette définition en comparant, comme d'autres avant lui, la cité à un navire. Cela lui permet de distinguer pour chaque marin ou citoyen deux excellences. Chacun à sa fonction propre : dans un bateau, celles du rameur (ἐρέτης), du chef de proue placé à l'avant du navire (πρῳρεύς) et du pilote tenant le gouvernail à l'arrière (κυβερνήτης) ; dans une cité, celles du citoyen ordinaire et de chaque magistrat. Dans une cité comme dans un bateau, il y a une hiérarchie entre ces rôles, comme dans un vivant entre le corps et l'âme, dans une âme entre le désir et la raison, dans une famille entre la femme et l'homme, dans une propriété entre l'esclave et le maître, dans un chœur entre les choreutes et le chef de chœur [2]. C'est à partir de l'excellence attachée à chaque fonction qu'on peut définir par contraste l'excellence convenant à tous, propre à chaque cité en fonction de son régime.

À partir de cette définition commune minimale, il est naturel de se demander ce qui se passe quand on n'a plus affaire à une cité quelconque mais à une cité dont le régime est excellent. C'est la première mention explicite de l'ἀρίστη πολιτεία au livre III : elle reste programmatique puisque sa nature n'est pas précisée. Disons simplement qu'il s'agit du régime permettant à la cité d'atteindre pleinement sa fin, le bien vivre [3].

principal est que « la cité est une certaine communauté » ἐστι κοινωνία τις ἡ πόλις (III, 3, 7, 1276 b 1) ou « une communauté de régime entre les citoyens », κοινωνία πολιτῶν πολιτείας, (III, 3, 7, 1276 b 2, sur la traduction de cette formule, voir p. 13, n. 3). On voit que la formule du chapitre 4 (κοινωνία δ'ἐστιν ἡ πολιτεία) condense celles du chapitre 3.

1. « La tyrannie est de tous les régimes celui qui est le moins un régime » (IV, 8, 2, 1293 b 29). La forme la plus déviée de démocratie n'est ni un régime ni à proprement parler une démocratie (IV, 4, 30, 1292 a 30-31 et 31, 1292 a 36) ; de même pour la δυναστεία (le régime où les puissants gouvernent), la forme la plus déviée d'oligarchie, qui correspond à cette tyrannie et à cette démocratie (IV, 5, 2, 1292 b 7-10).

2. Comparaison entre la cité et le navire, III, 4, 1-3, 1276 b 18-29. La comparaison entre la cité et d'autres composés (vivant, âme, famille, etc.) intervient un peu plus tard au § 6, 1277 a 5-12.

3. La formule du Périclès de Thucydide citée plus haut et commentée dans l'introduction (p. 35) peut donner une idée de ce qu'Aristote entendait par « bien vivre ».

Si le régime est tel, que devient l'excellence commune à tous les citoyens dans sa relation avec celle de l'homme accompli en tout ? Sont-elles ou ne sont-elles pas identiques ? Il est possible, dit Aristote, de reprendre la question en mettant en évidence une aporie dans la manière de concevoir cette cité dont le régime est excellent [1].

Cette cité peut ne pas pouvoir être composée seulement d'hommes vertueux. C'est une hypothèse et non une affirmation : εἰ (...) ἀδύνατον ἐξ απάντων σπουδαίων ὄντων εἶναι πολίν, « s'il est impossible qu'existe une cité composée seulement d'hommes vertueux » [2]. Si le εἰ de εἰ (...) ἀδύνατον équivalait à un « puisque », Aristote se contredirait ouvertement en déclarant impossible la cité du livre VII dont tous les membres doivent être artisans de vertu.

Dans cette hypothèse d'une communauté hétérogène, l'excellence des gens de bien ne peut être celle de chaque citoyen. En même temps, cette cité excellente a besoin, comme toutes les cités évoquées au début du chapitre, d'être sauvegardée. Il faut donc que tous les citoyens aient en commun l'excellence minimale convenant à cette sauvegarde, de la même manière qu'existent des qualités communes à tous les marins pour le salut d'un navire. Il s'agit maintenant d'une cité excellente dont tous les citoyens ne sont pas gens de bien – ayant donc un corps civique hétérogène – et de la forme d'excellence, commune à tous les citoyens, convenant à sa sauvegarde. Elle est donc distincte de l'excellence complète que partagent en son sein les hommes de bien et aussi de l'excellence particulière liée à la fonction de chacun, nécessairement différente pour le citoyen ordinaire et chacun des magistrats comme elle l'est pour le rameur et le pilote.

En restant dans le cadre de la même hypothèse (un régime excellent, avec une excellence politique spécifique, partagée par tous les citoyens, et une élite possédant l'excellence propre dans toutes les cités aux hommes de bien), Aristote considère maintenant [3] la rencontre qui se produit pour cette élite entre son excellence propre (ce sont des hommes de bien) et l'excellence tenant à son rôle politique particulier au sein de la cité. Il suppose donc que les hommes de bien auront une fonction précise, la plus haute de

1. Οὐ μὴν ἀλλὰ καὶ κατ' ἄλλον τρόπον ἔστι διαποροῦντας ἐπελθεῖν τὸν αὐτὸν λόγον περὶ τῆς ἀρίστης πολιτείας, « cependant, il nous est possible, d'une autre manière, d'examiner ce qui fait difficulté dans cette même question en l'appliquant au régime le meilleur » III, 4, 4, 1276 b 35-37.

2. Première hypothèse (communauté de citoyens hétérogène) : III, 4, 5-9, 1276 b 37-1277 a 25.

3. III, 4, 7, 1277 a 12-25.

celles qu'il vient d'évoquer en prenant l'exemple de divers composés (vivant, âme, famille, propriété, chœur) :

> Mais quelqu'un ne pourrait-il pas avoir la même excellence de citoyen vertueux et d'homme vertueux [ἀλλ᾽ἆρα ἔσται τινὸς ἡ αὐτὴ ἀρετὴ πολίτου τε σπουδαίου καὶ ἀνδρὸς σπουδαίου] ? Nous affirmons que le gouvernant vertueux [τὸν ἄρχοντα τὸν σπουδαῖον] est bon et prudent [ἀγαθὸν…καὶ φρόνιμον] <et que le politique [τὸν δὲ πολιτικὸν]>[1] est nécessairement prudent. Pour l'éducation du gouvernant, certains disent qu'elle doit être dès le début différente, comme elle l'est manifestement pour les fils de rois éduqués à l'équitation et à l'art de la guerre[2].

Aristote suppose qu'au sein de la cité excellente hétérogène dont nous parlons, l'excellence des hommes de bien est aussi celle des gouvernants, ce qui signifie que les pouvoirs (ou au moins les pouvoirs les plus hauts) sont réservés à une élite composée d'hommes de bien, dont chacun exerce effectivement un pouvoir (τὸν ἄρχοντα) ou a la capacité de l'exercer (τὸν δὲ πολιτικὸν, le politique) quand il a été désigné pour cela par l'élection ou le tirage au sort.

Le texte distingue le point de vue d'Aristote et la conclusion discutable que certains en tirent : selon eux, ces gouvernants devraient, comme les fils de rois, recevoir une éducation spéciale. Mais ce qui est vrai pour les rois l'est-il pour les citoyens désignés comme « politiques » parce qu'ils sont alternativement gouvernants et gouvernés ? Toute la question est là : il y sens pour Aristote à parler de la φρόνησις (l'intelligence pratique convenant à la délibération et à la décision) de l'ἄρχῶν (celui qui exerce le pouvoir) et du πολιτικός (le politique), et pas seulement de celle de l'ἄρχῶν, ce qui serait le cas si l'on corrige le manuscrit. Et il n'a nul besoin de préciser, comme dans la version corrigée du manuscrit, que chaque citoyen n'est pas nécessairement prudent, capable individuellement de délibérer et de décider : cela va de soi puisqu'on s'est donné un corps civique hétérogène. Notons encore que ce texte attribue aux hommes de bien l'excellence du bon citoyen (ἀρετὴ πολίτου τε σπουδαίου), comme

1. Si l'on corrige le manuscrit en remplaçant πολιτικὸν par πολίτην οὐκ, la partie de la phrase mise entre […] se traduit : « alors que le citoyen n'est pas nécessairement prudent » (trad. Pellegrin). Sur mes raisons de maintenir le texte du manuscrit, voir *infra*.

2. III, 4, 7-8, 1277 a 14-18. J'utilise la traduction usuelle de φρόνησις par « prudence » et de φρόνιμος par « prudent », même si aujourd'hui la prudence, au sens usuel où elle s'oppose à la témérité ignorante du danger, n'est pas comme la φρόνησις l'est pour Aristote la faculté intellectuelle la plus haute dans le domaine pratique.

s'ils étaient seuls à posséder la pleine citoyenneté : les uns et les autres seraient citoyens, mais les uns plus que les autres.

Nous sommes donc dans un régime où coexistent deux formes d'excellence : la première, relative à cette cité, est possédée en commun par tous ceux qui en sont citoyens, la seconde est celle de l'élite des gouvernants. Aristote prépare cependant le renversement qui va suivre : il montre que la distinction entre l'élite et les citoyens ordinaires risque d'aboutir à confondre le politique avec le roi et même avec un tyran comme Jason qui « souffrait de la faim quand il n'était pas tyran parce qu'il n'avait pas appris à être un simple particulier » [1]. En principe, l'homme d'élite devrait avoir seulement quelque chose en plus (savoir bien commander) puisqu'il est censé avoir aussi l'excellence du citoyen ordinaire commune à tous. Or il risque d'en aller tout autrement : Jason sait gouverner, il ne sait pas obéir. Le pouvoir de l'élite risque d'être despotique, comme va le montrer ensuite la comparaison entre le bon citoyen, qui sait commander et obéir, et l'homme de bien qui aurait seulement la vertu du commandement [2] : celui qui sait seulement commander, c'est le maître et non le politique, qui a appris à gouverner politiquement ses semblables par la pratique de l'obéissance.

Le renversement [3] consiste donc à définir l'excellence commune à tous les citoyens de manière plus précise qu'au début du chapitre. Elle n'est plus seulement l'aptitude à sauvegarder la communauté, comme sur un navire : puisque cette communauté est politique, il faut, pour définir le bon citoyen, rappeler la spécificité du pouvoir politique par rapport au pouvoir despotique.

Le politique doit savoir tout aussi bien gouverner et être gouverné [4]. Si l'on ne sait pas obéir, l'aptitude à gouverner devient despotique : les deux compétences sont complémentaires tout en restant distinctes. D'une part,

1. III, 4, 9, 1277 a 24-25. Jason fut tyran de Phères en Thessalie jusqu'à 370 av. J.-C., date à la quelle il fut assassiné. Aristote cite dans la *Rhétorique* (I, 12, 31, 1373 a 25) un autre de ses dires : « (…) il faut faire quelques actions injustes pour pouvoir en accomplir beaucoup de justes [en guise de réparation] ».

2. « Si donc nous admettons que l'excellence de l'homme de bien est de gouverner et celle du citoyen de gouverner et d'être gouverné, on ne saurait les tenir en même estime » 10, 1277 a 27-29. Dans cette hypothèse, l'homme de bien est encore conçu à la lumière de l'interprétation despotique du premier modèle de la cité excellente hétérogène, car plus loin (16, 1277 b 16-17) l'homme de bien saura être gouverné et gouverner.

3. Analyse de ce renversement dans les paragraphes 10-18, de 1277 a 25 à 1277 b 30, juste avant la conclusion énigmatique du chapitre.

4. Sur la solidarité des capacités à commander et à obéir, voir Thomas Bénatouïl, « "Choisir le labeur en vue du loisir" », in *Politique d'Aristote*, p. 155-176.

la φρόνησις– prudence ou intelligence pratique indispensable pour délibérer, décider et commander – est le propre du gouvernant et non du gouverné[1]. D'autre part, la tempérance (σωφροσύνη) et la justice (δικαιοσύνη) ont des formes différentes selon qu'il s'agit de commander ou d'obéir[2]. Cette nécessaire combinaison des deux compétences (à gouverner et à être gouverné) tient à la nature du pouvoir politique : on l'exerce sur des semblables, des hommes libres, en vue du bien commun[3], alors que le maître gouverne des esclaves en vertu de sa supériorité naturelle et en visant d'abord son propre avantage. Toute la difficulté est de continuer à distinguer le gouvernant et le gouverné dont les compétences sont toujours distinctes quand ces fonctions sont exercées par des semblables.

Il s'agit maintenant de comprendre dans quelle cité et dans quel régime cette excellence spécifiquement politique des citoyens peut devenir effective. En l'absence de réponse explicite d'Aristote dans ce chapitre, on peut envisager deux réponses différentes.

La première consiste à supposer qu'il se donne un corps civique socialement homogène[4]. Non seulement les citoyens sont libres, ce qui allait aussi de soi dans l'hypothèse contraire d'un corps civique hétérogène, mais ils sont relativement semblables. Aucun d'eux ne travaille de ses mains[5]. Tous travaillent à devenir hommes de bien et bons citoyens :

1. Voir III, 4, 17-18, 1277 b 25-30, le texte traduit plus loin comparant le gouvernant à un joueur de flûte, p. 84-85.

2. III, 4, 16, 1277 b 17-30. La tempérance est la capacité à gouverner ses affects et ses désirs, la justice, le respect des lois et de la nécessaire réciprocité entre les membres d'une même communauté. Aristote pense probablement que la capacité à gouverner ses affects et à être juste doit être plus grande chez celui qui gouverne.

3. ἔστι τις ἀρχὴ καθ' ἣν ἄρχει τῶν ὁμοίων τῷ γένει καὶ τῶν ἐλευθέρων (13, 1277 b 7-8). La traduction dépend de l'interprétation générale du chapitre (voir les deux possibilités que j'analyse plus bas). Si l'on traduit καί par « c'est-à-dire » (Pellegrin), on peut comprendre que la similitude en genre est limitée au fait que tous les citoyens sont libres. Cette similitude minimale laisserait ouverte la possibilité d'une cité relativement hétérogène. Si au contraire le καί est additif, la similitude peut excéder la seule liberté commune : il peut y avoir aussi même origine ou même naissance (si l'on comprend γένος ainsi) ou encore similitude par appartenance à un même genre, par exemple celui des meilleurs.

4. Cette interprétation implique que le principe posé au début du chapitre – la définition du bon citoyen concerne *tous* les citoyens et non une élite – continue à valoir quand ce bon citoyen est homme de bien. De là l'hypothèse d'une cité excellente dont chaque citoyen est excellent.

5. « Ni l'homme de bien, ni le politique, ni le bon citoyen ne doivent apprendre les activités de ceux qui sont gouvernés ainsi » (III, 4, 13, 1277 b 3-5) : il s'agit des tâches serviles, celles des esclaves et des travailleurs manuels (χερνῆτες), « vivant du travail de leurs mains »

comme le bon citoyen, l'homme de bien combine les vertus du gouverné et du gouvernant [1]. On aurait affaire à l'hypothèse écartée au début de l'examen du pour et du contre : une cité vertueuse dont tous les citoyens pourraient devenir des hommes de bien [2], celle dont le régime conforme à nos vœux sera étudié à partir du livre VII.

La seconde réponse s'en tient à la lettre du texte, au silence d'Aristote. Renoncer au premier modèle d'excellence (la cité hétérogène réservant despotiquement les pouvoirs aux meilleurs), ce n'est plus *nécessairement* préférer la cité selon nos vœux du livre VII, composée seulement d'hommes de bien. Dans une cité hétérogène dont tous les citoyens auraient part au minimum au pouvoir de délibérer et de juger, selon la définition finale du vrai citoyen au chapitre 1 du livre III, la répartition inégale des magistratures n'aurait pas nécessairement des conséquences despotiques : les meilleurs pourraient y combiner les vertus du commandement et de l'obéissance et tous les citoyens avoir part *en commun* (et non individuellement) à la prudence de l'homme de bien et du gouvernant dans l'exercice de leur suprématie collective [3].

Certes cette hypothèse n'est pour l'instant ni explorée (comme elle le sera au chapitre 11) ni même explicitement présentée. Aristote la laisse cependant ouverte en ne précisant pas, après le renversement, qu'il se donne maintenant une communauté politique dont tous les citoyens sont hommes de bien ; bien plus, il suggère la possibilité d'une cité hétérogène bien gouvernée, voire excellente, quand il explique pourquoi la prudence de l'homme de bien est la vertu spécifique des gouvernants :

> La prudence est la seule excellence propre [ἴδιος ἀρετὴ μόνη] au gouvernant, puisque les autres sont, semble-t-il, nécessairement communes aux gouvernants et aux gouvernés ; car l'excellence du gouverné n'est pas la prudence, mais l'opinion vraie [δόξα ἀληθής] : le

(III, 4, 12, 1277 a 37-1277 b 1), ce qui semble nous renvoyer à la cité selon nos vœux du livre VII, même si Aristote pense d'abord au travailleur de la ville spécialisé dans un métier (βάναυσος τεχνίτης) et aux artisans (δημιουργοί), exclus de la citoyenneté jusqu'à l'instauration de la démocratie radicale.

1. III, 4, 16, 1277 b 16-17.

2. εἰ μὴ πάντας ἀναγκαῖον ἀγαθους εἶναι τοὺς ἐν τῇ σπουδαίᾳ πόλει πολίτας, « à moins qu'il soit nécessaire que tous les citoyens de la cité vertueuse soient des hommes de bien » III, 4, 5, 1277 a 4-5.

3. Sur cette excellence par composition de qualités individuelles médiocres, voir III, 11, 2-5, 1281 a 42-1281 b 21, et mon commentaire, I, 3, p. 116-117.

gouverné est comme le fabricant de flûtes, le gouvernant comme le flûtiste qui en use [1].

Pour obéir aux magistrats et aux lois, il faut être tempérant, juste (vertus possédées aussi par le bon gouvernant, mais sous une autre forme), puis comprendre les lois et les raisons qui ont conduit les gouvernants prudents à délibérer et à décider dans un sens plutôt que dans un autre (« obéir », c'est en grec « être persuadé », πείθεσθαι) : une chose est donc la prudence (le bon jugement) pour délibérer et décider, autre chose l'intelligence indispensable à une obéissance non servile qu'Aristote désigne comme « opinion vraie ». Remarquons que les concepts modernes d'obéissance et de pouvoir exécutif risquent de dissimuler ce que les Grecs savaient : pour que l'obéissance soit réduite à l'exécution, il faudrait que le citoyen soit un esclave, mieux, puisque l'esclave est en même temps un instrument animé et un homme, que cet esclave soit un animal domestique ou mieux encore un robot, et non un homme capable d'opinion vraie et donc d'obéissance consentie et intelligente. Tout cela est clair, mais l'exemple final de la relation entre le fabriquant d'un instrument et l'usager vient compliquer cette relation trop simple entre le gouvernant et le gouverné.

L'exemple du flûtiste est utilisé plus loin dans le livre III, au chapitre 12 [2] pour montrer que, dans un domaine donné, l'excellence justifie la prééminence : aux meilleurs joueurs, les meilleurs instruments, de même on donnera les pouvoirs aux plus compétents pour délibérer, décider et gouverner, ce qui est un argument aristocratique, justifiant, dans une cité hétérogène, une distribution inégale des pouvoirs, selon qu'on est capable de prudence ou seulement d'opinion vraie.

Cependant il ne s'agit pas au chapitre 4 de classer les joueurs de flûtes selon leur compétence mais de comparer le joueur de flûte et celui qui a fabriqué son instrument, ce qui conduit à subordonner l'opinion vraie du fabricant compétent à la prudence des utilisateurs. Cet argument est explicité au chapitre 11 [3] (il ne s'agit pas de fabriquer une flûte, mais une maison, le gouvernail d'un navire ou un repas) pour répondre à cette objection

1. III, 4, 17-18, 1277 b 25-30. La notion d'opinion vraie a son origine chez Platon : pour ce dernier, il s'agit d'opinion, et non de science, car cette opinion n'est pas capable de rendre compte entièrement de la vérité qu'elle affirme ; mais cette opinion est vraie dans la mesure où elle est conforme à ce que la science affirme en pleine lucidité. L'apport d'Aristote consiste à distinguer cette opinion vraie de l'intelligence pratique capable de délibérer et de décider et non plus, comme Platon le faisait, de la science en général.

2. III, 12, 4, 1282 b 30-1283 a 3.

3. III, 11, 14, 1282 a 14-23. Je commente ce texte plus loin en examinant la troisième aporie, celle de la suprématie, I, 3, p. 120-123.

élitiste à la suprématie populaire : celui qui a une compétence technique ne pourrait être évalué et contrôlé que par ses pairs et non par la multitude. Dans sa réponse, Aristote justifie le pouvoir de cette dernière en affirmant que les utilisateurs peuvent collectivement choisir les magistrats et évaluer leur compétence, même si chacun d'eux ne la possède pas à titre individuel.

La relation entre la prudence de la bonne délibération (et décision) et l'opinion vraie nécessaire à la bonne obéissance peut donc renvoyer, soit à la supériorité en *prudence individuelle* des magistrats (ce sont eux ici les joueurs de flûte) quand ils délibèrent et décident, car du fait de la généralité des lois et des périodes où l'assemblée ne siège pas, leur pouvoir ne peut être seulement exécutif; soit, dans une cité excellente dont tous les citoyens ne seraient pas individuellement des hommes de bien, à la supériorité en *prudence collective* de la multitude quand elle choisit et contrôle des magistrats comme le bon flûtiste choisit et contrôle celui qui fabrique son instrument. Dans un tel régime, la multitude, pour bien délibérer, doit être prudente alors que le magistrat, quand il obéit de manière intelligente aux lois et aux décisions populaires parce qu'il les comprend, use d'opinion vraie plutôt que de prudence. Que le bon magistrat combine, dans l'exercice même de ses fonctions (et pas seulement parce qu'il est par alternance magistrat et simple citoyen), la prudence du gouvernant – quand il doit délibérer pour décider parce que les lois ou les décisions de l'assemblée ne suffisent pas pour le faire – et l'opinion vraie – quand il obéit avec intelligence aux lois et aux décisions de l'assemblée – nous permet peut-être de mieux comprendre pourquoi la vertu d'obéissance est indispensable à celui qui gouverne.

Le chapitre 4 aboutit donc à une conclusion négative : le refus des conséquences despotiques d'une communauté politique hétérogène où les fonctions de gouvernants et de gouvernés seraient attribuées une fois pour toutes, d'un côté à une élite, de l'autre à des citoyens ordinaires. Mais nous ne savons toujours pas en quoi consiste positivement l'excellence du citoyen dans un régime excellent, du moins nous ne le savons qu'en partie – elle est politique et non despotique – si bien que la conclusion explicite du chapitre n'est claire qu'en apparence, malgré ce qu'en dit Aristote, avec peut-être un brin d'ironie, ou du moins ce qui paraît tel au lecteur :

L'excellence de l'homme de bien et celle du bon citoyen [ἀρετὴ ἀνδρὸς ἀγαθοῦ καὶ πολίτου σπουδαίου] sont-elles identiques ou différentes, identiques en quel sens et différentes en quel sens, voilà qui est clair à partir de ce qui a été dit [1].

L'ACCÈS À LA CITOYENNETÉ ET L'EXCELLENCE DU CITOYEN (III, 5)

Le chapitre 5 revient sur la situation d'une cité hétérogène. Aristote envisage les cas, qu'il déplore, où les artisans (βαναύσοι) sont admis à la citoyenneté. Il envisage deux modalités distinctes d'une telle admission.

1. Ces artisans n'ont aucune part véritable au pouvoir [2], ils sont des citoyens seulement « légaux » ou « nominaux » et non de vrais citoyens au sens de la définition qui vient d'être commentée (III, 1), en ayant part à la délibération et aux tribunaux : on veut donc les tromper en leur attribuant un nom et un statut privés de signification [3].

2. Dans les démocraties extrêmes, les artisans (βαναύσοι) et même les travailleurs manuels salariés (θῆτες) [4] peuvent être de vrais citoyens, avec cependant des conséquences malheureuses pour la cité puisque ils n'ont pas selon lui les qualités requises. Leur activité les prive du loisir nécessaire à l'homme accompli ; plus grave, elle est servile : les salariés ont un statut de domestiques et chez tous le bien vivre est subordonné à la vie, les biens de l'esprit aux biens du corps.

Dans ces deux situations, l'excellence politique définie à la fin du chapitre 4 (le citoyen homme de bien apte à gouverner et à obéir) ne sera pas celle de chaque citoyen [5]. À la fin du chapitre, la question du chapitre 4

1. III, 4, 18, 1277 b 30-32.

2. III, 5, 1, 1277 b 35-36.

3. III, 5, 9, 1278 a 38-40. Sur les citoyens qui ne le sont que par la loi ou le nom, voir les vers d'Euripide (*Ion*, vers 671-675) cités et commentés par Michel Foucault (*Le Gouvernement de soi et des autres*, cours au Collège de France, 1982-1983, Paris, « Hautes Études », Gallimard-Seuil, 2009, p. 69-70 et 96-97), et mon commentaire, *Politiques de Foucault*, p. 240-241.

4. Un βαναύσος est un artisan qui travaille de ses mains. Un θής (génitif θητός) est un travailleur manuel salarié. Dans la législation de Solon, les thètes sont les citoyens de la quatrième et dernière classe, ceux dont la fortune territoriale est la plus basse : leur seul droit est de participer aux tribunaux et à l'assemblée, à l'exclusion des magistratures (*Constitution d'Athènes*, VII, 3).

5. III, 5, 1, 1277 b 36-37 ; 3, 1278 a 8-11.

(le bon citoyen est-il nécessairement un homme de bien accompli ?) est reprise. La réponse distingue deux manières d'éviter le régime où l'hétérogénéité de la cité conduit à un gouvernement despotique des meilleurs :

> Faut-il donc admettre comme différentes ou identiques les excellences en vertu desquelles on est homme de bien et bon citoyen [ἀνὴρ ἀγαθός… καὶ πολίτης σπουδαῖος] ? La réponse est évidente à partir de ce qui a été dit : dans telle cité, l'homme de bien est identique au bon citoyen, dans telle cité, il est autre [τινὸς μὲν πόλεως ὁ αὐτος, τινὸς δ' ἕτερος], et cet homme de bien ne sera pas n'importe qui [κἀκεῖνος οὐ πᾶς], mais le politique [ὁ πολιτικός], exerçant ou pouvant exercer la suprématie [καί κύριος ἢ δυνάμενος εἶναι κύριος], par lui-même [καθ'αὑτὸν] ou avec d'autres, dans la gestion des affaires communes [1].

Beaucoup de traducteurs (Pellegrin, Tricot et sans doute Aubonnet) [2] comprennent que la fin du texte, à partir de κἀκεῖνος οὐ πᾶς, renvoie au premier cas, soit à un régime où l'excellence de l'homme de bien et celle de citoyen sont identiques : puisque ἐκεῖνος est l'équivalent du *ille* latin ou du « celui-là » français, il renverrait dans cette expression au cas le plus éloigné, le premier, soit à τινὸς μὲν πόλεως ὁ αὐτος. C'est grammaticalement possible. Pour ma part, je comprends que ἐκεῖνος renvoie à ἀνὴρ ἀγαθός, sujet sous-entendu commun de τινὸς μὲν πόλεως ὁ αὐτος, τινὸς δ' ἕτερος : selon les cités, l'homme de bien est identique au bon citoyen ou en diffère. Dans cette hypothèse, ἐκεῖνος se justifie parfaitement : l'homme de bien a été mentionné avant le bon citoyen.

1. III, 5, 10, 1278 a 40-1278 b 5.

2. « dans telle cité l'un [l'homme de bien] et l'autre [le bon citoyen] sont identiques ; dans telle autre différents ; et cette identité, on ne la trouve pas chez n'importe qui, mais chez l'homme d'État… » (Aubonnet). « On peut dire que dans certains États, l'homme de bien et le bon citoyen ne font qu'un, et que dans d'autres ils sont différents : mais, dans le premier cas, ce n'est pas tout citoyen indistinctement, mais l'homme d'État… » (Tricot). « dans telle cité elles [les excellences de l'homme de bien et du citoyen] seront identiques, dans telle autre différentes, et, dans le premier cas, cette identité ne s'applique pas à tout le monde mais à l'homme politique… » (Pellegrin). Oresme traduit de la même manière (p. 125, 2ᵉ c.), se conformant sur ce point au commentaire de Thomas d'Aquin (voir « Annexe I », p. 355). La traduction latine de Guillaume de Moerbeke (*ibid.*) me paraît compatible avec les deux interprétations du ἐκεῖνος. Thurot (p. 169) comprend le texte comme moi : « (…) dans certains états, c'est le même caractère [identique pour l'homme vertueux et le citoyen], tandis que dans d'autres, c'en est un différent, qui même n'appartient pas à tous les individus, mais seulement… ». Bastien (p. 105) me semble suivre Thurot mais de manière plus prudente, car son « et que tout individu n'est pas citoyen » peut renvoyer à l'un ou l'autre cas.

La traduction courante a un inconvénient majeur : si on l'adopte, la distinction entre les citoyens ordinaires et les « politiques », seuls à réaliser l'identité des deux excellences, vaut pour le premier cas, le cas des cités où l'homme de bien et le bon citoyen sont identiques. Or Aristote déclare à maintes reprises que la cité organisée selon les vœux du législateur (décrite aux livres VII et VIII et définie comme aristocratie *stricto sensu* au livre IV) [1] a pour principe l'identité des deux excellences *réalisée à un moment donné en chaque citoyen*. De plus, cette traduction aboutit le plus souvent (c'est d'ailleurs explicite dans le commentaire de Thomas d'Aquin et d'Oresme) à considérer comme corrompu tout régime où l'homme de bien et le bon citoyen diffèrent : voilà qui conduirait à affirmer que la *politeia* du livre IV (excellente selon Aristote) est corrompue, dans la mesure où, à la différence de la pure aristocratie du livre VIII, ses citoyens ne sont pas tous hommes de bien.

Compris comme je le propose, ce texte est en parfaite continuité avec le chapitre 4 car il laisse ouverte la question qui n'y avait pas été tranchée. Refuser les risques despotiques d'une séparation de l'élite et des citoyens ordinaires peut nous engager dans deux directions différentes : celle d'une coïncidence complète des deux excellences en chaque citoyen ou celles d'une cité hétérogène qui peut, à certaines conditions, disposer d'un excellent régime.

Il faut donc distinguer deux genres de cités et deux formes d'excellence :

– les cités où tous les citoyens, libérés des tâches indispensables [2], peuvent atteindre l'excellence citoyenne achevée ; l'homme de bien de cette cité est le même que le bon citoyen, aussi πολιτικός en ce qu'il peut être alternativement gouvernant ou gouverné.

– Les cités hétérogènes où une telle excellence est réservée à ceux qui, libérés des tâches indispensables, ont la capacité d'exercer, seuls ou avec d'autres, la suprématie. Dans une telle cité « l'homme de bien est autre que le bon citoyen ».

C'est ce second cas qui conduit à affirmer que l'homme de bien [ἐκεῖνος] « n'est pas n'importe qui, mais l'homme politique exerçant ou

1. IV, 7, 2, 1293 b 1-7. Ce texte est traduit *infra*, III, 9, p. 265.

2. Aristote vient d'évoquer la βελτίστη πόλις qui « ne fera pas de l'artisan un citoyen » (III, 5, 3, 1278 a 8). Il est silencieux, comme d'ailleurs dans tout ce chapitre, sur le cas des petits paysans et pâtres. Il n'est donc pas certain que cette cité soit seulement la cité du livre VII.

ayant la capacité d'exercer la suprématie, seul ou avec d'autres en s'occupant des affaires communes». Il ne s'agit pas ici de toute cité éthiquement et socialement hétérogène, par exemple des démocraties qui accordent la citoyenneté aux artisans, fortement déviées selon Aristote. Notre texte décrit en effet un régime où le «politique» (πολιτικός) disposant de l'excellence achevée joue un rôle décisif dans le gouvernement des affaires communes et donc dans l'instance qui dispose du pouvoir délibératif suprême. Un tel régime peut donc être, soit une aristocratie, au sens minimal d'un régime où les hommes de bien ont la suprématie sans constituer à eux seuls toute la communauté civique[1], soit un régime populaire droit, comme le montre l'alternative entre « seul ou avec d'autres » : une aristocratie si les meilleurs exerçant les magistratures individuelles ont la suprématie parce qu'ils l'emportent dans les instances délibératives sur les citoyens ordinaires qui y participent cependant, étant de vrais citoyens ; ou un régime populaire droit. Dans ce dernier cas, les « politiques » dits dans ce texte « hommes de bien » ne sont pas tous les membres de l'assemblée, du Conseil ou des tribunaux, mais seulement ceux qui peuvent exercer les magistratures et qui, mêlés à la multitude, lui permettent d'être prudente. Dans un tel régime, ces «politiques» ne détiennent pas seuls la suprématie comme plus haut dans les aristocraties mais contribuent avec les autres citoyens ordinaires à l'instance suprême, dans des conditions qui permettent à la multitude de délibérer avec prudence sur le bien commun.

1. Pour la différence entre ce sens minimal et l'aristocratie absolue, sans mélange, voir IV, 7, 2, 1293 b 1-7, texte traduit et commenté *infra*, III, 9, p. 265-266.

CHAPITRE II

DEUXIÈME APORIE
UN RÉGIME POPULAIRE DROIT PEUT-IL ÊTRE EXCELLENT ?

Dans les chapitres qui viennent d'être examinés (III, 1-5), la question de l'excellence a été posée sans être résolue. La difficulté est d'articuler l'excellence de la communauté et celle de chaque citoyen : l'une ne va pas sans l'autre puisque la cité n'est rien d'autre que l'ensemble des citoyens qui se sont associés volontairement en vue de bien vivre :

> par nature, l'homme est un animal politique. *C'est pourquoi, même sans avoir besoin de s'entraider, les hommes n'en ont pas moins tendance à vivre ensemble* : cependant l'avantage commun les rassemble lui aussi, pour autant qu'il apporte à chacun une part de vie heureuse. Voilà assurément leur premier but, tant commun que propre à chacun [1].

1. C'est moi qui souligne. Je donne le grec parce qu'il y a une coquille dans l'édition Budé : | … φύσει μέν ἐστιν ἄνθρωπος ζῷον πολιτικόν. Διὸ καὶ μηδὲν δέομενοι τῆς παρὰ ἀλλήλων βοηθείας οὐκ ἔλαττον ὀρέγονται τοῦ συζῆν : οὐ μὴν ἀλλὰ καὶ τὸ κοινῇ συμφέρον συνάγει, καθ'ὅσον ἐπιβάλλει μέρος ἑκάστῳ τοῦ ζῆν καλῶς. Μάλιστα μὲν οὖν τοῦτ'ἐστὶ τέλος, καὶ κοινῇ πᾶσι καὶ χωρίς (III, 6, 3-4, 1278 b 19-24). Sur le ζῷον πολιτικόν, voir le texte plus connu du livre I (2, 9-12, 1253 a 1-19) et mon commentaire, I, 3, p. 146 : être un animal politique (GM et TA, *civile animal*, Spiazzi, p. 5, 19-20, Laval, p. 8, 1re c.), ce n'est pas simplement être capable de vivre avec ceux de son espèce (être un animal grégaire, ἀγελαίον ζῷον, a 8), c'est être capable de faire avec eux œuvre commune (κοινόν ἔργον), de vivre avec eux en communauté, comme le font les abeilles et les fourmis. Comme la πόλις est la communauté par excellence, l'homme est l'animal politique par excellence, plus que les autres animaux politiques (au sens faible, la ruche ou la fourmilière n'étant pas une cité) et que les

Puisque la vie heureuse est la fin de tous et de chacun, l'excellence de la communauté n'est pas séparable de celle de chacun de ses membres. En rester cependant à une simple identité de ces deux excellences nous conduirait à une définition étroite de la cité : la citoyenneté devrait être réservée aux hommes de bien, en nombre le plus souvent réduit. L'aporie de l'excellence, telle qu'elle résulte des cinq premiers chapitres du livre III, peut donc être formulée de la manière suivante : d'un côté, le risque d'un corps civique homogène mais trop réduit pour assurer l'autarcie complète de la cité, y compris dans sa dimension politique ; de l'autre, le risque d'un corps civique trop hétérogène risquant de réduire la relation politique entre citoyens à une relation parentale, conjugale ou même despotique.

LES DEUX CRITÈRES DE CLASSIFICATION DES RÉGIMES

Les chapitres 6 et 7 mettent en place le tableau d'apparence peut-être trop simple qui distingue et hiérarchise six régimes. Aristote croise deux critères. Le premier est quantitatif. Il s'agit du nombre de ceux qui exercent la suprématie : un seul ; quelques-uns ; tous ou le grand nombre. Le second est normatif ; il permet de distinguer les trois régimes droits selon le juste absolu et leurs déviations respectives [1] : le juste absolu (τὸ ἁπλῶς δίκαιον, absolu car non relatif à un bien seulement partiel ou ne concernant qu'une partie de la communauté) définit la visée, le bien complet de tous, dont certains régimes s'écartent comme s'ils manquaient leur cible. Commençons comme Aristote avec le premier critère, à première vue non normatif.

1. Puisque nous savons que la citoyenneté est la faculté d'exercer certains pouvoirs (délibérer et juger), la πολίτεια, objet explicite du livre III, peut être définie de manière plus précise :

animaux grégaires (a 7-9). Sur cette notion, sa postérité et sa critique par Hobbes, voir Jean Terrel, « animal politique », in *Hobbes*, Paris, ellipses, 1997, p. 52-54.

1. « autant de régimes visent l'avantage commun [ὅσαι μὲν πολιτεῖαι τὸ κοινῇ συμφέρον σκοποῦσιν], autant se trouvent être droits selon le juste absolu [αὗται μὲν ὀρθαὶ τυγχάνουσιν οὖσαι κατὰ τὸ ἁπλῶς δίκαιον], autant visent le seul avantage de ceux qui gouvernent, autant manquent leur cible et sont des déviations des régimes droits : ils sont en effet despotiques, or la cité est une communauté d'hommes libres [ὅσαι δὲ τὸ σφέτερον μόνον τῶν ἀρχόντων, ἡμαρτημέναι καὶ πᾶσαι παρεκβάσεις τῶν ὀρθῶν πολιτειῶν, δεσποτικαὶ γάρ, ἡ δὲ πόλις κοινωνία τῶν ἐλευθέρων ἐστιν] III, 6, 11, 1279 a 17-21. Sur la notion de juste absolu, voir plus loin le commentaire de III, 9, p. 110.

> Le régime politique de la cité est l'organisation des divers pouvoirs et surtout de celui qui a la suprématie en tout [ou, sur tous les autres], Ἔστι δὲ πολιτεία πόλεως τάξις τῶν τε ἄλλων ἀρχῶν καὶ μάλιστα τῆς κυρίας πάντων[1].

Pour l'expression τῆς κυρίας [ἀρχῆς] πάντων, deux traductions sont possibles : « le pouvoir qui a la suprématie en tout [domaine] », ou « le pouvoir qui a la suprématie sur tous les autres [pouvoirs] ». La première traduction est plus riche et contient de toute manière l'idée que le pouvoir suprême l'emporte sur les autres.

Un pouvoir peut avoir la primauté sur tous les autres sans être absolu et illimité. Pour sa part, l'expression « suprématie en tout » peut avoir un sens faible ou un sens fort : au sens faible, elle signifie que le pouvoir suprême peut s'exercer sans limites *a priori* de compétence[2]. En ce sens, la suprématie en tout n'est pas la suprématie absolue mais seulement le pouvoir le plus haut qui coexiste avec d'autres pouvoirs. Mais plus loin dans les *Politiques* et à plusieurs reprises, l'expression κυρία ἀρχή πάντων a un sens beaucoup plus fort.

C'est le cas une première fois au chapitre 10 du livre III. Aristote y critique successivement les divers candidats possibles à la suprématie. Après avoir récusé la suprématie des pauvres puis celle des riches – la critique n'est pas dans ces deux cas surprenante puisque la démocratie et l'oligarchie sont des déviations – sans parler à leur propos de suprématie en tout, il en vient aux deux premiers régimes droits, qualifiés pour finir d'oligarchiques. Cela revient à brouiller la distinction entre le droit et le dévié :

> Mais faut-il que les gens équitables [τοὺς ἐπιεικεῖς] aient le pouvoir [ἄρχειν] et exercent *la suprématie en tout* [κυρίους εἶναι πάντων] ? Il s'en suivra nécessairement que tous les autres seront privés d'honneurs, faute

1. III, 6, 1, 1278 b 8-10. Guillaume de Moerbeke et Thomas d'Aquin comprennent qu'il s'agit simplement de la hiérarchie entre les pouvoirs présents dans la cité. Voir la traduction du premier et le commentaire du second, « Annexe I », p. 356.

2. Dans le même sens de l'absence de limites *a priori* de compétence, Aristote écrit dans l'*Éthique à Nicomaque* : οἱ δὲ νόμοι ἀγορεύουσι περὶ ἁπάντων, « les lois se prononcent publiquement sur tout » V, 3, 1129 b 14-15, la différence étant qu'il s'agit ici des lois et non de l'instance suprême. Cette formule est citée au moins à deux reprises par Grotius pour montrer que la loi a compétence dans le domaine religieux (*De imperio summarum potestatum circa sacra*, 1614, chap. 1, § 2) et que la cité est l'association qui donne au corps le droit le plus grand sur ses membres (*De Jure belli ac pacis*, abr. *DGP*, Paris, apud N. Buon, 1625, II, chap. V, § 23 ; *Le droit de la guerre et de la paix,* trad. fr. Barbeyrac, Amsterdam, 1724, réimpression Caen, Université de Caen, Centre de philosophie politique et juridique, 1984, p. 305-306).

> d'être honorés par l'exercice des pouvoirs politiques [πολιτικαῖς ἀρχαῖς]. Car nous disons que ces pouvoirs [ἀρχάς] sont des honneurs et, si ce sont les mêmes qui ont toujours ces pouvoirs [ἀρχόντων δ'αἰεὶ], les autres sont nécessairement privés de ces honneurs.
> Mais est-il meilleur qu'un seul homme, le plus vertueux [σπουδαιότατον], détienne le pouvoir ? Mais c'est encore plus oligarchique [1].

Dans ce texte, la suprématie en tout aboutit, dans les régimes aristocratiques – le cas limite étant la royauté où l'on passe des meilleurs au meilleur – à priver ceux qui ne l'ont pas de toute fonction politique et donc aussi de ces autres pouvoirs que sont les magistratures. Si en effet existaient en dehors de l'instance suprême des pouvoirs inférieurs accessibles à d'autres, ces derniers ne seraient pas privés d'honneurs publics. D'ailleurs les gouvernés ordinaires, ceux qui ne sont pas ἐπιεικεῖς, ne sont pas qualifiés dans ce texte de « citoyens » : même s'ils en ont le nom ou le titre légal, ils ne le sont pas au sens d'Aristote, car ils sont privés de la possibilité de délibérer ou de juger et même d'avoir part à un quelconque autre pouvoir dans la cité. Dans ce texte, la suprématie en tout n'est pas simplement le pouvoir le plus haut, elle comprend tous les autres : elle est, comme Aristote l'ajoute immédiatement et le répètera à propos de la royauté, une suprématie totale [2].

En continuité avec ce texte, Aristote décrit plus loin la forme de royauté où « un seul détient la suprématie en tout [πάντων κύριος] » [3]. Ce régime est une παμβασιλεία (une royauté sur tout, totale ou « absolue » comme disent les traducteurs) : « le roi exerce son pouvoir sur tout [ἄρχει πάντων] au gré

1. III, 10, 4-5, 1281 a 28-34. C'est moi qui souligne. Pour la traduction de τοὺς ἐπιεικεῖς, voir p. 113, n. 3. Je reviens sur ce chapitre en traitant de la 3e aporie, celle de la suprématie (I, 3, p. 114-115).

2. Ἀλλ'ἴσως φαίη τις ἂν τὸ κύριον ὅλως ἄνθρωπον εἶναι ἀλλα μὴ νόμον φαῦλον, ἔχοντά γε τὰ συμβαίνοντα πάθη περὶ τὴν ψυχήν (III, 10, 5, 1281 a 34-35), *Sed forte dicet utique aliquis dominativum* totaliter *hominem esse habentem accidentes passiones circa animam, sed non legem pravum* (Spiazzi, p. 146, 282, Laval, p. 148, 1re c., c'est moi qui souligne *totaliter*), « Mais peut-être pourrait-on dire que [de toute manière, *utique* que GM ajoute] il est mauvais qu'un homme, et non la loi, détienne *totalement* la suprématie, car il est affecté par les passions qui concernent l'âme ». Aubonnet comprend le texte de cette manière, mais pour d'autres, ὅλως renvoie à la portée générale de l'affirmation selon laquelle la suprématie de la loi est supérieure aux diverses suprématies des hommes qui viennent d'être critiquées, et non au fait qu'un homme détienne complètement la suprématie.

3. III, 14, 15, 1285 b 29-33. Même formule (κύριον πάντων) reprise un peu plus loin à propos de la supériorité d'un homme ou d'une lignée qui justifie la royauté, III, 17, 5, 1288 a 18-19. Pour l'analyse des apories liées à cette παμβασιλεία, voir *infra*, I, 3, p. 135-147.

de sa propre volonté »[1]. Il s'agit d'une royauté et non d'une tyrannie : sans être un despote, ce roi gouverne cependant la cité comme si elle était une famille. Πάντων κύριος signifie ici que le roi n'est pas lié aux lois, qu'il est absolu, au sens étymologique, *legibus solutus*.

La même formule sert enfin à définir la démocratie la plus déviée qui n'est plus un régime : πάντων κύριος[2], le peuple est là aussi au-dessus des lois, les modifiant à son gré à coups de décrets qui, à la différence des lois, peuvent être révoqués d'une assemblée à l'autre.

Au chapitre 6 du livre III, le sens faible de κυρία ἀρχή πάντων sert à définir la πολιτεία au sens le plus général. Il vaut donc pour tous les régimes, droits ou déviés, alors que le sens fort vaut à leurs marges : à strictement parler, la παμβασιλεία et même l'aristocratie du chapitre 10 (dont le corps civique se réduit à quelques hommes de bien) peinent à être des régimes *politiques* ; quant à la démocratie radicale, Aristote dit explicitement qu'elle cesse, comme la tyrannie et la δυναστεία, la forme la plus déviée d'oligarchie, d'être un régime et même une démocratie, si ce mot désigne un régime. Nous allons voir plus loin que l'imprécision entourant pour l'instant la suprématie en tout est le premier signe de l'aporie de la suprématie, qui va apparaître de plus en plus clairement à partir du chapitre 8.

Contrairement à beaucoup, je parle de « suprématie » et non de « souveraineté », pour éviter de prêter à Aristote cette notion trop moderne qui, en son sens le plus précis, désigne, à partir de Bodin (fin du XVIe siècle), la forme de l'État, son principe d'unité à un moment donné et de continuité à travers le temps. Or dans les *Politiques* ce principe est la πολιτεία et non l'instance suprême[3] : la πολιτεία distribue tous les pouvoirs, y compris le plus haut, fonction que le souverain de Bodin et de Hobbes, bien plus tard, va s'approprier. Prise en ce sens fort, la souveraineté s'approprie même le pouvoir instituant, distinct des formes instituées de gouvernement, pour éviter que ce pouvoir se distingue d'elle comme pouvoir légitime de contrôle, de résistance et de destitution : chez Bodin, il n'existe pas de pouvoir instituant légitimant la souveraineté puisque cette dernière a d'abord son origine dans le pouvoir du père sur la

1. III, 16, 2, 1287 a 8-10. Ce qui suit confirme ce que nous disions plus haut, le risque que la suprématie du meilleur prive tous les autres de la citoyenneté. Les adversaires de la παμβασιλεία estiment « qu'il est contre nature qu'un seul exerce la suprématie sur tous les citoyens » τὸ κύριον ἕνα πάντων εἶναι τῶν πολιτῶν, III, 16, 2, 1287 a 10-11.

2. IV, 4, 29, 1292 a 26-27.

3. III, 3, 9, 1276 b 10-11. Voir ce texte p. 78, n. 6.

vie de l'enfant et du chef de guerre sur les vaincus ; chez Hobbes la multitude institue le souverain et, avec lui, le vrai pouvoir d'instituer : il est impossible de dire d'une multitude dont l'unité résulte de l'accord momentané de volontés distinctes qu'elle est un véritable pouvoir instituant précédant le souverain. La πολιτεία d'Aristote n'est pas pour elle-même un absolu comme la souveraineté et dépend du pouvoir qu'ont les hommes d'instituer des cités pour s'accomplir comme animaux politiques [1].

Aristote poursuit :

> Κύριον μὲν γὰρ πανταχοῦ τὸ πολίτευμα τῆς πόλεως, πολίτευμα δ' ἐστι ἡ πολιτεία [2].

1. Voir sur ce point Jean Terrel, *Les théories du pacte social. Droit naturel, souveraineté et contrat de Bodin à Rousseau*, Paris, Seuil, 2001, p. 42-44. Donnant en 1576 une définition nouvelle de la souveraineté, Bodin déclare que les Grecs l'appellent κυρία ἀρχή et κύριον πολίτευμα, mais il précise immédiatement que personne, avant lui, n'en a donné une bonne définition (*Les Six Livres de la République*, Livre I, chap. 8, édition abrégée de l'édition de 1583, Paris, Librairie générale française, 1993, p. 111). Si l'on choisit d'user du mot « souveraineté » pour traduire Aristote, il faut l'entendre au sens plus large que le mot avait avant Bodin (par exemple chez Oresme, voir plus loin dans cet ouvrage, p. 327 *sq.*). Sur ce statut du pouvoir instituant par rapport à la souveraineté, voir Jean Terrel, « Constituent power and resistance : did Locke have any followers ? », in *Locke's Political Liberty : Reading and Misreading*, ed. by Christophe Miqueu and Mason Chamie, Oxford, Voltaire Foundation, 2009, p. 13-33 ou « Pouvoir instituant et résistance. Une pierre de touche dans les lectures des *Deux Traités* », *Philosophical Enquiries, Revue des philosophies anglophones*, n° 2, décembre 2013, p. 9-42 : Locke n'est pas un théoricien de la souveraineté, au sens de Bodin, de Hobbes ou de Filmer, parce que sa théorie de la résistance implique qu'on distingue le pouvoir instituant de la communauté (sans statut légal) et le gouvernement institué.

2. III, 6, 1, 1278 b 10-11. « (...) partout c'est l'administration ou le gouvernement suprême qui est le *Souverain* dans l'état ou dans la cité ; et c'est elle proprement qui détermine la forme du gouvernement » (Thurot, p. 170) ; « partout le gouvernement de la cité est l'autorité souveraine ; la constitution même, c'est le gouvernement » (Bastien, p. 106) ; « partout en effet le gouvernement détient l'autorité suprême dans la cité, et, de fait, la constitution, c'est le gouvernement », Aubonnet ; « Partout, en effet, ce qui est souverain c'est le gouvernement de la cité, mais la constitution c'est le gouvernement », Pellegrin. Tricot traduit πολίτευμα par « organe souverain », puis « autorité suprême » mais ajoute en note que πολίτευμα désigne « le gouvernement proprement dit ou le souverain ». Dans toutes ces traductions, comme dans la mienne, πολιτεία est le sujet et πολίτευμα l'attribut, alors que l'inverse est aussi possible grammaticalement. C'est donc le sens qui permet de trancher. Prendre πολίτευμα comme sujet (« le πολίτευμα est la πολιτεία ») peut laisser croire au lecteur que le pouvoir suprême d'Aristote est maître de l'organisation de tous les pouvoirs, comme le sera le souverain de Bodin ou de Hobbes. La traduction d'Oresmes (à partir de Ἔστι δὲ πολιτεία πόλεως τάξις) va dans ce sens. Elle s'écarte de la lettre du texte pour expliquer la proposition πολίτευμα δ'ἐστι ἡ πολιτεία (je souligne l'ajout) : « policie est ordre de cité et de plusuers princeys et mesmement de celui princey qui a dominacion. Car tel princey qui a dominacion et seigneurie sus tous les

Pour Aristote, le πολίτευμα – mot qui complète la série πόλις (cité), πολίτης (citoyen), πολίτεια (régime), πολιτικός (politique) – est l'instance suprême dont nous venons de parler. Caractérisant chaque régime, il permet de le nommer et donc d'identifier chaque cité puisque, nous l'avons vu, le régime unifie la cité à un moment donné et assure sa permanence au cours du temps. Or la clarté du sens de πολίτευμα ne rend pas la traduction plus facile. Dire comme tout le monde « gouvernement » ne convient pas. Au sens large dont use Locke quand il écrit les *Deux traités sur le gouvernement* (*Two treatises of government*), le « gouvernement » est le pouvoir institué, l'ensemble de ceux qui ont été désignés pour légiférer, faire exécuter les lois ou gérer les relations avec l'étranger. Montesquieu parle en ce sens large des trois formes de gouvernement. Au sens étroit, le gouvernement est l'organe principalement exécutif distinct de l'assemblée (ou des assemblées) qui légifère(nt). Aucun de ces deux sens ne convient. Au sens large, le gouvernement est pour Aristote l'ensemble des vrais citoyens entre lesquels chaque régime distribue les divers pouvoirs politiques. Le sens étroit dépend de la distinction du législatif et de l'exécutif ignorée des Grecs. Si l'on voulait à toute force l'appliquer ici, le pouvoir exécutif (mais le mot serait mal choisi car seule une machine est cantonnée à des tâches strictement exécutives) serait exercé par les magistrats et non par le πολίτευμα : dans notre définition, ce dernier est l'instance (individuelle ou collective) qui a la suprématie et délibère sur les affaires communes [1]. Traduisons partiellement et littéralement : « car, partout, le πολίτευμα de la πόλις détient la suprématie, et la πολιτεία est ce πολίτευμα ». Puisque le régime est « la manière dont sont ordonnés les divers pouvoirs » et que l'essentiel en cette affaire est la détermination du pouvoir suprême, on identifie chaque régime en lui donnant un nom en fonction des détenteurs de cette instance suprême, le πολίτευμα.

autres partout l'en l'appelle le policeme de la cité, *ce est a dire ce qui met ordre en la cité*. Et policeme, ce est policies » p. 126, 1re c. Oresme est certainement influencé par le commentaire de Thomas d'Aquin qui écrit : « la république n'est rien d'autre que l'organisation de la cité, en ce qui concerne tous les pouvoirs qui y sont présents, mais surtout le plus grand pouvoir, celui qui domine tous les autres. *Et cela parce que l'imposition d'un ordre dans la cité repose entièrement sur celui qui domine dans la cité* ; et cette imposition d'un ordre est la république même » (Spiazzi, p. 136, 385, Laval, p. 137, 1re c.). La phrase soulignée risque d'impliquer que l'instance suprême décide du régime, alors que pour Aristote, c'est le régime qui détermine la nature de la suprématie et son ou ses détenteurs. Voir « Annexe I », p. 354, ce commentaire et la traduction de Guillaume de Moerbeke.

1. Si l'on suit les textes du livre IV (14, 3, 1298 a 3-7 ; 14, 16, 1299 a 1-2) que je commente *infra*, II, 8, p. 253 *sq*.

La difficulté à traduire ne vient donc pas du fait que nous soyons impuissants à déterminer le sens parfaitement clair de πολίτευμα, mais de l'impossibilité d'écrire que « partout le pouvoir suprême est le pouvoir suprême » et de rendre la parenté de πολίτευμα avec πόλις, πολίτης, πολίτεια et πολιτικός. Une autre difficulté vient du fait que la relation entre πολίτευμα et κύριον n'est pas la même que celle qui existe entre πολίτευμα et πολιτεία. Dans le premier cas, il s'agit de dire que le πολίτευμα est l'instance suprême (il s'agit d'une identité *stricto sensu*) ; dans le second cas, le sens de la relation devient clair au chapitre suivant quand Aristote écrit que « πολιτεία et πολίτευμα signifient la même chose » [1] : non que la même chose ait deux noms, mais chaque régime est désigné, nommé selon son instance suprême. Disons, en paraphrasant :

> car ce qui partout détient la suprématie [Κύριον μὲν γὰρ πανταχοῦ], c'est l'instance politique [πολίτευμα] qui dirige la communauté politique [τῆς πόλεως] et c'est cette instance qui fait chaque régime [πολίτευμα δ' ἐστι ἡ πολιτεία].

Aristote illustre cette affirmation en prenant l'exemple de deux régimes déviés, la démocratie et l'oligarchie, selon que la suprématie appartient au peuple (δῆμος) ou à quelques-uns (ὀλίγοι) [2]. Les noms de ces deux régimes illustrent bien le fait que chacun d'eux est caractérisé et donc nommé en fonction du groupe social (δῆμος ou ὀλίγοι) détenant la suprématie. On verra par la suite, à partir du chapitre 8 du livre III, que ces exemples ne doivent rien au hasard. Dans les cités grecques des Ve et IVe siècles, le choix d'un régime est la plupart du temps organisé autour de ces deux pôles, démocratie et oligarchie, et donc de la lutte des riches et des pauvres pour la suprématie. Le choix au moins provisoire de ce critère de la détention de la suprématie pour nommer et classer les régimes est directement lié aux effets politiques de la division sociale.

Cette nouvelle définition de la πολιτεία – comme organisation des pouvoirs et non plus, comme au chapitre 1, de ceux qui résident dans la cité – est étroite d'un double point de vue.

D'une part, elle ne concerne que la distribution des pouvoirs, ou encore les lois manifestant la nature de chaque régime, distinguées par Aristote des lois ordinaires [3]. Mais un régime ne peut être réduit à cette armature

1. πολιτεία μὲν καὶ πολίτευμα σημαίνει ταὐτόν, III, 7, 2, 1279 a 25-26.

2. III, 6, 2, 1278 b 11-14.

3. On en trouve confirmation dans un texte du chapitre premier du livre IV reprenant la définition de III, 6 : « car le régime est, pour les cités, leur organisation [Πολιτεία μὲν γάρ ἐστι τάξις ταῖς πόλεσιν], c'est-à-dire, en ce qui concerne les pouvoirs, la manière de les répartir et

juridique constitutionnelle : il est la vie même de chaque cité, sa constitution au sens où l'on parle d'un organisme bien constitué, l'ensemble des relations se nouant entre les citoyens ou entre ces derniers et les simples résidents quand elles excèdent le cadre de la famille [1].

D'autre part, la distribution des pouvoirs entre citoyens tend à se confondre avec sa clef de voûte, l'instance suprême. C'est elle qui importe (μάλιστα), si bien que πολιτεία et πολίτευμα sont assimilés, la partie principale étant prise pour le tout : être en compétition pour la suprématie revient en fait, pour les riches et les pauvres, à l'être pour le régime [2].

2. Le second critère utilisé pour classer les régimes, qualitatif et normatif, est faussement simple. Il s'agit de savoir si le ou les détenteurs de la suprématie visent l'avantage commun ou seulement leur propre avantage. Dans le cadre de la famille, Aristote a distingué le pouvoir du père ou du mari, visant l'avantage commun ou celui des gouvernés, et le pouvoir du maître, d'abord ordonné à l'avantage du gouvernant [3]. On pourrait donc donner à la notion d'avantage commun un sens faible : viser l'avantage commun (ou, comme disent en ce sens étroit certains traducteurs, « l'intérêt général ») pourrait ne consister qu'à permettre à tous les citoyens (et non à quelques privilégiés) d'être protégés et de vivre dans une relative aisance. Cette interprétation est réductrice : avant de prendre appui sur la différence, au sein de la famille, entre les relations despotiques et celles qui ne le sont pas, Aristote a pris soin de donner un sens fort à la notion d'animal politique appliqué à l'homme : il ne s'agit pas seulement, comme pour les fourmis ou les abeilles, de réaliser une communauté quelconque avec ses tâches communes ; au-delà de la simple vie – pour la préservation de laquelle les animaux politiques autres que l'homme

la nature de l'instance suprême de ce régime [περὶ τὰς ἀρχας, τίνα τρόπον νενέμηνται, καὶ τί τὸ κύριον τῆς πολιτειας]… Les lois au contraire, mises à part celles qui manifestent la nature du régime [νόμοι δὲ κεχωρισμένοι τῶν δηλούντων τὴν πολιτείαν] sont celles selon lesquelles les gouvernants doivent gouverner et qu'ils doivent protéger contre ceux qui les enfreignent » 10, 1289 a 15-20. On voit que l'art du nomothète (l'homme sage chargé par la cité de lui proposer des lois) ne se limite pas aux lois ordinaires (qu'Aristote appelle simplement « lois » quand il parle d'accorder les lois au régime) mais s'applique aussi aux lois où se révèle la nature du régime. Voir sur ce point la discussion du point de vue de Tricot par Pierre-Marie Morel, art. cit., p. 100 *sq*.

1. Voir ce texte du Livre IV, 11. 3, 1295 a 40-1295 b 1 : ἡ γὰρ πολιτεία βίος τίς ἐστι πόλεως, « car le régime est en quelque sorte la vie de la cité ».

2. … ἀμφισβητοῦσιν ἀμφότεροι τῆς πολιτείας, « les uns et les autres sont en compétition pour le régime », III, 8, 8, 1280 a 6.

3. III, 6, 6-7, 1278 b 32-40.

forment des communautés politiques (*au sens faible*), et les hommes des familles et des villages – il s'agit d'abord de la vie heureuse pour tous et pour chacun [1]. L'avantage commun d'une communauté *pleinement politique*, d'une cité (ce que ne sont ni une ruche ni une fourmilière, les communautés formées par des animaux politiques autres que l'homme) n'est donc pas celui d'une communauté quelconque : on ne peut parler de la droiture d'un régime sans parler aussi de son excellence.

La classification des régimes et l'impossibilité de donner un nom propre au régime populaire droit

On a trop souvent réduit la pensée d'Aristote à la classification qu'il présente au chapitre 7 du livre III ou considéré qu'elle était pour lui définitive. Le tableau qui suit la résume [2].

RÉGIMES 2 critères : – qualitatif → – quantitatif ↓	**RÉGIMES DROITS** Le pouvoir suprême vise l'avantage commun	**RÉGIMES DÉVIÉS** Le pouvoir suprême vise son avantage propre
MONARCHIE Un seul a la suprématie	ROYAUTÉ (βασιλεία) monarchie visant le bien commun	TYRANNIE monarchie visant le bien du monarque
XXX Quelques-uns (ὀλίγοι) ont la suprématie	ARISTOCRATIE Les ὀλίγοι sont les meilleurs (ἀρίστοι), ou gouvernent pour le plus grand bien (τὸ ἄριστον) de la cité et de ceux qui l'ont ensemble en partage	OLIGARCHIE Vise le bien des ὀλίγοι (1re définition) Vise le bien des riches (définition rectifiée en III, 7, 5 et III, 8, 7)

1. Voir le texte traduit *supra*, p. 91, texte grec et références n. 1.

2. 3-5, 1279 a 33-b 10. Je donne les termes grecs quand la traduction française ne les reprend pas presque littéralement. Je ne traduis pas πολιτεία (quand il s'agit comme ici du 3e régime droit, puis au livre IV de la mesure de tous les mélanges plus ou moins imparfaits de démocratie et d'oligarchie) et dans ce cas j'écris par convention *politeia*. La 1re colonne montre que seuls les régimes où un individu unique détient la suprématie ont un nom englobant la forme droite et la forme déviée.

XXX	*POLITEIA*	DÉMOCRATIE
Le grand nombre (οἱ πολλοὶ) a la suprématie	La multitude (τὸ πλῆθος) gouverne la cité (πολιτεύηται) en vue de l'avantage commun Régime (πολιτεία) qui a le nom commun à tous les régimes	Vise l'avantage de la multitude (1re définition) Vise le bien des pauvres (définition rectifiée en III, 7, 5 et III, 8, 7)

Tableau 1 : première classification des régimes

Il faut d'abord traduire intégralement le texte qui distingue les six régimes et conduit à identifier trois régimes droits :

> Puisque πολιτεία et *politeuma* signifient la même chose et que le *politeuma* est l'instance suprême [τὸ κύριον], la suprématie appartient nécessairement à un seul, à quelques-uns [οἱ ὀλίγοι] ou au grand nombre [οἱ πολλοὶ]. Quand ce seul homme, quelques-uns ou le grand nombre exercent le pouvoir [ἄρχωσι] en vue de l'avantage commun [πρὸς τὸ κοινὸν συμφέρον], ces régimes sont nécessairement droits ; s'ils l'exercent en vue de l'avantage propre [πρὸς τὸ ἴδιον] de ce seul homme, de ces quelques-uns ou de la multitude [τοῦ πλήθους], les régimes sont déviés. Soit en effet on ne doit pas appeler citoyens ceux qui ont part à la vie de la cité, soit il faut qu'ils en partagent en commun les avantages. Nous appelons d'ordinaire royauté celle des monarchies qui a en vue l'avantage commun et aristocratie celui des régimes où un petit nombre, supérieur à un, exerce le pouvoir [τὴν δὲ τῶν ὀλίγων μὲν πλειόνων δ'ἑνος ἀριστοκρατίαν], <que les meilleurs [ἄριστοι] aient le pouvoir, ou qu'ils l'exercent en vue du meilleur [τὸ ἄριστον] pour la cité et ceux qui y ont part en commun>. Quand la multitude [τὸ πλῆθος] gouverne la cité [πολιτεύηται] en vue de l'avantage commun, le régime a le nom commun à tous les régimes, *politeia.* C'est bien dit [συμβαίνει δ'εὐλόγως] [1]. Car s'il est possible qu'un individu ou qu'un petit nombre se distingue par son excellence, il est vraiment difficile que les plus nombreux [οἱ πλείους] possèdent l'excellence en tout, sauf pour la guerre. C'est pourquoi, dans une telle *politeia*, le pouvoir suprême

1. *Accidit autem rationabiliter* (GM, Spiazzi, p. 138, 254, Laval, p. 139, 1re c.) Συμβαίνει renvoie au fait qui survient, qu'Aristote constate et juge εὐλόγως, l'absence de nom propre du régime populaire droit.

est aux mains de ceux qui font la guerre et partagé entre ceux qui détiennent les armes lourdes [ὅπλα] [1].

Les noms propres des deux premiers régimes droits renvoient au théorème de l'excellence : la cité est bien gouvernée, en vue de l'avantage commun, si le ou les meilleurs détienne(nt) la suprématie. Ce théorème est formulé à propos de l'aristocratie, la royauté n'étant rien d'autre qu'une aristocratie où le petit nombre est réduit à l'unité, ce que le texte suggère puisque le pouvoir suprême appartient dans une aristocratie à « un petit nombre, supérieur à un » [2]. Remarquons que la justification du nom aristocratie, dans la partie du texte que nous mettons entre crochets, ne relie pas le fait que les meilleurs gouvernent et le fait que la cité soit gouvernée au mieux. De plus, considéré de manière isolée, ce qui est entre crochets n'implique pas que l'aristocratie soit toujours, comme elle l'est ici, le pouvoir de quelques uns, au sens littéral du mot une « oligarchie » [3].

Le théorème de l'excellence paraît conforme au bon sens, même si la mise en évidence de la troisième aporie, celle de la suprématie, va bientôt le mettre en question. Pour l'instant, il est accepté et permet de nommer les deux premiers régimes droits : leurs noms propres désignent le principe de leur droiture (et de leur excellence, puisque, nous l'avons vu, l'avantage commun ne peut être séparé de la fin spécifique de la cité, la vie heureuse) : en qualifiant le πολίτευμα, on qualifie le régime lui-même puisque « *politeuma* et *politeia* signifient la même chose ».

Pourquoi le régime populaire droit porte-t-il le nom commun de tous les régimes ? Et surtout pourquoi Aristote approuve-t-il ce fait ? La raison avancée à partir de συμβαίνει δ'εὐλόγως a paru mystérieuse à beaucoup, qui ont parfois corrigé le manuscrit ou rapporté la formule à ce qui suit et

1. III, 7, 2-4, 1279 a 25-1279 b 4. Je commente plus loin, p. 116, les termes utilisés pour désigner ceux qui ont la suprématie dans un régime populaire : οἱ πολλοί, τὸ πλῆθος, οἱ πλείους.

2. « La royauté (…) est conforme à l'aristocratie [κατὰ τὴν ἀριστοκρατίαν ἐστιν, *secundum aristocratiam*, Spiazzi, p. 282, 700, Laval, p. 291, 1re c., “selon aristocracie”, Oresme, p. 233, 1re c.] » V, 10, 2, 1310 b 2-3. Et un peu plus loin, « Comme nous l'avons dit, la royauté se classe comme aristocratie [τέτακται κατὰ τὴν ἀριστοκρατίαν] » V, 10, 7, 1310 b 31-32 : Guillaume d'Auvergne et Oresme comprennent que la royauté fut instituée selon le modèle de l'aristocratie, *institutum fuit secundum aristocratiam*, Spiazzi, p. 282, 705, Laval, p. 291, 1re c., « fu institué selon aristocracie », Oresme, p. 234, 1re c.

3. En V, 7, 1, 1306 b 24-27, Aristote évoque « le fait que l'aristocratie est aussi en un certain sens une oligarchie [τὸ καὶ τὴν ἀριστοκρατίαν ὀλιγαρχίαν εἶναι πως], car, dans ces deux régimes, ceux qui gouvernent sont peu nombreux, peu nombreux d'ailleurs pour des raisons différentes ; et pour ces raisons, l'aristocratie est, semble-t-il, une oligarchie [δοκεῖ γε διὰ ταῦτα καὶ ἡ ἀριστοκρατία ὀλιγαρχία εἶναι] ».

non à ce qui précède [1]. Pour expliquer le fait lui-même en ne considérant que le terme *politeia* et en oubliant la raison donnée par Aristote, on peut imaginer que la *politeia* est le seul régime droit vraiment politique, comme dans un texte remarquable des *Lois,* quand l'Étranger d'Athènes (le porte-parole, s'il en est un, de Platon) répond à Mégille (le Lacédémonien) et à Clinias (le Crétois) qui ne parviennent pas à nommer les régimes de leurs cités respectives :

> C'est, excellents amis, que vous avez part à des régimes politiques, tandis que ceux que nous venons d'énumérer [démocratie, oligarchie, aristocratie, royauté, tyrannie] ne sont pas des régimes politiques mais des cités administrées comme des familles, dominées et asservies par une de leurs parties, si bien que chacune reçoit son nom de l'élément despotique qui y domine. Il faudrait, si l'on devait désigner la cité par un nom de ce genre, dire le nom du dieu qui exerce selon la vérité un pouvoir despotique sur des êtres dotés de raison.
> ὄντως γάρ, ὦ ἄριστοι, πολιτειῶν μετέχετε : ἃς δὲ ὠνομάκαμεν νῦν, οὐκ εἰσὶν πολιτεῖαι, πόλεων δὲ οἰκήσεις δεσποζομένων τε καὶ δουλευουσῶν μέρεσιν ἑαυτῶν τισι, τὸ τοῦ δεσπότου δὲ ἑκάστη προσαγορεύεται κράτος. Χρῆν δ'εἴπερ του τοιούτου τὴν πόλιν ἔδει ἐπονομάζεσθαι, τὸ τοῦ ἀληθῶς τῶν τὸν νοῦν ἐχόντων δεσποζόντος θεοῦ ὄνομα λέγεσθαι [2].

Clinias vient d'énumérer les régimes (démocratie, oligarchie, aristocratie, royauté) entre lesquels il faut, semble-t-il, choisir, en excluant la tyrannie. Chacun a son nom propre. Pour l'Étranger, ce n'est pas une qualité mais un défaut car ce nom désigne la partie de la cité qui exerce sur elle un pouvoir despotique : l'Étranger efface donc la distance entre les régimes convenables et la tyrannie puisque tous les régimes dotés d'un nom propre réduisent les citoyens en esclavage. Le seul nom propre légitime serait celui de « théocratie » : seul un dieu, qui ne serait pas une partie de la cité, a véritablement l'excellence nécessaire pour gouverner despotiquement des êtres dotés de raison. Une cité (dans notre texte, spartiate ou crétoise) ne trouve pas de place dans la classification (y avoir une place est ici signe de corruption) quand le pouvoir de l'homme sur l'homme (autrement dit d'une partie de la cité) y est absent. Elle n'est pas administrée, comme le sont les familles, en vertu de la supériorité naturelle de son ou de ses chefs, mais conformément à sa nature de cité : son régime est authentiquement politique ; dans son cas, πολιτεία n'est plus le nom

1. Voir les notes d'Aubonnet, de Tricot et de Pellegrin.
2. *Lois*, IV, 712 e 9-713 e 5.

commun de tous les régimes mais le nom propre du seul vrai régime politique[1].

Aristote peut songer à ce texte. Dans sa propre classification comme dans ce texte des *Lois*, il y a un lien entre ce qu'est l'instance suprême, le πολίτευμα, et le nom propre désignant et caractérisant chaque régime. D'autre part, Aristote insiste tant sur la différence qualitative entre οἰκία et πόλις dès le début des *Politiques*, quand il refuse d'assimiler une petite cité (πόλις) à une grande famille (οἰκία)[2], qu'on est tenté de lui prêter l'idée que les régimes droits sont plus ou moins politiques – la royauté et l'aristocratie l'étant moins que la *politeia* – selon que la spécificité de la cité par rapport à la famille y est mieux ou moins bien réalisée. On pourrait exploiter dans ce sens un texte du livre I – comparant le pouvoir du père sur l'enfant à celui d'un roi, et celui d'un mari sur sa femme à celui d'un homme politique[3] – et surtout un texte de l'*Éthique à Nicomaque*[4] : Aristote y compare les amitiés dans la famille et dans la cité ; l'amour du père pour l'enfant est *royal*, celui du mari pour sa femme *aristocratique*, celui qui existe entre les frères *timocratique*, la timocratie (régime qui valorise le cœur et le courage) ayant dans cette classification une place comparable à celle de la *politeia* dans les *Politiques*. Dans l'un et l'autre cas (*Politiques* I, 12, *Éthique à Nicomaque*, VIII, 13), on progresse vers le plus politique en progressant vers plus d'égalité.

Cependant, si l'on en reste pour l'instant à ce chapitre 7 du livre III et aux raisons qui y sont invoquées, il est impossible d'attribuer à Aristote la thèse de l'Étranger d'Athènes dans les *Lois*, même en la nuançant pour que la *politeia* ne soit plus le seul régime politique mais seulement celui qui l'est plus que tous les autres. Pour l'instant, la *politeia* n'est pas valorisée, elle est au contraire ce qui met en péril le théorème de l'excellence : comment continuer à dire, quand la multitude est composée le plus souvent de citoyens médiocres, que les meilleurs exercent leur suprématie en visant

1. En commentant l'ouverture des *Politiques* (I, 1, 2, 1252 a 7-16), on a pris l'habitude d'opposer Aristote à Platon, quand le premier critique ceux qui confondent la cité et la famille. Certes, Aristote pense probablement au début du *Politique* où Platon paraît confondre les pouvoirs économiques et politiques (258 e-259 d). Mais, comme le montre ce texte des *Lois*, il est imprudent de supposer que Platon, y compris dans le *Politique*, s'arrête définitivement à la confusion de la famille et de la cité.

2. I, 1, 2, 1252 a 12-13. Voir la traduction et le commentaire de ce texte, p. 147-149.

3. I, 12, 1-2, 1259 a 37-1259 b 10. Voir aussi I, 7, 1, 1255 b 19 : ἡ μὲν οἰκονομικὴ [ἀρχή] μοναρχία (μοναρχεῖται γὰρ πᾶς οἶκος), « le pouvoir relevant de l'art de gouverner une famille est une monarchie (car toute famille se gouverne monarchiquement) ».

4. VIII, 13, 1161 a 10-29.

l'avantage commun ? Contrairement à ce que beaucoup affirment, l'explication qui suit le συμβαίνει δ'εὐλόγως est parfaitement claire : « s'il est possible qu'un individu ou qu'un petit nombre se distingue par son excellence, il est vraiment difficile que les plus nombreux possèdent l'excellence en tout ». Il n'est donc pas étonnant que la *politeia* soit rare et que les régimes populaires déviés soient beaucoup plus visibles, comme Aristote le suggérera au livre IV, au moment où il reprendra la difficulté pour tenter de la résoudre [1].

L'aporie de la *politeia* est un premier signal suggérant que la classification proposée est provisoire. Mais le signal est ambigu. Si l'on ignore la suite, il semble signifier que le théorème de l'excellence exclut la *politeia*. Il faudrait alors, soit considérer que la case du régime populaire droit est vide [2], soit, pour tenir compte de la lettre du texte, creuser l'écart entre l'ἄριστη πολιτεία et l'ὀρθή πολιτεία (le meilleur régime et le régime droit), distendre le lien entre avantage commun et excellence : des trois régimes droits, seules la royauté et l'aristocratie pourraient prétendre à l'excellence. Comme nous allons le voir, Aristote paraît s'arrêter à cette conclusion à la fin du livre III [3] et au début du livre IV [4]. Mais l'aporie signifie en fait autre chose : la *politeia* est la pierre d'achoppement ou la pierre de touche qui ébranle la fausse évidence du théorème de l'excellence et, avec elle, toute la classification.

1. « Il y aussi un cinquième régime [les quatre premiers cités étant la monarchie, l'oligarchie, la démocratie et l'aristocratie] auquel on donne le nom commun de tous les régimes (on le nomme en effet *politeia*), mais, comme il n'existe pas très souvent, il échappe à ceux qui tentent de dénombrer les espèces de régime » IV, 7, 1, 1293 a 39-42. Aristote a déjà rappelé (IV, 2, 1, 1289 a 35-36) que la *politeia* a le nom commun à tous les régimes.

2. Solution à laquelle s'arrête Michel Foucault dans son dernier cours au Collège de France, le 8 février 1984 (*Le Courage de la vérité, le gouvernement de soi et des autres*, 1983-1984, Paris, « Hautes Études », Gallimard-Seuil, 2009, p. 48-49). Mon commentaire, *Politiques de Foucault*, p. 251.

3. III, 18, 1, 1288 a 32-37. Pour la compréhension de ce texte difficile, voir p. 153-154.

4. IV, 2, 1, 1289 a 26-38.

CHAPITRE III

TROISIÈME APORIE
LA QUESTION DE LA SUPRÉMATIE

La notion de suprématie est introduite au livre III sans être définie. Au chapitre 1, Aristote distingue les pouvoirs des magistrats et ceux que les citoyens exercent comme membres de l'assemblée ou des tribunaux : il serait ridicule, écrit-il, de refuser de parler d'ἀρχή pour ces derniers qui détiennent au plus haut point la suprématie (κυριωτάτους) [1]. De même, la définition rectifiée du citoyen par la faculté d'exercer en commun le pouvoir de délibérer et de juger (et non d'accéder aux magistratures) [2] mentionne le pouvoir délibératif défini plus tard comme le pouvoir suprême [3]. Aux chapitres 6 et 7, la suprématie joue le rôle essentiel dans la définition du mot régime. Or sa nature reste équivoque, comme le montre la formule κυρία ἀρχὴ πάντων que nous avons commentée. Pour différencier et classer les régimes, l'accent est mis sur la composition du πολίτευμα, l'instance qui exerce la suprématie, sans que cette dernière soit définie. Il y a donc deux questions distinctes. Qu'est-ce que le pouvoir suprême ? Qui doit le détenir ? C'est d'abord la seconde qui est examinée mais la difficulté d'y répondre va nous contraindre à régresser à la première.

Il est difficile, à la première lecture, de saisir l'unité et la logique de tout ce qui suit la célèbre classification des régimes dans le livre III (chapitres 8-18). Énumérons les difficultés.

1. III, 1, 7, 1275 a 26-29.
2. III, 1, 12, 1275 b 17-20.
3. IV, 14, 3, 1298 a 3-7 et 16, 1299 a 1-2.

Pourquoi Aristote met-il d'abord en avant deux régimes déviés – la démocratie et l'oligarchie et leurs conceptions respectives de la justice (chapitres 8-9) – alors qu'il reconnaît aux régimes droits une priorité logique sur leurs déviations [1] ?

Pourquoi passer ensuite (chapitre 10) à l'aporie de la détention de la suprématie ? Pourquoi la formuler de manière si radicale, toutes les solutions, même celles que représentent les deux premiers régimes droits, étant successivement récusées, l'aristocratie d'abord, la royauté ensuite, comme pour finir le recours à la suprématie des lois pour remplacer celle des hommes ?

Pourquoi accepter à certaines conditions, au chapitre 11, la suprématie de la multitude, puis revenir, comme à la fin du chapitre 10, à la suprématie des lois, pour la juger cette fois encore problématique ? Pourquoi ensuite (chapitres 12-13) invalider de nouveau tous les candidats à la suprématie, à l'exception de celle d'un homme divin, auquel aucune loi ne pourrait être opposée ?

Pourquoi privilégier ensuite l'examen de la royauté en lui consacrant quatre chapitres (chapitres 14-17) ?

Pourquoi enfin le dernier chapitre du livre III si énigmatique ? En effet, il établit une hiérarchie entre les trois régimes droits en réservant l'excellence aux deux premiers, à l'aristocratie d'un seul ou de quelques-uns. Dans ces régimes, le ou les détenteurs de la suprématie réaliseraient seuls l'identité des deux excellences (de l'homme de bien et du citoyen). Cette affirmation remet en question le résultat du chapitre 4 : les risques d'une dérive despotique d'une telle séparation de l'élite et des citoyens ordinaires paraissent maintenant oubliés.

Nous entendons montrer que la prise en compte de la double aporie de la suprématie – Qui la détient ? En quoi consiste-t-elle ? – permet de répondre à ces questions et de ressaisir la logique de cette fin du livre III.

1. III, 1, 9, 1275 a 38-1275 b 3.

L'ATTRIBUTION DU POUVOIR SUPRÊME DANS LES DÉMOCRATIES ET LES OLIGARCHIES SELON DEUX CONCEPTIONS UNILATÉRALES DU JUSTE (III, 8-9)

Nous avons constaté plus haut que la définition de la πολιτεία (au sens de régime) au début du chapitre 6, réduite finalement à son instance suprême, est d'abord illustrée par les exemples de la démocratie et de l'oligarchie, de la suprématie du δῆμος (peuple) ou des ὀλίγοι (quelques-uns). Ce n'est pas l'effet du hasard, comme la reprise de l'exposé au chapitre 8 le confirme. De nouveau, Aristote commence par ces régimes, pourtant logiquement seconds comme l'indique le terme de « déviation ». Il montre ainsi que la première formulation de la question de la suprématie (à quels citoyens faut-il la confier pour que la cité soit bien gouvernée ?) est insuffisante, trop dépendante des luttes politiques qui font triompher tour à tour telle ou telle partie de la cité.

Dès les dernières lignes du chapitre 7, les définitions de la démocratie et de l'oligarchie sont rectifiées. Désormais « l'oligarchie vise l'avantage des riches, la démocratie l'avantage des pauvres ». Au lieu de la suprématie du grand nombre ou de quelques-uns, on parlera de celle d'une classe sociale [1]. Le fait que les pauvres soient presque toujours la majorité et les riches la minorité devient accidentel.

Quel est l'enjeu de cette rectification ? Reprenant le même problème au début du livre IV quand il énumère toutes les fonctions nécessaires à la vie d'une cité et les divers groupes d'hommes qui les assument, Aristote montre que toute cité a besoin des riches et des pauvres et que leurs fonctions respectives sont les seules à être incompatibles : les mêmes hommes ne peuvent être riches et pauvres [2], il n'y a pas de cité sans division sociale. C'est la raison pour laquelle la suprématie de l'une ou l'autre de ces classes est toujours despotique : un groupe accapare les fonctions politiques en visant son bien propre et non l'avantage commun. De ce fait, « les riches et les pauvres semblent être les parties par excellence de la cité », en

1. Comparez la première définition de la démocratie et de l'oligarchie (« dans les démocraties, la suprématie appartient au peuple, à quelques-uns au contraire dans les oligarchies » III, 6, 2, 1278 b 11-13 ; « s'ils l'exercent [le pouvoir] en vue de l'avantage propre (...) des quelques-uns ou de la multitude, les régimes sont déviés » III, 7, 2, 1279 a 30–31) et leur définition rectifiée (« l'oligarchie vise l'avantage des riches, la démocratie celui des pauvres », ἡ δ' ὀλιγαρχία [ἐστι] πρὸς τὸ τῶν εὐπόρων, ἡ δὲ δημοκρατία πρὸς τὸ συμφέρον τὸ τῶν ἀπόρων, III, 7, 5, 1279 b 7-9).

2. IV, 4, 18, 1291 b 7. À propos de ce texte du livre IV sur les 8 éléments de toute cité, voir *infra*, III, 9, p. 272-276.

lutte pour dominer, pour instaurer ou conserver une oligarchie ou d'une démocratie [1].

Or chacun de ces régimes déviés implique une conception déterminée du juste (chapitre 9). Pour définir le juste, les partisans de la démocratie considèrent seulement l'égalité de tous les citoyens quant au statut d'homme libre que chacun d'eux a en partage ; les riches au contraire ne considèrent que la richesse : dans ce cas l'égalité des proportions implique des parts inégales puisqu'il y a des riches et des pauvres. Pour Aristote, ce ne sont pas les parts distribuées qui doivent être égales mais les proportions entre ces parts et les qualités requises des uns et des autres. L'erreur des riches est de privilégier la richesse comme critère de distribution. Selon que la qualité choisie pour calculer la proportion est possédée également (la liberté) ou inégalement (les biens), les parts de pouvoir des uns et des autres seront égales ou inégales. L'erreur des uns et des autres est de privilégier de manière exclusive deux choses nécessaires à la cité, la liberté de tous ou la richesse de quelques-uns [2].

À ces conceptions unilatérales du juste, conformes aux intérêts d'une partie de la cité, Aristote oppose « ce qui, en sa totalité, est suprêmement juste », πᾶν τὸ κυρίως δίκαιον [3]. Cet usage de l'adverbe κυρίως, alors que l'adjectif κύριος est utilisé ailleurs pour la suprématie, n'est pas apparent dans les diverses traductions françaises [4]. Il est repris une seconde fois au début du paragraphe 5 en des termes presque identiques : les partisans de la démocratie et de l'oligarchie, quand ils parlent de justice et d'égalité, « ne parlent pas de ce qui suprêmement importe [τὸ δὲ κυριώτατον οὐ λέγουσιν] » [5]. Et le plus important est « ce qui, en sa totalité, est suprêmement juste » dont il a été question un peu plus haut.

1. IV, 4, 19, 1291 b 7-13.

2. III, 9, 1-4, 1280 a 7-24. Selon Aristote, les démocrates ne se réclament donc pas du principe de l'égalité arithmétique des parts mais défendent un critère de distribution, le statut d'homme libre, qui met les citoyens à égalité : le principe de l'égalité des proportions aboutit dans ce cas à l'égalité des parts.

3. *Ibid.*, 1, 1280 a 10-11.

4. « ils ne disent pas tout ce qui est juste, proprement et absolument parlant » (Thurot, p. 178 et Bastien, p. 111) ; « sans exprimer dans sa totalité la justice absolue » (Aubonnet) ; « n'expriment pas dans sa totalité ce qui est juste au sens absolu » (Tricot) ; « ils ne parlent pas du juste par excellence dans son ensemble » (Pellegrin).

5. « Ils ne parlent pas de l'essentiel » (Aubonnet, Pellegrin) ou « du plus important » (Tricot), III, 9, 5, 1280 a 25. Comparez avec la formule précédente : λέγουσί οὐ πᾶν τὸ κυρίως δίκαιον (III, 9, 1280 α 10-11).

Comme la suite l'indique immédiatement, le juste suprême et complet est l'avantage commun à toute la cité, la vie heureuse. Dans les premières lignes des *Politiques*, l'adjectif κύριος est deux fois utilisé : la cité est la communauté πασῶν κυριωτάτη (« suprême entre toutes ») parce qu'elle vise le bien suprême entre tous, τὸ κυριωτάτον πάντων)[1]. Aristote a certainement ce texte en tête, comme le montre le début du chapitre du 12 :

> En toutes sciences et techniques [ἐν πάσαις…ἐπιστήμαις καὶ τέχναις], la fin est un bien ; le bien le plus grand réside essentiellement dans celle [science ou technique] qui est suprême entre toutes [κυριωτάτη πασῶν], la politique [πολιτικὴ δύναμις] ; le bien politique, c'est le juste, autrement dit l'avantage commun[2].

Le juste est la même chose que l'avantage commun et tous deux sont assimilés au bien suprême de la cité visé par la politique (comme δύναμις, science donnant une puissance), le bien vivre. Cette fin englobe les fins inférieures pour lesquelles les cités ont commencé à se former : la conservation et le développement de la vie, comme dans les communautés formées par les animaux politiques autres que l'homme, et la recherche proprement humaine de l'accord réfléchi des membres de la communauté pour défendre leurs intérêts respectifs et assurer leur sécurité mutuelle. Cependant les communautés qui en restent à ces fins – la vie quand il s'agit des autres animaux politiques (abeilles, etc…), la vie et ces alliances intéressées quand il s'agit des hommes – ne sont pas encore des cités[3]. C'est le sens de la critique adressée au sophiste Lycophron, pour lequel, « la loi est une convention [συνθήκη] », « un garant de ce qui est juste dans les rapports mutuels »[4]. Contrairement à ce qui est souvent compris, Aristote

1. I, 1, 1, 1252 a 4-6.

2. III, 12, 1, 1282 b 14-18. Guillaume de Moerbeke traduit πολιτικὴ δύναμις par *politica potentia* (Spiazzi, p. 155, 302, Laval, p. 158). Δύναμις désigne l'ἐπιστήμη et τέχνη πολιτική, la science qui donne un pouvoir d'agir, autrement dit la politique. C'est ainsi que Pierre d'Auvergne commente *politica potentia* : voir « Annexe I », p. 355.

3. III, 9, 6-7, 1280 a 31-1280 b 5.

4. III, 9, 8, 1280 b 10-12. Lycophron fut peut-être, comme Alcidamas, élève de Gorgias (vers 483 – vers 376 av. J.-C.) et aurait sans doute vécu dans la première moitié du IVe siècle : cette hypothèse s'appuie sur *Rhétorique*, III, 3, 1405 b 34 *sq.*, où Aristote le cite en même temps que Gorgias et Alcidamas. Lycophron est désigné comme « sophiste » par Aristote dans *Les réfutations sophistiques*, 15, 16, 174 b 32. Selon un fragment d'un traité perdu d'Aristote *Sur la noblesse*, fragment 91, tiré de Stobée, *Anthologie*, IV, 29 (*Les Sophistes*, I, *op. cit.*, p. 338), Lycophron conteste le caractère naturel de la distinction entre les bien nés et les mal nés. Cela aurait pu le conduire, ce que ne dit pas ce fragment, à considérer comme Alcidamas que la distinction entre l'esclave et l'homme libre résulte de l'institution et non de la nature. Cependant aucun des sophistes adoptant cette thèse à propos de l'esclavage n'est cité au livre I

ne refuse pas que la loi « soit une certaine convention [συνθήκη] » puisqu'il la définit de cette manière dans la *Rhétorique* [1] ; il refuse simplement de réduire les accords réfléchis constitutifs des cités et les lois à de simples alliances visant à protéger les intérêts et la sécurité de chacun. Une telle alliance n'est pas une cité, même si elle dépasse déjà les communautés formées par les fourmis ou les abeilles parce qu'elle implique des accords réfléchis. Il ne faut donc pas opposer de manière sommaire le naturalisme d'Aristote, qui lui interdirait de faire de la loi une convention, et l'artificialisme de Lycophron car Aristote récuse l'opposition brutale de la nature (φύσις) et de l'institution (νόμος) : animaux politiques par excellence, les hommes ont par nature le pouvoir, rarement actualisé, d'instituer par accord réfléchi des communautés qui visent, au-delà de leur sécurité mutuelle, la réalisation en commun des vertus les plus hautes qui font des hommes accomplis [2].

Toute la question est de savoir ce que doit être le pouvoir suprême pour que la cité, la communauté par excellence, atteigne sa fin, le bien suprême, ce qui est suprêmement et complètement juste pour toute la communauté. Aristote reprend-il la thèse de l'Étranger d'Athènes dans les *Lois*, selon laquelle la domination d'une partie quelconque de la cité est nécessairement despotique [3] ? Pense-t-il au contraire, ce que la prise en compte isolée de la classification du chapitre 7 pourrait laisser croire, qu'il suffit de remplacer les pauvres ou les riches par une élite vertueuse pour régler le problème ? Les dernières lignes du chapitre 9 ne permettent pas de trancher. Aristote se contente d'affirmer que la fin visée – le juste complet, l'avantage commun, le bien vivre – donne un rôle plus grand dans la cité aux plus vertueux :

> ceux qui contribuent le plus à une telle communauté ont une part plus grande de la cité [ὅσοι συμβάλλονται πλεῖστον εἰς τὴν τοιαύτην κοινωνίαν, τούτοις τῆς πόλεως μέτεστι πλεῖον, *quicumque adiiciunt plurimum ad talem communionem, iis civitatis attinet plusquam* (GM), *illi qui plus addunt ad talem communionem plus addunt ad civilitatem, et plus civitatis pertinet ad istos* (PA)] que ceux qui leur sont égaux ou supérieurs en liberté

des *Politiques*. D'ailleurs, refuser que la noblesse soit naturelle ne conduit pas nécessairement au thème de l'égalité naturelle : on peut contester l'inégalité instituée au nom d'une inégalité naturelle plus fondamentale.

1. αὐτὸς ὁ νόμος συνθήκη τίς ἐστιν, « la loi elle-même est une certaine convention » (1376 b 9-10).

2. Sur ce point, voir Jean Terrel, « φύσις et νόμος : Aristote est-il naturaliste ? », in *Politique d'Aristote*, *op. cit.*, p. 55-70.

3. Voir plus haut la traduction de ce texte, p. 103 (références, n. 2).

et en naissance et leur sont inférieurs en excellence politique et que ceux qui les dépassent en richesse tout en étant dépassés par eux en excellence [1].

Si on a la prudence de ne pas lire ce texte à la lumière du théorème de l'excellence, présent, nous l'avons vu, dans la classification des régimes, rien ne dit que cette plus grande part qu'on doit reconnaître aux hommes de bien accomplis soit la suprématie. Nous savons seulement que les gouvernants doivent viser le juste complet et que cette fin implique une contribution plus grande de ceux que leur intelligence pratique et leur vertu morale distinguent des citoyens ordinaires.

Une telle prudence dans l'interprétation permet de rendre le chapitre 9 compatible avec les deux chapitres suivants : le chapitre 10 qui pour la première fois remet en cause le théorème de l'excellence, le chapitre 11 qui commence à travailler à la résolution de l'aporie du régime populaire droit.

« Une aporie : que doit être l'instance suprême de la cité » [2] (III, 10)

Il ne s'agit en apparence que de ceux ou de celui *qui* doit détenir la suprématie : pauvres ou majorité, riches ou minorité, gens équitables (ἐπιεικεῖς) [3], homme unique le meilleur. Les lois seront le dernier candidat,

1. III, 9, 14, 1281 a 4-8, Guillaume de Moerbeke, Spiazzi, p. 142, 274, Laval, p. 143, 1re c., Pierre d'Auvergne, Spiazzi, p. 145, 413. Laval, p. 147, 2e c. *Talis communio* renvoie ici à la *communio politica*, à la vie politique commune, ordonnée aux belles actions et non au fait de vivre ensemble. Dans l'ensemble de sa traduction, GM use de trois termes différents pour rendre κοινωνία : *communitas* (la communauté *stricto sensu*), *communicatio* (la relation de communauté entre les membres) et ici *communio* qui désigne la vie commune au sein de cette communauté. Voir sur ce point « Annexe I », p. 348, n. 2.

2. Ἔχει δ'ἀπορίαν, τί δεῖ τὸ κύριον εἶναι τῆς πόλεως, III, 10, 1, 1281 a 11 : il faut dans la traduction rendre comme P. Pellegrin le neutre (τί). Voir mon commentaire.

3. Même terme plus loin quand la solution aristocratique est critiquée (10, 4, 1281 a 28). « Les gens ou les hommes de valeur » (Tricot, Aubonnet), « les honnêtes gens » (Pellegrin). Guillaume de Moerbeke choisit de la translittérer (*epiiches*, Spiazzi, p. 146, 275, Laval, p. 148, 1re c.) et Pierre d'Auvergne traduit par *virtuosi* (Spiazzi, p. 147, 414 et 419, Laval, p. 149 et 150, 1res c.). Dans le contexte où nous sommes, après le chapitre 9 où Aristote a critiqué les conceptions unilatérales du juste, « équitables » est peut-être préférable. L'ἐπιεικεία, c'est d'abord la juste mesure, l'équité (en particulier dans le célèbre chapitre de l'*Éthique à Nicomaque* (V, 14 1137 a 31-1138 a7) qui distingue l'équité du juste selon la loi (τὸ κατὰ νόμον δίκαιον) ou encore légal (τὸ νομίμον δίκαιον). Aristote va préciser plus loin que les hommes doivent délibérer et décider (qu'il s'agisse de l'instance suprême et des magistrats) là où les lois bien établies sont insuffisantes du fait de leur généralité.

non cité au départ. Mais la question est plus riche. L'enjeu est aussi la nature même de la suprématie : *que* doit-elle être pour que la cité réalise sa fin, le plus grand de tous les biens ?

Aristote énumère d'abord cinq candidats, la multitude, les riches, les gens équitables, l'homme le meilleur, le tyran, sans distinguer la démocratie et le régime populaire droit (*politeia*). Dans l'examen qui suit, la *politeia* est absente : elle n'est ni la suprématie des pauvres, ni celle de la majorité (πλείους) ou de la multitude (πλῆθος) quand elles usent de la violence contre les riches. La tyrannie n'est pas examinée en tant que telle tant son exclusion va de soi : elle est seulement la domination de la force à laquelle tendent aussi la démocratie et l'oligarchie quand elles sont de plus en plus déviées [1]. Cette domination peut passer par les lois : par exemple, dans une démocratie, les pauvres peuvent en user de manière injuste pour se partager les biens des riches [2]. À quoi bon, dira Aristote dans la dernière phrase du chapitre, donner la suprématie à la loi plutôt qu'aux hommes si cette loi est oligarchique ou démocratique [3] ?

Comme aux chapitres 8 et 9, l'aporie de la suprématie est d'abord celle des régimes déviés. La nouveauté du chapitre 10 consiste à l'étendre aux deux régimes droits qui se réclament du théorème de l'excellence, l'aristocratie et la royauté : la distinction entre les régimes droits et déviés est brouillée, puisque la suprématie de l'homme le meilleur est encore plus oligarchique que celle des gens équitables [4]. Comme nous l'avons déjà indiqué en commentant l'expression κυρίους εἶναι πάντων, l'aristocratie et la royauté ont maintenant un nouvel aspect au regard de leurs définitions initiales dans la classification. Au chapitre 7, le ou les meilleurs ne détenaient que la suprématie, au sens minimal de l'expression κυρία ἀρχή πάντων, et pouvaient laisser les simples citoyens exercer les autres pouvoirs : dans la définition de la πολιτεία comme régime au chapitre 6, le pouvoir le plus haut n'englobe pas tous les autres. Mais au chapitre 10, les meilleurs étendent leur pouvoir à tout, privant les autres de tout honneur public. C'est expliciter ce que la définition de la vraie citoyenneté contenait en germe. Si les citoyens sont définis par le pouvoir le plus haut, celui de délibérer et de juger, attribuer la suprématie aux meilleurs revient à leur réserver la citoyenneté et à priver les hommes libres ordinaires de toute

1. III, 10, 3, 1281 a 21-24.

2. III, 10, 2, 1281 a 20-21.

3. III, 10, 5, 1281 a 36-39. Il n'est pas indifférent, à partir du livre IV, que l'autorité des lois soit présente ou absente dans les oligarchies et les démocraties (II, 5, p. 194-195).

4. Voir ce texte traduit *supra*, p. 93-94, références p. 94, n. 1.

participation à la vie politique : on voit mal comment ils auraient les qualités nécessaires pour exercer les magistratures individuelles. En commentant sa définition rectifiée du citoyen, Aristote disait qu'elle convenait à des régimes confiant le pouvoir de délibérer aux magistrats ou à certains d'entre eux, à condition, ajoutait-il, qu'ils soient assez nombreux pour former une cité autarcique : que dire maintenant, à la lumière du chapitre 10, d'une cité réduite à quelques citoyens, voire à un seul ?

Si l'on s'en tient à la lettre du texte, la dernière candidature, celle de la loi, n'est récusée que dans le cas des régimes déviés, la démocratie et l'oligarchie. Cependant, on ne voit pas comment la loi peut répondre aux difficultés propres aux deux premiers régimes droits : dans l'hypothèse où le ou les meilleurs détiennent une suprématie limitée par l'autorité des lois, il reste à savoir s'il est bon de leur réserver la suprématie et d'en exclure la plupart des hommes libres, privés aussi par là, comme nous l'avons vu, des autres pouvoirs.

LA SUPRÉMATIE DE LA MULTITUDE EST-ELLE LA SOLUTION DE L'APORIE (III, 11) ?

Cette question, appelée par le silence à propos de la *politeia* au chapitre 10, est formulée au début du chapitre 11 :

> Les autres candidats à la suprématie seront l'objet d'une discussion différente. Mais qu'il faille que le pouvoir suprême appartienne à la multitude [τὸ πλῆθος] plutôt qu'à ceux qui sont à la fois meilleurs et peu nombreux, c'est, semblerait-il, une question résolue : cela fait difficulté, mais a sans doute sa part de vérité [1].

Comme λύεσθαι (pour une question, « être résolue ») et ἀπορίαν (aporie, difficulté) semblent incompatibles, certains ont proposé de corriger l'un ou l'autre de ces termes. En réalité la tension du texte montre que les apories de la *politeia* et de la suprématie vont subsister à la fin de ce chapitre malgré un début de solution. Pour que la *politeia* soit *sans réserve* une solution, elle devra être définie autrement qu'au chapitre 7, ce qui ne sera pas fait avant le livre IV. Parler en effet de suprématie de la multitude (κύριον εἶναι τὸ πλῆθος) implique au moins deux ambiguïtés, tenant à κύριον et à πλῆθος :

1. III, 11, 1, 1281 a 39-42. Texte grec de la fin de la phrase, dont le texte a parfois été corrigé (41-42) : δόξειεν ἂν λύεσθαι καί τιν' ἔχειν ἀπορίαν τάχα δὲ κἂν αλήθειαν.

– La nature de la suprématie est pour l'instant indéterminée : on ne sait ni si elle englobe les autres pouvoirs, ni si elle soumise aux lois de la cité.

– La multitude peut être toute la cité, puisque cette dernière est « une multitude déterminée de citoyens », comme Aristote l'écrit au début du livre III [1], ou seulement une partie d'entre eux, les plus nombreux, en général les pauvres. Quand il classe les régimes au chapitre 7 et énonce le premier critère permettant de déterminer ceux qui doivent détenir le pouvoir suprême [2], Aristote choisit d'abord la seconde option : c'est toujours une partie de la cité – un, quelques-uns ou les plus nombreux (οἱ πολλοί) – qui détient la suprématie. Il laisse cependant ouvertes les deux options quand il définit le régime populaire droit par la suprématie de la multitude (πλῆθος) pour revenir *in fine* aux plus nombreux (οἱ πλείους) et constater qu'ils peuvent difficilement atteindre l'excellence achevée.

Au cours de ce chapitre 11, l'interrogation sur la suprématie se déplace : pour savoir si la suprématie de la multitude est acceptable, il faut connaître ce qu'elle est.

1. Résumons le principal argument en sa faveur [3]. La multitude peut atteindre par composition une excellence collective supérieure à celle de quelques hommes de bien. Le théorème de l'excellence n'est pas remis en question *pour l'instant* : il s'agit simplement d'un calcul pour déterminer la partie de la cité la meilleure (un individu, une élite, les plus nombreux) et lui confier ensuite la suprématie. Ce qui peut légitimer la suprématie du grand nombre ne ressemble donc pas à certains des arguments qui, à l'époque moderne, justifient le pouvoir de la majorité : par exemple, la force du nombre dans une communauté agissant nécessairement selon le consentement de ses membres [4] ou la nécessité de s'arrêter à un critère de décision non contestable et le fait qu'on s'est accordé sur celui-là, comme ailleurs on a pu s'accorder pour que le fils aîné succède à son père [5].

1. ἡ γὰρ πόλις πολιτῶν τι πλῆθός ἐστιν, III, 1, 2, 1274 b 41. Voir *supra* p. 71-72.

2. Voir la traduction de ce texte *supra*, p. 101-102.

3. III, 11, 2-5, 1281 a 42-b 21.

4. Voir par exemple Locke, *Le second traité de gouvernement*, § 96, Paris, P.U.F., 1994, p. 71 : « puisque ce qui fait agir une communauté quelconque est seulement le consentement de ses membres, et qu'il est nécessaire à ce qui est un corps de se mouvoir dans une seule direction, il est nécessaire que le corps se meuve dans la direction où l'emporte la force la plus grande, qui est le consentement de la majorité… » (trad. modifiée).

5. « (…) qui choisira-t-on ? Le plus vertueux et le plus habile ? Nous voilà incontinent aux mains : chacun prétend être ce plus vertueux et ce plus habile. Attachons donc cette qualité à

Aristote n'explique pas comment les qualités intellectuelles ou morales des individus peuvent se cumuler au lieu de se détruire mutuellement et d'être détruites ou diminuées par les défauts qui les accompagnent. Il sait que l'issue favorable n'a rien de nécessaire, puisqu'il évoque la bestialité de certaines foules [1]. Pense-t-il ici aux vertus d'une délibération publique bien menée ? Ce n'est pas certain : si le grand nombre est meilleur juge des œuvres musicales et poétiques – c'est sans doute une allusion à la qualité du jugement du public athénien (dont les femmes, les métèques et les esclaves faisaient partie) dans les divers concours où ces œuvres étaient présentées [2] – ce bon jugement ne résulte pas d'un débat public structuré où les arguments se répondent en respectant des règles procédurales définies. Il faut imaginer, comme l'exemple d'une peinture ou d'une sculpture nous y invite [3], une situation permettant de prélever ce qu'il y a de meilleur chez chacun et de neutraliser les défauts, peut-être parce qu'ils ne sont pas trop nombreux ou se détruisent par leurs contrariétés, alors même que les citoyens ordinaires pris un à un sont médiocres et inférieurs aux meilleurs : le peintre ou le sculpteur emprunte à un homme son nez, à un autre son torse pour composer une œuvre cumulant les qualités de ses modèles.

À travers cet argument, la question de l'excellence des citoyens et de la cité, laissée de côté depuis les chapitres 4 et 5, est éclairée de manière nouvelle : si l'on considère les individus et non l'ensemble qu'ils forment, le bon citoyen et l'homme de bien restent distincts ; si l'on examine la relation de la multitude avec chacun de ses membres, l'excellence des individus et celle de la multitude qu'ils composent sont distinctes sans être séparées puisque la première est une partie de la seconde. Cela éclaire la conclusion aporétique du chapitre 4 [4].

2. Les paragraphes 6-9 sont le cœur du chapitre. La question de la composition de l'instance suprême (les meilleurs ou la multitude) nous conduit à celle de l'étendue de son pouvoir. On ne s'interroge plus seulement sur celui ou ceux qui la composent. C'est la nature de la suprématie qui est examinée :

quelque chose d'incontestable. C'est le fils aîné du roi ; cela est net, il n'y a point de dispute ». Pascal, *Pensées*, n°296, *Œuvres complètes*, Paris, Gallimard, 1954, p. 1163.

1. III, 11, 5, 1281 b 18-21.

2. III, 11, 3, 1281 b 7-9. Ce jugement public, bien sûr, influençait le jury tiré au sort chargé de décerner les prix.

3. III, 11, 4, 1281 b 10-15.

4. Voir ce texte *supra*, p. 87.

Au moyen de ce qui a été dit [l'argument de l'excellence par composition qui vient d'être résumé], on pourrait résoudre la première aporie exposée et celle qui la suit : sur quelles choses faut-il qu'exercent leur suprématie [τίνων δεῖ κυρίους εἶναι] les hommes libres, autrement dit la multitude des citoyens (tous ceux qui n'ont ni richesse, ni aucun titre à l'excellence) ? En effet, leur participation aux pouvoirs les plus hauts [τὸ μὲν γὰρ μετέχειν αὐτους τῶν ἀρχῶν τῶν μεγίστων] comporte des risques (parce qu'ils sont injustes et imprudents [διά τε γὰρ ἀδικίαν καὶ δ' ἀφροσύνην]), ils peuvent commettre des injustices ou des erreurs) ; mais ne leur concéder aucune participation [τὸ δὲ μὴ μεταδιδόναι μηδὲ μετέχειν] est dangereux : quand beaucoup sont privés d'honneurs publics et pauvres, une cité est nécessairement pleine d'ennemis [1].

Apparue au chapitre 7 avec la difficulté à nommer la *politeia*, soulignée au chapitre 10 et encore rappelée au début du chapitre 11 au moment même où une solution semblait annoncée, la première aporie mentionnée est celle de la suprématie conférée à la multitude et de sa compatibilité avec les fins de la cité. La seconde aporie concerne la nature de cette suprématie : au lieu d'affirmer qu'elle s'étend à tout, on s'interroge le domaine où elle est compétente. Les traducteurs et commentateurs sont en désaccord sur le contenu exact du premier terme de cette seconde aporie [2]. Certains comprennent que les pouvoirs les plus hauts [τῶν ἀρχῶν τῶν μεγίστων] auxquels la multitude ne peut sans danger avoir part sont les plus hautes magistratures citées plus loin dans le chapitre, par exemple la stratégie et la gestion de l'argent public [3] : vont dans ce sens le fait que les membres de la multitude ne sont individuellement ni justes ni prudents et aussi le fait que la solution de l'aporie, inspirée de Solon, consiste à réserver ces hautes fonctions à une élite, en utilisant l'élection et non le tirage au sort, et en soumettant l'éligibilité à un cens élevé. Le second terme de l'aporie – le danger de la non participation – renverrait aux pouvoirs exercés par les assemblées qui délibèrent et jugent, pouvoirs dont il serait dangereux de priver la multitude.

Pourtant, il est peu judicieux d'interpréter ainsi le dilemme, à la lumière rétrospective des termes de la solution : cela reviendrait à ne formuler

1. III, 11, 6-7, 1281 b 21-30.

2. Pour ce qui suit, voir l'excellent commentaire d'Antoine Leandri, « L'aporie de la souveraineté », in *Aristote politique*, *op. cit.*, p. 320-321.

3. Au moment de la formulation de la seconde solution retenue : « Cependant, ils ont part [μετέχειν] à l'assemblée, délibèrent et jugent à partir d'un cens modeste et à n'importe quel âge, tandis que l'accès aux fonctions de trésorier ou de stratège et aux plus hautes magistratures [τὰς μεγίστας ἀρχάς] implique un cens élevé » III, 11, 16, 1282 a 29-32.

qu'un problème apparent puisque la solution serait déjà inscrite dans sa formulation. Il faut donc comprendre que ces pouvoirs les plus hauts sont ceux de délibérer et de juger plutôt que les plus hautes magistratures [1]. Le dilemme est l'explication (γάρ) de la question posée à propos de la suprématie du πλῆθος et de son domaine de compétence. C'est donc bien de cette suprématie, et non des magistratures [2], qu'il est question dans les deux branches du dilemme : Aristote parle les deux fois de μετέχειν, en sous-entendant la seconde fois la mention des pouvoirs auxquels on participe, montrant ainsi qu'il s'agit bien des mêmes. Ce μετέχειν nous oriente vers un pouvoir collectif auquel on participe plutôt que vers les magistratures individuelles [3]. L'aporie est donc celle de la suprématie de la multitude, en même temps source de tous les dangers et impossible à exclure.

Aristote formule le premier terme du dilemme, les dangers de la suprématie populaire, sans tenir compte de l'acquis du début du chapitre à propos de l'excellence par composition à laquelle une multitude peut accéder : on revient, comme au chapitre 10, à une multitude incapable de bon jugement et de justice, usant de sa suprématie pour dépouiller et opprimer les riches ; de même, le second terme du dilemme est la reprise de l'argument du chapitre 10 : il est oligarchique de priver les hommes libres ordinaires d'honneurs et donc de citoyenneté. La seconde aporie à propos de la nature de la suprématie ressemble donc à la première (faut-il la confier à la multitude ou aux meilleurs), comme Aristote le signale au début de notre texte : pour que l'argument de l'excellence par composition apporte une solution à « la première aporie exposée et à celle qui la suit », elles doivent être apparentées et ne peuvent l'être que si chaque terme de cette dernière concerne la suprématie populaire.

Si l'on comprend ainsi la parenté des deux apories et si la solution à la première consiste à montrer que des citoyens, dont la vertu individuelle est partielle et inachevée, peuvent composer une multitude juste et prudente, on répond à la seconde difficulté, celle qui a pour objet la nature de la suprématie populaire, en distinguant le pouvoir collectif de la multitude et ceux que pourraient exercer chacun de ses membres : puisque l'excellence

1. Voir le texte du chap. I du livre III (cité et traduit p. 73, n. 1) selon lequel les citoyens siégeant à l'assemblée et au tribunal détiennent au plus haut point la suprématie.

2. J'ai traduit ἀρχῶν par « pouvoirs » et non par « magistratures », comme le font Aubonnet et Pellegrin. Il n'y a aucune raison d'user de termes différents pour les deux branches du dilemme (Aubonnet, Pellegrin, « magistrature » et « pouvoir », Tricot, « fonction politique » et « pouvoir ») alors qu'il s'agit dans les deux cas de μετέχειν… τῶν ἀρχῶν τῶν μεγίστων (sous-entendu la seconde fois).

3. Voir l'usage de μετέχειν dans le texte cité p. 118.

appartient à la multitude et non à chaque citoyen, il faut lui confier le pouvoir de délibérer et de juger et ne pas concéder à n'importe lequel de ses membres l'accès aux magistratures. Aristote enrichit cette conclusion dans une double direction :

– Dans tout régime, écrit-il au livre IV, exercer la suprématie consiste à délibérer sur les affaires communes, soit à « décider de la guerre et de la paix, des alliances et de leurs ruptures, des lois, des peines de mort, d'exil et de confiscations des biens, de l'élection des magistrats et de la reddition de leurs comptes » [1]. Prenant, au chapitre 11 du livre III, l'exemple de Solon et des législateurs, Aristote ne parle que de l'élection des magistrats et de la reddition de leurs comptes : sans être nécessairement exclues, les autres compétences ne sont pas mentionnées [2].

– Surtout, il complète l'idée de l'excellence par composition en précisant que les citoyens ordinaires sont mêlés (μιγνύμενοι) aux meilleurs [3]. C'est la première apparition du thème du mélange qui va venir au premier plan au début du livre IV et le restera jusqu'à la fin du livre VI. Il ne s'agit pas simplement de dire que les meilleurs ont part au jugement comme ils l'ont pour les œuvres musicales ou poétiques évoquées plus haut, mais sans doute encore que leurs prises de paroles (et leur autorité de magistrat quand ils le sont à leur tour) contribuent à la justesse (à l'équité et à l'intelligence) des décisions de l'assemblée qui délibère. Ce n'est plus seulement une partie, même majoritaire, qui décide, mais toute la cité.

3. Cette répartition des tâches entre l'instance suprême (la multitude) et les magistrats (l'élite) est mise à l'épreuve de deux objections.

La première est la plus intéressante car elle conduit à un argument nouveau en faveur de la suprématie de la multitude [4]. Aristote compare la compétence politique des magistrats à celle du médecin [5], du géomètre ou du pilote d'un navire [6]. Dans tous ces exemples, il prend soin de ne pas prendre la notion de compétence dans un sens trop étroit. Elle n'est pas seulement celle des techniciens (une τέχνη étant un art découlant d'une science) mais aussi celle des praticiens expérimentés : ce qui vaut pour un

1. IV, 14, 3, 1298 a 3-7.

2. III, 11, 8, 1281 b 31-34.

3. III, 11, 9, 1281 b 34-38.

4. III, 11, 10-13, 1281 b 38-1282 a 14 pour l'exposé de la 1re objection, 14, 1282 a 14-23 pour la réponse.

5. 10-11, 1281 b 38-1282 a 7.

6. 12, 1282 a 8-10 pour le géomètre et le pilote.

médecin vaut aussi pour « les autres savoir-faire et techniques, τὰς ἄλλας ἐμπειρίας καὶ τέχνας [1] ; de plus, cette compétence n'est pas seulement celle de l'ἀρχιτεκτονικός, le maître qui le premier a posé les principes de cette τέχνη, mais aussi celle de celui de l'ouvrier ou artisan qui la met en œuvre (δημιουργός) et même simplement de la personne cultivée en la matière (πεπαιδευμένος) [2].

L'objection ne consiste donc pas tout à fait à reprendre l'argument de Platon dans le *Protagoras* [3] – il faut posséder une science et une technique pour être, dans un domaine donné, un juge compétent, si bien que la multitude est mal placée pour choisir et contrôler les magistrats. La compétence s'étend à l'amateur cultivé : elle ne relève pas seulement de la technique entièrement comprise et maîtrisée mais aussi de l'expérience et de l'opinion éclairée. Alors que Platon, au début de la seconde partie du *Gorgias* (l'entretien avec Polos), sépare technique scientifique (τέχνη) et savoir-faire (ἐμπειρία) [4], ce dernier étant la routine s'opposant à la véritable science présente en toute τέχνη, Aristote les associe. Si l'objection restait sans réponse, elle ne justifierait pas le règne des experts, mais plutôt un régime où ces tâches de l'instance délibérative (élection et contrôle des magistrats) seraient aussi confiées aux citoyens cultivés ayant des lumières dans le domaine considéré.

Pour répondre, Aristote combine deux arguments.

– Il reprend d'abord l'argument de l'excellence composée : si la multitude qui choisit et juge n'est pas trop servile, elle peut être meilleur juge, ou au moins aussi bon, qu'un ensemble plus restreint d'experts et de citoyens cultivés.

– L'utilisateur de l'œuvre est meilleur juge que celui qui l'a produite : celui qui utilise la maison (l'οἰκονόμος régissant le domaine familial) juge le travail et la compétence de son constructeur ; le pilote qui tient le gouvernail du navire (κυβερνήτης) juge le charpentier qui le fabrique ; le convive (δαιτυμών) juge le cuisinier. L'argument a déjà été suggéré à la fin du chapitre 4 :

1. III, 11, 10, 1282 a 1.

2. III, 11, 11, 1282 a 3-7.

3. 319 b-c. Ce dialogue a pour personnage principal le plus célèbre des sophistes, Protagoras (vers 490 – vers 420).

4. 462 c *sq*. Gorgias (vers 483 – vers 376) est l'interlocuteur de Socrate dans la 1re partie de ce dialogue qui porte son nom. Polos est un élève de Gorgias qui enseigne la rhétorique.

pour le gouverné, son excellence n'est pas la prudence [φρόνησις] mais l'opinion droite: le gouverné est comme le fabricant de flûtes, le gouvernant comme le flûtiste qui s'en sert [1].

Même s'il vise le même but que le premier, celui de l'excellence par composition, l'argument de l'usage est différent. Il ne s'agit plus de subordonner la compétence du magistrat, individuellement meilleur que chaque membre de la multitude, à l'intelligence pratique supérieure de la multitude obtenue par composition mais, du moins dans la plupart des exemples (charpentier/pilote, fabricant de flûtes/musicien), de subordonner la technique du producteur à celle de l'utilisateur [2]. Considéré de cette manière, l'argument est déjà chez Platon, avec les exemples du menuisier fabriquant la navette subordonné au tisserand qui en use, du fabricant de cithare subordonné au cithariste, du charpentier constructeur du navire subordonné à son pilote [3], du bourrelier (pour la bride) ou du forgeron (pour le mors) subordonnés au cavalier [4]: dans chacun de ces exemples, l'utilisateur (cithariste, pilote, cavalier) est bon juge du travail de celui qui fabrique son instrument. Platon peut ainsi dénoncer dans le *Protagoras* l'incompétence de la foule à juger l'homme politique (c'est en partie, on l'a vu, la première objection analysée par Aristote), tout en défendant ailleurs l'argument de l'utilisateur: cela ne revient pas à faire contrôler le compétent par l'ignorant mais à hiérarchiser deux compétences. En attribuant au politique une compétence spécialisée pensée sur le modèle de la τέχνη de l'artisan (valorisée par un défenseur de la démocratie comme Protagoras) et en subordonnant la compétence de l'artisan à celle de l'utilisateur, Platon retourne contre la démocratie des éléments qu'il lui emprunte [5].

Aristote joue Platon contre Platon, l'argument de l'utilisateur contre l'argument de la compétence. Il le fait en transformant l'argument de l'utilisateur: un exemple au moins (celui du convive) montre en effet que l'utilisateur n'est pas nécessairement un technicien, à moins que ce convive soit, comme aujourd'hui pour les vins, un professionnel de la dégustation. L'essentiel n'est donc pas la hiérarchie des techniques mais bien plutôt ce qui sous-tend cette hiérarchie, l'usage et donc la fin auxquels sont destinés

1. Voir l'ensemble du texte *supra*, I, 1, p. 84-85.

2. Sur le caractère problématique de la τέχνη de l'invité (δαιτυμών) qui mange le repas préparé par le cuisinier voir plus loin.

3. *Cratyle*, 390 b *sq*.

4. *République*, X, 601 c.

5. Voir sur ce point Ellen Meiksins Wood, *op. cit.*, p. 115-117.

les objets produits. Puisque le magistrat doit œuvrer aux fins communes, soit au bonheur et au bien vivre de la multitude, cette dernière peut le désigner et le contrôler. On objectera sans doute que la multitude n'est pas toujours bon juge quand il s'agit de son propre bonheur. Cela montre simplement que le second argument implique comme le premier une multitude capable de réaliser par composition la sagesse pratique qui en fait le bon juge de son propre bonheur.

La seconde objection à cette répartition des tâches entre la multitude et les magistrats est la suivante : il est absurde que les gens de moindre valeur (οἱ φαύλοι) plutôt que les hommes équitables (οἱ ἐπιεικεῖς) aient la suprématie dans des affaires plus importantes, comme le choix et le contrôle des magistrats. Cette absurdité apparente se produirait dans le régime présenté plus haut comme « solution » à l'aporie de la suprématie de la multitude. Or les φαῦλοι et les ἐπιεικεῖς sont moins différenciés éthiquement que socialement. La multitude qui a la suprématie dans l'assemblée et les tribunaux comporte beaucoup de pauvres, car, nous dit Aristote, « on participe à l'assemblée et aux fonctions délibératives et judiciaires à partir d'un revenu modeste », alors les magistratures les plus importantes détenues par les ἐπιεικεῖς sont réservées aux gros revenus. Si Aristote distingue l'excellence (intellectuelle et morale) et la richesse – le pouvoir des ἄριστοι (l'aristocratie) n'est pas celui des riches (l'oligarchie) –, si donc la médiocrité morale et intellectuelle n'est pas la pauvreté, il paraît difficile d'être pauvre et vertueux et d'être vertueux sans disposer de ressources suffisantes.

La réponse consiste à reprendre l'argument de l'excellence composée. Ce ne sont pas les gens modestes et de peu de valeur qui ont la suprématie, mais la multitude qui, par composition, n'est ni médiocre, ni pauvre, mais au contraire prudente et riche. Le texte insiste beaucoup plus sur la richesse que sur l'excellence intellectuelle. C'est une manière de dire aux riches : vous prétendez à la suprématie au nom de votre richesse, et bien la multitude peut être plus riche que vous.

4. La fin du chapitre 11 est problématique : aux difficultés de traduction s'ajoute surtout celle de comprendre quelle aporie subsiste, alors que la solution commune aux deux difficultés propres à la suprématie de la multitude (doit-elle l'exercer et si oui sous quelle forme ?) vient de passer avec succès l'épreuve des deux objections que nous venons d'analyser. Voici le texte :

> La première aporie mentionnée [Ἡ δὲ πρώτη λεχθεῖσα ἀπορία] rend manifeste ceci plus que toute autre chose : les lois doivent exercer la suprématie [εἶναι κυρίους] si elles sont correctement établies [κειμένους ὀρθως] et les

> gouvernants, qu'il y en ait un ou un grand nombre [τὸν ἄρχοντα δέ, ἄν τε εἷς ἄν τε πλείους] doivent exercer cette suprématie [εἶναι κυρίους] dans les domaines où les lois sont absolument incapables de se prononcer avec précision parce qu'il n'est pas facile de définir une règle universelle dans tous les cas. Cependant, ce que doivent être des lois correctement établies [κειμένους ὀρθῶς], on ne le sait pas encore clairement mais ce qui était auparavant aporétique [τὸ πάλαι διαπορηθέν] le reste encore. Avec une réserve ['Αλλα], car [γάρ], à l'image des régimes, les lois sont nécessairement mauvaises ou bonnes, c'est-à-dire injustes ou justes. Du moins [Πλὴν] ceci est clair : il faut accorder les lois au régime. Mais si cela est fait, il est évident que les lois accordées aux régimes droits sont nécessairement justes et que les lois accordées aux régimes déviés ne le sont pas [1].

La première difficulté mentionnée ne peut être que celle du chapitre 10 reprise au début du chapitre 11 : il est dangereux de confier la suprématie à la multitude. C'est encore cette aporie que désigne un peu plus loin l'expression τὸ πάλαι διαπορηθέν. Pour la surmonter, on est d'abord conduit à tempérer la suprématie délibérative de la multitude par celle de lois correctement établies : τὸν ἄρχοντα ne renvoie donc pas ici aux seuls magistrats mais aussi au pouvoir suprême. Le principe qui distribue la suprématie entre les lois droites et les hommes est clair : ceux-ci délibèrent et décident quand des règles générales sont impuissantes à trancher.

L'aporie subsiste pourtant parce que nous ne savons pas ce que sont des lois correctement (ὀρθῶς) établies, Aristote ayant pris soin d'user ici à deux reprises du vocabulaire de la droiture qui vaut d'ordinaire pour les régimes. Ce qui suit est introduit par un ἀλλα γὰρ difficile à traduire complètement [2]. 'Αλλα tempère l'aporie en indiquant un début de solution à notre question sur ce que sont des lois bien établies, γὰρ introduit l'explication de cette solution partielle : à l'image des régimes droits ou déviés, les lois seraient justes ou injustes. La comparaison doit être comprise de manière minimale : il ne s'agit pas d'établir un rapport automatique entre qualité du régime et qualité des lois, comme si la droiture du régime était suffisante pour garantir le bon établissement de toutes les lois. Car si l'on comprend le texte ainsi, la suite devient peu intelligible. Il s'agit simplement d'établir une analogie entre l'évaluation d'un régime et celle des lois – comme un régime, une loi peut être ou ne pas être droite. D'ailleurs Aristote sait que son affirmation est imprécise et il la nuance à

1. III, 11, 19-21, 1282 a 41 – 1282 b 13. Voir la traduction proposée par Pierre-Marie Morel, article cité, p. 90 et son commentaire dans la suite de l'article.

2. P. Pellegrin choisit de traduire ἀλλα et non γάρ, Aubonnet et Tricot font le choix inverse.

l'aide d'un πλὴν, qu'il faut absolument traduire : s'il n'est pas certain que la droiture du régime entraîne toujours celle des lois, il est certain qu'il faut chercher un tel accord.

Malgré ce début de solution, l'aporie n'a pas été complètement surmontée. D'une part, la droiture des lois ordinaires renvoie par analogie à celle du régime et des lois « fondamentales » qui le définissent[1]. Si ce régime est bien établi, ces lois « constitutionnelles » doivent avoir la suprématie, sans être intangibles puisque leur justesse est relative à des conditions données et donc calculée par le nomothète puis acceptée par la cité. Il faut donc que le pouvoir délibératif suprême puisse décider des lois[2] quand cela est nécessaire : dans ce cas, il ne décide pas de l'équitable pour remédier à la trop grande généralité des lois sous leur autorité et instruit par elles, il a autorité sur la nature même du régime qui ensuite a autorité sur lui. La question de la suprématie respective des lois et de l'instance suprême n'est donc jamais définitivement réglée, au contraire de ce qui se produira au profit du souverain chez Bodin, Hobbes et Rousseau.

D'autre part, nous ne savons pas ce qu'il faut faire pour accorder les lois au régime. On pourrait comprendre que la suprématie de la multitude doit conduire à conseiller la répartition la plus égalitaire possible des magistratures. Bien sûr, ce serait une erreur : ni dans un régime populaire droit, nous venons de le voir, ni même dans une démocratie imparfaite à sauvegarder, puisqu'il faudra au contraire, pour sauver ces régimes, les équilibrer en faisant une place, dans la répartition des pouvoirs, aux riches et aux vertueux, comme nous allons le montrer dans la seconde partie de cet ouvrage.

L'APORIE DE LA SUPRÉMATIE SUBSISTE (CHAPITRES 12-13, JUSQU'A 1284 A 3)

Dans la séquence qui suit (chapitres 12 et 13, 1-12) comme au terme du chapitre 11, la suprématie de la multitude reste une solution en partie problématique, conformément à ce qui avait été annoncé au début du chapitre 11 et confirmé dans sa conclusion. Cette séquence fait difficulté, car Aristote paraît revenir au débat du chapitre 9 sur les définitions

1. L'expression « lois fondamentales » n'est pas d'Aristote car pour lui le fondement d'un régime, son ὑπόθεσις, ne relève pas uniquement de νόμοι. Par exemple, l'ὑπόθεσις de la démocratie, c'est la liberté. Aristote parle des lois qui manifestent la nature d'un régime, voir le texte (IV, 1) cité p. 99 (p. 98, n. 3).

2. Voir le texte (IV, 14, 3) cité *supra*, p. 253-254.

unilatérales du juste par les partisans de la démocratie et de l'oligarchie, avec leurs conséquences sur l'attribution de la suprématie. Les parentés du chapitre 12 avec le chapitre 9 sont manifestes : il faut en rendre raison. Francis Wolff a proposé de le faire en distinguant deux questions : À qui faut-il attribuer le pouvoir suprême ? À qui faut-il attribuer les autres pouvoirs, les magistratures [1] ? Au chapitre 9, Aristote montrerait que la première question, celle du pouvoir suprême, ne relève pas de la justice distributive comprise selon une logique libérale et individualiste : il ne s'agirait pas d'être juste envers les divers candidats [2] en accordant à chacun la part à laquelle il a droit, mais de régler au mieux la question de la suprématie pour que la cité réalise sa fin : cette question serait définitivement tranchée dès la fin du chapitre 11 en faveur de la multitude. Les chapitres 12-13 seraient donc consacrés à la question des magistratures, le recours à la justice distributive comprise de la même manière étant maintenant pertinent. Je ne partage pas cette analyse. Si Aristote séparait à la manière des modernes, mais en inversant les priorités au profit de la communauté, ce qui est juste pour les citoyens et ce qui l'est pour la cité, ce qui est vrai pour la suprématie, le souci prioritaire du bien public, le resterait aussi pour répartir les magistratures. De plus, comme nous venons de le montrer, la suprématie de la multitude reste problématique à l'issue du chapitre 11. Enfin et surtout il s'agit bien, aux chapitres 12-13, de distribuer *tous les pouvoirs, y compris le pouvoir suprême*, et non les seules magistratures. Le texte qui conclut toute cette séquence le prouve si on le traduit avec précision :

> Voici ce que tout cela rend manifeste : parmi les critères que certains avancent pour estimer qu'eux-mêmes sont dignes de gouverner et tous les autres de l'être par eux [ἀξιοῦσιν αὐτοὶ μὲν ἄρχειν, τοὺς δ' ἄλλους ὑπὸ σφῶν ἄρχεσθαι πάντας], aucun n'est correct. En effet, à ceux qui se jugent dignes d'*exercer la suprématie dans l'instance politique suprême* [κυρίους εἶναι τοῦ πολιτεύματος] du fait de leur excellence, comme à ceux qui invoquent leur richesse, les multitudes [τὰ πλήθη] [3] pourraient opposer un argument juste : rien n'empêche qu'une multitude soit parfois meilleure ou plus riche que le petit nombre, si l'on ne considère pas les individus mais

1. « L'unité structurelle du livre III », in *Aristote politique*, p. 299-313, et pour cette thèse, p. 307 *sq*.

2. À chacun selon ses qualités (égales pour les démocrates et inégales pour les partisans de la démocratie, voir *supra*, p. 110).

3. Dire comme beaucoup « les masses » pour rendre ce pluriel ne convient pas car en français ce pluriel renvoie plutôt à la multitude dans un pays donné alors qu'Aristote semble renvoyer aux multitudes des diverses cités.

leur ensemble. C'est pourquoi on peut résoudre de cette façon l'aporie que certains examinent et mettent en avant : ils trouvent difficile de savoir si le législateur qui veut établir les lois les plus correctes doit légiférer en vue de l'avantage des meilleurs ou des plus nombreux, quand on se trouve dans la situation indiquée [une multitude meilleure par composition]. Ce qui est correct doit s'entendre selon l'égalité [Τὸ δ' ὀρθὸν ληπτέον ἴσως], et ce qui est correct selon l'égalité [τὸ δ' ἴσως ὀρθὸν] [1] l'est en vue de l'avantage de la cité tout entière, commun à tous les citoyens. Le citoyen est, de façon générale, celui qui a part aux rôles de gouvernant et de gouverné [τοῦ ἄρχειν καὶ ἄρχεσθαι], de manière différente en chaque régime, dans le régime excellent, celui qui a la capacité et la volonté réfléchie d'être gouverné et de gouverner [ἄρχεσθαι καὶ ἄρχειν] [2] en vue d'une vie selon l'excellence [3].

Beaucoup de traductions minimisent la référence insistante du grec à la suprématie [4]. Or il s'agit bien de revendiquer la suprématie (κυρίους) sur le πολίτευμα (l'instance politique suprême), avec cette conséquence que les uns gouvernent tandis que *tous les autres* leur obéissent. Ainsi comprise, englobant tous les pouvoirs, exercée par une partie des citoyens (plus ou

1. Guillaume de Moerbeke traduit ces deux ἴσως par *forte* (Spiazzi, p. 163, 320-321, Laval, p. 166, 1re c.), Oresme par « par aventure » (p. 142, 1re c.) et P. Pellegrin à leur suite par « peut-être » : « Peut-être faut-il saisir ce qui est correct, et peut-être ce qui est correct est-il ce qui est l'avantage de la cité toute entière… ». Mais Aristote n'a aucun doute sur le fait qu'il faille saisir ce qui est correct, ni non plus sur le lien du correct à l'égalité bien comprise. Au moins à deux reprises (chap. 9 et 12), il a auparavant défini le juste par l'égalité en se référant aux *Éthiques* et je ne vois pas pourquoi cette référence à l'égalité « s'accorde moins bien à ce qui suit » (Pellegrin, p. 252, n. 9). Cette remarque renvoie sans doute à la note suivante où il s'efforce de montrer que la cité excellente n'est pas nécessairement égalitaire et fondée sur l'alternance. Oresme ne peut que traduire le *forte* de Guillaume de Moerbeke comme il le fait mais cela lui pose problème comme le montre sa glose (voir « Annexe I », p. 355-356). Ajoutons que Pierre d'Auvergne dans son commentaire ne reprend ni ne commente le double *forte* (Spiazzi, p. 164, 460, Laval, p. 167). La place du second ἴσως – τὸ δ' ἴσως ὀρθὸν – plaide également pour qu'on comprenne « le correct selon l'égalité ».

2. Pour P. Pellegrin (p. 252, n. 10) le citoyen du régime excellent ne choisit pas nécessairement l'alternance quand, par exemple, le régime excellent est la παμβασιλεία. On comprend mieux que la référence antérieure à l'alternance l'embarrasse.

3. III, 13, 9-12, 1283 b 27-1284 a 3. C'est moi qui souligne κυρίους εἶναι τοῦ πολιτεύματος que Guillaume de Moerbeke traduit avec précision : *domini esse politeumatis* (Spiazzi, p. 158, 319, Laval, p. 162, 2e c.).

4. Sauf P. Pellegrin (« dignes d'être souverains sur le gouvernement »), même si la traduction de πολίτευμα par « gouvernement » pose problème. Tricot : « ceux qui prétendent être à la tête du gouvernement ». Dans la traduction Aubonnet (citée par F. Wolf dans son article, p. 310) – « ceux qui s'estiment en droit de gouverner le corps politique » – toute trace de κυρίους εἶναι τοῦ πολιτεύματος disparaît, ce qui s'accorde avec l'idée contestable selon laquelle il ne s'agit plus désormais de l'instance suprême mais des seules magistratures.

moins nombreuse) sur les autres, la suprématie ne peut être justifiée par aucun critère incontestable : ni par la vertu, ni par la richesse, ni par le nombre, même si ce dernier critère n'est pas immédiatement cité. Car l'argument qui suit (d'une supériorité de la multitude en vertu ou en richesse par composition) a une portée d'abord critique : il réfute les autres critères sans justifier la suprématie de la multitude, du moins tant qu'elle reste le pouvoir d'une partie de la cité, même la plus nombreuse, sur les autres citoyens réduits à être gouvernés.

L'aporie qui suit le confirme. On se donne une situation où la multitude est par composition meilleure que les quelques meilleurs et on se demande si le législateur doit légiférer en vue de cette élite ou du grand nombre réalisant par composition une excellence supérieure. Qu'on choisisse l'une ou l'autre réponse, il faut légiférer en vue des meilleurs, d'une partie de la cité, minoritaire ou majoritaire, la seule difficulté étant de savoir qui sont les meilleurs : le sont-ils un par un ou tous ensemble ? Il faut refuser cette manière de poser le problème : il faut légiférer pour *toute* la cité, pour *tous* les citoyens et ce n'est possible, comme le confirme la fin du texte, que si *tous* ont part à la suprématie. Nous savons déjà, depuis le début du livre III, que le citoyen au sens plein a toujours part au pouvoir de délibérer et de juger. Aristote le rappelle en précisant que la forme de cette participation varie selon les régimes. Le citoyen du régime excellent a deux spécificités : la capacité à remplir cette fonction (capacité absente, par exemple, dans les démocraties radicales où les artisans sont citoyens) et la visée réfléchie de la fin de la cité qui est aussi la sienne, « la vie conforme à l'excellence ».

Il s'agit de savoir comment Aristote parvient à cette conclusion. Partons des acquis des analyses au seuil du chapitre 12.

Le chapitre 9 a montré qu'on doit viser le juste complet ou suprême, autrement dit la fin de la cité, la vie heureuse, en donnant la place limitée qui leur revient à des aspects seulement partiels de ce juste total, tenant au rôle indispensable des riches (que négligent les démocrates) ou des hommes libres (que négligent les partisans de l'oligarchie) dans la cité. Du fait de cet objectif, le juste complet ou l'avantage commun, les hommes de bien ont un rôle privilégié, car leur excellence est liée à celle de la cité. Le lecteur trop pressé risquait de comprendre que la suprématie du ou des meilleurs est préconisée, conclusion immédiatement récusée au chapitre 10 mais de manière lapidaire, quand cette solution est qualifiée d'oligarchique. La question de la suprématie du ou des meilleurs doit donc être reprise, ce qui est un des enjeux de la séquence que nous étudions (chapitres 12-13).

La suprématie de la multitude est-elle préférable à celle des meilleurs ? C'est la question examinée au chapitre 11. La réponse est positive si cette multitude n'est pas trop vile, si elle n'exerce que le pouvoir de délibérer et de juger *en commun* (et non les autres fonctions confiées à des individus) et si sa suprématie est associée à celle des lois correctement établies au cours d'une histoire de la cité qui excède toujours ce que la multitude veut aujourd'hui. Cependant cette solution est avancée avec prudence : la suprématie des lois définissant le régime n'est jamais absolue et définitive, au sens où il serait exclu de les réformer si nécessaire ; et d'autre part, il reste à préciser la manière peut-être paradoxale dont les lois doivent s'accorder au régime, non en le confortant dans la pente qui le conduit à dévier mais au contraire en pesant dans le sens opposé.

À la lumière de ces acquis, on saisit mieux l'apport des chapitres 12 et 13 [1]. Ce que nous avons appelé en commentant le chapitre 7 *le théorème de l'excellence* – la cité sera bien gouvernée si, dans une situation donnée, nous sommes capables de reconnaître les meilleurs à qui confier la suprématie, ces meilleurs restant toujours une partie de la cité – est maintenant mis en cause explicitement sous toutes ses formes : sa forme la plus apparente, consistant à rechercher un ou plusieurs hommes de bien capables d'exercer la suprématie (la solution aristocratique dont la royauté est une modalité), et celle qui est moins visible, quand une multitude réalise par composition une excellence supérieure à celle de l'élite. Nous avons vu comment l'argument du chapitre 11, celui de l'excellence composée, devient une arme critique contre la prétention des vertueux à exercer seuls la suprématie. Mais l'argument peut fonctionner en sens inverse. Si la multitude argue de sa force ou même de son excellence supérieure, on pourra lui répondre qu'elle justifie par là la prétention de tout élément de la cité, même réduit à un seul homme, qui serait plus fort ou plus vertueux que tous les autres. Il reste donc, pour achever la critique du théorème de l'excellence, à examiner le cas de la royauté. Jusqu'à présent, elle n'était qu'une modalité de l'aristocratie (les meilleurs réduits à un seul). Il est temps de la considérer pour elle-même.

1. Jusqu'au point (fin du § 12) où nous nous sommes arrêtés.

LA SUPRÉMATIE DU MEILLEUR ET L'OSTRACISME : CHAPITRE 13 (13-25)

Comme celui qui le précède (chapitre 12 et début du chapitre 13), l'exposé consacré à la royauté a embarrassé les commentateurs. Aristote l'introduit au milieu du chapitre 13 d'une manière en apparence presque accidentelle.

1. Dans la première partie du chapitre 13 dont nous venons de commenter longuement la conclusion, *tous* les critères permettant à une partie quelconque de la cité de revendiquer la suprématie en invoquant la justice, y compris l'excellence, ont été invalidés. S'il s'agit d'un ou de quelques citoyens, on leur répond que la multitude peut par composition être plus forte, riche ou vertueuse qu'eux. Au grand nombre ou à une minorité, on objecte à l'inverse qu'un seul peut leur être supérieur dans le domaine qu'ils invoquent. Si le critère invoqué est l'excellence comme dans les aristocraties, c'est une objection possible à la revendication des meilleurs :

> Car s'il y avait un homme meilleur à lui seul que tous les autres hommes vertueux composant l'instance dirigeante [τῶν ἄλλων τῶν ἐν τῷ πολιτεύματι σπουδαίων ὄντων, *aliis, qui sunt in politeumate, studiosis existentibus* (GM)], il faudrait qu'il ait le pouvoir suprême en vertu de la même conception du juste [κατὰ ταὐτὸ δίκαιον] [1].

Cette même expression – »κατά ταὐτὸ δίκαιον, littéralement en vertu du même juste » – vient d'être opposée à ceux qui estiment que leur richesse ou leur noble naissance leur donne droit à la suprématie : la vision unilatérale du juste qu'ils invoquent peut être retournée contre eux. Ce qui vaut pour la richesse vaut aussi pour la vertu : la valeur du critère importe moins que le fait qu'il soit avancé par une partie de la cité si bien qu'une autre partie peut le reprendre à son compte. Le même argument est immédiatement opposé à une multitude qui mettrait en avant sa force supérieure ou même, on peut le supposer, sa vertu [2].

1. III, 13, 8, 1283 b 21-23, Spiazzi, p. 158, 317, Laval, p. 161, 1re c.

2. III, 13, 8, 1283 b 23-27. Si la vertu n'est pas citée, c'est sans doute qu'on ne s'attend pas à voir une multitude revendiquer la suprématie au nom de sa vertu, l'argument de l'excellence par composition étant propre à Aristote.

À partir du paragraphe 13, ce qui était seulement une arme critique prend un autre sens. Aristote imagine un ou des hommes [1] d'une excellence exceptionnelle, impossible à comparer à celle que tous les autres réunis peuvent détenir : entre les deux termes, il n'y a pas simple inégalité comme dans l'argument critique précédent mais absence de toute mesure commune [2]. Il n'est pas possible de traiter cet ou ces hommes comme une partie de la cité [3]. Il est ou ils sont comme un dieu ou des dieux parmi les hommes [4]. Il n'y a pas pour lui ou pour eux de loi. Il est lui-même ou ils sont eux-mêmes la loi [5]. La question de savoir s'il faut lui ou leur confier ou non le pouvoir suprême, consentir ou non à son ou à leur autorité, semble pour l'instant ne pas se poser :

> En effet il serait ridicule d'essayer de légiférer sur eux [νομοθετεῖν κατ' αὐτῶν]. Car ils diraient peut-être ce que, selon Antisthène, les lions répondirent aux lièvres qui, devant l'assemblée du peuple, soutenaient l'égalité pour tous [6].

La réponse des lions – quelque chose comme, « Où sont vos griffes et vos crocs ? » [7] – devait être bien connue, car Aristote ne prend pas la peine

1. Aristote s'intéresse davantage au cas de l'homme unique.

2. « S'il existe un homme différent des autres par un tel excès d'excellence [τοσοῦτον διαφέρων κατ' ἀρετῆς ὑπερβολήν]…que l'excellence de tous les autres ne puisse lui être comparée [ὥστε μὴ συμβλητὴν εἶναι τὴν τῶν ἄλλων ἀρετὴν πάντων]… » III, 13, 13, 1284 a 3-6.

3. 13, 13, 1284 a 8. Voir aussi le texte traduit *infra* (III, 17, 7-8, 1288 a 24-29), p. 145.

4. III, 13, 13, 1284 a 10-11.

5. III, 13, 14, 1284 a 13-14.

6. III, 13, 14, 1284 a 14-17. Il faut sans doute donner à κατ'αὐτῶν un sens fort : il ne s'agit pas simplement de légiférer *de ipsis* (Spiazzi, p. 163, 324, Laval, p. 166, 1re c.), « à leur sujet » (Tricot), « à leur propos » (Pellegrin) mais au sens d'un mouvement du haut vers le bas « sur eux » et peut-être même, comme le pensent Aubonnet et Newman (cité en note par Pellegrin), « contre eux ».

7. C'est, selon Aubonnet (p. 258, n. 3 de la p. 84), la réponse des lions reconstituée par Camerarius, *Interp.* p. 132 (*Politicorum et œconomicorum Aristotelis interpretationes et explicationes accuratae*, Francfort, 1581). Oresme intègre en partie la réponse des lions à sa traduction : « telz gens sunt aussi comme les lyons a toutes leur dens ovec les petiz levres » (p. 142, 2e c.). « Petit lièvre » traduit le *lepusculus* de Guillaume de Moerbeke (Spiazzi, p. 163, 325, Laval, p. 166, 1re c.). La mention des dents est déjà dans le commentaire de Pierre d'Auvergne. Il raconte l'histoire du point de vue des lièvres et des citoyens qui veulent l'égalité et non, comme Aristote, du point de vue des lions et de l'homme supérieur : « (…) au sujet de cet homme excellent ou de ses pareils, peut-être pourra-t-il dire à juste titre ce qu'Antisthène a dit des lions : car il a dit que pour des levrauts voulant l'égalité, autrement dit voulant être égaux, il n'est pas bon d'avoir comme associés des lions munis de dents, car ces lions useraient de la puissance de ces dents pour les dévorer ; de même, dans une cité il n'est

de la citer. Cette manière d'introduire le débat sur la royauté est surprenante. Aristote a précisé que cet ou ces hommes divins ne sont pas assez nombreux pour être à eux seuls la cité. Cette dernière existe même en dehors d'eux : ils n'en sont pas une partie. Mais de quels citoyens cette cité est-elle composée, s'ils sont privés du droit de délibérer et de juger ? Ces étranges citoyens sont-ils consentants, ont-ils d'ailleurs à consentir, s'ils sont les lièvres dont les lions d'Antisthène ridiculisent la demande démocratique d'égalité ? L'excellence de l'esprit et la force se révèlent presque identiques, comme dans le débat à propos de la naturalité du pouvoir despotique et de l'esclavage : si la réduction des vaincus à l'esclavage peut relever d'une coutume instituée injuste quand le vaincu capturé n'a pas un naturel servile, il est vrai aussi

> que d'une certaine façon, une excellence qui en trouve les moyens [τρόπον τινὰ ἀρετὴ τυγχάνουσα χορηγίας] peut aussi tout à fait user de la force et que le vainqueur l'emporte toujours en quelque bien, si bien que la force, semble-t-il, n'est pas sans excellence [1].

Ce lien, symbolisé par les lions, entre la puissance et l'excellence, présent aussi chez le maître naturel, est l'origine de l'étrange affinité entre le règne théocratique de l'homme d'exception et la déviation qui lui correspond ou peut-être en est l'image inversée (ἀντίστροφος), la tyrannie par

pas bon pour des citoyens qui veulent être égaux d'avoir pour concitoyens cet homme excellent ou plusieurs, car ils useraient de leur puissance et de leur excellence pour les opprimer » (Spiazzi, p. 165, 465, Laval p. 168, 2e c.-169, 1re c.). L'histoire est attribuée à Ésope : Fable 21, Laura Gibbs, *Aesop's Fables, a new translation*, Oxford University Press, 2002, index Perry n° 450. Antisthène (vers 444-365) a suivi l'enseignement de Gorgias et de Socrate. Selon Diogène Laërce, mais ce jugement est aujourd'hui discuté, il a ouvert « le premier la voie au cynisme » (*Vies et doctrines des philosophes illustres*, Paris, Librairie générale française, 1999, p. 681). Diogène Laërce ne cite pas la réponse des lions mais un autre dit d'Antisthène (repris par Montaigne, *Essais*, III, 8, Villey-Saulnier, Paris, P.U.F., 2004, p. 935) : « Il conseillait aux Athéniens de décider par voie de vote que les ânes sont des chevaux. Comme eux trouvaient l'idée absurde, il leur dit : "mais pourtant ; chez vous, on devient stratège sans avoir rien appris ; il suffit d'un vote à main levée !" » (*ibid.*, p. 696). Et pourtant, il ne s'agit pas du tirage au sort mais de l'élection, comme il est normal à Athènes quand une fonction requiert comme ici une compétence militaire ou financière ! Pour Antisthène, l'élection – procédure élitiste selon Aristote – est encore trop démocratique. Cette fable des lions et des lièvres est donc ambivalente : elle peut être un argument anti-démocratique en faveur du pouvoir des puissants ou être comprise au contraire, par exemple par Pierre d'Auvergne et ensuite par Oresme, comme un conseil donné aux démocraties d'écarter ces puissants de la vie publique à cause du danger qu'ils représentent, en particulier par l'ostracisme.

1. I, 6, 3, 1255 a 13-16.

excellence, équivalent des démocraties et des oligarchies les plus déviées [1]. On songe de nouveau au texte des *Lois* déjà cité où le gouvernement d'une cité, toujours despotique quand il est le pouvoir des hommes sur les hommes, devient légitime et vrai si ces hommes sont remplacés par un dieu [2].

2. Pour l'instant, Aristote n'en dit pas tant : au lieu d'éclairer son allusion aux lions d'Antisthène, il entame un long détour à propos de l'ostracisme.

Les démocraties ont selon lui institué l'ostracisme [3] pour se donner le pouvoir légal (dont l'usage est injustifiable envers les hommes divins dont il vient d'être question) de bannir pour dix ans par un simple vote à la majorité simple, sans procès et sans justification, ceux qui, par une quelconque prééminence, mettent en danger, selon la conviction de chaque votant, l'égalité entre les citoyens. Celui qui est banni de cette manière ne perd ni son statut ni ses biens. Aristote souligne d'abord la brutalité de la procédure en la comparant à une pratique des tyrans : comme on égalise un champ de blé, ils coupent les têtes qui dépassent pour éviter toute résistance. C'est le

1. Τρίτον δὲ εἶδός τυραννίδος, ἥπερ μάλιστ'εἶναι δοκεῖ τυραννίς, ἀντίστροφος οὖσα τῇ παμβασιλεία] » IV, 10, 3, 1295 a 17-19 : « une troisième espèce de tyrannie, qui semble être la tyrannie par excellence, est celle qui correspond à la παμβασιλεία » ou peut-être, « en est l'image retournée ». Voir glossaire, ἀντίστροφος : dans les *Politiques*, ce terme a généralement un sens faible, quand par exemple Aristote déclare que la forme la plus déviée d'oligarchie correspond aux formes les plus déviées de démocratie et de tyrannie. Peut-être faut-il ici adopter le sens fort, comme le suggère Oresme qui suit ici Guillaume d'Auvergne : « La tierce espece de tirannie (...) est convertible avec l'espece de royalme qui est du tout et simplement royalme, [*convertibilis existens ei qui omnimode regnum*, GM, Spiazzi, p. 217, 482, Laval, p. 225, 1re c.] » ; « Ce qu'il dit convertible ne est pas a entendre que ceste tirannie et royalme soient une chose ; car ils sont du tout contraires, *non quod sit eadem illi ; sed per oppositum*... », Oresme, p. 183, 2e c., Spiazzi, p. 218, 624, Laval, p. 226, 2e c.

2. Voir ce texte traduit *supra*, I, 2, p. 103.

3. L'ὄστρακον était le tesson en terre sur lequel chacun inscrivait le nom de celui qu'il voulait bannir : cette décision était acquise si le nombre des votants était suffisant et si une majorité d'entre eux inscrivaient le même nom. Institué par Clisthène (arrivé au pouvoir en 507 av. J.-C.), l'ostracisme est utilisé une quinzaine de fois au Ve siècle et pour la dernière fois dans les années 417-415 ; jamais aboli, il n'est pas utilisé au IVe siècle (Mogens H. Hansen, *La démocratie athénienne à l'époque de Démosthène*, Paris, Les Belles Lettres, 2003, p. 59-60). La décision de procéder à cette procédure relève une fois par an, parmi les sessions les plus importantes de l'assemblée du peuple (une par prytanie, dite κυρία), de celle qui se tient à la 6e prytanie (*Constitution d'Athènes*, XLIII, 4-5). Sur la fonction controversée de cette institution, voir « Introduction », p. 48, n. 2.

conseil de Périandre, tyran de Corinthe, à Thrasybule, tyran de Milet[1] : Hérodote avait raconté la même anecdote avec plus de détails, mais c'était chez lui Thrasybule qui conseillait Périandre[2].

Or, poursuit Aristote, la critique de ces pratiques des tyrans « n'est pas entièrement juste »[3] car le même problème est posé aux régimes droits[4]. Cela revient à rappeler la conclusion de la première partie du chapitre que nous avons longuement commentée : si l'attribution du pouvoir suprême à une partie quelconque de la cité est toujours despotique, si les citoyens doivent exercer ensemble la suprématie, le législateur, tel un bon peintre, constructeur de navires ou chef de chœur, doit éviter qu'un élément isolé, fût-il exceptionnel, vienne rompre l'équilibre du régime[5]. L'ostracisme peut être une « seconde manière de naviguer » (δεύτερος πλοῦς), aussi utile que les rames quand le vent tombe[6], pour restaurer l'harmonie initiale menacée. Ce qui était d'abord le moyen de couper les têtes qui dépassent devient un procédé légitime pour sauver un régime. Il y a lieu d'être surpris : Aristote sait que l'ostracisme, procédure qui apparente la démocratie à la tyrannie, a été institué par Clisthène[7], associé dans les *Politiques* à la forme la plus déviée de démocratie[8].

1. III, 13, 17, 1284 a 27-33 et aussi V, 10, 13, 1311 a 20-22, où de nouveau le bannissement des notables en démocratie est rapproché de ce que Périandre conseille sans phrases : étêter les épis qui dépassent.

2. En V, 92 : Périandre, au départ moins cruel que son père le tyran Cypsélos, comprit si bien le conseil que sa cruauté ne connût plus de bornes. Pour éclairer la version inverse reprise à deux reprises par Aristote, on peut rappeler que selon Hérodote, Périandre et Thrasybule avaient d'étroites relations d'hospitalité (I, 20 où est cité un conseil de Périandre à Thrasybule) et qu'Aristote rapporte les dires selon lesquels Périandre avait fixé la plupart des règles traditionnelles utilisées par les tyrannies pour se conserver (V, 11, 4, 1313 a 36-37).

3. III, 13, 16, 1284 a 27. La remarque vaut à plus forte raison pour les démocraties.

4. III, 13, 20, 1284 b 3-7.

5. III, 13, 21, 1284 b 7-13.

6. III, 13, 23, 1284 b 17-20. Autre référence à l'ostracisme comme remède tardif pratiqué à Argos et Athènes, quand on n'a pas su éviter à temps l'apparition d'un citoyen dont la supériorité est excessive (V, 3, 3, 1302 b 15-21).

7. *Constitution d'Athènes*, XXII.

8. Dans les *Politiques*, il y a deux références à Clisthène l'associant à la forme radicale de démocratie : la 1re (III, 2, 3, 1275 b 34-37) concerne la production massive de citoyens à partir de travailleurs urbains pauvres, mesure qu'Aristote réprouve ; la 2e (VI, 4, 18-19, 1319 b 19-27) concerne le mélange de citoyens d'origines différentes réalisé dans chaque tribu, mesure sur laquelle Aristote a peut-être un jugement plus nuancé (voir sur ce point « Introduction », p. 41-44).

Le détour par l'ostracisme est une façon de confronter deux points de vue difficilement compatibles, la règle et l'exception : la règle, le refus de confier le pouvoir suprême à une partie de la cité, ce qui justifie l'usage de l'ostracisme contre tout homme menaçant l'équilibre du régime ; l'exception, l'existence d'un homme divin par sa vertu morale et son intelligence politique, gouvernant une cité étrange, composée de citoyens qui ne le sont plus, au sens du moins de la définition défendue au début du livre III. Cette exception, Aristote la défend pour finir dans les deux derniers paragraphes du chapitre 13. L'exposé de la règle, qui vise l'harmonie et peut conduire à l'expédient de l'ostracisme, est donc encadré par la mention de l'exception qu'Aristote défend en termes identiques en introduisant [1] et en concluant cet exposé :

> Dans les régimes déviés, il est donc manifeste que l'ostracisme est avantageux et juste de leur propre point de vue, et manifeste sans doute aussi qu'il n'est pas juste dans l'absolu. Mais dans le régime le meilleur, il soulève une grande difficulté : si la supériorité ne concerne pas les autres biens, comme la puissance, la richesse ou le nombre d'amis, mais qu'il y a un homme l'emportant en excellence, que faut-il faire ? Car on ne saurait dire qu'il faut bannir et exiler un tel homme, ni non plus le gouverner [ἄρχειν], car ce serait à peu près comme si l'on prétendait gouverner Zeus en partageant avec lui les pouvoirs. Reste donc ce qui semble naturel : que tous lui obéissent de plein gré, de sorte que de tels hommes soient perpétuellement rois dans leurs cités [2].

Quel statut conférer à cette exception ? C'est la question qu'Aristote continue à poser à propos de la παμβασίλεια, littéralement, royauté totale, royauté de part en part.

UN ÉTRANGE RÉGIME : LA ROYAUTÉ TOTALE, LA ΠΑΜΒΑΣίΛΕΙΑ (CHAPITRES 14-17)

Aristote consacre beaucoup de place (quatre chapitres) à la royauté et relativement peu, pour l'instant, aux deux autres régimes droits. Seule la *politeia* a été étudiée une première fois au chapitre 11 : une solution aux difficultés propres à la suprématie populaire y a été esquissée sans être présentée comme définitive. La royauté est privilégiée parce qu'elle illustre particulièrement bien la grandeur mais aussi l'aporie du théorème

1. III, 13, 13-14, 1284 a 3-17.
2. III, 13, 24-25, 1284 b 22-34.

de l'excellence. Je résume d'abord, en utilisant l'exposé de Valéry Laurand[1], le contenu de ces quatre chapitres. On peut distinguer trois moments.

– Énumération de cinq espèces ou genres[2] de royauté (chapitre 14) et privilège accordé à la cinquième au début du chapitre 15, la royauté en tout (παμβασιλεία) : selon la définition qui en est donnée à la fin du chapitre 14, elle existe

> quand un seul exerce sa suprématie sur tout, comme chaque peuple et chaque cité sur leurs affaires communes ; elle est classée avec l'art de gouverner une maison [τεταγμένη κατὰ τὴν οἴκονομικήν, *ordinata secundum œconomiam*] : de même que l'art du gouverner une maison [οἴκονομική, *œconomia*] est une sorte de royauté exercée sur une maison, cette royauté est le gouvernement domestique [οἰκονομία, *œconomia*] d'une ou plusieurs cités ou peuplades[3].

– Examen des avantages et des inconvénients de cette royauté totale (chapitres 15 et 16) pour aboutir à une conclusion critique.

– Relatif renversement au chapitre 17 : la παμβασιλεία semble être pour certains peuples le régime préférable.

Ce traité sur la royauté semble compromettre l'unité et la cohérence du livre III. Pour comprendre les intentions d'Aristote, j'examine successivement le statut qu'il confère à la παμβασιλεία par rapport aux autres genres de royauté (1) et le jugement qu'il porte sur elle (2).

1) La παμβασιλεία combine deux aspects : elle est en même temps la royauté par excellence, le seul régime authentiquement royal, et ce qui n'est pas encore ou n'est plus un véritable régime politique.

– Aristote répartit les cinq royautés entre deux pôles, la royauté de Lacédémone et la παμβασιλεία. Plus que tous les autres rois, celui de Lacédémone est soumis à la loi ; n'étant pas πάντων κύριος, souverain en

1. « Nature de la royauté dans les *Politiques* d'Aristote », in *Politique d'Aristote*, *op. cit.*, p. 71-87.

2. Aristote dit γένος (III, 14, 1, 1284 b 41) ou εἶδός (5, 1285 a 15).

3. III, 14, 15, 1285 b 29-33. Alors que le grec parle du gouvernement d'une maison (οἰκονομία) et de l'art de la gouverner (οἴκονομική [τεχνή]), le latin parle uniquement d'*œconomia* (Spiazzi, p. 169, 346, Laval, p. 172, 1re c.). Le mot παμβασιλεία est utilisé en III, 15, 1, 1285 b 36 et 16, 2, 1287 a 8-9. Guillaume de Moerbeke parle en latin « de celui qui est appelé roi *omnimode*, « à tout égard », « de tout point de vue » (Spiazzi, p. 178, 368, Laval, p. 182, 1re c.).

tout, il ne gouverne que les affaires militaires et religieuses[1]. C'est un stratège à vie, institution qui existe dans des régimes très différents et ne suffit donc pas à caractériser l'un d'entre eux. Ce stratège n'est pas « roi » au sens de la classification du chapitre 7 : il n'a pas le pouvoir suprême, même en donnant à l'expression κυρία ἀρχή πάντων son sens le plus faible où elle désigne le pouvoir le plus haut dans la gestion des affaires communes[2] ; la stratégie est tout au plus l'une des magistratures les plus hautes, chargée de la conduite de la guerre. Quand elle est comme ici exercée à vie, elle relève de l'étude des lois communes à plusieurs régimes, à distinguer de celles qui sont spécifiques à chacun d'eux[3]. Le παμβασιλεύς (le roi en tout) représente le pôle opposé : loi pour lui-même, πάντων κύριος au sens fort où la suprématie englobe tous les pouvoirs et s'étend à toutes les affaires communes.

Entre ces deux pôles de la stratégie à vie et de la royauté sans mélange, Aristote place trois espèces intermédiaires. La dernière citée, la royauté des temps héroïques[4], appartient au passé des Hellènes, à l'époque où les cités étaient petites et l'excellence rare : à son propos, Aristote ne parle ni de tyrannie, ni de pouvoir despotique ; ce roi des premières cités grecques a vu son pouvoir se réduire peu à peu jusqu'à la stratégie à vie. Bien que placée dans le texte en quatrième position, à proximité de la παμβασιλεία, cette royauté grecque du passé est l'origine lointaine de la royauté spartiate. Les deux espèces restantes, royauté barbare et tyrannie grecque, sont voisines, dans une zone où la tyrannie empiète sur la royauté : la soumission à la loi et le consentement des sujets sont des traits royaux tandis que les traits tyranniques tiennent au naturel servile des Barbares. Un texte du livre IV suggère que la tyrannie grecque élective a des origines barbares.

1. « Dans le régime lacédémonien, la royauté semble être, de toutes celles qui sont soumises à la loi, celle qui l'est le plus ; elle n'a pas la suprématie en tout, mais, en dehors du pays, le roi a la direction de la guerre [ἡγεμών ἐστι τῶν πρὸς τὸν πόλεμον] ; de plus ce qui concerne les dieux relève des rois. » III, 14, 3, 1285 a 3-7. La notion d'« hégémonie » est seulement utilisée pour certains des pouvoirs internes à la cité, le pouvoir militaire et plus généralement le pouvoir exercé par le ou les meilleurs. Sur ce point voir « Introduction », p. 25-27 et plus loin dans ce chapitre, p. 143-144.

2. Voir *supra*, p. 93, l'analyse de la définition du mot πολιτεία.

3. Sur ce point voir Pierre-Marie Morel, article cité, p. 100 *sq*. Sur la différence entre les lois où se manifeste la nature de chaque régime et toutes les autres, voir p. 98, n. 3.

4. La quatrième chez Aristote, III, 14, 11-13, 1285 b 4-19. Ces rois eux aussi n'avaient pas la suprématie en tout ; ils avaient seulement « la suprématie pour la *conduite* de la guerre et pour les sacrifices qui ne relevaient pas des prêtres ; en outre, ils jugeaient les procès », κύριοι… τῆς τε κατὰ πόλεμον *ἡγεμονίας* καὶ τῶν θυσιῶν, ὅσαι μὴ ἱερατικαί, καὶ πρὸς τούτοις τὰς δίκας ἔκρινον. Je souligne : même remarque qu'à la n. 1 à propos de l'hégémonie.

> Quand nous avons étudié la royauté, nous avons distingué deux espèces de tyrannie, car leur nature empiète d'une certaine manière sur celle de la royauté du fait que ces deux pouvoirs s'exercent selon la loi (car certains, chez les Barbares, élisent des monarques absolus [αὐτοκράτορας] et, de même, chez les anciens Hellènes autrefois, certains devenaient monarques de cette manière, ceux qu'on appelait les aisymnètes) [1].

Il faudrait donc distinguer une royauté tenant au naturel servile des Barbares (héréditaire et parfois élective) et une royauté appartenant au passé grec de la cité, proche encore du village comme colonie de la famille (ἀποικία οἰκίας) [2] : la cité est encore en gestation, elle est sans véritable régime (πολιτεία) [3], car l'autorité encore paternelle du roi et de sa descendance en tient lieu. Entre ces deux formes de royauté, Aristote place les tyrannies des aisymnètes, à moitié grecques et à moitié barbares, auxquelles les Grecs ont eu recours en imitant les Barbares quand les oligarchies qui ont succédé aux royautés des temps héroïques ont dégénéré. Il resterait à savoir si la παμβασιλεία est plus proche du passé des Hellènes ou du présent des Barbares que les tyrannies grecques plus récentes imitent : par sa place dans la classification et la comparaison faite entre le παμβασιλεύς et le chef de famille, elle paraît plus proche du passé des Hellènes, encore évoqué au chapitre 15 quand la παμβασιλεία est devenue l'objet explicite de l'analyse [4]. Cependant la royauté grecque primitive est explicitement décrite comme l'origine dont la stratégie à vie a résulté par réduction et, à l'autre bout de la liste, les royautés en partie tyranniques peuvent aboutir, si leur pente despotique triomphe, à la tyrannie par excellence, celle où toute référence à la loi et au consentement des sujets a disparu. Or, écrit Aristote, cette tyrannie correspond à la παμβασιλεία, ou en est l'image inversée [5]. La suprématie en tout, au sens le plus fort, vaut ici

1. IV, 10, 2, 1295 a 7-14. Un αἰσυμνήτης est un monarque choisi à vie ou pour un temps déterminé.

2. I, 2, 6-7, 1252 b 16-27. Dans ce texte, Aristote ne se réfère pas explicitement à un passé propre aux Grecs, mais il faut rappeler que pour lui la cité et plus largement la politique sont grecques plutôt que barbares (plutôt, car il y a des exceptions, par exemple Carthage, dont le régime est analysé au livre II).

3. Le stade du village semble dépassé, puisque Aristote parle en III, 15, 11, 1286 b 10 de petites cités (μικρὰς…πόλεις). Mais la cité est encore en pointillés : c'est à un stade ultérieur, quand il y eut « un grand nombre d'hommes semblables en vertu et qu'ils ne supportèrent plus leurs rois, « qu'ils recherchèrent quelque chose de commun et instituèrent un régime politique », ἐζήτουν κοινόν τι καὶ πολιτείαν καθίστασαν, III, 15, 11, 1286 b 8-13.

4. Voir la déclaration explicite en III, 15, 3, 1286 a 5-7 et réitérée au début du chapitre 16 (1, 1287 a 1-3).

5. IV, 10, 3, 1295 a 17-19, voir plus haut ce texte traduit p. 133, n. 1.

paradoxalement pour le plus divin et le plus dévié : la différence est que le tyran n'est pas loi pour lui-même et qu'il ne vise pas le bien commun.

La παμβασιλεία a-t-elle plus d'affinités avec les royautés les plus despotiques ou avec celle qui est la plus droite ? S'il est si difficile de le dire, c'est sans doute qu'elle est historiquement « une coquille vide » [1], différente, de ce point de vue, des quatre autres formes qui ont toutes une réalité empirique passée ou présente.

Laissons provisoirement cette question de côté et revenons au choix de réduire l'étude de la royauté, comme régime, à la παμβασιλεία. La raison d'écarter la royauté spartiate, stratégie à vie existant dans plusieurs régimes, est convaincante. La royauté barbare et la tyrannie élective n'ont pas de place dans la classification du chapitre 7 car elles mettent en cause la distinction entre les régimes droits et leurs déviations, ici entre la royauté et la tyrannie [2] ; la royauté grecque des temps héroïques est pré-politique. Reste la παμβασιλεία comme « espèce de régime », πολιτείας εἶδός, à examiner [3].

– Or cette réduction de l'étude constitutionnelle de la royauté à cette unique forme est étrange. En premier lieu, elle n'est même pas un idéaltype conservant un lien avec l'expérience qu'il schématise ; elle est, comme nous venons de le voir, une coquille vide, ne correspondant, de près ou de loin, à aucune réalité connue. En second lieu, elle déroge aux définitions générales de la πολιτεία (régime) et du πολίτης (citoyen) établies au début du livre III : si le roi monopolise les pouvoirs de la cité pour toutes les affaires communes, il n'y a plus lieu de répartir les pouvoirs entre citoyens et il n'y a plus de citoyens au sens plein, sauf un seul, le roi. Ce régime étrange est en même temps infra et supra-politique [4] : infra-politique, puisqu'il s'agit de gouverner la cité comme un père a l'art de gouverner sa famille [5], ce qui contredit la différence entre le pouvoir du roi et celui du politique défendue à l'ouverture des *Politiques* [6] ; supra-politique, si le roi

1. Expression que j'emprunte à Valéry Laurand (article cité, p. 81 et 87).

2. L'expression « espèce de régime » aura un sens moins étroit à partir du livre IV où la classification des régimes est remaniée (voir *infra,* II, 4 et 5).

3. « La forme [τρόπος] restante de royauté est une espèce [εἶδός] de régime » III, 15, 3, 1286 a 5-6. Dans ce contexte, comme au début du chap. 16, il s'agit de distinguer une forme spécifique de régime (la παμβασιλεία comme πολιτείας εἶδός) et un type de lois (νόμων εἶδός), celles qui instituent dans divers régimes une stratégie à vie.

4. Valéry Laurand, article cité, p. 73, puis 83 *sq*.

5. Voir III, 14, 15, 1285 b 31-33, le texte déjà traduit qui intervient dès la première mention de cette cinquième espèce de royauté, p. 136.

6. Sur ce point, voir *infra,* p. 147-149.

est comme un dieu parmi les hommes, non soumis à la loi parce qu'il est lui-même la loi, étant pleinement rationnel [1].

2) Quel jugement Aristote porte-t-il sur ce régime ?

Aristote paraît défendre successivement deux thèses différentes.

– Si l'on en reste aux chapitres 15 et 16, sa position semble claire. Comme il le laissait déjà entendre à la fin des chapitres 10 et 11, il soutient qu'il faut combiner la suprématie des lois et celle des hommes. Ces derniers doivent intervenir pour instituer des lois, les appliquer avec intelligence, puis délibérer et décider quand elles sont insuffisantes du fait de leur généralité [2], sans que le souci de l'équité et le respect des lois se contredisent : l'habitude de respecter les lois et d'en comprendre le sens donne le discernement nécessaire quand il faut les appliquer, s'en écarter dans un cas particulier [3] ou de manière plus générale les réformer. Aristote ajoute maintenant qu'il y a beaucoup d'avantages à confier cette part de suprématie revenant aux hommes à des collectifs plus ou moins larges et non à un seul homme : c'est d'ailleurs ce qui se passe de fait dans les royautés, puisque le roi doit user des yeux et des oreilles de ses amis [4].

Dans certaines situations historiques, cette suprématie exercée par les hommes prend une forme monarchique – au moment où la cité est encore en gestation chez les Grecs, puis au moment où les oligarchies qui ont succédé à ces premières monarchies ont dégénéré : parce qu'il n'était pas assez fort pour gouverner lui-même, le peuple a eu recours à un monarque [5]. À propos de cette forme de monarchie intermédiaire entre royauté et tyrannie que les Grecs ont inventé en imitant les Barbares,

1. La tension entre l'infra et le supra-politique subsiste donc. L'infra-politique tient à la volonté de ne pas séparer totalement la παμβασιλεία du passé des Grecs, pour sauver l'idée qu'elle convient à certains peuples. Mais la référence à une excellence quasi divine vient miner cette tentative.

2. « [il faut que les lois] n'aient pas la suprématie là où elles dévient, et qu'elles l'aient partout ailleurs » III, 15, 6, 1286 a 23-24.

3. « Mais la loi a donné à ceux qui gouvernent [τοὺς ἄρχοντας] l'éducation qui convient pour trancher et gérer [κρίνειν καὶ διοικεῖν] les questions restantes dont elle les charge » III, 16, 5, 1287 a 25-27. Il s'agit d'articuler la suprématie des lois et celle des hommes : dès lors τοὺς ἄρχοντας ne désigne pas les seuls magistrats.

4. « Car chaque gouvernant formé par la loi juge de belle façon et il semblerait peut-être étrange qu'une personne, avec deux yeux et deux oreilles pour juger, deux pieds et deux mains pour agir, voie mieux que beaucoup avec beaucoup de ces organes puisqu'en fait les monarques eux aussi se donnent beaucoup d'yeux, d'oreilles, de mains et de pieds » III, 16, 12, 1287 b 25-30.

5. III, 15, 12, 1286 b 14-17.

impliquant donc le consentement des citoyens –, Aristote précise que le monarque doit disposer d'une garde dont la force est exactement dosée : suffisante pour qu'il puisse assurer le respect des lois sans risquer d'exercer une contrainte despotique sur toute la communauté. Cette force doit donc excéder celle de chaque individu ou groupe de citoyens tout en restant inférieure à celle de la multitude qu'ils forment [1]. Les termes utilisés par Aristote – ἑκάστου μὲν καὶ ἑνος καὶ συμπλειόνων κρείττω, τοῦ δὲ πλήθους ἥττω, *esse ... tantam potentiam ut sit ea quæ singulorum et unius et simul plurium major ; ea autem quæ multitudinis minor* (« plus fort que chacun, individu ou groupe, mais moins fort que la multitude ») sont à l'origine d'une formule citée jusqu'au XVIIe siècle – *rex est major singulis et universis minor* – invoquée ou critiquée selon qu'on regrette ou approuve la montée de l'absolutisme [2].

Dans ce premier moment (chapitres 15 et 16), l'insistance sur l'importance des lois, la préférence pour les formes collectives que doit prendre la suprématie des hommes, le rôle seulement provisoire reconnu à deux formes de monarchie (la royauté des temps héroïques et l'aisymnétie) différentes d'un régime où le roi exerce une suprématie totale, tout cela implique un jugement peu favorable à la παμβασιλεία.

– Un retournement se produit au chapitre 17. Aristote commence par rappeler les conclusions des deux chapitres précédents :

> (...) quand les gens sont semblables et égaux, il n'est manifestement ni avantageux ni juste qu'un seul ait la suprématie sur tous [ou en tout, κυρίον εἶναι πάντων], qu'il n'y ait pas de lois mais que lui-même soit pour ainsi dire la loi, ou qu'il y en ait (...), même si ce roi est supérieur en excellence, sauf s'il l'est d'une certaine manière [εἰ μὴ τρόπον τινά] [3].

Les chapitres 15 et 16 ont donc défini le cas le plus général où la παμβασιλεία n'est pas conseillée. Reste le cas exceptionnel où elle s'impose : l'excellence du roi ne doit pas simplement être supérieure mais doit l'être « d'une certaine manière » : être supérieure à elle seule à toutes les autres excellences réunies. Cependant, quand il justifie cette

1. III, 15, 14-15, 1286 b 27-40, Spiazzi, p. 173-174, 366, Laval, p. 178, 1re c.

2. Je reviens sur ces usages, p. 333-336. Ni dans la traduction de Guillaume de Moerbeke ni dans le commentaire de Pierre d'Auvergne, on ne trouve l'adage *singulis major universis minor* dans sa littéralité, autrement dit la comparaison du roi lui-même avec les *singuli* et les *universi*, utilisée plus tard en faveur de la suprématie de la collectivité. Ce sont toujours des puissances (et non ceux qui les possèdent, individus, roi, multitude ou cité) qui sont comparées. Voir en « Annexe I », p. 355 le commentaire de Pierre d'Auvergne.

3. III, 17, 2, 1288 a 1-5.

conclusion, Aristote cherche à tempérer son caractère exceptionnel en se référant à une excellence relative à un peuple et à une situation historique donnés :

> On doit d'abord définir la qualité de ce qui est royal, la qualité de ce qui est aristocratique et la qualité de ce qui est propre à une *politeia* [τί τὸ βασιλευτὸν καὶ τί το ἀριστοκρατικὸν καὶ τί τὸ πολιτικόν]. Est propre à la royauté une multitude [πλῆθος] naturellement apte à faire naître un lignage [γένος] l'emportant en excellence [ὑπερέχον κατ'ἀρετὴν] en vue de l'hégémonie politique [πρὸς ἡγεμονίαν πολιτικήν] ; est propre à l'aristocratie une multitude [πλῆθος] naturellement apte à produire une multitude [πλῆθος] capable d'être gouvernée [ἄρχεσθαι δυνάμενον] par le gouvernement convenant à des hommes libres [τὴν τῶν ἐλευθέρων ἀρχὴν][1], par des gouvernants qui, en vertu de leur excellence, exercent sur eux une hégémonie politique [ὑπὸ τῶν ἡγεμονικῶν πρὸς πολιτικὴν ἀρχήν] ; est propre à une *politeia* une multitude [πλῆθος] naturellement apte à voir surgir une multitude dont le tempérament est guerrier, capable d'être gouvernée et de gouverner selon la loi qui répartit les magistratures entre les riches selon leur mérite[2].

Ce texte tente de réduire l'exception de la παμβασιλεία, car il s'agit d'elle et non de la royauté en général, comme le prouve toute la fin du chapitre. Les peuples diffèrent selon le temps et l'espace, ce qui explique l'existence de trois régimes droits qu'il n'y a pas lieu de hiérarchiser, puisqu'il faut choisir celui qui convient au peuple considéré. Plus exactement, il n'y a pas lieu, pour l'instant, de hiérarchiser les deux premiers, la παμβασιλεία et l'aristocratie. Car quand on passe au régime populaire droit (la *politeia*), aucune mention n'est faite du gouvernement des meilleurs. Tout se passe comme si nous revenions au chapitre 7, comme si l'argument de l'excellence composée (chapitre 11) était oublié, ce qui prouve que notre seconde aporie, celle du régime qui a le nom commun à tous les autres, n'est pas encore résolue. Nous en avons une confirmation au début du chapitre 18 qui reprend et précise le texte du chapitre 17 en explicitant la supériorité, au moins provisoire, de la royauté et de l'aristocratie :

1. Compris dans cette traduction comme un accusatif de relation, possible après le passif ἄρχεσθαι, précisant la nature du pouvoir exercé sur les gouvernés : il s'exerce sur des hommes libres. Les meilleurs sont eux aussi ἡγεμονικοί : tout en étant politique au sens large, leur pouvoir, comme celui du roi, ne l'est pas au sens étroit de celui qui s'exerce dans une *politeia* (voir plus loin mon commentaire).

2. III, 17, 3-4, 1288 a 6-15.

> Il y a, nous le disons, trois régimes droits, et le meilleur d'entre eux est nécessairement celui qui est gouverné comme l'est une famille par les meilleurs [τὴν ὑπὸ τῶν ἀρίστων οἰκονομουμένην] ; tel est le régime où se trouve [συμβέβηκεν] soit un seul homme, soit tout un lignage [γένος ὅλον], soit un ensemble d'hommes [πλῆθος] surpassant tous les autres en excellence [ὑπερέχον εἶναι κατ'ἀρετην], les uns étant capables d'être gouvernés, les autres de gouverner [τῶν μὲν ἄρχεσθαι δυναμένων τῶν δ' ἄρχειν], en vue de la vie la plus désirable [1].

La comparaison de ce texte et de celui du chapitre 17 qui vient d'être traduit permet d'éviter un contresens : puisqu'Aristote part des trois régimes droits de la classification du livre III, le meilleur pourrait être, semble-t-il, la royauté, l'aristocratie ou la *politeia*, selon qu'un seul homme, un lignage ou la multitude surpasse le reste de la cité en excellence. En réalité, le troisième cas de meilleur régime (un πλῆθος surpassant les autres en excellence) ne désigne pas le régime populaire droit mais l'aristocratie. Car le texte du chapitre 17 associe le roi et son lignage, si bien que la mention du lignage, au chapitre 18, renvoie à une παμβασιλεία héréditaire (et non à l'aristocratie), ce que confirme la suite du chapitre 18 : le théorème de l'excellence n'y vaut que pour la royauté (héréditaire ou non) et l'aristocratie, comme c'était déjà le cas au chapitre 17, et c'est la situation concrète qui permettra de choisir le meilleur régime en confiant la suprématie à la partie la meilleure de la cité : un seul homme (royauté), un seul lignage (royauté héréditaire), un groupe d'hommes (aristocratie).

Il s'agit donc, dans ces deux chapitres, de réduire l'exception de la royauté absolue en la réintégrant à la classification, ce qui, à plusieurs titres, fait difficulté.

Il est difficile de savoir si le pouvoir du roi ou des meilleurs est ou n'est pas politique. Au chapitre 17, le roi et son lignage l'emportent en excellence « en vue de l'hégémonie politique » ; de même, les meilleurs exercent sur des hommes libres un pouvoir politique relevant de l'hégémonie. Commentant le texte et reprenant le *ad præsulatum politicum* qui traduit le πρὸς ἡγεμονίαν πολιτικήν, Pierre d'Auvergne croit bon de le préciser en parlant d'un « principat politique ou royal » (*ad principatum politicum vel regalem*) [2]. Au chapitre 18, le régime le meilleur (royauté d'un seul,

1. III, 18, 1, 1288 a 32-37. Ce texte commence en grec par un ἐπεί que je ne traduis pas et qui rend la construction de la phrase difficile. Voir la note de P. Pellegrin.

2. *Ad præsulatum politicum*, GM. Spiazzi, p. 183, 383, Laval, p. 188, 1re c. ; *ad principatum politicum vel regalem*, Spiazzi, p. 184, 524, Laval, p. 189, 2e c. : en V, 4, 8, 1304 a 23, *præsulatus* sert à rendre l'idée d'hégémonie (Spiazzi, p. 256, 612, Laval, p. 267, 1re c.).

royauté héréditaire ou aristocratie) est une forme familiale de gouvernement, une οἰκονομία, puisque le mot οἰκονομουμένη est utilisé pour tous ces régimes : la stricte séparation des capacités à gouverner ou à être gouverné et la nécessité de l'excellence des gouvernants conduisent à cette affinité entre la cité et la famille. Au chapitre 17, Aristote parle d'« hégémonie politique » à propos de la royauté et de l'aristocratie mais non de la *politeia* : si l'hégémonie n'est jamais despotique, si elle est politique au sens large, tout se passe comme si la suprématie du ou des meilleurs n'était pas politique au sens plein, étant encore apparentée aux pouvoirs exercés dans la famille sur les personnes libres.

Comme elle recommande ailleurs tel ou tel régime, la situation historique peut recommander une παμβασιλεία, quand tel ou tel peuple est naturellement apte à faire naître un homme ou un lignage d'exception. Formule étrange – mettant d'abord en avant la nature particulière du peuple, plutôt que celle de son produit, l'homme royal, la lignée royale – qui s'explique sans doute par le principe général voulant que chaque régime convienne à un ensemble de conditions données, géographiques, historiques, ethniques, culturelles, etc. Comme nous l'avons déjà indiqué, Aristote ne fournit aucun exemple de cette convenance entre la παμβασιλεία et telle ou telle situation historique. Pour sauver ce thème de la convenance, il faudrait s'arrêter à l'interprétation pré-politique, rapprocher ce régime de la royauté des premières cités grecques et éliminer le thème théocratique : on perd alors ce qui justifie l'exception, les vertus quasi divines du roi, et, de plus, on enferme la παμβασιλεία dans un passé désormais révolu, comme le confirme un texte du livre V :

> Maintenant, il ne naît plus de royautés, et si jamais il en naît, ce sont plutôt des monarchies tyranniques, car la royauté est un pouvoir librement accepté et qui exerce la suprématie pour les affaires les plus importantes [μειζόνων δὲ κυρίαν], alors qu'il y a aujourd'hui beaucoup d'hommes semblables et que personne ne l'emporte assez pour être exactement ajusté à la grandeur et dignité de ce pouvoir [1].

1. V, 10, 37, 1313 a 3-8. Il s'agit bien de la royauté qui en mérite le plus le nom (ἡ μάλιστα λεγομένη βασιλεία) selon l'expression de IV, 10, 1, 1295 a 5, la royauté des anciens Hellènes en tant qu'elle est à son origine une quasi παμβασιλεία, encore maîtresse des affaires les plus importantes, μειζόνων κυρία, maître des affaires les plus importantes, sinon tout à fait de toutes. On en a une confirmation au chapitre 10 du livre IV qui vient d'être cité : quand Aristote résume les développements du livre III sur la royauté, il énumère seulement « la royauté qui en mérite le plus le nom » et les deux royautés en partie tyranniques (la monarchie

Revenons enfin à ce qui justifie la παμβασιλεία, quand elle convient, de cette manière si problématique, à la situation. Confier la suprématie en tout à un seul homme et à sa famille dont les qualités morales et intellectuelles sont supérieures à celles de tous les autres est conforme, « comme nous l'avons dit auparavant [Καθάπερ… εἴρηται πρότερον] »,

> non seulement au juste revendiqué d'ordinaire par ceux qui instituent des régimes, aristocratiques, oligarchiques ou encore démocratiques (chacun s'estimant digne du pouvoir en vertu d'une supériorité, mais chaque fois différente), mais aussi à ce qui a été dit plus haut [1].

Ce qui a été dit plus haut, c'est ce qui rend inapproprié l'expédient de l'ostracisme, tant les qualités du grand homme sont grandes et conviennent au bien commun [2]. L'important est la première justification (le juste spécifique revendiqué par tout régime) qui renvoie explicitement au début du chapitre 13. L'argument en faveur de la παμβασιλεία est exactement celui qu'avance chaque régime (droit ou dévié !) : une partie de la cité argue unilatéralement de sa supériorité dans tel ou tel domaine, y compris la vertu, pour revendiquer la suprématie. Or cet argument a été déjà jugé irrecevable : détenu par une partie de la cité, même la meilleure, le pouvoir suprême cesse d'être politique [3]. La παμβασιλεία échappe donc à la loi commune. Le second argument (sur les qualités exceptionnelles du roi) ne s'ajoute pas au premier comme semble le dire la lettre du texte, il le subvertit en le rendant recevable alors qu'il ne l'était pas :

> Il ne serait convenable, ni de tuer, ni d'exiler, ni de frapper d'ostracisme un tel homme, et il n'est pas digne non plus d'être gouverné comme chaque partie l'est à son tour [οὔτ᾽ ἀξιοῦν ἄρχεσθαι κατὰ μέρος]. Car [γάρ] il n'est pas naturel à une partie [μέρος] de l'emporter sur le tout, mais c'est ce qui arrive [τοῦτο συμβέβηκεν] à celui qui a une telle supériorité. Il ne reste donc qu'une issue : qu'on obéisse à un tel homme et qu'il ait le pouvoir suprême, non à son tour comme une partie, mais complètement [κύριον εἶναι μὴ κατὰ μέρος τοῦτον ἀλλ᾽ ἁπλῶς] [4].

barbare et la tyrannie élective des Grecs), si bien que la première citée, la royauté proprement dite, est en même temps la παμβασιλεία et la royauté des premiers Hellènes.

1. III, 17, 6, 1288 a 19-24.

2. Voir les deux textes encadrant la relative justification de l'ostracisme : III, 13, 13, 1284 a 3-11, et 13, 24-25, 1284 b 25-34.

3. III, 13, 9-12, voir ce texte traduit et commenté *supra*, I, 3, p. 126-127.

4. III, 17, 7-8, 1288 a 24-29. Je traduis ἁπλῶς par « complètement » en pensant au chapitre 9 où πᾶν τὸ κυρίως δίκαιον (1, 1280 a 10-11) est équivalent de δίκαιον ἁπλῶς (3, 1280 a 23).

Si l'on traduit simplement κατὰ μέρος par « à son tour » ou « à tour de rôle », on laisse échapper ce qu'indique la répétition de μέρος et qui donne sens au γάρ : il est naturel à chaque partie de la cité d'être gouvernée quand vient son tour, selon les règles de l'alternance, parce qu'elle est une partie qui ne l'emporte pas sur le tout [1]. À en rester à la lettre du texte, ce qui arrive peut être soit qu'une partie l'emporte sur le tout, soit seulement que quelqu'un l'emporte sur le tout. Il faut choisir la seconde solution, car nous savons depuis le chapitre 13 que le παμβασιλεύς n'est pas une partie de la cité [2]. La phrase suivante de notre texte le confirme : la suprématie de l'homme divin n'est pas celle d'une partie. « Supérieur à l'homme », il est un sorte de monstre, comme le sous-homme dégradé mais au pôle opposé : « un animal politique par nature [φύσει πολιτικὸν ζῷον] apolitique par nature et non par hasard [ἄπολις διὰ φύσιν καὶ οὐ διὰ τύχην] », en même temps avide de guerre et comparé au livre I au pion d'un jeu de stratégie retiré du champ de bataille ou complètement isolé et réduit à l'impuissance par l'adversaire [3]. Un peu plus loin dans le même chapitre du livre I, Aristote dit qu'un homme incapable de vivre en communauté ou qui n'en a nul besoin parce qu'il est autarcique « n'est pas une partie de la cité : c'est une bête sauvage ou un dieu » [4]. On songe de nouveau aux lions d'Antisthène ! Voilà le paradoxe : celui qui est complètement extérieur à la

1. Si l'on ne rend pas la répétition de μέρος, le γάρ devient peu clair, ce qui a sans doute incité Aubonnet à ne pas le traduire.

2. « Ces hommes [un ou plusieurs, dont l'excellence l'emporte sur celle de tous les autres] ne doivent plus être traités comme une partie de la cité », οὐκέτι θετέον τούτους μέρος πόλεως, III, 13, 13, 1284 a 8.

3. « (…) il est manifeste que la cité existe par nature [τῶν φύσει ἡ πόλις ἐστί], que l'homme est par nature [φύσει] un animal politique [πολιτικὸν ζῷον] et que celui qui est apolitique [ὁ ἄπολις], du fait de la nature [διὰ φύσιν] et non du hasard, est en vérité vil ou supérieur à l'homme (…), en même temps avide de guerre, isolé comme peut l'être un pion dans un jeu de stratégie [ἄζυξ ὢν ὥσπερ ἐν πεττοῖς] » I, 2, 9-10, 1253 a 2-7. Voir au sujet de cette expression Jean-Louis Labarrière, « L'homme apolitique : *pesseia*, *polis* et *apolis* », in *L'excellence politique chez Aristote*, *op. cit.*, p. 51-82. Si l'on corrige πεττοῖς en πετεινοῖς comme le fait un manuscrit du XVe siècle (Parisinus græcus 2023), conformément à la traduction de Guillaume de Moerbeke (qui utilise un manuscrit plus ancien que ceux qui nous ont été conservés) – *veluti sine juge existens, sicut in volatibilibus*, « non assujetti comme on peut l'être parmi les oiseaux » Spiazzi, p. 5, 19, Laval, p. 8, 1re c. –, au commentaire de Thomas d'Aquin (Spiazzi, p. 11, 35, Laval, p. 14, 2e c.) et à la traduction d'Oresme (p. 48, 2e c.), il faut comprendre que l'homme apolitique est comparé à un oiseau de proie et non à un pion isolé. Cette solution a l'intérêt de mieux correspondre au sens propre de ἄζυξ (« qui ne subit pas le joug ») dont on s'éloigne en traduisant par « isolé » (voir Pellegrin, p. 91, n. 16) et d'annoncer la formule (voir note suivante) selon laquelle l'homme apolitique est une bête de proie ou un Dieu.

4. I, 2, 14, 1253 a 27-29.

cité serait le mieux placé pour la gouverner en tout. C'est la confirmation de la règle générale du chapitre 13 : aucune partie de la cité n'est en droit de revendiquer la suprématie.

UNE MAUVAISE MANIÈRE DE COMPRENDRE LA DIFFÉRENCE ENTRE LES MANIÈRES POLITIQUE ET ROYALE DE GOUVERNER (I, 1, 2, 1252 A 7-16)

Cette analyse permet de mieux comprendre la discussion qui ouvre les *Politiques* à propos de la différence *spécifique*, et non seulement *quantitative*, entre la famille et la cité, entre les divers pouvoirs qui s'y exercent et en particulier entre les manières politique et royale de gouverner :

> Puisque toute cité, nous le voyons, est une certaine communauté et que toute communauté est constituée [συνεστηκυῖαν] en vue d'un certain bien (c'est en effet pour ce qui leur semble un bien que tous agissent en tout), toutes les communautés, c'est manifeste, visent un certain bien et c'est avant tout le bien suprême entre tous [τοῦ κυριωτάτου πάντων] que vise celle qui est suprême entre toutes [ἡ πασῶν κυριωτάτη] et qui les contient toutes. C'est elle qu'on nomme cité et, comme communauté, celle qui est politique [ἡ κοινωνία ἡ πολιτική]. En conséquence, ceux qui pensent que diriger en politique, en roi, en chef de famille et en maître est la même chose [ὅσοι μὲν οὖν οἴονται πολιτικὸν καὶ βασιλικὸν καὶ οἰκονομικὸν καὶ δεσποτικὸν εἶναι τὸν αὐτὸν, littéralement « que politique, royal, économique et despotique sont la même chose »] ne parlent pas bien. C'est en effet selon le beaucoup et le peu [πλήθει καὶ ὀλιγότητι], pensent-ils, que chacun de ces pouvoirs diffère des autres et non spécifiquement, comme si l'on gouvernait peu de gens en maître, plus de gens en chef de famille, plus encore en politique ou en roi, comme si n'existait aucune différence entre une grande famille et une petite cité. *Et pour les manières politique et royale de gouverner [καὶ πολιτικὸν δὲ καὶ βασιλικὸν], celui qui s'est établi lui-même au pouvoir gouvernerait en roi [ὅταν μὲν αὐτος ἐφεστήκη, βασιλικὸν], mais celui qui y a été établi conformément aux discours de la science qui le fait tour à tour gouvernant et gouverné [ὅταν δὲ κατὰ τοὺς λόγους τῆς τοιαύτης κατὰ μέρος ἄρχων καὶ ἀρχόμενος, πολιτικὸν] le ferait en politique. Or tout cela n'est pas vrai [1].

La différence entre les communautés politique et familiale est spécifique, et pas simplement quantitative. Par voie de conséquence les

1. I, 1, 1-2, 1252 a 1-16. Voir « Annexe I », p. 347-351 la traduction de ce texte par Guillaume de Moerbeke (Spiazzi, p. 5, 1-5, Laval, p. 7) et le commentaire de Thomas d'Aquin (Spiazzi, p. 6-7, 12-16, Laval, p. 9-10).

pouvoirs qui s'y exercent diffèrent spécifiquement et pas seulement de manière quantitative, par exemple, mais nous allons voir qu'il ne s'agit que d'un cas parmi d'autres, par le seul nombre des gouvernés. La thèse principale de ce texte est d'une grande clarté. Au début de l'époque moderne, de la Renaissance à la Révolution française, la plupart des penseurs politiques l'ont en tête, même quand ils ne citent pas Aristote, pour la reprendre librement à leur compte (Locke, Spinoza, Rousseau) ou au contraire la récuser comme incompatible avec leur nouvelle définition de la souveraineté (Bodin, Hobbes[1]). Le texte comporte cependant des difficultés de traduction et d'interprétation.

Aristote use d'adjectifs substantivés : il parle de ce qui est « politique », « royal », « économique » (au sens de la manière de gouverner une famille) ou « despotique » (au sens du type de pouvoir exercé sur des esclaves) et non de l'homme politique, du roi, de celui qui gouverne une famille ou du maître. Thomas d'Aquin en tient compte dans son commentaire. Pour lui, il s'agit de comparer des manières de gouverner (en latin *regimina*), d'abord « politique » et « royale », puis « économique » et « despotique », mais non l'homme politique et le roi, puis le gouverneur d'une famille et le maître : on pourra donc concevoir un roi gouvernant en politique si son pouvoir est limité par les lois de la cité. Ce commentaire a l'intérêt d'attirer notre attention sur l'objet de la comparaison : des manières de gouverner ou d'exercer le pouvoir. Il permet aussi à Thomas d'Aquin d'effacer la différence entre un grand royaume et une cité[2] : dans son commentaire comme dans celui d'Oresme, être un « politique », gouvernant et gouverné selon les questions considérées, vaut pour un roi s'il n'exerce pas tout le pouvoir et, en certains domaines, obéit aux lois de la cité ; or, plutôt qu'au roi dont Thomas d'Aquin ou Oresme souhaitent limiter le pouvoir pour bien le distinguer d'un tyran, Aristote pense aux citoyens, tour à tour gouvernants et gouvernés parce qu'ils accèdent à tour de rôle aux magistratures ou ont part au pouvoir de délibérer et de juger dans le respect des lois de la cité.

Mais la difficulté principale de ce texte concerne le passage dont j'ai signalé le début par un astérisque. Il montre que la différence entre le pouvoir politique et le pouvoir royal peut elle aussi être réduite à une affaire

1. Locke, *Le second traité de gouvernement*, I, 2, Paris, P.U.F., 1994, p. 4 ; Spinoza, *Traité théologico-politique*, XVI, 10, Paris, P.U.F., 1999, p. 518-521 ; Rousseau, *Discours sur l'Économie politique*, *Œuvres complètes*, III, Paris, Gallimard, 1964, p. 241-242 ; Bodin, *Les six livres de la république*, I, 3, Paris, Librairie générale française, 1993, p. 73 *sq.* ; Hobbes, *De Cive*, IX, 9, Paris, Flammarion, 2010, p. 213-214.

2. Sur ce point Oresme suit Thomas d'Aquin, comme il est naturel puisque il veut comme lui que la théorie de la cité puisse s'appliquer aux royaumes.

de plus et de moins : après avoir décrit la différence entre les gouvernement politique et royal en des termes qui nous paraissent à première vue acceptables pour lui, Aristote attribue cette description, pour la récuser, à ceux qu'il critique parce qu'ils n'ont pas vu ce que la cité, et avec elle les pouvoirs qui s'y exercent, a de spécifique.

La solution que je propose est inspirée par le commentaire de Thomas d'Aquin [1]. Ce dernier comprend que les penseurs critiqués continuent, selon Aristote, à interpréter la différence entre le politique et le royal comme purement quantitative : « De la même façon, écrit-il pour expliciter l'argument d'Aristote, ils soutiennent aussi que les gouvernements politique et royal ne diffèrent que par le beaucoup et le peu ». Si l'on s'en tient au seul critère du nombre de gouvernés, la différence entre les gouvernements politique et royal s'efface. Il faut donc comprendre en quel sens nouveau la différence entre ces deux gouvernements est, selon certains, seulement quantitative : le pouvoir royal serait plus grand que le pouvoir politique limité par l'alternance, car s'étant établi lui-même au pouvoir, le roi exerce en tout domaine une suprématie totale.

Ce qui est en cause pour Aristote, ce n'est donc pas la description de la différence, qu'il peut accepter, *mais son interprétation en termes de quantité*. La royauté par excellence est la παμβασιλεία décrite à la fin du livre III et, pour Aristote, la question est de savoir si le pouvoir du παμβασιλεύς, du roi qui a suprématie en tout, est seulement plus grand que celui de l'homme politique. En rester au plus et au moins reviendrait pour Aristote à manquer l'essentiel : la différence spécifique entre cité et famille. Car le παμβασιλεύς, comme nous venons de le voir, gouverne les autres citoyens comme le chef de famille gouverne sa femme et ses enfants et risque de devenir le tyran qui les traite en esclaves.

1. Après Valéry Laurand, nous avions d'abord pensé à une autre solution (Valéry Laurand, « Nature de la royauté dans les *Politiques* d'Aristote », in *Politique d'Aristote*, Pessac, PUB, 2011, p. 71-73 et Jean Terrel, « Deux voies d'accès à l'excellence pour leurs cités et leur régimes », in *L'excellence politique chez Aristote*, p. 109-111). Après avoir visé un texte du *Politique* de Platon (258 e *sq.*) qui lui paraît réduire la différence entre famille et cité au nombre de leurs membres, Aristote passerait à la critique de la thèse opposée, celle des démocrates qui jugent que l'exercice d'un pouvoir proprement politique implique la pratique généralisée de l'alternance. Mais cette solution se heurte au fait que toute l'argumentation dépend du même énoncé initial : « C'est en effet selon le beaucoup et le peu, pensent-ils, que chacun de ces pouvoirs [y compris celui d'un politique et celui d'un roi, les premiers à être cités] diffère des autres, et non spécifiquement… ». Thomas d'Aquin explicite cette dépendance en reprenant (ce qu'Aristote ne fait pas) l'énoncé initial quand on en vient à la différence entre le pouvoir royal et le pouvoir politique.

SEUIL

LA RÉPONSE AUX TROIS APORIES DU LIVRE III : DEUX VOIES VERS L'EXCELLENCE (LIVRES IV-VI ET VII-VIII)

Au livre II, Aristote commence l'étude du régime le meilleur « pour ceux qui sont capables de vivre autant que possible selon leurs vœux » en examinant les solutions les plus intéressantes que d'autres ont imaginées ou mises en pratique [1]. À partir du livre III, il entreprend de répondre lui-même en mettant en évidence trois problèmes fondamentaux.

Le premier est celui de l'excellence de la cité, de son régime et des citoyens. Il s'agit de concevoir une cité dont les membres peuvent devenir des hommes accomplis, sans que cela conduise à une communauté trop restreinte, incapable de se suffire à elle-même dans l'autonomie. La difficulté est d'accorder une définition exigeante du citoyen – il participe activement au pouvoir de délibérer et de juger – et la composition du corps civique – assez large pour que la cité soit autarcique (les citoyens doivent être assez nombreux pour pouvoir résister à leurs éventuels ennemis de l'intérieur comme l'extérieur et se répartir toutes les fonctions nécessaires à une cité) et en même temps assez homogène pour que ses citoyens puissent délibérer ensemble des affaires communes.

Le deuxième problème consiste à savoir si un régime populaire peut être compatible avec l'excellence de la cité. La classification du chapitre 7 a pour toile de fond un dilemme que beaucoup de cités doivent affronter à partir du Ve siècle, dès lors que de nombreux paysans et artisans pauvres sont devenus citoyens : renoncer à l'excellence en donnant le plein exercice

1. II, 1, 1260 b 27-32 : commenté *supra*, I, p. 69, références n. 4.

de la citoyenneté et la suprématie à la multitude ou au contraire les réserver à une élite riche et cultivée, au risque d'une séparation despotique des gouvernants et des gouvernés. Entre la démocratie et le gouvernement du ou des meilleurs, il faut, semble-t-il, choisir : c'est la raison pour laquelle la case du régime populaire droit est provisoirement vide : existant en théorie, il semble en pratique impossible. C'est pourquoi il n'a pas de nom propre.

Le troisième problème est celui de la suprématie. Il n'est pas aisé de décider si elle doit être exercée par le(s) meilleur(s) ou par la multitude, de déterminer ce qu'on veut dire quand on la déclare le plus haut de tous les pouvoirs, suprême en tout, et enfin de savoir si elle peut être autre chose que la domination d'une partie des citoyens sur la cité.

Quelle est la situation à la fin du livre III au regard de chacune de ces difficultés ?

Dès le chapitre 13, Aristote établit qu'un régime ordonné à la vie heureuse de tous ne doit confier la suprématie – au sens faible où elle est simplement le plus haut des pouvoirs et à plus forte raison au sens fort où elle les englobe tous – à aucune partie de la cité. En réduisant jusqu'à l'absurde cette partie à un seul dont la suprématie englobe tous les autres pouvoirs, on parvient à la παμβασιλεία : cette royauté sans mélange est l'exception qui confirme l'impératif négatif du chapitre 13. Seule royauté à en mériter vraiment le nom, elle ne peut être, comme déjà le pastorat divin chez Platon, un vrai régime politique : pour exister, elle devrait être exercée par un ou des hommes divins [1]. Les affaires humaines étant ce qu'elles sont, cette solution n'a aucune réalité, même dans les conditions les plus favorables, ou se renverse en son contraire, la pire des tyrannies. La question de la suprématie est donc réglée, au moins négativement. Voyons pour les deux autres.

L'aporie du régime populaire droit commence à être résolue au chapitre 11 : une multitude peut, par composition et mélange des qualités des divers citoyens (et non de leurs défauts), être la meilleure pour exercer la suprématie, dans le respect des lois établies sauf nécessité impérieuse de les modifier. Ce même chapitre détermine aussi les pouvoirs qu'une telle multitude peut exercer : tous ceux que les citoyens exercent en commun et non individuellement. Ce n'est qu'un début de solution. Reste à savoir ce que signifie la suprématie de lois bien établies ; reste surtout à donner une définition positive de la *politeia* en la distinguant plus clairement de la démocratie : la suprématie de la multitude ne devra plus être celle d'une partie de la cité, même supérieure en nombre et en excellence.

1. Le texte des *Lois* est traduit et commenté *supra*, I, 2, p. 103.

Enfin, la question de l'excellence du citoyen est en suspens depuis la fin du chapitre 5, même si tout ce qui suit au livre III nous arme pour y répondre.

On mesure le travail qui reste à accomplir en commentant le dernier chapitre du livre III.

1. Comme nous avons déjà commencé à le montrer, son premier paragraphe [1] reprend les choses là où elles ont été laissées à la fin du chapitre 7 :

– Il y a trois régimes droits ; ils ne sont pas nommés mais il ne peut s'agir que de la royauté, de l'aristocratie et de la *politeia* ; du fait du chapitre 17, la royauté est celle qui en est réellement une « du fait de la grande supériorité de celui qui règne » [2] : la παμβασιλεία.

– Le meilleur de ces régimes est celui où la partie la meilleure a la suprématie, les uns étant capables de gouverner, les autres d'obéir.

Le théorème de l'excellence continue à conduire à l'exclusion de la *politeia* ou du moins au silence à son sujet. Ce texte ne dit rien du début de solution qui se dessine depuis le chapitre 11, ni non plus de la remise en cause du théorème de l'excellence au chapitre 13 – le refus de confier la suprématie aux seuls meilleurs : on revient à l'aporie du chapitre 7. De ce fait, le gouvernement du ou des meilleurs conduit, dans une cité hétérogène, à séparer les fonctions des gouvernants et des gouvernés comme elles le sont dans le gouvernement d'une famille.

2. De l'aporie de la *politeia* au chapitre 7, le texte régresse ensuite à l'aporie des deux excellences (de l'homme de bien et celle du citoyen), c'est-à-dire aux chapitres 4 et 5 :

> puisque, dans les premiers exposés, il a été montré que *l'excellence d'un homme est nécessairement la même que celle d'un citoyen de la cité la meilleure*, c'est manifestement de la même manière et par les mêmes moyens qu'un homme devient vertueux [σπουδαῖος] et qu'on pourrait établir une cité gouvernée aristocratiquement ou royalement, de sorte que l'éducation et les mœurs qui font un homme vertueux sont à peu près celles qui font le politique ou le roi [3].

1. Voir ce texte (III, 18, 1, 1288 a 32-37) traduit et commenté *supra*, II, 3, p. 143.

2. Selon une formulation du début du livre IV, 2, 2, 1289 a 41-b 2.

3. III, 18, 1, 1288 a 37-b 2. C'est la suite immédiate du texte cité n. 1. C'est moi qui mets en italiques.

Les chapitres 4 et 5 avaient distingué pour finir deux formes d'excellence : selon que la communauté civique était plus ou moins homogène, chaque citoyen pouvait être ou non un homme de bien accompli. Or la formule que nous avons mise en italiques tranche dans un seul sens : dans la cité la meilleure, chaque citoyen est homme de bien. Si cela est vrai, le meilleur régime peut-il être celui où la partie la meilleure de la cité a la suprématie ? Peut-il être une royauté ou une aristocratie comme Aristote vient de l'affirmer en ouverture de notre chapitre ? Peut-il être royal comme il le répète à la fin de notre paragraphe en effaçant la différence entre le politique et le roi ? Or si le meilleur régime confie la suprématie au(x) meilleur(s), nous ne régressons pas à l'état de la question à la fin des chapitres 4 et 5, à la possibilité de deux voies vers l'excellence [1]. Nous régressons à l'état de la question au milieu du chapitre 4, au moment où la cité est gouvernée par l'élite des hommes de bien, ce qui risque de conduire, comme la suite le montre, à une séparation despotique des gouvernants et des gouvernés. Dans le texte que nous venons de traduire, l'éducation des politiques dans une aristocratie est la même que celle des rois dans une monarchie : comme déjà au début du chapitre 4, quand était étudiée l'hypothèse d'une cité hétérogène gouvernée par les hommes de bien, l'éducation sépare les citoyens selon leur aptitude différente à gouverner ou à être gouvernés [2]. En contradiction avec la première formule de ce paragraphe (en italiques) qui transforme en affirmation catégorique l'hypothèse écartée au début du chapitre 4 – les excellences de l'homme de bien et du citoyen sont identiques –, nous sommes renvoyés à la séparation problématique des gouvernants et des gouvernés et au risque de voir les politiques devenir des pères, des époux ou même des maîtres.

Montrant ainsi que les problèmes de la *politeia* et de l'excellence ne sont pas résolus, Aristote régresse donc, en cette fin du livre III, aux moments de plus grande aporie : au chapitre 7 quand la case du régime populaire droit est vide, au milieu du chapitre 4, quand la distance entre les hommes de bien et les simples citoyens met en cause le caractère politique du régime et risque de réduire la cité à une famille et même à ce qui en elle est pouvoir despotique. Il faut se souvenir de ces difficultés pour comprendre le programme exposé en ouverture du livre IV.

1. Voir plus haut, les conclusions du commentaire du chap. 4, puis du chap. 5, I, 1, p. 86-87 et p. 89-90.

2. III, 4, 8, 1277 a 16-20.

En introduisant la première partie de cet ouvrage, j'ai résumé dans l'ordre où elles sont présentées au début du livre IV les tâches impliquées par la recherche du meilleur régime :

– Décrire le régime le meilleur le plus conforme à nos vœux si aucun obstacle extérieur ne s'y oppose (II) [1].

– Déterminer le régime le mieux accordé à chaque cité, le meilleur eu égard à des circonstances (ἐκ τῶν ὑποκειμένων) diverses plus ou moins conformes à ces vœux (I, 3).

– Étudier les moyens de conserver et de réformer un régime quand on doit accepter le principe fondamental (ὑπόθεσις) qui le caractérise (I, 4).

– Déterminer le régime le mieux accordé à la plupart des cités existantes (I, 2).

– Connaître pour chaque type de régime toutes ses variétés possibles (I, 1).

L'examen de la manière dont les points de ce programme sont traités dans le reste des *Politiques*, mais dans un ordre différent (que j'indique entre parenthèses) met en évidence l'existence pour les régimes de deux voies vers l'excellence, déjà dessinées en pointillés au livre III, à la fin des chapitres 4 et 5 [2].

Aristote mentionne d'abord la voie la plus conforme à nos vœux si rien d'extérieur ne s'y oppose (II). Elle lui est conforme en raison de la fin conduisant les hommes à former des cités : l'excellence de la cité et de chaque citoyen peuvent s'accorder sans difficulté, du moins apparente, parce que chacun d'eux y devient un homme de bien accompli. L'étude du régime correspondant à cette voie est reportée au livre VII. La citoyenneté y est réservée à une élite de semblables. Libérés du travail manuel, dotés de revenus suffisants, tous peuvent œuvrer à devenir hommes de bien et bons citoyens. Ils peuvent se partager de manière égalitaire tous les pouvoirs : quand ils ont atteint l'âge requis, celui de la maturité, ils délibèrent ensemble des affaires communes et exercent les autres fonctions en alternance.

1. J'indique entre parenthèses (I, 1, I, 2, I, 3 ; II) l'ordre suivi par Aristote aux livres IV, V, VI et VII pour développer les points de ce programme.

2. Voir dans cet ouvrage, I, 1, l'analyse de ces chapitres.

Les trois livres qui précèdent (IV, V, VI) sont consacrés à l'autre voie (I), soit aux quatre tâches qu'il faut regrouper en tenant compte de l'ordre où elles sont étudiées à partir du chapitre 2 du livre IV.

Pour explorer cette autre voie, Aristote part de la situation la plus courante à l'époque où il écrit : pluralité de cités et de leurs régimes respectifs, compétition entre ces régimes – à l'intérieur de chaque cité et entre les cités, principalement entre la démocratie et l'oligarchie –, division sociale enfin puisque les conflits entre riches et pauvres conduisent à des luttes pour la victoire de l'un ou l'autre régime. Le plus souvent, cette lutte conduit à des régimes déviés : une partie de la cité exerce la suprématie en vue de son propre avantage. La question est de savoir si l'on peut y remédier en visant un régime politique ordonné au bien commun à tous.

La réalité qui risque toujours de s'opposer à notre vœu d'une communauté de semblables orientée vers le bien commun est avant tout la division sociale. Au livre VII, cette division sociale est maintenue à l'extérieur de la cité grâce au recours massif pour tous les travaux manuels à des esclaves, à des serfs ou à des hommes libres dont les activités sont jugées serviles. La voie examinée aux livres IV, V et VI suppose au contraire que la division sociale agisse à l'intérieur comme à l'extérieur de la communauté civique. Il faut donc composer, mélanger, équilibrer le mieux possible, à l'intérieur même de la communauté, des citoyens, des éléments en partie dissemblables. La politique devient l'art du mélange exactement dosé et ajusté à des situations chaque fois différentes [1].

1. Pour parler du mélange politique, Aristote use presque toujours de μίξις et du verbe μίγνυμι. Usage du verbe κεράννυμι à propos de l'harmonie bien mélangée ou équilibrée, εὖ κεκραμένη ἁρμονία (IV, 3, 8, 1290 a 26), des régimes résultant d'un bon mélange, εὖ κεκραμέναι πολιτεῖαι (V, 8, 2, 1307 b 30-31) et de ceux des peuples Grecs dont le naturel est un heureux mélange d'intelligence et de courage (VII, 7, 4, 1327 b 35). Un seul usage de κρᾶσις à propos d'un peu de vin doux mêlé à beaucoup d'eau : « Socrate loue tout particulièrement le fait pour la cité d'être une [τὸ μίαν εἶναι τήν πόλιν] ce qui est (…) l'œuvre de la φιλία [amitié, amour], de même que, dans les discours sur l'amour [ἐν τοῖς ἐρωτικοῖς λόγοις], Aristophane, nous le savons, dit que les amants (…) désirent être nés et avoir crûs ensemble [συμφυῆναι] et, à partir de deux êtres, devenir l'un et l'autre un. Dans ce cas, l'un et l'autre ou l'un des deux sont nécessairement détruits ; quand il s'agit d'une cité, il est nécessaire dans une communauté de ce genre que l'amitié se dilue et qu'un père ne puisse dire “mon fils” et un fils “mon père”, tout comme un peu de vin doux mêlé [μιχθὲν] à beaucoup d'eau produit un mélange [κρᾶσιν] sans saveur… » (II, 4, 6-8, 1262 b 9-18) : dans ce cas, la κρᾶσις ne produit pas un corps nouveau (ce qui se produirait avec des composants de même force) mais le vin disparaît dans l'eau. Voir *infra*, p. 229, n. 3.

Politique du mélange (notre deuxième partie), cité des semblables (notre troisième partie), telles sont les deux voies vers l'excellence qu'Aristote examine successivement à partir du chapitre 2 du livre IV pour répondre aux trois apories mises en évidence au livre III : il faut accorder le bonheur de chaque citoyen et celui de la communauté (aporie de l'excellence), surmonter la difficulté que présente le régime populaire droit et enfin donner à la suprématie un sens nouveau pour éviter qu'elle soit la domination d'une partie de la cité sur les autres.

Après avoir étudié chacune de ces deux voies, politique du mélange et cité des semblables, il nous restera à examiner l'ensemble qu'elles forment et les raisons pour lesquelles Aristote ne l'a pas ramené à l'unité. Quand il écrit que la seconde voie est conforme à notre vœu, il semble nous proposer une hiérarchie, au risque de reconduire la différence classique entre un modèle idéal et un modèle plus réaliste. Nous montrerons que les *Politiques* sont jusqu'au bout problématiques : la tension entre les deux voies ne peut être réduite et les apories du livre III restent présentes dans les deux voies explorées pour les résoudre.

DEUXIÈME PARTIE

LA POLITIQUE DU MÉLANGE

INTRODUCTION

Si la division sociale subsiste à l'intérieur de la cité, il y a en son sein des riches et des pauvres, même si tous les travailleurs manuels indispensables à la cité ne sont pas citoyens [1]. Riches ou pauvres, les citoyens perçoivent le bien à partir de leur position sociale propre ; leur vision de ce qui est juste pour tous et pour chacun – du juste « complet », « absolu » ou « suprême », dit Aristote au chapitre 9 du livre III – est donc nécessairement partielle et unilatérale, oligarchique ou démocratique : les uns ne voient que l'apport des riches à la prospérité de la cité ; les autres ne voient que le rôle joué par la liberté de chaque citoyen pour le bien commun de tous. Le bon mélange ajuste l'une à l'autre ces visions partielles, comme on ajuste deux morceaux d'une même pièce coupée en deux comme signe de reconnaissance, ce que les Grecs appelaient « symbole » (σύμβολον) [2] : c'est l'enjeu de la nouvelle définition de la *politeia* comme mélange harmonieux de démocratie et d'oligarchie, composé de deux fragments si exactement

1. Cela implique qu'une cité ait deux types de parties :

– les éléments indispensables pour elle, ses parties au sens large (ἐξ ὧν μορίων ἡ πόλις συνέστηκεν, « de quels éléments la cité est faite », I, 3, 1, 1253 b 1-2 ; αἱ πόλεις οὐκ ἐξ ἑνὸς ἀλλ 'ἐκ πολλῶν σύγκειται μερῶν, « les cités ne se composent pas d'une unique partie mais de beaucoup » IV, 4, 9, 1290 b 38-39) ;

– ses parties *stricto sensu*, c'est-à-dire les citoyens, voir III, 5, 2, 1278 a 2-3 et surtout VII, 8, 1-2, 1328 a 21-27.

Dans l'un et l'autre de ces usages, Aristote use de μόριον et de μέρος. Pour une comparaison systématique entre ces deux sens (large et étroit) de μόριον et de μέρος pour désigner les parties de la cité, voir *infra*, III, 9, p. 271-275.

2. IV, 9, 1, 1294 a 30-35. Voir plus loin, la traduction et commentaire de ce texte essentiel, p. 220. Cependant la politique du mélange ne peut se réduire à ce qu'implique ce modèle du symbole : une partie démocratique d'un seul tenant ajustée à une partie oligarchique également d'un seul tenant. Voir *infra*, II, p. 229-230 et p. 249-250.

ajustés l'un à l'autre que la ligne de fracture entre eux devient presque invisible.

Pour bien mélanger, le législateur n'invente pas les ingrédients dont il part mais les découvre dans la vie réelle des cités, dans les régimes de fait qui dévient presque toujours du juste complet dans un sens démocratique ou oligarchique. Aristote reconnaît donc une grande part de vérité à l'opinion courante qui organise la pluralité des régimes à partir de l'opposition entre démocratie et oligarchie [1] : elle vaut comme état des lieux, prise en compte de la réalité dont il faut partir pour la transformer. Pour déterminer le meilleur mélange dans une situation donnée, il faut d'abord mesurer le dosage exact propre au régime existant et ses effets précis selon qu'il est oligarchique ou démocratique, qu'il l'est plus ou moins, en ceci ou en cela, à un degré et d'une manière qu'il faut chaque fois apprécier. Le législateur ne se contente pas de ramasser ce qu'il trouve, il doit l'identifier. Pour bien mélanger, il faut connaître précisément en qualité et en quantité ce qu'il faut mélanger [2].

Au début du livre IV, il faut donc revenir à la pluralité des régimes distingués au chapitre 7 du livre III en rompant avec la rigidité et l'étroitesse de cette classification. Aristote ne se contente plus, comme dans ce chapitre, d'opposer les régimes droits et déviés selon leur finalité, en déterminant la partie de la cité détenant chaque fois la suprématie. Désormais la norme est la juste mesure (τὸ μέσον), le mélange conforme au juste complet sans suprématie d'une partie de la cité sur le reste : tous les régimes se classent selon leur distance plus ou moins grande à cette mesure commune. L'opposition binaire du droit et du dévié est remplacée par le système formé par ce juste milieu et les degrés de déviation, disposés entre le centre et les régimes qui s'en éloignent au point qu'il devient impossible de parler d'unilatéralité : les démocraties ou oligarchies sans mélange se confondent avec les pires des tyrannies [3]. Quand cette limite est atteinte, on ne peut plus parler d'une vision unilatérale du bien commun, impliquant encore une perception, même déformée, de la fin véritable de la cité. Un tel bien est devenu invisible, ce qui menace l'existence de la πόλις et de sa πολιτεία. Dans la zone intermédiaire entre le milieu (le juste mélange) et la

1. Énoncé de cette opinion : pour la critiquer ensuite, IV, 3, 6-8, 1290 a 13-29 ; pour l'expliquer par le fait que les fonctions respectives des pauvres et des riches renvoient nécessairement à des groupes sociaux distincts, car « il est impossible que les mêmes soient riches et pauvres à la fois », IV, 4, 18-19, 1291 b 7-13.

2. Voir de nouveau le texte traduit, p. 220.

3. Pour la démocratie sans mélange, IV, 4, 27-28, 1292 a 15-23 ; pour l'oligarchie qui lui correspond, la δυναστεία, IV, 5, 2, 1292 b 7-10.

périphérie (les déviations qui n'en sont presque plus, car la référence au centre dont on dévie est en train de disparaître), il y a des démocraties et des oligarchies impures, composant plus ou moins avec l'ingrédient opposé : des démocraties tenant plus ou moins compte de l'avantage des riches, des oligarchies tenant plus ou moins compte de l'avantage des pauvres, dans l'un et l'autre cas selon des modalités à déterminer. En ce sens, *la plupart des régimes, tous ceux qui, même déviés, restent des régimes politiques, sont déjà, comme le sera le régime populaire droit redéfini* (*la* politeia), *des mélanges d'oligarchie et de démocratie*. Il faut partir de là pour déterminer la juste mesure. Si la *politeia* complètement redéfinie est cette juste mesure, on ne pourra donc plus se contenter, comme on le fait trop souvent, de la définir comme mélange de démocratie et d'oligarchie. Cette définition provisoire est insuffisante tant que le bon dosage du mélange n'est pas exactement déterminé.

Cette politique du mélange implique quatre tâches distinctes résumées dans le tableau qui suit : établir l'état des lieux pour trouver et trier les bons ingrédients (1), déterminer la juste mesure (2), en user pour calculer le dosage convenant à un peuple donné, selon que le législateur est libre (3) ou non (4) de toucher au principe du régime existant.

Ordre réel suivi en IV-VI	Ordre selon lequel ces tâches sont énumérées en IV, 1	Nature des tâches	Textes des *Politiques*
(1)	4	État des lieux : les régimes existant	IV, 3-8 et 10
		Démocraties et oligarchies	VI, 4-6
		Politeiai et aristocraties	IV, 7-8
		Tyrannies	IV, 10
(2)	3	La *politeia* comme juste mesure	IV, 9 et 11
		équilibre politique	IV, 9
		équilibre des forces sociales	IV, 11
(3)	1	Dosage convenant à un peuple donné si l'on peut ne pas conserver le principe du régime existant	IV, 12-13
(4)	2	Dosage convenant si l'on doit conserver ce principe	V

Tableau II : Les tâches de la politique du mélange

TROUVER ET TRIER LES BONS INGRÉDIENTS (I, 1)

Il faut d'abord (chapitres 3-8 et 10) établir l'état des lieux indispensable pour repérer les ingrédients du mélange. Aristote complète, complique et finalement subvertit la classification des régimes : d'une part, en distinguant diverses formes de démocratie, d'oligarchie (chapitres 3-6) et de tyrannie (chapitre 10), d'autre part (chapitres 7-8) en définissant deux formes droites du mélange d'oligarchie et de démocratie (deux *politeiai*), selon qu'il penche vers l'oligarchie (un des sens du mot « aristocratie ») ou vers la démocratie (*politeia* en un sens plus étroit) [1]. Il faut tenir compte de la progression de la démarche. La formule résumant sommairement [ἁπλῶς] le premier moment de la nouvelle définition de la *politeia* au livre IV comme « mélange d'oligarchie et de démocratie » [2] est encore équivoque : en un sens, toutes les démocraties et oligarchies modérées méritent ce nom de *politeia* dans la mesure où elles sont un tel mélange [3]. Si l'on en reste à la lettre de cette première redéfinition, on devra, pour sauver ce qui doit l'être de la distinction entre les formes droites (les *politeiai*) et déviées (démocraties et oligarchies composant avec leurs contraires respectifs), distinguer les mélanges qui ne penchent que légèrement d'un côté ou de l'autre (les *politeiai*) et ceux qui le font davantage et de plus en plus (les diverses formes de démocratie et d'oligarchie).

1. IV, 8, 3, 1293 b 33-38. Remarque de Filmer en 1652 sur cette définition (je traduis) : « Après beaucoup d'incertitudes sur la nature de ce gouvernement politique auquel il manque un nom, Aristote finit par répondre que cette république générale [*general commonweal*] ou *politia* est composée d'une "démocratie et d'une oligarchie", car "pour parler clair [*plainly*, qui traduit mal ἁπλῶς, JT], une *politeia* [*polity*] est un mélange d'une démocratie et d'une oligarchie (livre 4, chapitre 8)". Autrement dit, une unique forme parfaite est faite de deux qui sont imparfaites. En matière de gouvernement, c'est plutôt confusion que composition que de prendre comme pièces pour l'ériger [*to patch it up*] deux régimes corrompus… » *Observations upon Aristotles Politiques, Patriarcha and Others Writings*, Cambridge, Cambridge University Press, 1991, p. 247. Si l'on met bout à bout la classification de III, 7 et ce texte de IV, 8, sans tenir compte du fait que la classification binaire (droit/dévié) a été subvertie, ce genre de critique est inévitable.

2. À bien noter le ἁπλῶς par lequel Aristote précise le côté « sommaire » de cette définition.

3. Voir *infra* (III, 6, p. 218) les raisons de ma traduction et le commentaire (n. 2) d'un passage difficile et controversé, IV, 8, 8, 1294 a 15-16 : « Dans beaucoup de cités, le régime est, pour sa forme, appelé *politeia* ».

DÉTERMINER LA JUSTE MESURE, TÒ ΜΈΣΟΝ (I, 2)

Pour passer de l'état des lieux à la première étape de la reconstruction impliquée par le programme assigné à la science politique (I, 2)[1] – déterminer « quelle est le meilleur régime [πολιτεία] [ou la meilleure *politeia*] et la meilleure vie pour la plupart des cités et la plupart des hommes »[2] – ce qui permettra ensuite de passer des mélanges de fait à celui que la science politique conseille dans une situation donnée (tâches I, 3 et I, 4), il faut donc chercher le point d'équilibre, la mesure des divers mélanges réels auparavant étudiés : c'est « la *politeia* mélangée de belle façon, ἡ πολιτεία ἡ μεμειγμένη καλῶς »[3]. Aristote y consacre les chapitres 9 et 11.

Au chapitre 9, il distingue trois formes distinctes du mélange à réaliser dans la distribution des pouvoirs ; au chapitre 11, il décrit l'équilibre des forces sociales les rendant possibles, tenant à l'existence d'une classe moyenne prépondérante. Cette distinction entre équilibre des forces sociales et répartition des pouvoirs continue à jouer un rôle important jusqu'à la fin du livre VI : qu'il s'agisse de doser le mélange convenant à chaque peuple (tâche I, 3) ou de doser celui qu'il faut réaliser dans une cité s'il faut améliorer et conserver le régime en place (tâche I, 4), l'équilibre politique réalisé entre les divers pouvoirs devra être accordé au rapport de force : entre le peuple et les notables, entre les groupes dont ces deux classes sont composées, entre la classe moyenne et le reste de la cité.

Cette distinction entre le point de vue politique et le point de vue social, selon qu'il s'agit de combiner des pouvoirs politiques ou de tenir compte de l'équilibre des forces sociales, explique peut-être aussi que les chapitres consacrés pour la *politeia* à chacun de aspects (IV, 9, pour le versant politique, IV, 11 pour le versant social) soient séparés par le très bref

1. La 4e au chapitre 1 du livre IV, que j'ai finalement numérotée I, 2 en tenant compte de la réalisation effective du programme.

2. Τίς δ' ἀρίστη πολιτεία καὶ τίς ἄριστος βίος ταῖς πλείσταις πόλεσι καὶ τοῖς πλείστοις τῶν ἀνθρώπων, IV, 11, 1, 1295 a 25-26. Faut-il parler du meilleur « régime » en donnant à πολιτεία son sens général ou de la meilleure *politeia* au sens plus étroit de mélange d'oligarchie et de démocratie ? Il me semble impossible de trancher et Aristote ne le fait pas : il reprend bien sûr la formule de IV, 1 désignant la 4e tâche, où « régime » semble s'imposer, mais nous savons désormais qu'il s'agit de passer des mélanges de fait au juste mélange, dans un contexte où les régimes modérément déviés esquissent déjà le mélange à réaliser : pour rester une vraie πολιτεία (au sens général de régime politique), un régime doit s'approcher de la *politeia* (au sens du mélange bien ajusté d'oligarchie et de démocratie).

3. IV, 9, 10, 1294 b 35.

chapitre 10 sur la tyrannie : il complète l'état des lieux des chapitres 3-8 et on l'attendrait donc plutôt après le chapitre 8. Aristote rappelle qu'il a déjà traité de la royauté « qui en mérite le plus le nom » [1]. Passant à la tyrannie, il en distingue, comme il vient de le faire pour l'oligarchie et la démocratie, les formes impures et incomplètes (dont il a déjà été question au livre III) [2] et la forme sans mélange : c'est le seul élément réellement nouveau de ce chapitre, rendu nécessaire par l'état des lieux qui précède ; comme on l'a vu, les démocraties et oligarchies sans mélange, qui cessent d'être des régimes politiques, sont de pures tyrannies, collectives au lieu d'être monarchiques [3].

L'objet spécifique du livre VI – à première vue peu visible parce qu'Aristote semble revenir sur ses pas et reprendre le chemin déjà parcouru au livre IV du chapitre 3 au chapitre 13 – est de mieux déterminer ce dosage politique à l'aide des nouveaux instruments d'analyse présentés à la fin du livre IV (chapitres 14-16). Aristote y dresse l'inventaire des multiples manières dont les régimes peuvent distribuer les pouvoirs : mélanger la démocratie et l'oligarchie ne revient pas seulement à ajuster une institution oligarchique et une institution démocratique comme les deux morceaux provisoirement séparés d'une pièce servant de signe de reconnaissance ; il s'agit de concevoir, avant la composition finale, chacun des multiples rouages et procédures de chaque régime comme un dosage spécifique, en quantité (il est plus ou moins oligarchique ou démocratique) et en qualité (il l'est de telle ou telle manière). Le mélange politique conçu par Aristote ne ressemble donc pas à celui que Polybe imaginera plus tard pour décrire la république romaine – composée selon lui de trois institutions bien distinctes, monarchique (les consuls), aristocratique (le sénat) et démocratique (les assemblées du peuple) – modèle qui va dominer, jusqu'à Montesquieu, les discours sur le gouvernement mixte [4]. C'est pourtant à cette lumière rétrospective que la définition de la *politeia* comme mélange de démocratie et d'oligarchie est souvent comprise, comme si Aristote avait pressenti ce que Polybe avait ensuite systématisé. En réalité, on avait, bien avant Polybe et Aristote, conçu des mélanges combinant deux ou trois

1. IV, 10, 1, 1295 a 5 : référence à l'étude de la παμβασιλεία (III, 15 et 16) commentée plus haut dans cet ouvrage, I, 3, p. 135-147.

2. III, 14, 6-11. Voir à la fin de la première partie de cet ouvrage, p. 137-138.

3. Voir *supra*, p. 162, n. 3.

4. Polybe, *Histoires*, VI. Sur cette tradition, *Le gouvernement mixte : de l'idéal constitutionnel au monstre constitutionnel en Europe (XIIIe-XVIIe siècle)*, études réunies et introduites par Marie Gaille-Nikodimov, Saint-Étienne, Publications de l'université de Saint-Étienne, 2005.

éléments simples clairement identifiés : le travail d'Aristote consiste à dépasser ces modèles sommaires, polybiens avant Polybe, pour inventer des compositions beaucoup plus complexes.

À la lumière de l'extraordinaire combinatoire qui en résulte, les exposés antérieurs du livre IV (même celui du chapitre 9 qui donnait déjà des exemples des trois combinaisons possibles des pouvoirs) ou du livre V, peuvent être renouvelés ou complétés au livre VI.

Revenons à la *politeia* comme juste mélange. Aristote lui reconnaît deux caractères en apparence incompatibles : elle convient le mieux à la plupart des cités [1] ; elle est pourtant rare et de ce fait presque invisible [2].

Le premier aspect se comprend facilement si l'on se souvient de ce qui précède. Pour formuler le problème et inventer des solutions en des termes convenant à la plupart des cités, Aristote est parti de leur vie politique, des conflits comparables qui les traversent (division sociale, lutte entre les partisans de la démocratie et de l'oligarchie) et des compromis ou réponses partielles qu'elles ont imaginés (des formes imparfaites de mélange).

La mesure commune proposée par la science politique, la *politeia*, ne convient pas partout au sens où elle pourrait être partout réalisée : aux chapitres 9 et 11, Aristote évite de s'arrêter de manière minutieuse et détaillée à un unique dispositif social et politique, comme il le fera au livre VII et VIII pour la cité des semblables, quand toutes les conditions conformes à nos vœux auront été exactement déterminées : par exemple Aristote passera beaucoup de temps à décrire avec précision l'âge optimal du mariage (18 ans pour les femmes, 37 ans pour les hommes) et donc de l'accouplement, pour lequel il fixe aussi la saison favorable [3]. Il n'y a rien de tel pour la *politeia* comme mesure moyenne au livre IV, alors qu'Aristote insiste sur la minutie du dosage ajusté à chaque situation particulière. La *politeia* dans sa définition achevée convient parce qu'elle est la norme commune guidant dans chaque situation la recherche de la meilleure réponse possible, la plus proche de la position d'équilibre. Cette position peut n'avoir été que rarement réalisée ou même jamais. Pour qu'elle ait existé, existe ou puisse exister à l'avenir, il faut supposer un ensemble de conditions difficiles à réunir : un bon équilibre des forces sociales (nous allons plus loin expliquer en quoi il consiste), l'art d'un bon législateur,

1. « Le régime le mieux accordé à toutes les cités » IV, 1, 5, 1288 b 34-35. « Le régime le meilleur et la vie la meilleure pour la plupart des cités et la plupart des hommes » IV, 11, 1, 1295 a 25-26.

2. IV, 7, 1, 1293 a 40-b 1 ; 11, 19, 1296 a 36-38.

3. VII, 16, 1-10, 1334 b 28-1335 a 38.

capable aussi de susciter le consentement de tous, et un climat général entre les cités qui ne soit pas dominé, comme il l'a été pendant longtemps, par les efforts des cités les plus puissantes, Athènes et Sparte, pour établir chez les autres leurs régimes déviés respectifs, la démocratie ou l'oligarchie [1].

DE LA JUSTE MESURE AU JUSTE DOSAGE CONVENANT À UN PEUPLE DONNÉ (I, 3) OU À LA RÉFORME D'UN RÉGIME DONNÉ (I, 4)

Avant d'être une réalité empirique visible, le régime heureusement mélangé est donc la cible que le législateur doit avoir en vue dans une situation qu'il n'a pas choisie. Aristote le précise à la charnière des chapitres 11 et 12, quand il veut relier la première tâche (I, 2) aux deux autres (I, 3 etI, 4) :

> Quel est donc le meilleur régime [πολιτεία] [ou la meilleure *politeia*] [2] et pour quelle raison, c'est manifeste à partir de qui précède. Quant aux autres régimes (nous disons en effet qu'il y a plusieurs démocraties et plusieurs oligarchies), lequel il faut placer le premier, lequel le second, et ainsi de suite du meilleur au moins bon, ce n'est pas difficile à voir une fois qu'on a défini le meilleur. Il faut en effet que meilleur soit le plus proche, inférieur celui qui s'éloigne plus de la juste mesure [τὸ μέσον], à moins qu'on ne juge en ayant en vue le principe d'un régime donné [ἄν μὴ πρὸς ὑπόθεσιν κρίνῃ τις]. Je dis « en ayant en vue ce principe [πρὸς ὑπόθεσιν, *ad hypothesim*, GM, *ex suppositione*, PA] » car souvent, alors qu'un autre régime serait préférable pour certains [αἱρετωτέρας ἐνίοις], rien n'empêche qu'un régime différent leur soit plus avantageux [συμφέρειν ἑτέραν μᾶλλον εἶναι πολιτείαν] [3].

Il s'agit de passer de la tâche I, 2 (déterminer la mesure du mélange) aux deux autres : en user pour doser le mélange dans les conditions particulières à chaque situation pouvant être plus (I, 4, avec la contrainte de maintenir le régime en place) ou moins (I, 3, si une telle nécessité est absente) contraignantes. Ce texte comporte une difficulté. Il s'agit de comprendre la signification de l'exception (ἄν μὴ πρὸς ὑπόθεσιν κρίνῃ τις). Faut-il

1. IV, 11, 18, 1296 a 32-36, allusion à l'attitude de ces deux cités au cours de la guerre du Péloponnèse (431-404 av. J.-C.).

2. Comme au début du chapitre 11 (IV, 11, 1, 1295 a 25-26, voir p. 165, n. 2), Aristote joue sur le double sens (général et étroit) de πολιτεία.

3. IV, 11, 20-21, 1296 b 2-12. Guillaume de Moerbeke, Spiazzi, p. 220, 501, Laval, p. 229, 1re c. ; Pierre d'Auvergne, Spiazzi, p. 224, 643, Laval, p. 233, 2e c. (*ex suppositione* est la traduction de ἐξ ὑποθέσεως par GM en IV, 1, 4 (Spiazzi, p. 187, 391, Laval, p. 192, 1re c.).

traduire « à moins qu'on ne juge en se référant à des conditions données (Aubonnet) ou déterminées (Tricot) »[1] ? Dans ces traductions, le texte veut dire : on doit hiérarchiser tous les régimes à partir de l'étalon qu'on vient de définir (la *politeia*), sauf si l'on recherche le régime le meilleur « en se référant à des conditions données ». *Cette expression engloberait les tâches I, 3 et I, 4*, ces conditions pouvant être plus ou moins restrictives, selon qu'il faut conserver ou non le régime existant. Je fais plusieurs objections à cette traduction.

Elle me paraît d'abord peu compatible avec l'explication par Aristote du πρὸς ὑπόθεσιν : « souvent, écrit-il, alors qu'un autre régime serait préférable pour certains, rien n'empêche un régime différent de leur être plus avantageux ». Aristote n'oppose pas un étalon universel à un avantage relatif aux circonstances. Il oppose plutôt le régime préférable pour tel peuple étant données les circonstances (τά ὑποκείμενα), pouvant si nécessaire être différent de son régime actuel, proche autant qu'il est possible de la norme visée (tâche I, 3), et ce qui est le plus avantageux et le plus proche de la même norme dans l'hypothèse plus restrictive où ce régime doit être conservé (tâche I, 4). Car dans les *Politiques* ὑπόθεσις ne renvoie pas en général à des conditions quelconques mais a un sens plus précis. Sans en tenir compte dans sa traduction du texte que nous commentons, ce qu'on peut regretter, Aubonnet renvoie à juste titre à un autre usage de l'expression πρὸς ὑπόθεσιν[2] : il s'agit de distinguer l'aristocratie par excellence (en fait la cité selon nos vœux du livre VII) et les autres cités où l'excellence du citoyen n'est pas celle de tout homme de bien mais relative au principe (ὑπόθεσις, *hupothésis*) de chaque régime. Le plus souvent[3]

1. « (...) à moins qu'il ne s'agisse d'en juger relativement à un état de choses déterminé, et dans une hypothèse donnée. Je dis dans une hypothèse donnée » (Thurot, p. 275) ; « à moins qu'il ne s'agisse de juger dans un cas déterminé. Je dis dans une hypothèse donnée », Bastien, p. 254 ; « Relativement à des conditions données ; je dis “dans des conditions données” », Pellegrin. Mais il renvoie (p. 315, n. 9) à sa note sous IV, 1, 4, 1288 b 28 (p. 278, n. 2) : selon cette note, la traduction de ἐξ ὑποθέσεως par « dans un genre donné » vise à bien distinguer la tâche I, 3 (le meilleur ἐκ τῶν ὑποκειμένων, « dans une situation donnée »), et la tâche I, 4, ἐξ ὑποθέσεως, « dans un genre donné », quand il faut conserver le régime en place, si bien que j'ai du mal à savoir s'il comprend la conclusion du chapitre 11 comme Aubonnet ou comme moi.

2. Μὴ πρὸς ὑπόθεσίν τινα ἀγαθῶν ἀνδρῶν, IV, 7, 2, 1293 b 4.

3. Les exceptions vont dans le même sens, ὑπόθεσις ne désignant jamais des conditions quelconques mais un principe ou un fondement : en V, 11, 16, 1314 a 27-28, il s'agit, au pluriel, des trois ὑποθέσεις régissant les actions des tyrans quand la tyrannie est sans mélange, à distinguer un peu plus loin de l'ὑπόθεσις qu'une tyrannie mêlée de royauté doit conserver (pouvoir se passer du consentement des citoyens) pour ne pas devenir une royauté. En IV, 16,

ὑπόθεσις désigne, comme dans notre texte, le principe ou fondement d'un régime. C'est vrai dans le texte du chapitre 7 cité par Aubonnet : il s'agit d'hommes dont la bonté n'est pas relative au principe de tel ou tel régime. C'est encore vrai pour le principe (ὑπόθεσις) du régime que Socrate préconise dans la *République* [1] – l'unité de la cité doit être maximale –, pour l'ὑπόθεσις du régime de Sparte, de Crête et de presque tout autre régime [2], pour l'ὑπόθεσις adoptée par le législateur qui institua le régime de Sparte [3], pour l'ὑπόθεσις de l'aristocratie et de la *politeia* dont il faut tenir compte pour discerner, en chaque circonstance, dans quelle exacte mesure le régime des Carthaginois penche davantage, tantôt vers la démocratie, tantôt vers l'oligarchie [4], et enfin pour le principe minimal de la tyrannie (le pouvoir d'exercer sa puissance, même sans le consentement des sujets, qui le différencie de la royauté) [5], ou de la démocratie (la liberté) [6]. La seule exception apparente concerne « les principes de la cité selon nos vœux » (αἱ ὑπόθεσεις περὶ τῆς μελλούσης...πόλεως) [7] : il s'agit du nombre de citoyens et de résidents, de l'emplacement, des ressources naturelles et enfin de l'ethnie des citoyens conformes aux vœux du législateur, soit, semble-t-il, de l'ensemble des circonstances (τά ὑποκείμενα) qui d'ordinaire lui font plus ou moins obstacle [8]. Un peu plus loin Aristote fait cependant référence au singulier (et non plus au pluriel) à l'ὑπόθεσις de la cité selon nos vœux pour exclure de la citoyenneté tous ceux qui ne sont pas ouvriers d'excellence [9]. Les ὑποκείμενα du début du livre IV (les données qui s'imposent au législateur) deviennent des ὑπόθεσεις au début du livre VII quand elles ne sont plus des réalités rencontrées par la science politique s'opposant plus ou moins à ce qu'elle souhaite mais des conditions fondamentales qu'elle doit nécessairement poser parce qu'elle découlent du principe de la cité conforme à ses vœux, l'identité du citoyen et de l'homme de bien.

La traduction que je conteste me paraît aussi mal s'accorder avec le début du texte, ce qui est dit avant la formulation de l'exception. Établir une

1, 1300 b 14, il ne s'agit plus du fondement d'un régime, mais du principe de la combinatoire commandant l'organisation des pouvoirs des juges comme des magistrats.

1. II, 2, 2, 1261 a 15-16 ; 5, 13, 1263 b 30-31.
2. II, 9, 1, 1269 a 32-33.
3. II, 9, 34, 1271 a 41-b 1.
4. II, 11, 5, 1273 a 4 *sq.*
5. V, 11, 19, 1314 a 38-40.
6. VI, 2, 1, 1317 a 40-41.
7. VII, 4, 1, 1325 b 35-36.
8. IV, 1, 3, 1288 b 26.
9. VII, 9, 7, 1329 a 19-24.

sorte de tableau d'honneur des régimes aurait très peu d'intérêt. Il s'agit plutôt de donner une cible au législateur : pour un peuple donné, le meilleur dosage est celui qui, étant données les circonstances, s'approche le mieux possible du point d'équilibre, ce qui peut conduire à préférer un autre régime que le régime en place (tâche I, 3) ; à moins, ajoute Aristote pour annoncer la tâche I, 4, qu'il soit nécessaire de se soumettre à la condition plus restrictive exprimée par l'expression ἐξ ὑποθέσεως[1] au premier chapitre du livre IV : respecter le principe du régime en place, même si ce régime n'est pas le meilleur que les circonstances présentes permettent. Tant qu'un régime reste un régime, tant qu'il n'est pas une démocratie, une oligarchie ou une tyrannie sans mélange, de part en part despotique, la juste mesure reste la cible que doit viser la réforme dans une situation plus ou moins contraignante.

Le mélange qui convient à un peuple donné, selon qu'on est libre (I, 3) ou non (I, 4) de toucher au principe du régime existant

Aristote consacre les deux chapitres suivants du livre IV (chapitres 12 et 13) à étudier comment on peut déterminer le régime convenant à un peuple donné quand on a la liberté d'instaurer un régime nouveau si nécessaire (I, 3). Comme il l'a fait pour la *politeia* bien équilibrée, mais en sens inverse, en commençant par l'infrastructure sociale[2], il considère le rapport de force entre les pauvres et les riches (tel qu'il est modifié par la classe moyenne) et le mélange politique à mettre en œuvre. Il explique d'abord comment on peut évaluer ce rapport de force, en partant du principe que les forces favorables au régime doivent l'emporter sur celles qui ne le sont pas (chapitre 12). Il expose ensuite la méthode à utiliser pour bien combiner les pouvoirs (chapitre 13, 1-6). Il associe enfin ces deux points de vue, social et politique (chapitre 13, 7-11), en montrant que la citoyenneté doit être réservée aux hoplites, autrement dit à ceux dont le revenu suffit à l'achat des armes lourdes : c'est tenir compte en même temps de la composition sociale du corps civique et de sa nécessaire supériorité numérique par rapport à tous ceux, en particulier travailleurs

1. IV, 1, 4, 1288 b 28.

2. Pour la *politeia* : chap. 9, mélange des pouvoirs, chap. 11, infrastructure sociale nécessaire ; pour les régimes s'en approchant autant que possible : chap. 12, infrastructure sociale propre à tel ou tel peuple, chap. 12, mélange politique approprié.

manuels pauvres, qui ne sont pas citoyens mais doivent pouvoir, sans être hoplites, contribuer à la défense de la cité en cas de besoin.

Reste à étudier, au livre V, comment on peut réformer pour le conserver le régime en place quand on n'a pas la liberté de le remplacer par un autre (I, 4). Aristote commence à étudier les causes d'instabilité des divers régimes. Les luttes civiles [1] naissent de la partie de la cité (les riches ou les pauvres) qui s'estime lésée par la répartition des pouvoirs. Il peut en résulter, soit la destruction de ce régime, soit son maintien avec divers changements possibles : de nouveaux dirigeants dans une monarchie ou une oligarchie ; une démocratie ou une oligarchie qui se radicalisent ou se modèrent. Connaître ces causes d'instabilité, c'est aussi connaître les remèdes : « car les contraires produisent des contraires ; or ruine et salut sont des contraires » [2].

La première voie vers l'excellence des régimes étudiée jusqu'à la fin du livre VI est donc une *politique du mélange exactement dosé*. Comme nous venons de le voir, elle implique un état des lieux, la détermination d'une norme et son utilisation dans des situations particulières plus ou moins contraignantes. Nous allons revenir en détail sur certains aspects de ce programme :

- La manière dont Aristote se déplace (IV, 2-3) de la classification rigide des régimes présentée au chapitre 7 du livre III à une distribution beaucoup plus fine et complexe (chapitre 4 de notre ouvrage).
- Le nouveau tableau des degrés de déviation (chapitre 5).
- L'élaboration progressive d'une nouvelle définition de la *politeia* comme point d'équilibre de tous les mélanges (chapitre 6).
- L'art de déterminer, dans une situation donnée plus ou moins contraignante, le mélange qui lui est le mieux ajusté (chapitre 7).
- La manière dont la combinatoire qui clôt le livre IV permet de poser de manière nouvelle la question de la suprématie (chapitre 8).

1. Στάσις : la traduction par « sédition » est peut-être trop péjorative. C'est en politique l'action de se soulever, de se dresser contre, qui peut être plus ou moins justifiée et conduit à une lutte civile.

2. V, 8, 1, 1307 b 29-30.

CHAPITRE IV

UNE NOUVELLE MANIÈRE DE COMPRENDRE LA PLURALITÉ DES RÉGIMES (IV, CHAPITRES 2-3)

Pour penser la première voie vers l'excellence, celle du mélange, il faut connaître la nature exacte des éléments à mélanger présents dans chaque cité avant toute réforme. La diversité des régimes renvoie à la variété des compositions réalisées : d'où la nécessité de compléter, de compliquer et finalement de subvertir la classification du chapitre 7 du livre III. Il faut donc d'abord y revenir pour en expliciter toutes les conséquences. Aristote le fait sans mentionner pour l'instant l'acquis des chapitres 8-16 du livre III, qui ont pourtant déjà commencé à montrer son insuffisance.

L'ANCIENNE CLASSIFICATION ET SES CONSÉQUENCES

Ce retour en arrière consiste à rappeler le tableau des trois régimes droits – royauté, aristocratie, *politeia* – et de leurs déviations respectives – tyrannie, oligarchie, démocratie [1]. Plus clairement qu'au chapitre 7 du livre III, la conséquence du théorème de l'excellence – la cité la mieux gouvernée est celle où le(s) meilleur(s) gouverne(nt) – est mise en évidence. Elle conduit à une hiérarchie des trois régimes droits où l'aristocratie et la royauté ont la première place :

1. IV, 2, 1, 1289 a 26-30.

> De l'aristocratie et de la royauté, on a déjà parlé (car considérer le régime le meilleur, c'est la même chose que parler de ces noms [ταὐτὸ καὶ περὶ τούτων ἐστὶν εἰπεῖν τῶν ὀνομάτων] [1] ; car chacun de ces régimes veut être établi en vertu d'une excellence accompagnée d'un cortège de moyens [κατ 'ἀρετὴν… κεχωρηγημένην]) [2].

Comme nous l'avons vu, le nom propre de l'aristocratie renvoie à son principe d'excellence : si les meilleurs exercent la suprématie, la cité est régie en vue du meilleur. Il en va de même dans le cas particulier où il y a un seul meilleur, le roi. Aristote rappelle que la *politeia* est dépourvue d'un tel nom propre car elle porte le nom commun de tous les régimes [3] : si l'on en reste au chapitre 7 du livre III, il semble impossible que la suprématie de la multitude soit celle des meilleurs [4]. Plus l'excellence de l'instance suprême est incontestable, plus elle est divine, mieux gouvernée est la cité [5]. Sous la forme de la παμβασιλεία, clairement désignée sans être nommée, la royauté est l'aristocratie par excellence : « car il faut que la royauté, ou n'en ait que le nom ou en soit une du fait de la grande supériorité du roi régnant » [6]. Avant de critiquer le théorème de l'excellence, il faut commencer par mettre en évidence ses conséquences.

À s'en tenir à ce théorème, le ou les meilleurs au pouvoir doivent disposer de tout un cortège de moyens. Aristote a utilisé le participe passif du verbe χορηγεῖν [7] au chapitre 1 du livre IV à propos de la tâche de la gymnastique visant à déterminer le meilleur exercice, le mieux accordé « à l'homme le plus heureusement doté en qualités naturelles et en moyens [τῷ γὰρ κάλλιστα πεφυκότι καὶ κεχορηγημένῳ] » [8]. En matière politique, cette

1. Il faut traduire littéralement. Dire « parler des régimes ainsi nommés » est plus élégant, mais rend moins visible le lien entre le nom propre de l'aristocratie et son principe d'excellence. Traduction de Guillaume de Moerbeke (Spiazzi, p. 188, 396, Laval, p. 193, 1re c.) : *de optima enim politia considerare idem, et de iis dicere hominibus*, « considérer le régime le meilleur et parler de ces régimes, c'est la même chose ». La quasi traduction de Pierre d'Auvergne (Spiazzi, p. 190, 537, Laval, p. 196, 2e c.) est plus près du grec : *Idem enim est considerare de his quæ significantur per ista nomina et de optima politia*, « c'est la même chose de considérer ce que ces noms signifient et ce qu'est le meilleur régime ».

2. IV, 2, 1, 1289 a 30-33.

3. IV, 2, 1, 1289 a 35-36.

4. III, 7, 4, 1279 a 39-b 2.

5. IV, 2, 2, 1289 a 40.

6. IV, 2, 2, 1289 a 41-b 2.

7. « Conduire un chœur », « être chorège », soit faire les frais de ce chœur, pourvoir à tous les moyens qui lui sont nécessaires. Au passif, « être équipé d'un cortège de moyens ».

8. IV, 1, 1, 1288 b 13-15. Le καί est-il additif ou explicatif ? Dans le premier cas, les heureux moyens, tenant par exemple aux conditions sociales de vie, s'ajoutent aux heureux

tâche correspond à la recherche du meilleur régime si les conditions sont conformes à nos vœux, si la cité dispose elle aussi de tout un cortège de moyens. Dans le même chapitre, Aristote use une seconde fois d'une expression approchante : définissant la tâche I, 2 (déterminer le régime accordé à la plupart des cités), il critique « ceux qui ne recherchent que le régime le plus haut de tous [ἀκροτάτη] et exigeant tout un cortège de moyens [δεομένην πολλῆς χορηγίας] »[1]. En se limitant à ce premier chapitre, on pourrait comprendre que l'erreur est de se limiter au régime selon nos vœux tel qu'il est défini par Aristote au paragraphe 3 et décrit à partir du livre VII. Or dans le texte du chapitre 2 que nous commentons, l'excellence dotée de moyens n'est pas celle de la cité selon nos vœux : Aristote pense à la définition provisoire de l'ἀρίστη πολιτεία découlant du théorème de l'excellence (remis en cause, nous l'avons vu, dans la seconde partie du livre III). Il en est sans doute de même au paragraphe 6 du chapitre 1 : Aristote ne pense pas à l'erreur qu'il ferait en se limitant à l'ἀρίστη πολιτεία du livre VII mais à d'autres, peut-être à Platon cité ensuite ou à certains de ses élèves, qui se contentent de la forme la plus divine, ou à ceux qui « préférant parler d'un régime commun, rejettent ceux qui existent et font l'éloge du régime de Sparte ou de quelque autre »[2].

Il ne faut pas confondre l'ἀρίστη πολιτεία du livre VII et celle qui découle provisoirement en IV, 2 de la hiérarchie des régimes droits fondée sur le théorème de l'excellence : pour comprendre ce qu'est l'excellence et son cortège de moyens du chapitre 2 du livre IV, il faut penser à une formule presque semblable du livre I que nous avons déjà évoquée à propos de la παμβασιλεία et des lions d'Antisthène. Dans le débat sur l'esclavage, il était question d'« une excellence qui en trouve les moyens [ἀρετὴ τυγχάνουσα χορηγίας] », autrement dit de la rencontre de l'excellence morale et intellectuelle avec la puissance pour justifier, en cas de guerre, le pouvoir despotique du vainqueur sur les vaincus, si leur défaite témoigne de leur naturel servile[3] : réduire les vaincus en esclavage peut être justifié si la victoire manifeste une supériorité naturelle incontestable, car on peut

dons naturels ; dans le second, les dons naturels sont les moyens dont la nature a équipé cet homme privilégié.

1. IV, 1, 6, 1288 b 39-40. Aristote utilise le superlatif de ἄκρος qui signifie déjà « le plus haut ».

2. IV, 1, 6, 1288 b 40-1289 a 1 : on peut songer aux *Lois* de Platon, où il s'agit de choisir entre la cité la plus haute (celle qui est la plus proche de l'unité si les citoyens ne sont pas tous des êtres divins) et les seuls régimes existants qui sont de vrais régimes, ceux de Sparte et de Crête (voir le texte traduit *supra*, p. 103). Aristote fait référence à Platon au chapitre suivant.

3. I, 6, 3, 1255 a 13-16. Traduit *supra*, p. 132.

user de la force pour réduire en esclavage ceux qui ont un naturel servile et ne consentent pas d'eux-mêmes au statut auquel leur nature inférieure les destine [1]. Comme il l'a fait au livre III à propos de la παμβασιλεία, la royauté totale, Aristote signale discrètement le caractère supra ou infra-politique des régimes que le théorème de l'excellence valorise : les suprématies fondées sur une inégalité naturelle insurmontable (tant psychique que physique) sont trop théocratiques ou trop despotiques pour être véritablement politiques.

La hiérarchie des trois régimes droits découlant du théorème de l'excellence va du plus au moins divin : royauté, aristocratie, *politeia*. Le classement des déviations est inverse : pour l'instant il paraît évident, comme pour Platon auquel Aristote va immédiatement se référer, que la déviation de la forme la meilleure, la plus divine, est la pire [2] : si celui qui a la suprématie en tout et se passe des lois en cas de nécessité n'est pas un homme divin, son pouvoir devient la pire des tyrannies. Pour classer les déviations du plus au moins mauvais, on va donc de la tyrannie – la forme la plus éloignée d'un vrai régime politique (ou d'une *politeia*), πλεῖστον ἀπέχειν πολιτείας – à la démocratie, le régime le plus proche du juste milieu (μετριωτάτη). En allant de la tyrannie à la démocratie, l'écart entre chaque déviation et la forme droite dont elle dévie diminue : grand encore avec l'oligarchie, il tend à disparaître avec la démocratie qui est presque une *politeia*, au double sens du mot, régime populaire droit et, à l'opposé de la tyrannie, régime politique [3]. On mesure l'écart avec l'organisation de la pluralité des régimes que va bientôt impliquer la politique du mélange : la démocratie et l'oligarchie sans mélange, les plus déviées, seront aussi peu des régimes politiques que la tyrannie !

1. Sur ce point, Pufendorf s'écarte d'Aristote à la fin du XVIIe siècle : contrairement à Hobbes, Pendorf accepte l'idée d'infériorité naturelle ou encore d'un naturel fait pour l'obéissance mais refuse que le supérieur naturel, celui qui est naturellement apte à se gouverner et à gouverner les autres, ait pour autant le droit de gouverner l'inférieur sans son consentement (*De jure naturæ et gentium libri octo* [Lund, 1672], III, 2, 8, Photographic reproduction of the edition of 1688, Oxford, at the Clarendon Press, London, Humphrey Milford, 1934, p. 231-234 ; trad. fr. Barbeyrac, *Le droit de la nature et des gens*, Amsterdam, 1706, réédition Bâle, 1732, réimpression, Université de Caen, Centre de philosophie politique et juridique, 1987, p. 316-317).

2. « Il est nécessaire que la déviation de la première forme, la plus divine, soit la pire », IV, 2, 2, 1289 a 39-41.

3. IV, 2, 2, 1289 a 38-b 5.

Aristote remarque que ce classement est celui de Platon dans le *Politique*[1]. Il pense aux six régimes possibles pour Platon quand l'heureuse rencontre de la science politique et du pouvoir est absente : en l'absence de vent pour naviguer – dans le *Politique* d'un roi maîtrisant pleinement la science politique, capable à la fois d'édicter des lois générales et de les dépasser pour déterminer pour chacun en chaque circonstance la juste mesure convenable –, il faut avoir recours à la meilleure solution restante, à une « seconde manière de naviguer », δεύτερος πλοῦς, aux rames : confier le pouvoir à un seul, à quelques-uns ou au grand nombre qui, faute de cette compétence politique presque divine, devront se soumettre en toute circonstance à des règles générales toujours imparfaites. Faute de cette autorité des lois indispensable quand la rencontre de la science politique et du pouvoir n'a pas eu lieu, la royauté devient tyrannie, l'aristocratie oligarchie, etc. La liste établie pour l'instant par Aristote, tant que le théorème de l'excellence n'est pas remis en cause, est la même que celle de Platon dans le *Politique*, avec cette différence que l'absence de nom propre pour désigner la forme correcte (respectueuse des lois) du pouvoir du grand nombre conduit Platon à user du mot « démocratie », ordinairement péjoratif. Le régime populaire respectueux des lois et sa déviation, proches et presque indiscernables, ont pour Platon le même nom, « démocratie », alors qu'Aristote, qui admet dans ce texte la même proximité entre les deux régimes populaires, refuse cet usage ambivalent du mot démocratie, comme il l'a déjà fait au livre III : pour le régime populaire droit, il préfère user du nom commun à tous les régimes (*politeia*), sans doute pour préserver l'avenir, car la case de ce régime n'est que provisoirement vide. C'est cependant une autre différence avec Platon qui est mise en avant :

> À son jugement [celui de Platon], de tous les régimes équitables [ἐπιεικῶν], par exemple l'oligarchie convenable [χρηστῆς] ainsi que les autres, c'est la démocratie le moins bon, mais parmi les mauvais [φαύλων], elle est le

1. « Déjà, en vérité, quelqu'un a présenté les choses ainsi, mais pas avec les mêmes vues que nous » IV, 2, 3, 1289 b 5-6. C'est une allusion à *Politique*, 300 e (fin)-303 b. Ni Platon, ni ce dialogue ne sont nommés. Autre référence à la classification du *Politique* en IV, 7, 1, 1293 a 40-b 1 : Platon est nommé mais non le dialogue ; selon Aristote, Platon ne nomme pas la *politeia* car, du fait de sa rareté, elle échappe à son attention. Le texte du chapitre 2 que nous commentons montre qu'Aristote connaissait l'explication de Platon dans le *Politique*, un peu différente : puisque la démocratie est proche de la mesure, elle tend à se confondre avec le moins bon des régimes droits. De même, la discussion menée par Aristote sur les *Lois* (II, 6) montre que la portée de la remarque de IV, 7 (la *politeia* a échappé à Platon) est limitée au *Politique*.

> meilleur[1]. Nous, nous disons que la cible a été complètement manquée [ὅλως… ἐξημαρτημένας] avec ces régimes et qu'on ne parle pas bien en disant que telle oligarchie est meilleure que telle autre, alors qu'elle est seulement moins mauvaise.
> Mais abstenons-nous pour le moment d'un tel jugement[2].

Quand Aristote attribue à Platon l'idée que l'oligarchie peut être bonne ou mauvaise, il pense au « pouvoir du petit nombre » (ὀλίγων ἀρχὴ) que l'Étranger d'Athènes, qui conduit la discussion dans le *Politique*, distingue du pouvoir d'un seul et du pouvoir du grand nombre (πολλῶν ἀρχὴ), avant de juger chacune de ces formes acceptable ou non selon que la loi y est ou non respectée[3]. L'oligarchie convenable d'Aristote résumant Platon est ce que l'Étranger nomme « aristocratie » mais Aristote parle d'une « oligarchie » pour montrer que le critère de la loi ne suffit pas à rendre un régime droit : l'aristocratie de Platon, le pouvoir du petit nombre respectant la loi, est pour Aristote une oligarchie, une déviation, mais moins mauvaise qu'une autre. En effet nous savons depuis le livre III que le critère de la loi est insuffisant pour distinguer le droit et le dévié[4] car une partie de la cité peut fort bien légiférer en vue de son avantage particulier. Notre texte présente une difficulté : ὅλως… ἐξαμαρτάνειν, c'est « manquer *totalement* son but », ce qui renvoie à la division binaire entre les régimes droits et déviés, peu compatible avec l'idée qu'une certaine oligarchie est moins mauvaise qu'une autre. La nouvelle classification réglera la difficulté en abandonnant la logique binaire du tout ou rien. Les flèches dévieront plus ou moins de la cible, ce qui fera la pluralité des démocraties et des oligarchies. Dire « manquer totalement son but » est peut-être une manière discrète d'annoncer que le classement des régimes qui vient d'être présenté est provisoire. L'injonction finale (« abstenons-nous pour le moment de juger ») va dans le même sens : il ne s'agit pas seulement de s'abstenir de classer les déviations[5], puisque ce classement est solidaire de la hiérarchie entre les régimes droits. Il s'agit plutôt de montrer que l'évaluation des régimes résultant de la classification de III, 7 est le fruit d'une enquête imparfaite : jusqu'à nouvel examen, elle doit être maintenant laissée en suspens.

1. Aristote résume ce qui commence dans le *Politique* en 302 e et se poursuit en 303 a.
2. IV, 2, 3-4, 1289 b 6-12.
3. *Le Politique*, 302 c.
4. Voir, par exemple, le dernier § du chap. 10.
5. Comme le disent dans leurs notes Aubonnet, Tricot et Pellegrin.

LES PRINCIPES DE LA NOUVELLE CLASSIFICATION

Aristote expose ensuite les recherches à entreprendre en résumant le programme qui ouvre le livre IV. Il ajoute deux précisions. Les tâches relevant de la politique du mélange sont présentées dans l'ordre où elles seront effectivement étudiées aux livres IV et V – nouvelle classification des régimes (1), détermination de la juste mesure (2), usage de cette norme dans telle ou telle situation particulière (3 et 4) – alors que le chapitre 1 du livre IV les avait énumérées selon un ordre différent – tâches 3, 4, 2 et 1 [1] ; d'autre part et surtout, Aristote indique plus clairement qu'il ne le faisait dans le chapitre précédent que « le régime le plus commun » est norme et mesure d'excellence :

> D'abord, nous devons déterminer combien il y a de variétés de régimes, puisqu'il existe plusieurs espèces de démocratie et d'oligarchie ; déterminer ensuite le régime le plus commun [κοινοτάτη] et le plus souhaitable [αἱρετωτάτη] après le régime le meilleur [μετὰ τὴν ἀρίστην πολιτείαν] [2], autrement dit [3], s'il s'en trouve un autre [κἂν εἴ τις ἄλλη] aristocratique [ἀριστοκρατικὴ] et de belle constitution [συνεστῶσα καλῶς], mais [ἀλλά] accordé [ἁρμόττουσα] à la plupart des cités, dire lequel [4].

Utilisé au chapitre précédent [5], le terme ἁρμόττουσα suggérait déjà que le régime le plus commun était valorisé. Désormais ce régime est le plus souhaitable, de belle constitution [6], pour tout dire excellent, comme l'indique l'adjectif ἀριστοκρατικὴ qui a gêné les traducteurs. Aristote vise

1. Voir *supra*, Seuil, p. 155.

2. Comme Pellegrin (p. 282, n. 6), je pense qu'il s'agit du régime selon nos vœux (voir mon commentaire). Pierre d'Auvergne estime qu'il s'agit de la royauté et de l'aristocratie (*post optimas politias, quæ sint regnum et optimatum*, Spiazzi, p. 191, 542, Laval, p. 197, 2ᵉ c.) car il considère que le § 1 du chap. 2 (commenté *supra*, p. 174), assimilant le régime où le (s) meilleur (s) a (ont) la suprématie au régime le meilleur, énonce le jugement définitif d'Aristote. Je pense au contraire qu'Aristote énonce seulement les conséquences du théorème de l'excellence pour le remettre en cause.

3. Contrairement à Thurot (p. 236), Bastien (p. 224), Aubonnet et Tricot, qui estiment sans doute que ἄλλη signifie « autre que le régime le plus souhaitable après l'ἀρίστη πολιτεία, je donne au καί de καί ἄν contracté en κἄν le sens explicatif de « autrement dit ». Je ne vois pas quel serait ce régime distinct à la fois de l'ἀρίστη πολιτεία (très probablement la cité selon nos vœux) et du régime de belle constitution accordé à la plupart des cités.

4. IV, 2, 4, 1289 b 12-17.

5. IV, 1, 3, 1288 b 24 et 5, b 34-35. C'est la seconde occurrence, πάσαις ταῖς πόλεσιν ἁρμόττουσαν, « accordé à toutes les cités », qui importe surtout ici.

6. L'association des deux superlatifs montre que « le plus commun » ne signifie pas « le plus fréquent » : le plus commun est le plus digne d'être choisi. Voir *infra*.

en effet la *politeia* du chapitre 11 du livre IV et non l'aristocratie comme forme droite de la suprématie du petit nombre (III, 7). Il ne s'agit pas d'elle ici [1]. Il faut cependant se souvenir de la justification du terme ἀριστοκρατία dans ce chapitre : on parle d'« aristocratie », disait Aristote, « que les meilleurs aient le pouvoir, ou qu'ils l'exercent en vue du meilleur pour la cité et ceux qui y ont part en commun » [2]. Dans la logique de ce texte, il semblait impossible à la *politeia* de remplir, comme les deux autres régimes droits, les conditions de cette définition, d'être en ce sens « aristocratique », le pouvoir des meilleurs ou visant le meilleur pour chacun et pour tous. Le nouveau programme du livre IV consiste à rechercher s'il peut exister ce qui semblait impossible au livre III, du moins avant le chapitre 11, une *politeia* ἀριστοκρατική, un régime populaire régi en vue du meilleur ou par les meilleurs.

Or un tel régime doit répondre à des injonctions en apparence difficiles à concilier : pouvoir des meilleurs ou en vue du meilleur, de belle constitution, il est le plus digne d'être choisi ; en même temps, il est le plus commun et s'accorde à la plupart des cités. Pour réconcilier ces deux impératifs, il ne devra pas être le plus commun au sens d'une fréquence statistique mais d'une norme découverte grâce à l'étude comparée des régimes les plus fréquents, permettant donc d'orienter la réforme convenant à chacun d'eux.

Il y a deux voies vers l'excellence, celle du livre VII, réalisant nos vœux si rien d'extérieur ne s'y oppose et celle qui est éclairée par cette *politeia* ἀριστοκρατικὴ. Comme au chapitre 1 du livre IV, elles sont pour l'instant hiérarchisées, même si elles ne sont jamais en concurrence dans une situation donnée : le régime bien constitué accordé à la plupart des cités et, nous venons de le voir, ἀριστοκρατική, « est le plus souhaitable après l'ἀριστή πολιτεία », aristocratique au sens absolu [3] si rien d'extérieur ne s'oppose à nos vœux. Admettons *pour l'instant* cette hiérarchie qui sera soumise à l'examen à la fin de cet ouvrage.

1. Raison pour laquelle P. Pellegrin traduit ἀριστοκρατικὴ par « régie au mieux ». C'est une partie de la vérité si, comme je le crois, il s'agit des justifications du mot « aristocratie » en III, 7, 3, 1279 a 35-37.

2. Références à la note précédente. Abstraction faite du contexte, cette justification du terme « aristocratie » de III, 7 excède la définition à laquelle elle se rapporte : elle ne dit pas que les meilleurs sont nécessairement en petit nombre.

3. « Au sens absolu » signifie, nous allons le voir plus loin, que l'homme de bien et le bon citoyen sont rigoureusement identiques.

Revenons à ce qui, à l'intérieur de chaque cité, explique la diversité des régimes : la pluralité des familles ; l'existence de riches, de pauvres et de gens de condition modeste ; l'existence au sein du peuple de cultivateurs, de commerçants, d'artisans ; les différences entre notables selon l'importance ou la nature de leurs richesses et propriétés. « À ces différences tenant à la richesse », ajoutons, poursuit Aristote,

> celles qui tiennent à la naissance ou à l'excellence et à tout autre chose, si elle existe, que nous avons dite être une partie [μέρος] de la cité dans nos propos sur l'aristocratie [ἐν τοῖς περὶ τὴν ἀριστοκρατίαν]. Car c'est là que nous avons déterminé par division combien de parties sont nécessaires à toute cité. Tantôt toutes ces parties ont part au régime [= à la distribution des pouvoirs], tantôt moins, tantôt plus [1].

Aristote fait référence à un passage antérieur à propos des éléments nécessaires à toute cité et des diverses manières de les faire participer à la *politeia*, c'est-à-dire à la distribution des pouvoirs : ces diverses possibilités (telle ou telle participation ou même non-participation) déterminent autant de régimes.

La référence à l'aristocratie a posé problème à tout le monde. On a pensé aux chapitres 5 ou 12 (à partir du paragraphe 8) du livre III [2]. Le chapitre 5 du livre III n'a pas pour sujet l'aristocratie, même s'il y est question de l'accès à la citoyenneté dans la cité la meilleure. Le chapitre 12 du même livre ne peut pas passer pour un traité sur l'aristocratie : pour montrer que la discussion à propos de la répartition des pouvoirs doit nécessairement partir des éléments dont toute cité est composée, Aristote affirme d'abord que toute cité a besoin pour exister de nobles, d'hommes libres et de riches ; il ajoute ensuite qu'elle a aussi besoin pour être bien gouvernée de citoyens justes et bons combattants ; l'excellence mentionnée (δικαιοσύνη καὶ πολεμικῆ ἀρετή) ne concerne que la justice et la guerre [3] et n'est pas identique à l'excellence complète possédée par un groupe spécifique de citoyens dont il est question dans notre texte.

1. IV, 3, 4, 1289 b 40-1290 a 5. Dans ce texte, μέρος a le sens large d'élément indispensable à la cité qu'il a en IV, 4 et non le sens étroit (VII, 8) où une partie de la cité est composée de véritables citoyens ayant nécessairement part à la distribution des pouvoirs politiques.

2. « la vérité, c'est qu'on ne doit pas admettre comme citoyens tous ceux sans qui la cité ne peut exister » III, 5, 2, 1278 a 2-3 ; et surtout 12, 8, 1283 a 14 *sq*.

3. III, 12, 9, 1283 a 20.

En commentant cette expression («à propos de l'aristocratie»), Oresme expose diverses propositions avancées pour l'expliquer : Albert le Grand renvoie aux *Éthiques* (là où il est question de l'amitié et des cités, soit vraisemblablement au livre VIII de l'*Éthique à Nicomaque*) ; Pierre d'Auvergne pense à des passages du livre II des *Politiques* présentant le régime de Platon comme aristocratique ou à un traité perdu d'Aristote. Oresme retient cette dernière suggestion. Depuis les hypothèses se sont multipliées [1]. L'important pour nous est le lien que ce texte établit entre un trait spécifique différenciant une partie déterminée de la cité, l'excellence, et l'aristocratie. Or il ne s'agit pas ici de la suprématie des meilleurs mais plutôt, comme le suggère le paragraphe qui suit (que nous allons immédiatement traduire), d'une distribution des pouvoirs tenant compte du principe posé à la fin du chapitre 9 du livre III : ceux qui contribuent le plus à la communauté dont le but est le bien vivre, les meilleurs (οἱ ἄριστοι) qui donnent son nom à l'aristocratie, « ont une part plus grande de la cité » que d'autres qui leur sont supérieurs ou égaux par la naissance, la liberté ou la fortune [2]. En ce sens la *politeia* redéfinie au milieu du livre IV et la cité des semblables des livres VII et VIII peuvent l'une et l'autre être qualifiées d'aristocratiques car, de manières différentes, elles usent des ἄριστοι pour atteindre l'excellence : la seconde parce qu'elle leur réserve la citoyenneté, la première parce que les gens dont la fortune est moyenne sont les mieux placés pour exercer au mieux leur activité civique.

Aristote peut maintenant conclure. Les divers éléments nécessaires à la cité dont certains prétendent, à juste titre ou non, participer à la répartition des pouvoirs et à la suprématie sont aussi les éléments que les divers régimes combinent de différentes manières :

> Il est maintenant manifeste qu'il y a nécessairement plusieurs régimes, différant spécifiquement [εἴδει, «par l'espèce»] les uns des autres. Car leurs parties [μέρη] aussi diffèrent spécifiquement les unes des autres. En effet un régime est une certaine organisation des pouvoirs [πολιτεία μὲν γὰρ ἡ τῶν ἀρχῶν τάξις ἐστί], que tous se partagent [ταύτην δὲ διανέμονται πάντες] [3] selon la puissance de ceux qui ont part au régime ou selon une certaine égalité commune qui existe entre eux, je veux dire la puissance des pauvres ou des riches, ou une certaine puissance qui leur est commune. Il

1. Pour le commentaire d'Oresme, p. 168, 1re c. Pour le commentaire de Pierre d'Auvergne auquel Oresme fait référence sans le nommer, Spiazzi, p. 193, 548, Laval, p. 200, 1re c. Voir aussi Aubonnet, p. 149, n. 2 et les notes de Tricot et Pellegrin.

2. III, 9, 14, 1281 a 4-8, voir ce texte traduit et commenté plus haut (I, 3, p. 112-113).

3. Littéralement : « d'une part, un régime est une certaine organisation des pouvoirs, d'autre part ce régime, tous se le répartissent ».

> s'ensuit nécessairement que les régimes sont aussi nombreux que les organisations rendues possibles par les supériorités et les différences entre leurs éléments [μορίων] [1].

Des parties de la cité (au sens le plus large, tous les éléments indispensables à son existence), dont certaines seulement vont avoir part à son régime, autrement dit aux divers pouvoirs répartis entre citoyens, on passe dans ce texte aux parties (en un sens plus fort et donc plus étroit) dont les divers régimes sont des combinaisons différentes [2].

Il y a deux manières d'organiser cette diversité. Nous disposons d'abord du tableau du chapitre 7 du livre III dont l'esprit nous a été rappelé au chapitre précédent. Il y a ensuite la thèse dominante (dont l'intérêt, selon Aristote, est de correspondre à une situation de fait) qui organise la pluralité des régimes à partir de l'opposition entre le pouvoir du δῆμος et celui des ὀλίγοι, du peuple et des quelques-uns : l'aristocratie serait une déviation (παρέκβασις) de l'oligarchie et la *politeia* une déviation de la démocratie. Si l'on adopte ce point de vue, le mot παρέκβασις perd le sens péjoratif qu'il a dans le tableau du chapitre 7 du livre III et ne conserve qu'un sens explicatif puisque l'aristocratie et la *politeia* dérivent des deux termes du couple principal.

Avant de critiquer ce dispositif courant, Aristote en souligne l'intérêt en le comparant :

1. IV, 3, 5-6, 1290 a 5-13.

2. Beaucoup de traducteurs comprennent que le dernier mot de ce texte (μορίων) désigne les parties de la cité. Or il est explicitement question au début du texte des parties de la πολιτεία et le mot πόλις est absent du texte alors qu'il vient d'être question des régimes dans la dernière phrase. Bien sûr, il y a un lien entre les parties de la cité et les éléments que chaque régime compose ; mais tous les éléments nécessaires à la cité ne sont pas des éléments du régime, parties prenantes à la répartition des pouvoirs ou encore parties de la cité au sens étroit où elle n'est composée que de citoyens (sur ce point, voir III, 8, p. 271 *sq.*). Le fait qu'Aristote dise μέρος au début du texte et μορίον à la fin ne justifie pas qu'on passe des parties du régime à celles de la cité : pour les parties de la cité (aux deux sens du terme, large ou strict), Aristote dit indifféremment μέρος ou μορίον (voir p. 161, n. 1). Cependant μορίον a un sens différent plus loin au chapitre 14 du livre IV : il ne s'agit plus des groupes de citoyens (pauvres ou riches) qui ont part à la πολιτεία mais de distinguer les divers pouvoirs (délibérer sur les affaires communes, exercer une magistrature ou siéger au tribunal) en fonction de leurs rôles respectifs.

– à un tableau classant les vents à partir de l'opposition entre les vents du nord et du sud avec comme déviations respectives les vents d'ouest et d'est [1].

– au dispositif classant les modes musicaux à partir de deux formes, le dorien et le phrygien, dont tous les autres modes seraient de simples dérivations.

Arrêtons-nous un instant sur cette comparaison. Au début du livre III, dans le chapitre montrant que le régime de chaque cité est principe d'unité (à un instant donné) et d'identité (au cours du temps), Aristote a déjà comparé deux communautés (κοινωνία) ou compositions (σύνθεσις), une cité et une harmonie composée de sons (ἁρμονία φθόγγῶν). L'unité et l'identité de chacune de ces communautés ou compositions ne tiennent pas à leurs éléments mais à leur forme, puisque les mêmes éléments, hommes ou sons, peuvent entrer dans des compositions différentes :

> (…) tout autre [πᾶσαν ἄλλην, autre qu'une cité ou un chœur] communauté ou composition est différente [ἑτέραν] si la forme [εἶδος] de la composition est différente ; par exemple, nous disons qu'une harmonie composée des mêmes sons est différente selon qu'elle est dorienne ou phrygienne [2].

Aristote revient sur les modes musicaux au livre VIII : il reproche à Platon de n'avoir gardé dans la *République* que deux modes, le phrygien à côté du dorien [3], et lui-même donne au dorien un rôle différent de celui qu'il tient dans notre comparaison de IV, 3, qui illustre une conception qu'Aristote expose sans l'adopter. Au livre VIII, il parle en son propre nom : le dorien ne forme plus avec le phrygien le couple dont tout dérive par déviation comme en IV, 3, il est le μέσον, le juste milieu entre les modes qui rendent plus triste (ὀδυρτικωτέρως) ou plus concentré (συνεστηκότως) et les modes relâchés (αἱ ἀνειμέναι) qui attendrissent davantage (μαλακωτέρως) [4] ou le juste milieu entre les harmonies trop tendues (αἱ συντόνοι ἁρμονίαι) et plus relâchées (αἱ ἀνειμέναι) [5]. Nous allons bientôt découvrir

1. Ces quatre vents sont personnifiés par quatre dieux : Borée (Βορέας) pour celui du Nord, Notos (Νότος) pour le vent du Sud, Zéphir (Ζέφυρος) pour celui de l'Ouest, Euros (Εὖρος) pour celui de l'Est.

2. III, 3, 8, 1276 b 6-9.

3. VIII, 7, 9, 1342 a 32-34. Le texte de Platon visé est *République*, III, 399 a-c.

4. VIII, 5, 22, 1340 a 40-b 4. Il s'agit ici de l'effet psychique des modes et non des modes eux-mêmes.

5. VIII, 7, 12-13, 1342 b 12-23. Dans ce cas, il s'agit de l'équilibre du mode lui-même entre les excès, τὸ μέσον τῶν ὑπερβολῶν, et de sa très grande stabilité (ou aptitude à

quel usage fait Aristote de ce point d'équilibre entre tension et relâchement.

Ces deux comparaisons (entre le classement des régimes et celui des vents ou des modes musicaux) montrent que la conception la plus courante, qui privilégie l'opposition entre oligarchie et démocratie, mérite attention. Il faudra en tenir compte, ne pas se contenter de la congédier mais la rectifier, sans pour autant revenir au tableau des six régimes et se contenter de restaurer, ce qui est bien sûr nécessaire, la primauté normative et logique des régimes droits. Voici le texte décisif souvent mal compris. Après avoir rappelé le dispositif le plus courant qui est construit à partir l'opposition entre oligarchie et démocratie, Aristote propose de le rectifier :

> Il est plus vrai et meilleur de dire, en accord avec la division que nous avons faite [ὡς ἡμεῖς διείλομεν], que de deux ou d'un seul régime existant heureusement constitués [δυοῖν ἤ μιᾶς οὔσης τῆς καλῶς συνεστηκυίας, *duarum, aut unius existentis bene institutæ*] les autres sont des déviations, soit de l'harmonie bien mélangée [τῆς εὖ κεκραμένης ἁρμονίας, *bene contemperatæ harmoniæ*], soit de l'ἄριστη πολιτεία [1], oligarchiques celles qui sont plus tendues [τὰς συντονωτέρας] et plus despotiques, démocratiques celles qui sont relâchées [τας ἀνειμένας, *remissas*] et molles [μαλακάς, *molles*] [2].

Certains [3] comprennent que les deux ou le régimes dont tous les autres dérivent par déviation sont la royauté et l'aristocratie, en tête de la classification au début du précédent chapitre dans le texte traduit et commenté plus haut [4] qui expose les conséquences du théorème de l'excellence. Dans cette hypothèse où la royauté est l'aristocratie par excellence, l'hésitation entre deux ou un s'explique facilement. Le verbe διείλομεν (littéralement « nous avons divisé »), indiquant un renvoi à ce qui précède, semble aller dans le même sens. Mais si on lit le texte ainsi, les deux

stabiliser) : le dorien, de l'avis général est le mode le plus stable (ou le plus propre à créer des dispositions stables), στασιμωτάτης (sur ces deux possibilités, voir glossaire). Ce texte ne dit pas explicitement que le μέσον que représente le dorien se situe entre le trop tendu et le trop relâché. Il dit simplement que l'affaiblissement dû à l'âge empêche d'user du dorien, qui serait dans ce cas trop « tendu » (trop aigu), et rend nécessaire un nouvel équilibre plus relâché.

1. Je ne traduis pas pour l'instant ἄριστης πολιτείας pour des raisons qui vont apparaître.

2. IV, 3, 8, 1290 a 24-29 ; Spiazzi, p. 192, 411, Laval, p. 198, 1re c.). Je donne en annexe, p. 357, la traduction de Guillaume de Moerbeke et le commentaire de Pierre d'Auvergne (sur son interprétation, voir *infra* chap. VI, p. 216).

3. Oresme, p. 169, 1re c. ; Aubonnet, p. 299, n. 3, Tricot, p. 267, n. 4.

4. « De l'aristocratie et de la royauté, on a déjà parlé (car considérer le régime le meilleur, c'est la même chose que parler de ces noms..., etc.) », IV, 2, 1, 1289 a 30-33, II, 4, p. 174.

directions opposées de déviation, par tension ou relâchement comme pour les modes musicaux, se comprennent très mal, alors qu'elles s'expliquent à merveille si la bonne composition est le mélange exactement ajusté de démocratie et d'oligarchie placé au centre du livre IV, la *politeia* quand elle aura été complètement redéfinie comme mesure harmonieuse de tous les mélanges (voir notre chapitre 6). Certes, il a été question une seule fois auparavant de la *politeia* comme belle composition harmonieuse [1], si bien que le ὡς ἡμεῖς διείλομεν semble difficilement pouvoir y faire référence. En fait, Aristote veut remettre en cause la conception courante qui inverse la vraie relation entre les régimes droits et déviés en faisant de l'aristocratie et de la *politeia* des dérivations de l'oligarchie et de la démocratie. Le ὡς ἡμεῖς διείλομεν se rapporte à la nécessité de procéder à l'inverse en partant des régimes droits, selon la méthode qu'Aristote a exposée dès le début du livre III [2]. Sur ce point précis, la classification du chapitre 7 du livre III n'est pas remise en cause, alors que le théorème de l'excellence (qui privilégie le gouvernement du ou des meilleurs au détriment de la *politeia*) l'est de manière explicite pour la seconde fois au livre IV [3].

Reste à comprendre l'apparente hésitation sur le nombre (deux ou un) des régimes bien constitués. « Un » se présente comme rectification de « deux ». « Deux » est appelé par ce qui précède. Aristote se contente dans un premier temps de partir de l'aristocratie et de la *politeia*, formes dont l'oligarchie et la démocratie sont des déviations, pour restaurer la primauté des deux régimes droits, puis rectifie sa première formule, encore trop dépendante de la classification du livre III : la nouvelle classification devra s'ordonner autour du juste milieu (τὸ μέσον), de la *politeia* μεμειγμένη καλῶς [4], résultant du beau mélange (διὰ τὸ μεμεῖχθαι καλῶς) [5], comparable de ce point de vue à une composition musicale harmonieuse et équilibrée.

1. La référence à l'harmonie (centrale dans notre texte) est deux fois présente au chapitre 1 du livre IV à propos des tâches relevant de la politique du mélange (voir p. 179, n. 5). La première revalorisation explicite de la *politeia* intervient dans le texte du chapitre 2 (§ 4) que nous avons commenté : il ne s'agit pas encore de l'harmonie du mélange mais de l'accord du régime avec les données de telle ou telle situation.

2. III, 1, 9, 1275 a 38-b 3, 6, 11, 1279 a 17-21 et tout particulièrement 7, 1 a 22-25 (« Ces choses ayant été définies [διωρισμένων δὲ τούτων] [le caractère droit ou dévié d'un régime], nous avons à examiner les régimes, leur nombre, leur nature, et d'abord ceux qui sont droits. *Car quand ils auront été définis* [*τούτων διορισθεισῶν*], *leurs déviations seront manifestes* » Je souligne. Oresme a raison de renvoyer à ce dernier texte (chez lui le VIII chapitre du tiers, pour nous III, 8).

3. IV, 2, 4, 1289 b 12-17. Voir mon commentaire plus haut.

4. IV, 9, 10, 1294 b 35.

5. IV, 9, 6, 1294 b 17, 17-18 pour τὸ μέσον.

Dire « soit de l'harmonie bien mélangée, soit du régime le meilleur », ce n'est pas revenir à ces deux régimes politiques bien composés qui viennent d'être ramenés à l'unité de la *politeia* mais reprendre la comparaison précédente entre l'équilibre musical et l'excellence politique : comme il y a un juste équilibre en matière musicale, il y a une juste mesure en matière politique. L'ἄριστη πολιτεία de ce texte n'est ni la cité selon nos vœux, ni la suprématie du ou des meilleurs qui semblait encore en tête des régimes droits au début du livre IV, mais la *politeia aristocratique* dont il a été question dans le texte du chapitre 2, aussi bien « meilleur régime » que « meilleure *politeia* » (ce qui rend toute traduction imparfaite), mesure commune permettant d'évaluer chaque mélange de fait et norme du dosage plus ou moins démocratique ou oligarchique convenant à la situation où l'on se trouve.

La fin de ce texte, à propos des régimes politiques plus ou moins tendus et plus ou moins relâchés, introduit la nouvelle analyse des diverses formes de démocratie et d'oligarchie, plus ou moins démocratiques (ou relâchées), plus ou moins oligarchiques (ou tendues). Aristote reprend donc à son compte en la rectifiant la comparaison entre régimes politiques et modes musicaux. « Tendre » ou « relâcher » vaut d'abord pour les cordes d'une lyre et ensuite, comme nous l'avons vu, pour les harmonies. Ce vocabulaire des degrés de tension et de relâchement revient très souvent aux livres IV, V et VI : il permet de décrire les divers aspects de la politique du mélange et d'estimer avec précision le plus ou le moins de chaque dosage par rapport au μέσον, le juste milieu.

Le plus souvent, « détendre » ou « relâcher », c'est rendre plus démocratique ; « tendre », au contraire, c'est rendre plus oligarchique, augmenter le caractère autoritaire d'un régime, restreindre l'accès à la véritable citoyenneté, d'abord en imposant un cens plus élevé, et augmenter l'écart entre riches et pauvres. Voici un premier texte rendu littéralement car la plupart des traducteurs, par souci d'élégance, rendent mal les verbes ἐπιτείνωσι et ὑπερτείνωσι qui, au début de chaque séquence, soulignent l'apparition de formes de plus en plus « tendues » d'oligarchie :

> Si la classe riche [3e personne du pluriel, les riches comme groupe] se tend [ἐὰν δ' ἐπιτείνωσι] parce qu'ils sont moins nombreux et ont plus de biens alors survient le troisième stade de l'oligarchie… (3e forme).

> Quand elle se tend désormais beaucoup plus au-delà de la mesure [ὅταν δὲ ἤδη πολὺ ὑπερτείνωσι] par ses richesses et l'abondance de ses amis, c'est le pouvoir des puissants [δυναστεία] proche de la monarchie (4ᵉ forme) [1].

Dans ce texte, importe surtout l'écart croissant en richesse et en pouvoir entre un groupe dirigeant de plus en plus resserré et le reste de la cité. Cela passe par des conditions de cens de plus en plus restrictives pour l'accès aux divers pouvoirs. Aristote explique par exemple qu'on passe de la *politeia* à une oligarchie un peu plus « tendue » en élevant légèrement les conditions de cens, différentes pour les pouvoirs quelconques et l'accès à l'instance suprême, et qu'on passe à la forme suivante encore plus oligarchique en resserrant un peu plus (ἐπιτείνοντας, il s'agit toujours de « tendre ») ces conditions censitaires [2].

Les cens exigés (les revenus fonciers annuels nécessaires pour exercer telle ou telle fonction) ne valent pas dans l'absolu mais relativement au revenu foncier annuel global de la cité : il peut donc être nécessaire de les « tendre [ἐπιτείνειν] » ou de les « relâcher [ἀνιέναι] » pour conserver son dosage à une *politeia* ou à une oligarchie déterminée [3].

Ce n'est là qu'un des aspects du dosage propre à chaque régime. Le « tendre » ou le « relâcher » pour le rendre plus oligarchique ou plus démocratique a aussi un sens général :

> Il y a aussi des transformations en oligarchie, en régime populaire [εις δῆμον] et en *politeia* si un collège de magistrats [ἀρχεῖον] ou une partie [μόριον] de la cité accroît son prestige ou son importance ; par exemple le conseil de l'Aréopage, qui avait gagné en prestige durant les guerres médiques, parut [ἔδοξε] [4] tendre plus fortement le régime [συντονωτέραν

1. IV, 6, 10-11, 1293 a 26-34. La δυναστεία est la pire des oligarchies, proche, comme la démocratie la plus déviée, de la tyrannie.

2. « C'est de la même manière qu'il faut établir l'oligarchie qui suit [un peu plus oligarchique que celle qui est la plus proche d'une *politeia*], grâce à un peu plus de tension », VI, 6, 3, 1320 b 29-30.

3. V, 8, 10, 1308 a 35-b 6. Il est probable que les classes censitaires dépendent pour Aristote de ce que produit annuellement le domaine foncier de chaque famille, compte non tenu des autres revenus, en particulier commerciaux. C'est en tout cas de cette manière (à partir du seul revenu foncier) que Solon a institué 4 classes de citoyens (*Constitution d'Athènes*, VII, 4).

4. Je traduis cet ἔδοξε comme Guillaume de Moerbeke (*videbatur fortiorem facere politiam*, Spiazzi, p. 256, 611, Laval, p. 267, 1ʳᵉ c.) et Pellegrin (Aubonnet : « l'Aréopage jugea bon de durcir le régime »). « Parut » s'accorde mieux avec la thèse générale qui lie directement la puissance de tel ou tel élément et l'équilibre du régime.

ποιῆσαι τὴν πολιτείαν] [1] et, à l'inverse, la masse des marins, artisan de la victoire de Salamine, et par là de l'hégémonie acquise grâce à la puissance maritime [τῆς ἡγεμονίας διὰ τὴν κατὰ θάλατταν δύναμιν], rendit la démocratie plus forte [ἰσχυροτέραν] [2].

Cet exemple est particulièrement intéressant. Le même événement, la victoire de Salamine sur les Perses (480 av. J.-C.) a successivement deux effets opposés. Il renforce d'abord l'Aréopage, l'élément oligarchique du régime dont on attribuait la paternité à Solon et que les réformes de Clisthène avait réformé dans le sens de la démocratie. Mais la victoire de Salamine renforce ensuite la puissance des marins (dont beaucoup étaient des travailleurs salariés) et favorise l'hégémonie d'Athènes qui peut, grâce à sa prospérité financière, indemniser les citoyens pauvres quand ils siègent à l'assemblée et au tribunal. La pente démocratique du régime s'en trouve renforcée [3].

Pour décrire ce second effet, Aristote ne dit pas comme il le dit ailleurs [4] qu'il y a eu relâchement, moindre tension, parce que l'autorité des lois a

1. Tendre le régime plutôt que la *politeia*. Certes, Aristote considère sans doute que la démocratie issue des réformes de Solon est une *politeia* ou plus exactement représente ce qu'on appelle *politeia* à son époque. Voir II, 12, 2-6, 1273 b 35-1274 a 21 : Aristote expose, pour la critiquer, l'idée d'une responsabilité de Solon dans l'instauration ultérieure d'une démocratie radicale et défend l'idée qu'il a instauré une démocratie modérée (voir « Introduction », p. 44-46) ; or pour Aristote, « ce que nous appelons aujourd'hui *politeia*, on l'appelait autrefois démocratie » IV, 13, 11, 1297 b 24-25. Voir aussi III, 11, 8-9, 1281 b 31-38. Cependant, Aristote fait ici allusion (*Constitution d'Athènes*, XXIII, 1-2) au prestige acquis par l'Aréopage grâce à son rôle dans la victoire de Salamine, postérieure aux réformes de Clisthène. Il s'agit donc de « tendre » la démocratie athénienne résultant des réformes de Clisthène en la rendant plus oligarchique, en la rapprochant de la démocratie modérée du temps de Solon.

2. V, 4, 8, 1304 a 17-24. Aristote désigne par « hégémonie » un pouvoir politique au sens large, pouvant impliquer une supériorité mais s'exerçant sur des hommes libres avec leur consentement. Voir *supra*, « Introduction », p. 25-27.

3. Bastien (p. 316) et Tricot comprennent que le renforcement de la démocratie est une réaction à la trop grande rigueur de l'Aréopage. Rien ne le dit dans ce texte et c'est peu compatible avec le récit de la *Constitution d'Athènes* : en raison du rôle de l'Aréopage dans la victoire de Salamine, « les Athéniens s'en remirent à sa bonne réputation et en ces circonstances aussi furent heureusement gouvernés [ἐπολιτεύθησαν…καλῶς] ; car, dans cette période, ils furent bien préparés à la guerre et, estimés des Grecs, acquirent l'hégémonie sur mer [τὴν τῆς θαλάττης ἡγεμονίαν] malgré les Lacédémoniens » (XXIII, 1-2). Le second changement (le renforcement de la démocratie) est donc lié à Salamine sans être une réaction à un gouvernement trop oligarchique de l'Aréopage.

4. Dans la *Constitution d'Athènes*, l'analyse du déclin du pouvoir de l'Aréopage et du renforcement de la démocratie est conclue de la manière suivante : « C'est donc ainsi que l'Aréopage fut dépossédé de l'administration [τῆς ἐπιμελείας]. Ensuite, il arriva que le régime

diminué, que chacun, esclave, jeune, femme, citoyen, a pu un peu plus faire ce qu'il voulait. Tout cela s'est produit ; mais il insiste sur autre chose : le renforcement de la démocratie athénienne par rapport aux autres cités et le poids nouveau, du fait des marins, de l'élément démocratique du régime. Or la tendance de tout régime dévié à accentuer sa pente propre[1] est toujours un affaiblissement et non, malgré les apparences, un renforcement : accentuer la déviation, ici de la démocratie, c'est aller dans le sens de sa destruction comme régime et même comme démocratie, puisque la démocratie extrême est un despotisme et une tyrannie et non une démocratie.

Une seule fois dans les *Politiques*, Aristote use du vocabulaire de la tension pour signaler une plus grande déviation, *quelle qu'elle soit*. Tendre (ἐπιτείνειν) devient alors accentuer la pente conduisant un régime à sa perte, que cette accentuation consiste à tendre au premier sens (à rendre plus oligarchique) ou à relâcher (à rendre plus démocratique), sens les plus fréquents de l'image :

> (…) il ne faut pas perdre de vue ce qui échappe maintenant aux régimes déviés, la mesure [τὸ μέσον] ; car beaucoup de choses qui semblent populaires ruinent les démocraties et beaucoup qui semblent oligarchiques ruinent les oligarchies. Mais croyant que l'unique excellence est celle de leur régime, ils la poussent jusqu'à l'excès, ignorant ce qui s'ensuit. Un nez qui a dévié de la forme droite la plus belle jusqu'à devenir camus ou aquilin n'en reste pas moins beau et charmant à voir, mais si cette tendance s'accentue encore jusqu'à l'excès [ἐπιτείνῃ τις ἔτι μᾶλλον εἰς τὴν ὑπερβολήν], on commencera par perdre l'harmonie de cet organe et on finira par perdre l'apparence d'un nez du fait de l'excès ou du défaut de ces qualités contraires. Cela arrive aussi aux autres parties du corps et aux régimes. Car une oligarchie ou une démocratie peuvent être acceptables même en s'écartant de l'organisation la meilleure. Mais si l'on exagère la tendance de l'une ou l'autre [τις ἐπιτείνῃ μᾶλλον ἑκατέραν αὐτῶν], le régime commence à empirer pour ensuite n'être plus un régime[2].

se relâcha davantage [ἀνίεσθαι μᾶλλον τὴν πολιτείαν] du fait de la passion de ceux qui dirigeaient le peuple » (XXVI, 1). Ainsi un plus grand relâchement (l'accentuation du caractère démocratique du régime) suit, dix-sept ans après Salamine, le changement inverse dans le sens de la tension vers une démocratie plus modérée.

1. Pour désigner la pente d'un régime, Aristote use des verbes ἀποκλίνειν (V, 7, 6, 1307 a 15) ou ἐγκλίνειν : un régime, en général, change dans la direction où il penche (ἐφ' ὁπότερον ἂν ἐγκλίνῃ ἡ πολιτεία, V, 7, 7, 1307 a 20-21).

2. V, 9, 6-8, 1309 b 18-35. La comparaison d'un régime avec un nez est utilisée de manière comparable dans la *Rhétorique*. Voir la note suivante.

Dans le cas d'une oligarchie, la tendre au premier sens du terme (la rendre plus autoritaire et oligarchique) équivaut à accentuer sa fibre propre, à la tendre en ce second sens dont nous venons de donner un exemple. La difficulté apparaît avec la démocratie : la rendre plus démocratique (la tendre au sens de cet exemple du nez) est en fait la relâcher selon le sens initial de l'image. Les deux usages d'ἐπιτείνειν sont dans ce cas incompatibles. Cependant ἀνιέναι (relâcher) ne semble jamais utilisé, du moins dans les *Politiques* [1], de cette manière équivoque : il s'agit toujours de « relâcher », de laisser plus de licence, dans le cas d'un régime d'aller dans un sens plus démocratique, et jamais de freiner ou de rééquilibrer la déviation, la pente propre à tel ou tel régime :

> il peut s'agir [en matière de changement] de plus ou de moins, par exemple de rendre une oligarchie donnée plus ou moins oligarchique, ou une démocratie donnée plus ou moins démocratique, et de même pour les autres régimes, pour les tendre ou les relâcher [ἢ ἵνα ἐπιταθῶσιν, ἢ ἀνεθῶσιν, *ut aut intendantur, aut remitantur*] [2].

Pierre Pellegrin traduit « que ce soit pour tendre ou pour relâcher leur fibre propre » [3] : il pense certainement au texte qui compare les déviations des régimes à celles d'un nez. Parce que le verbe ἀνιέναι est toujours utilisé dans les *Politiques* dans le sens d'un plus grand laisser-faire [4], il faut plutôt comprendre qu'il s'agit ici de tendre vers plus d'autorité (de rendre plus d'oligarchique) ou de relâcher vers plus de liberté (de rendre plus démocratique).

1. Cependant, dans le texte de la *Rhétorique* qui use de la même comparaison, « relâcher » une démocratie n'est pas la rendre plus démocratique (en diminuant l'autorité des lois et des magistrats) mais au contraire la réformer en direction de l'oligarchie : « …le meilleur régime excepté, tous les autres régimes périssent soit parce qu'ils se relâchent [ἀνιέμεναι] soit parce qu'ils se tendent [ἐπιτεινόμεναι] : ainsi la démocratie ne s'affaiblit pas seulement en se relâchant [ἀνιεμένη] jusqu'à finir en oligarchie mais aussi en se tendant [ἐπιτεινομένη] à l'extrême » (I, 4, 12, 1360 a).

2. V, 1, 9, 1301 b 13-17 ; Spiazzi, p. 245, 575, Laval, p. 256-257, 1res c. GM use du même verbe (*remitantur*) qu'en IV, 3, 8 où il rend ἀνειμένας, au sens de la détente vers plus de démocratie, par *remissas* (Spiazzi, p. 192, 411, Laval, p. 198, 1re c.).

3. En réalité l'adoption de l'une ou l'autre traduction ne change pas le fond de l'argument : dans ma traduction, il s'agit de rendre chaque régime plus ou moins autoritaire, de le tendre dans le sens de l'oligarchie ou de le relâcher dans le sens de la démocratie, dans celle de Pellegrin ou d'Oresme, de rendre une oligarchie plus ou moins oligarchique et une démocratie plus ou moins démocratique.

4. Par exemple : relâcher l'autorité sur les esclaves, II, 9, 4, 1269 b 9 ; perdre sa trempe (pour le fer), s'amollir pour une cité en temps de paix si les institutions sont organisées pour la guerre ; une manière de vive relâchée, II, 9, 24, 1270 b 32.

Chapitre V

LE NOUVEAU TABLEAU DES DEGRÉS DE DÉVIATION

Résumons cette analyse. Un régime mêlant selon tel dosage en quantité et en qualité des ingrédients démocratiques et oligarchiques est plus ou moins relâché (démocratique) ou tendu (oligarchique) et reste un régime politique tant qu'il conserve des éléments opposés à sa tendance dominante : dans les trois chapitres suivants (4-6), les diverses espèces de démocratie et d'oligarchie sont analysées en allant du moins au plus dévié de part et d'autre de la position d'équilibre.

Quatre manières de dévier de la *politeia* comme juste mélange vers plus de démocratie ou plus d'oligarchie

Si on laisse de côté la « première démocratie » du chapitre 4 sur laquelle nous allons revenir et qui n'est pas un premier degré, infime, de déviation, le chapitre 6 semble reprendre et répéter l'exposé des chapitres 4 (quatre espèces de démocratie) et 5 (quatre espèces d'oligarchie). Au chapitre 4, Aristote commence par exposer les différences sociales au sein du peuple et des notables, les deux classes fondamentales et incompatibles (« que les mêmes soient riches et pauvres, c'est impossible ») [1] déterminant l'opposition de la démocratie et de l'oligarchie.

Comme cela a été indiqué au début de l'exposé sur la politique du mélange, Aristote va de la question sociale – des rapports de force entre

1. IV, 4, 18, 1291 b 7.

riches et pauvres, puis ensuite entre les groupes dont chacune de ces classes est composée – à la question politique, à la suprématie des riches ou des pauvres, puis de telle ou telle portion du peuple ou des notables [1]. Aristote analyse surtout les différents groupes au sein du peuple : ceux qui vivent de la culture de la terre ou de l'élevage [2], les gens de métier (τὸ περὶ τὰς τέχνας), les commerçants (τὸ ἀγοραῖον), ceux qui vivent de la mer (divers marins et pêcheurs) et enfin ceux qui ne vivent que du travail de leurs mains (τὸ χερνητικὸν) et ont trop peu de bien pour jouir de loisir.

Il établit ensuite une première liste des démocraties et des oligarchies, reprise ensuite au chapitre 6. Il faut rendre compte de cette répétition. Pour le faire, prenons l'exemple des quatre espèces de démocratie, de plus en plus déviées.

Dans le premier exposé, celui du chapitre 4, Aristote combine deux critères [3] : le respect accordé ou non aux lois et l'accès plus ou moins large à la vraie citoyenneté [4].

Le critère du respect de la loi est emprunté au *Politique* après correction. Platon usait de la loi pour répartir en deux classes les régimes possibles en l'absence d'un vrai politique, selon que la vie y est facile ou non à supporter [5]. Pour Aristote, la loi ne détermine plus que des degrés de déviation : il distingue les trois premières formes de démocratie où les lois sont respectées, de la quatrième où elles ne le sont pas, démocratie qui, à force de se vouloir complète et sans mélange, cesse d'être un régime et même une démocratie [6]. Il y a une évolution significative du vocabulaire par rapport au livre III. Tant qu'il s'agit des trois premières formes (et cela vaut aussi pour le chapitre 6), Aristote évite de parler de la *suprématie* de la

1. IV, 4, 20-22, 1291 b 14–30.

2. En IV, 4, 21, 1291 b 18, Aristote ne parle que des cultivateurs (οἱ γεωργοί), associés ensuite à ceux qui vivent du pastorat : Βέλτιστος γὰρ δῆμος ὁ γεωργικός ἐστιν, ὥστε καί ποιεῖν ἐνδέχεται δημοκρατίαν ὅπου ζῇ τὸ πλῆθος ἀπὸ γεωργίας ἢ νομῆς, « Car le peuple le meilleur est celui des cultivateurs si bien qu'on peut établir une démocratie là où la multitude vit de culture ou du pastorat » VI, 4, 1, 1318 b 9-11.

3. IV, 4, 25-31, 1292 a 1-38. Je laisse pour l'instant de côté, comme je l'ai annoncé, la « première démocratie » qui n'est pas le premier degré de déviation des démocraties.

4. Dans tout cet exposé, Aristote use du mot ἀρχή : il ne s'agit pas seulement des charges ou des magistratures au sens étroit mais de la participation à la vie politique sous toutes ses formes.

5. Voir le texte (IV, 2, 3, 1289 b 5-11) commenté *supra* (II, 4, p. 177-178).

6. « Par conséquent, si la démocratie est l'un des régimes, il est manifeste que là on a institué (κατάστασις, *institutio*, Spiazzi, p. 201, 442, Laval, p. 208, 1re c.) que tout est administré [διοκεῖται] par décrets [ψηφίσμασι] il n'y a pas démocratie au sens plein [κυρίως], car aucun décret ne peut être universel » IV, 4, 31, 1292 a 34-37.

loi. Il dit que le pouvoir des hommes s'exerce selon la loi (κατὰ νόμον) [1], que la loi ou les lois gouvernent (ἄρχειν) [2]. C'est seulement pour caractériser la suprématie de la multitude des pauvres ou encore des décrets – des décisions sans aucune portée générale, prises au jour le jour par une assemblée presque permanente pouvant annuler demain ce qu'elle a décidé aujourd'hui – qu'Aristote déclare que les lois n'ont plus la suprématie [3]. Tant que les démocraties restent plus ou moins modérées, Aristote ne parle plus de la suprématie des lois pour indiquer qu'elles sont respectées. Cela résulte de l'aporie de la suprématie au livre III, qui incite pour l'instant – jusqu'aux chapitres finaux du livre IV où la notion sera redéfinie – à la prudence dans son usage, presque toujours réservé aux formes de gouvernement qui ne sont plus des régimes politiques parce que le pouvoir politique y est devenu complètement despotique [4].

Le second critère, celui de l'accès restreint ou non à la citoyenneté, permet de classer les trois premières formes où les lois sont respectées : on va du moins au plus dévié en élargissant de plus en plus l'accès à la citoyenneté. On distingue une démocratie soumettant cet accès à des conditions censitaires modérées, une autre qui ne le soumet qu'à des critères de bonne naissance (par exemple, père citoyen et mère citoyenne) [5], une troisième qui l'ouvre à tous les hommes libres quelle que soit leur naissance, même, peut-être, à d'anciens métèques ou esclaves affranchis, à la seule condition qu'ils aient été reconnus comme citoyens [6]. Les conditions de cens disparaissent dès la deuxième forme.

1. « Là où les régimes démocratiques se conforment aux lois », ἐν μὲν γὰρ ταῖς κατὰ νόμον δημοκρατουμέναις, IV, 4, 26, 1292 a 8 : quel substantif faut-il sous-entendre ? On peut penser à πόλις, mais ce terme n'apparaît pas dans ce qui précède. Même remarque pour πολίτεια qui est présent seulement au § 23 (1291 b 36-37). Le terme sous-entendu est certainement δημοκρατία : littéralement « là où les démocraties exercent la démocratie conformément aux lois ».

2. IV, 4, 24, 1292 a 2 ; 25, a 4.

3. IV, 4, 25, 1292 a 4-7.

4. Voir cependant, IV, 6, 2, 1292 b 25-27, le texte traduit et commenté plus loin (p. 197) où les cultivateurs et possesseurs d'une fortune modérée sont dits avoir la suprématie.

5. Au chapitre 4, Aristote se contente de parler de « tous ceux qui sont incontestablement des citoyens » (24, 1292 a 2). Formule elliptique précisée au chapitre 6 et qui devient « ceux dont la bonne naissance ne peut être contestée » (3, 1292 b 35-36).

6. Il faut comprendre : accès aux pouvoirs pour tous ceux que les lois (peu restrictives dans cette 3ᵉ forme qui n'exige ni condition de cens ni bonne naissance) reconnaissent comme citoyens. Ni au chap. 4, ni au chap. 6, il n'est précisé que ce « tous » englobe les citoyens « fabriqués » par une nouvelle loi d'accès à la citoyenneté plus permissive, mais cela semble être impliqué par la différence entre la 2ᵉ et la 3ᵉ forme.

Le critère de bonne naissance (être né de deux citoyens) est le signe d'une relative modération par contraste avec la pratique plus démocratique et donc plus déviée consistant à augmenter le plus possible le nombre des citoyens en renforçant le peuple par rapport aux notables, selon une politique dont Clisthène le premier avait donné l'exemple [1]. De ce point de vue, Périclès, qui fit voter en 451 une loi imposant que les deux parents soient citoyens [2], aurait dirigé une démocratie relativement modérée, comme le suggère une formule de la *Constitution d'Athènes* [3]. Pourtant Périclès est aussi celui qui rend le régime plus démocratique (pour Aristote, plus dévié) en continuant après Éphialte à affaiblir l'Aréopage et en donnant le premier une indemnité à ceux qui siègent aux tribunaux [4]. Avec Périclès, le mouvement vers la démocratie sans mélange est donc en marche sinon parvenu à son terme. Peut-être la loi de 451 est-elle aussi pour Aristote une mesure de circonstance : quand, du fait de la politique antérieure de Clisthène, les citoyens deviennent trop nombreux, on revient à des critères restrictifs (loi de Périclès) ; à l'inverse, quand le nombre de citoyens décroît dangereusement du fait des pertes militaires dans la guerre du Péloponnèse, la loi de 451 n'est plus appliquée et la citoyenneté du père ou de la mère devient suffisante [5].

Le tableau suivant montre que nos deux critères (autorité des lois et accès à la citoyenneté) permettent de classer quatre formes de démocratie :

1. VI, 4, 16, 1319 b 6-11. Clisthène fabriqua des citoyens à Athènes en incorporant aux tribus des « métèques d'origine étrangère et [même] servile » (III, 2, 3, 1275 b 35-37). Voir « Introduction », p. 41.

2. Voir sur ce point « La loi de citoyenneté de Périclès », *in* Mogen H. Hansen, *La démocratie athénienne à l'époque de Périclès*, *op. cit.*, p. 77-80.

3. « Tant que Périclès dirigea le δῆμος, ce qui touche au régime marcha assez bien [βελτίω τὰ κατὰ τὴν πολιτείαν ἦν] ; mais après sa mort, cela alla beaucoup plus mal », *Constitution d'Athènes*, XXVIII, 1.

4. II, 12, 4, 1274 a 5-11. *Constitution d'Athènes*, XXVII, 1, 3-4. Éphialte est un chef du parti démocratique après les guerres médiques.

5. III, 5, 8, 1278 a 29-34.

2 critères de classement	Forme 1	Forme 2	Forme 3	Forme 4
Autorité des lois	Oui	Oui	Oui	Non
Accès à la citoyenneté effective	Conditions de cens modérées	Conditions de bonne naissance	Accès ouvert à tout homme libre, y compris métèques naturalisés et esclaves affranchis	Accès ouvert à tout homme libre, y compris métèques naturalisés et esclaves affranchis
Nature de la démocratie	Mélange de démocratie et d'oligarchie penchant peu vers la démocratie	Mélange penchant un peu plus vers la démocratie	Mélange qui penche encore davantage vers la démocratie	Absence de tout mélange, démocratie pure qui n'est plus un régime

Tableau III : 4 formes de démocraties déviant de plus en plus de la politeia *comme mélange harmonieux de démocratie et d'oligarchie*

Quand il reprend au chapitre 6 cette question des formes de démocratie, Aristote relie les deux critères qu'il avait seulement croisés au chapitre 4 : l'autorité des lois ne sera pas effective si l'assemblée délibère en permanence et, par ses décrets intempestifs, met en cause la généralité et la permanence des lois. Il faut donc déterminer le cens nécessaire à la citoyenneté pour que « les cultivateurs et les gens de fortune moyenne [τὸ κεκτημένον μετρίαν οὐσίαν] aient la suprématie dans le régime [κύριον…τῆς πολιτείας] » et « exercent le pouvoir politique conformément aux lois [πολιτεύονται κατὰ νόμους] » [1] :

> Car ils ont de quoi vivre de leur travail sans pouvoir vivre dans le loisir [οὐ δύνανται δὲ σχολάζειν]. Par conséquent, ils établissent l'autorité de la loi [τὸ νόμον ἐπιστήσαντες] et tiennent les assemblées indispensables. Aux autres, il est permis de participer [au régime] [2] [τοῖς δὲ ἄλλοις μετέχειν

1. IV, 6, 2, 1292 b 25-27. Je commente plus bas le rôle des cultivateurs.

2. La phrase qui précède montre qu'il s'agit de participer au régime : « Il faut en effet, soit que toutes les parties du peuple dont on a parlé participent en commun au régime [κοινωνεῖν

ἔξεστίν] quand ils ont atteint le cens défini par les lois. Cette participation est donc permise pour tous ceux qui ont atteint ce sens [ἔξεστι μετέχειν]. <Car ne pas permettre cette participation absolument à tous, c'est oligarchique, comme l'est aussi de permettre la participation de celui qui est incapable de loisir, faute de revenus [ὅλως μὲν γὰρ τὸ μὲν μὴ ἐξεῖναι πᾶσιν ὀλιγαρχικόν, τὸ δὲ δὴ ἐξεῖναι (μετέχειν) σχολάζειν ἀδύνατον μή προσόδων οὐσῶν (ὀλιγαρχικόν)]>[1].

Il s'agit de la démocratie la moins déviée, la plus proche de la *politeia*, mais ce qui est dit vaut, avec des aménagements, pour toute démocratie respectueuse des lois. Les lois gouvernent (ἄρχειν) si la suprématie de l'assemblée des citoyens est modérée et limitée.

La dernière phrase (entre <>) est difficile à comprendre, ce qui a conduit certains à modifier le texte des manuscrits. La solution que j'adopte permet de le conserver : ὀλιγαρχικόν vaut, comme il est classique, pour les deux membres de phrase sans être répété dans le second. De même, il est naturel de comprendre que τὸ μὲν μὴ ἐξεῖναι et τὸ δὲ δὴ ἐξεῖναι (μετέχειν) renvoient à la même chose, l'accès à la vie politique exprimée auparavant à deux reprises par ἔξεστι μετέχειν[2]. Le sens auquel on aboutit de cette manière ne surprend que si l'on oublie une des thèses essentielles d'Aristote : toute démocratie modérée, respectueuse des lois, et particulièrement la moins déviée, compose avec l'oligarchie et sa modération tient à ce mélange.

Nous n'avons donc pas affaire, comme la plupart des traductions le suggèrent, à une objection qu'Aristote se ferait à lui-même ou exposerait à son lecteur – « sans doute, restreindre la citoyenneté à un certain revenu est oligarchique » – et à l'argument qui y répond – « il est impossible d'avoir ce loisir [indispensable à la citoyenneté] sans revenu suffisant »[3]. Car la

τῆς πολιτείας = à la distribution des pouvoirs], soit que les unes y aient part, les autres non » (6, 1, 1292 b 24-25).

1. IV, 6, 2-3, 1292 b 27-33.

2. Dans ma traduction, l'accusatif ἀδύνατον est sujet de l'infinitif μετέχειν sous-entendu (Bailly, ἔξεστι βασιλέα ἄρχειν, « il est permis au roi de commander », Platon, *Politique*, 290 d). Le datif aurait également été possible et sans doute préférable par symétrie avec la première proposition où πᾶσιν est un datif, τὸ μὲν μὴ ἐξεῖναι πᾶσιν (μετέχειν) ὀλιγαρχικόν. La grammaire permettrait de faire de ἀδύνατον l'équivalent de ὀλιγαρχικόν dans l'autre membre de phrase, mais σχολάζειν ἀδύνατον semble bien reprendre le οὐ δύνανται δὲ σχολάζειν qui précède. De plus cette solution (= pouvoir avoir du loisir sans revenus est impossible) renverrait bien à une thèse *générale* d'Aristote, mais s'accorde mal avec le contexte immédiat. Voir mon commentaire.

3. *licere autem vacare impossibile non existentibus proventibus*, « mais il est impossible si l'on n'a pas de revenus de pouvoir disposer de loisir » (Spiazzi, p. 206, 449, Laval, p. 213,

réflexion générale que ces traducteurs placent ici et qu'Aristote formule ailleurs – le loisir, condition de la vie politique, implique une richesse suffisante pour libérer les citoyens des contraintes vitales – est peu compatible avec le contexte immédiat : il ne faut surtout pas, dit au contraire Aristote, qu'ils aient trop de loisir, car l'assemblée pourrait alors siéger en permanence et se passer des lois en gouvernant à coup de décrets !

En réalité, Aristote met en évidence un lien entre les obstacles peu démocratiques à une délibération permanente de l'assemblée et la préservation de l'autorité des lois. Il est *oligarchique* de mettre des conditions de cens à la citoyenneté (d'où l'opposition entre « tous ceux qui ont atteint ce cens » et « absolument tous ») : de même, il est *oligarchique* de compter sur le peu de loisir des citoyens pour limiter le pouvoir de l'assemblée en évitant qu'elle siège en permanence. Ces deux ingrédients oligarchiques préservent l'autorité des lois et sauvent la démocratie puisqu'une démocratie sans lois n'en est plus une : la démocratie se préserve en empruntant des armes au régime opposé. Le second élément, le manque de loisir, est déterminant : quand on progresse du moins au plus dévié, les conditions de cens disparaissent ; subsiste, pour la seconde forme de démocratie, une définition légale restrictive de la citoyenneté (comme le précise le chapitre 6, avoir une naissance irréprochable) ; quand on passe à la troisième forme, le seul barrage à une suprématie despotique et permanente du peuple est l'absence de μισθός, d'indemnité pour assister aux assemblées, ce qui préserve le salutaire manque de loisir. La suppression de ce barrage (dont Périclès est l'un des responsables) rend possible la quatrième forme, la démocratie sans mélange. Tous ceux auxquels la loi reconnaît la citoyenneté quand on en reste au troisième degré de déviation, en s'abstenant désormais d'imposer des restrictions de revenu (1er degré) ou de bonne naissance (2e degré), peuvent maintenant, c'est l'ultime nouveauté de la quatrième forme, « avoir part en commun au gouvernement politique [κοινωνοῦσι δὲ καὶ πολιτεύονται] parce qu'ils peuvent avoir du loisir

1re c.). « Sans doute, ne pas accorder ce droit à tous, c'est, en général, oligarchique, mais il est bien impossible d'avoir droit au loisir, quand on n'a pas de revenus » Aubonnet. De même, Pellegrin : « En soi, le fait de ne pas permettre à tous cette participation est oligarchique, mais il est impossible d'avoir du loisir quand on n'a pas de revenus suffisants ». Dans ces traductions, le second ἐξεῖναι est difficile à traduire : Aubonnet dit « avoir droit », et P. Pellegrin le saute. P. Pellegrin voit que l'argument qui découle de sa traduction s'accorde mal au contexte, d'où sa note (p. 299, n. 4), mais on se demande alors ce que cette remarque, générale selon lui, vient faire ici, comme le pendant (μέν, δέ) du caractère oligarchique des restrictions censitaires à la citoyenneté.

[διὰ τὸ δύνασθαι σχολάζειν], les pauvres recevant une indemnité »[1]. La différence entre les formes encore acceptables de démocratie et cette dernière forme tyrannique tient à la suppression de ce dernier obstacle oligarchique à une citoyenneté intempestive – ne pas pouvoir mener une vie de loisir – ce qui confirme encore notre interprétation du σχολάζειν ἀδύνατον dont nous discutons.

Bien sûr, en matière de loisir, tout est question de dosage. La trop grande pauvreté de ceux qui ne disposent que de leurs mains pour subsister aboutit à l'absence totale de loisir (sauf instauration par la démocratie radicale d'une indemnité pour siéger à l'assemblée) et interdit donc toute véritable citoyenneté. Au contraire ceux qui vivent de la culture ou de l'élevage ont assez de loisir pour siéger à l'assemblée quand cela est vraiment nécessaire : leur peu de loisir et leur éloignement de la ville leur interdisent seulement de siéger en permanence et d'être magistrats. La démocratie la moins déviée donne donc la suprématie au peuple de la campagne et à la classe moyenne, alors que la démocratie sans mélange donne aux plus pauvres et aux citadins le droit et la possibilité, grâce aux indemnités, d'être citoyens à plein temps et de se présenter aux magistratures. Cependant la relation entre les ressources ou modes de vie des différentes fractions du peuple et leurs aptitudes respectives, selon le jugement d'Aristote, à la vraie citoyenneté est complexe : il faut tenir compte de la résidence et aussi de la nature de l'activité. Vivre à la campagne préserve de la tentation de siéger en permanence aux assemblées et aux tribunaux :

> De plus, parce qu'elle tourne et retourne sur l'*agora* et dans la ville, toute cette race de gens [artisans, commerçants et salariés] a, si l'on peut dire, l'assemblée facile. Les gens de la campagne au contraire, à cause de leur dispersion sur le territoire, ni ne se rencontrent, ni n'ont le même besoin de ces réunions. De plus, là où le territoire se trouve ainsi disposé que la campagne est très éloignée de la ville, on peut facilement établir une démocratie convenable, autrement dit une *politeia* ; car la multitude est contrainte de partir résider à la campagne [ἐπὶ τῶν ἀγρῶν ποιεῖσθαι τὰς ἀποικίας, littéralement d'établir des colonies dans les champs], si bien qu'on doit, dans ce genre de démocratie, ne pas tenir d'assemblée en l'absence de cette multitude de campagnards, même s'il y a foule sur l'*agora*[2].

1. IV, 6, 5, 1293 a 4-6.
2. VI, 4, 13-14, 1319 a 28-38.

De plus, beaucoup d'activités, pour la plupart urbaines, outre la résidence qu'elles impliquent, ne s'accompagnent, écrit Aristote juste avant le texte qui vient d'être traduit, d'aucune excellence : la vie des artisans, commerçants et salariés est de peu de valeur (φαῦλος), ce qui explique la moindre valeur des formes les plus déviées de démocratie où ceux qui pratiquent ces activités ont la prépondérance. Dans ce chapitre 4 du livre VI[1], ce jugement de valeur n'est pas expliqué. On peut supposer que le statut de salarié, comme pendant très longtemps celui de domestique, était jugé servile sans qu'aucune explication ne soit nécessaire. Au XVIIe siècle encore, dans le feu des débats suscités par la révolution anglaise, des défenseurs radicaux du principe d'égalité naturelle (les Niveleurs) privaient tout naturellement les domestiques du droit de vote, comme on en a privé très longtemps les femmes, en France jusqu'en 1945 ! Les uns et les autres, pensait-on, n'avaient pas l'indépendance nécessaire. On sait aussi qu'Aristote critique le commerce quand la recherche du profit devient une fin pour elle-même. Il est plus difficile de comprendre pourquoi le travail manuel des artisans est selon lui plus vil que celui des cultivateurs ou des pasteurs[2].

LA QUESTION DE LA « PREMIÈRE DÉMOCRATIE »

Il faut maintenant revenir à la première démocratie (δημοκρατία πρώτη) de IV, 4 que nous avons laissée de côté. Elle embarrasse les commentateurs. Elle disparaît en IV, 6 et au livre VI où Aristote ne mentionne que quatre formes de plus en plus déviées de démocratie. Plus important encore, elle brise la symétrie entre les quatre déviations démocratiques et les quatre formes oligarchiques correspondantes : dans la liste des oligarchies, rien ne lui correspond. Enfin, il est impossible d'en faire le degré minimal de déviation, comme pourrait nous y inciter sa place, car cette hypothèse suscite une objection immédiate : comme le dit Tricot, elle « se distingue difficilement » des deux dernières formes, les plus déviées[3]. Pour résoudre ces difficultés, il faut revenir au texte lui-même :

1. VI, 4, 12, 1319 a 24-28.
2. Sur cette question, III, 10, p. 281-282.
3. Aristote, *La Politique*, p. 276-277, n. 5.

> La première démocratie[1] tient avant tout son nom de sa conformité à l'égalité [Δημοκρατία μὲν οὖν ἐστι πρώτη μὲν ἡ λεγομένη μάλιστα κατὰ τὸ ἴσον, *Democratia igitur est prima quidem quæ dicitur maxime secundum æquale*]. Car l'égalité, dit la loi [νόμος] d'une telle démocratie[2], c'est que ni les pauvres ni les riches ne soient en rien les uns au-dessus des autres, que ni les uns ni les autres n'aient la suprématie [μηδὲ κυρίους εἶναι, *neque dominos esse*] mais qu'ils soient les uns et les autres semblables [ὁμοίους]. Car si la liberté la plus grande se trouve en démocratie, comme certains le soutiennent, l'égalité [ἰσότης] la plus grande s'y trouve aussi, quand tous ont part en commun au régime de la manière la plus semblable [ὁμοίῶς] possible. Et comme le peuple est plus nombreux et que l'opinion des plus nombreux a la suprématie, ce régime est nécessairement une démocratie. Voici donc une forme de démocratie. Une autre consiste à…[Ἓν μὲν οὖν εἶδός δημοκρατίας τοῦτο. <ἄλλο δὲ…> *Una quidem igitur species democratiæ hæc. Alia autem*][3].

Pour Aristote, la démocratie la plus ancienne est un régime peu dévié, tempérant le poids des pauvres par celui des riches, proche de la *politeia*, au point de se confondre presque avec elle : à Athènes, celui qui résulte des réformes de Solon[4]. Il ne s'agit pas d'elle ici : la « première démocratie » n'est pas la démocratie de nos pères, encore très peu égalitaire. Mais, contrairement à ce que la référence à la liberté et à l'égalité maximales suggère à Tricot, cette démocratie ne renvoie pas non plus aux deux formes

1. « La première espèce de démocratie » (Aubonnet, Tricot, Bastien (p. 233), Pierre d'Auvergne *prima species popularis* (Spiazzi, p. 202, 574, Laval, p. 209, 2e c.), Oresme (p. 173, 2e c.). Mes raisons de traduire littéralement (en évitant de parler de la première forme ou espèce de démocratie) vont apparaître dans le commentaire. Si l'on conserve à la ligne 39 le ἄλλο δὲ des manuscrits, Aristote finit bien par parler de cette δημοκρατία…πρώτη comme d'*une* (et non de la) première forme de démocratie [ἕν… εἶδός]. Il n'en demeure pas moins qu'elle a un statut complètement différent des quatre formes suivantes. Si l'on supprime ce ἄλλο δὲ comme dans l'édition Susemihl-Immisch (Tricot, p. 278, n. 3), la phrase qui précède où apparaît l'expression εἶδός δημοκρατίας peut ne plus désigner une première forme de démocratie mais annoncer la suite, la forme la moins déviée par rapport à une *politeia*. Il faut alors traduire : « Voici donc une forme de démocratie :… ».

2. La première classification des régimes que nous connaissons, datant du milieu du Ve siècle, est celle d'Hérodote. Il reconstitue le débat sur le meilleur régime à instaurer entre ceux qui ont détruit la tyrannie des Mages. Le premier à parler est Otanès : il fait l'éloge du pouvoir de la multitude qu'il nomme ἰσονομία et non démocratie (*Histoires*, III, 80). C'est exactement le régime qui, dans le texte d'Aristote, tient son nom de l'égal, tel qu'il est défini par la loi de ce régime.

3. IV, 4, 22-24, 1291 b 30-39 ; Spiazzi, p. 201, 433, Laval, p. 207-208, 1re c.

4. Voir *Constitution d'Athènes*, XLI, 3 : c'est avec la réforme de Solon, consécutive à la guerre civile entre pauvres et riches, que commence la démocratie, ἀρχὴ δημοκρατίας ἐγένετο.

récentes les plus égalitaires, d'autant plus déviées qu'elles tendent à éliminer de plus en plus tout ingrédient oligarchique [1]. Vouloir à tout prix la situer à tel ou tel moment historique et lui assigner tel ou tel degré de déviation conduit à une impasse : il devient impossible de comprendre qu'elle puisse être d'abord définie par l'absence de toute suprématie des pauvres ou des riches et ensuite par la suprématie du δῆμος sur le reste des citoyens.

Laissons pour l'instant de côté la dernière phrase : elle a pour objectif d'expliquer pourquoi un régime excluant le pouvoir des uns sur les autres a été un jour nommé « démocratie », pouvoir du δῆμος sur l'autre partie de la cité. À en rester au reste du texte, nous avons affaire au régime qui tire son nom de la référence à l'égalité (κατὰ τὸ ἴσον), égalité que la loi (νόμος) définit comme absence de suprématie des uns sur les autres. C'est une référence claire à l'ἰσονομία (isonomie), le premier nom, selon Hérodote, de ce qui ne s'appelait pas encore « démocratie ». Ce qui est premier, c'est un projet et non un régime historique ancien qui y serait conforme : selon Aristote, les formes les plus anciennes de démocratie apparues en Grèce avaient une forte composante oligarchique. Ce qui est premier, c'est cette visée telle qu'elle est inscrite dans le nom le plus ancien, ἰσονομία, que le pouvoir de la multitude a reçu de ceux qui y aspiraient alors que le mot « démocratie », d'abord péjoratif, était indisponible pour eux [2].

Selon la conception induite par le terme d'ἰσονομία, aucune partie de la cité n'occupe de manière permanente la place de l'instance suprême : cette place est « au milieu » des citoyens, occupée de manière seulement provisoire par celui qui s'avance au milieu du cercle pour faire une proposition à l'assemblée qui délibère [3] : comme le dit notre texte, « tous ont part en commun au régime de la manière la plus semblable possible ». Aristote décrit cet idéaltype sans émettre pour l'instant la moindre critique.

1. Tricot, p. 276-277, n 5, commentaire du tableau qui compare les classifications des chap. 4 et 6. Cette manière d'assimiler la première démocratie aux démocraties les plus radicales est déjà celle de Pierre d'Auvergne qui comprend ainsi la 1re phrase : *In prima dicit quod prima species popularis, quæ maxime dicit popularis*... « En premier lieu, il dit que la première forme de régime populaire, celle qu'il dit être au plus point populaire » (Spiazzi, p. 202, 574, Laval, p. 209, 2e c.).

2. « Le pouvoir de la multitude [πλῆθος ἄρχον], dit Otanès, a le plus beau de tous les noms, ἰσονομία ». Dans ce débat, le mot δημοκρατία n'est jamais prononcé et parler de « pouvoir du δῆμος » est toujours péjoratif : ce sont les adversaires du pouvoir de la multitude qui parlent de cette dernière comme d'un δῆμος.

3. Voir la phrase introduisant l'éloge du pouvoir de la multitude par Otanès : « Otanès engageait à placer les affaires ἐς μέσον Περσησι, au milieu des Perses ».

D'ailleurs, au début du livre III, il a défini le vrai citoyen en partant de cette visée [1] et il reprendra à son propre compte, au chapitre 11 du livre IV comme au livre VII, la définition de la communauté politique comme communauté de semblables [2].

Certains, déclare Aristote, soutiennent que la liberté la plus grande existe dans une démocratie. Il ne s'agit pas de sa propre opinion mais de celle des démocrates, rappelée au début du livre VI quand est défini le principe (ὑπόθεσις) de la démocratie : la liberté [3]. Ce fondement n'est pas la visée dont nous sommes en train de parler. Il est plutôt ce qu'il y a au fond de la prétention unilatérale à établir la démocratie, la valorisation de la liberté, se manifestant d'une part par le désir d'être tout à tour gouvernant et gouverné, d'autre part par celui de vivre comme on le veut sans être gouverné ou, à défaut, de ne l'être qu'à tour de rôle. Le principe de la démocratie tel qu'il est exposé au chapitre 2 du livre VI n'échappe donc pas à la critique d'Aristote : le désir d'alternance peut être réduit au désir d'une liberté mal comprise, servile puisqu'elle pourrait être celle d'un esclave voulant s'affranchir du pouvoir de son maître [4]. Or dans notre texte du livre IV, Aristote s'abstient de critiquer cette thèse sur la liberté comme principe et s'empresse de passer à l'égalité, au désir d'une cité de semblables où tous ont part également à la vie politique : c'est la démocratie, pensez-vous, qui assure à chacun la liberté la plus grande ; et bien,

1. Voir mon commentaire, I, 1, p. 76.

2. « La cité se veut *autant qu'il est possible* composée d'égaux et de semblables » IV, 11, 8, 1295 b 25-26. « La cité est une certaine communauté de semblables », VII, 8, 4, 1328 a 35-36. Je souligne ce qui distingue les deux formules.

3. VI, 2, 1-4, 1317 a 40 – b 17. Le début de ce texte – « Le fondement [ὑπόθεσις] du régime démocratique est la liberté (car ils ont l'habitude de le dire, comme s'ils n'avaient part à la liberté que dans ce seul régime…) » – est cité par Hobbes dans le *De Cive* (chap. 10, fin du § 8, *The Latin Version*, The Clarendon Edition, Oxford, 1983, p. 176) : *in statu populari libertas est ex suppositione. Quod vulgo dicunt, tanquam extra statum hunc liber esse nemo* : « dans l'état populaire, la liberté existe du fait de son fondement. Ce qu'ils disent communément, comme si personne n'était libre en dehors de cet état ». Hobbes utilise le mot latin *status* comme Bodin le mot « état » pour désigner le régime découlant du détenteur de la souveraineté : pour l'un et l'autre, c'est le souverain qui détermine le régime alors que pour Aristote le régime détermine l'instance détenant le pouvoir suprême. La traduction latine de Hobbes n'est pas celle de GM : sans doute traduit-il lui-même en ayant le grec sous les yeux.

4. Je parle de regard critique : dans ce texte, la critique n'est pas explicite, sauf mention des gens qui pensent que, pour ne pas être esclave, il faut vivre comme on le veut (1317 b 12-13). Pour une critique explicite du « vivre comme on le veut » comme définition de la liberté, voir V, 9, 14-16, 1310 a 25-36. Ce point de vue critique d'Aristote (la démocratie tend au fond à l'anarchie) explique que Hobbes ait choisi de citer et de commenter le début de VI, 2 traduit à la note précédente.

dit Aristote, le même régime vise aussi et surtout l'égalité la plus grande. Dans notre texte, la critique ne va donc pas avoir pour cible le désir d'une liberté servile, de relâchement, d'absence de tout gouvernement, mais plutôt la rencontre malheureuse entre la visée d'égalité politique (il ne s'agit pas d'égalité économique et sociale) et la réalité de la division sociale.

Car les difficultés apparaissent quand l'idéaltype est mis en relation avec une cité déchirée par le conflit entre riches et pauvres. L'égalité maximale implique que « l'opinion des plus nombreux ait la suprématie ». En tant que telle, cette règle n'est ni contestable ni spécifiquement démocratique :

> L'opinion des plus nombreux a la primauté [ὑπάρχει] *dans tous les régimes*. En effet dans une oligarchie, dans une aristocratie comme dans les assemblées populaires, l'opinion de la partie la plus nombreuse de ceux qui ont part à la vie politique a la suprématie [ἐστὶ κύριον] [1].

Or dans toutes les cités traversées par la division sociale, il se trouve *par accident* que les membres du δῆμος, autrement dit les plus pauvres, sont les plus nombreux. Que la rencontre entre la pauvreté et le plus grand nombre, même très fréquente, soit un accident, c'est une thèse si importante qu'Aristote la reprend à deux reprises aux livres III et IV [2] pour redéfinir la démocratie comme suprématie des pauvres et non du grand nombre (sa première définition au chapitre 7 du livre III). De cette rencontre entre l'idéaltype et la division sociale dans sa forme la plus fréquente, proviennent la transformation de l'isonomie en démocratie, avec le changement de nom qui en résulte, et l'apparition de la suprématie d'une partie de la cité (le δῆμος) que l'isonomie était censée éliminer. C'est cette phase qui conduit Tricot à juger que cette « première démocratie » (qui n'en avait pas encore le nom !) est apparentée aux dernières formes les plus déviées, en négligeant la tension entre la dernière phrase et le reste du texte : l'ἰσονομία ne peut être réduite à une idéologie dont le seul effet serait de légitimer le pouvoir despotique du δῆμος en le masquant. Le texte nous invite plutôt à rechercher à quelles conditions la volonté d'égalité et ce qu'elle implique, la règle majoritaire, peuvent être préservées des conséquences désastreuses produites par leur rencontre avec la division sociale [3].

1. IV, 8, 7, 1294 a 11-14. Voir aussi IV, 4, 1, 1290 a 31-32 : « dans les oligarchies et partout ailleurs, la partie la plus nombreuse a la suprématie ».

2. III, 8, 3-8, 1279 b 20-1280 a 6 ; IV, 4, 2-4, 1290 a 33-1290 b 3.

3. Voir *infra*, VI, 3, 4-6, 1318 a 27-b 5 et mon commentaire, p. 207-208.

Ces conséquences, on peut tenter de les éviter en chassant la lutte des classes de la communauté des citoyens : cette solution sera exposée au livre VII. Pour l'instant, Aristote va explorer une autre voie : sauver l'idéal d'isonomie – le refus de toute suprématie des uns sur les autres, l'égalité dans la participation de tous aux décisions communes – par une politique du mélange exactement ajusté impliquant, de manière paradoxale, le bon usage d'ingrédients oligarchiques.

Même soumis à la critique au début du livre VI, le principe de base de la démocratie, la liberté, n'est pas lui non plus le simple effet de l'idéologie : la fin que se proposent les démocrates est encore l'écho déformé de l'idéal-type que nous décrivons. De ce principe de base équivoque, dérivent en effet, selon Aristote, les traits communs à toutes les démocraties. Le texte qui en traite au chapitre 2 du livre VI est difficile : on attend qu'Aristote se limite à des traits minimaux, existant même dans la démocratie la moins déviée, qui l'est seulement au premier degré. Or il y intègre le μισθός, l'indemnité favorisant la présence des pauvres à l'assemblée, et la suprématie d'une telle instance devenue presque permanente, ce qui caractérise, on l'a vu, la démocratie la plus radicale. En fait, il ne s'agit pas du plus petit dénominateur commun à toutes les formes de démocratie, mais de ce qui semble *logiquement* découler du principe égalitaire qui les travaille toutes. De ce point de vue, la démocratie radicale, dans ce qu'elle prétend viser, révèle l'idéaltype de l'ἰσονομία, très imparfaitement réalisé dans les démocraties du passé proches de la *politeia*. En le révélant, elle le détruit, puisque la volonté d'égalité et le refus de toute domination despotique se retournent, *par accident malheureux*, en pouvoir despotique du δῆμος. Pourtant, malgré ce retournement, voici comment Aristote conclut ce développement à propos des traits purement démocratiques :

> Tels sont donc les traits communs aux démocraties. Survient [Τὰ μὲν οὖν κοινὰ ταῖς δημοκρατίαις ταῦτ᾽ ἐστί· συμβαίνει…] [1], à partir de ce juste qu'on reconnaît être démocratique (l'égal pour tous selon le nombre), ce qui apparaît être la démocratie et le peuple par excellence [ἡ μάλιστ᾽ εἶναι δοκοῦσα δημοκρατία καὶ δῆμος]. En effet l'égal, c'est que ni les pauvres ni les riches n'aient plus de pouvoir ou n'aient seuls la suprématie, mais que

1. *Communia quidem democratiæ hæc sunt. Accidit autem…* Comme Guillaume de Moerbeke (Spiazzi, p. 312, 820, Laval, p. 318, 1re c.), il faut traduire littéralement ce συμβαίνει mis en valeur par sa place en tête ce phrase. Il ne s'agit pas seulement de ce qui *provient* (Pellegrin) ou *vient* (Oresme, p. 259, 2e c.), ni à plus forte raison de ce qui *découle* (Tricot, Aubonnet) et *résulte* (Bastien, p. 281) du principe égalitaire. Voir mon commentaire.

tous l'aient à égalité selon le nombre. C'est ainsi, pense-t-on, qu'appartiennent au régime l'égalité et la liberté [1].

La démocratie par excellence et sans mélange semble être la démocratie *conséquente*, qui va jusqu'au bout de l'isonomie. De là l'étrange accord entre un idéaltype qui, Aristote le répète comme au livre IV, exclut complètement la suprématie des pauvres (la démocratie) ou des riches (l'oligarchie) et sa réalisation sous la forme de la suprématie sans mélange des pauvres : la démocratie par excellence est contradictoire ; la démocratie ne peut être sauvée qu'en composant avec son ennemie.

Entre l'oligarchie et la démocratie, il existe donc une dissymétrie fondamentale que le parallélisme des quatre degrés de déviation dans le sens de la tension ou du relâchement risque de masquer. On ne peut pas opposer à l'oligarchie son propre principe, car les riches voudront toujours dominer les pauvres. On peut au contraire retourner contre les démocraties déviées leur visée première d'égalité : malgré les apparences, on ne passe pas de l'isonomie au pouvoir despotique des pauvres par *déduction* ou *dérivation*, mais par un συμβαίνει, par l'accident de la rencontre entre le principe d'égale liberté et la division opposant le grand nombre des pauvres et le petit nombre des riches. Ou plutôt la logique des démocrates, s'ils sont honnêtes, s'ils ne sont pas simplement animés par le désir d'une liberté servile, aboutit *par accident* au contraire de ce qu'ils veulent véritablement.

C'est la clef du chapitre 3 du livre VI. Aristote se demande si l'on peut remédier aux conséquences malheureuses de la rencontre accidentelle de la logique de l'isonomie avec la réalité d'une cité divisée entre une minorité de riches et une majorité des pauvres : un législateur avisé voudra éviter que la règle majoritaire, conséquence du principe égalitaire, aboutisse au contraire du but recherché, à la suprématie des pauvres et non à l'égalité entre eux et les riches :

> Quelle serait donc l'égalité sur laquelle les uns et les autres s'accorderaient, il faut l'examiner en partant de leurs définitions respectives du juste. Ils disent en effet que l'opinion de la majorité des citoyens doit avoir la suprématie. Soit, mais pas dans tous les cas ; mais, puisqu'il se trouve exister deux parties [δύο μέρη τετύχηκεν] [2] dont la cité est composée, les riches et les pauvres, il faut que l'opinion de l'une ou l'autre partie, ou de la majorité de l'une et de l'autre ait la suprématie, et que, dans le cas où il y a deux

1. VI, 2, 9, 1318 a 3-10.
2. Encore le vocabulaire de l'accidentel.

> opinions contraires, que l'opinion de la majorité, celle de ceux dont le total des contributions est le plus grand [ὧν τὸ τίμημα πλεῖον] ait la suprématie [1].

Dans un groupe de 30 personnes composé de 20 pauvres et de 10 riches, un avis minoritaire compte non tenu des revenus fonciers des uns et des autres, par exemple l'avis de 6 riches et de 5 pauvres, sera considéré comme majoritaire si les personnes en question ont ensemble un revenu supérieur à celles qui défendent l'opinion contraire (15 pauvres et 4 riches). Pour corriger les effets de la suprématie quasi-automatique des pauvres du fait de leur grand nombre, on rééquilibre le comptage des voix par une mesure oligarchique [2]. Elle remédie au surnombre accidentel des pauvres : une inégalité dans le sens de l'oligarchie en compense une autre de sens opposé. Le résultat est-il démocratique, comme les titres donnés au chapitre par les traducteurs le suggèrent [3] ? Oui, si l'on entend par démocratie l'isonomie, l'idéaltype incompatible avec la suprématie des uns sur les autres. Non si la démocratie est la suprématie des pauvres : plutôt que d'une telle démocratie, le dispositif corrigé relève de la *politeia*, qui retrouve par ce détour oligarchique l'isonomie de la « première démocratie ». Comme on le constate de nouveau, la démocratie et l'oligarchie ne sont pas, pour Aristote, des déviations symétriques. La première dévie parce que la dynamique égalitaire produit son contraire à cause de deux accidents, la division sociale et le surnombre des pauvres, l'oligarchie en vertu de sa logique spécifique, du fait de l'inévitable démesure des puissants et des riches :

> Même s'il est très difficile, quand il s'agit de l'égal et du juste, de découvrir la vérité [dans le contexte où nous sommes, elle consiste à équilibrer le compte des voix pour éviter la suprématie des uns sur les autres], il est plus facile de la trouver que de persuader ceux qui peuvent s'approprier plus que leur part. Car le juste et l'égal, les plus faibles les recherchent, alors que les plus forts n'en ont nul souci [4].

1. VI, 3, 4, 1318 a 27-33. La richesse des uns et des autres est donc toujours évaluée selon leurs cens, c'est-à-dire selon leurs revenus fonciers annuels.

2. VI, 3, 5, 1318 a 34-38.

3. « L'égalité et la justice en démocratie », Aubonnet ; « l'égalité entre riches et pauvres dans la démocratie » (Tricot) ; « Égalité et majorité en démocratie : une solution acceptable par tous » (Pellegrin).

4. VI, 3, 6, 1318 b 1-5.

Au contraire de celles des riches, les revendications des pauvres naissent d'abord, comme Machiavel le remarquera beaucoup plus tard [1], du désir de n'être pas opprimé :

> Même s'ils n'ont pas part aux honneurs publics, les pauvres veulent bien rester tranquilles, à condition de n'être ni outragés ni privés de leurs biens [2].

Il existe deux autres raisons d'écarter la thèse d'une symétrie entre les démocraties et les oligarchies. D'une part, « la démocratie est plus stable [ἀσφαλεστέρα] et moins sujette aux dissensions civiles [ἀστασίαστος] que l'oligarchie » : en effet cette dernière connaît des conflits internes, alors que le peuple ne s'oppose qu'aux oligarques ; d'autre part la démocratie est plus proche du régime s'appuyant sur la classe moyenne (la *politeia*) qui est le plus stable [3].

Cette analyse du nouveau tableau des degrés de déviations peut être résumée en trois affirmations :

1. La pluralité des régimes a sa racine dans la division sociale. Elle est donc organisée autour de l'opposition de l'oligarchie et de la démocratie.

2. Plus que deux régimes, il s'agit de deux directions opposées de déviation, avec, de part et d'autre, quatre degrés de plus en plus accentués de déviation, de tension (oligarchie) ou de relâchement (démocratie). Quand par exemple les régimes sont de plus en plus démocratiques, les artisans, marchands, marins et salariés gagnent de plus en plus en poids politique par rapport aux gens de la campagne et les assemblées populaires se libèrent de plus en plus de l'autorité des lois.

3. Cette symétrie entre les deux tendances risque de dissimuler la relation complexe d'Aristote à la démocratie et la tension qu'elle implique.

– D'un côté, il reprend à son compte la visée d'isonomie, qu'il intègre à sa propre conception de la communauté politique comme communauté de semblables : de là l'ouverture des *Politiques*, l'idée que le pouvoir politique diffère en nature de tous les autres pouvoirs, tous compris sur l'horizon de l'inégalité naturelle, entre les hommes et les autres animaux,

1. « En effet, dans toute cité, on trouve ces deux humeurs différentes : et cela naît de ce que le peuple désire ne pas être commandé ni écrasé par les grands, et que les grands désirent commander et écraser le peuple » *De principatibus*, *Le Prince*, IX, 2, traduction et commentaire Jean-Louis Fournel et Jean-Claude Zancarini, Paris, P.U.F., 2000.

2. IV, 13, 8, 1297 b 6-8.

3. V, 1, 15-16, 1302 a 8-15.

entre les hommes et les dieux, entre les membres d'une famille (le mari et sa femme, le père et ses enfants, le maître et l'esclave).

D'un autre côté, le principe égalitaire conduit, du fait de sa rencontre accidentelle avec la division sociale, au risque d'une suprématie sans partage des pauvres. Toute la question est de savoir comment la démocratie ou plutôt l'isonomie peut être protégée contre cette dérive.

Cette dernière conclusion semblera peut-être contredite par les analyses de Hansen à propos de l'usage des termes δημοκρατία et ἰσονομία à Athènes aux Ve et IVe siècles [1]. C'est, nous l'avons vu, le débat des conjurés perses à propos des régimes reconstitué par Hérodote qui valorise l'isonomie et montre que le terme « démocratie » était d'abord péjoratif : ce sont en effet les partisans de l'oligarchie (Mégabyse) et de la monarchie (Darius) qui, sans user du mot « démocratie », critiquent le pouvoir du δῆμος, alors qu'Otanès a proposé de confier le pouvoir à la multitude [2]. Hansen critique les historiens, en particulier Finley, qui donnent trop de valeur à ce texte : selon lui, il ne concerne pas Athènes de manière spécifique. Il remarque aussi que le mot « démocratie » a eu un sens positif bien avant le IVe siècle et que le mot ἰσονομία est assez pauvrement attesté à l'époque classique : alors qu'à Athènes plusieurs navires furent appelés Δημοκρατία (démocratie), Ἐλευτερία (liberté), voire Παρρησία (franc-parler) et que la démocratie et la liberté y furent directement ou indirectement l'objet d'un culte religieux, on ne constate rien de tel pour l'isonomie.

Du témoignage d'Hérodote que Hansen minimise à l'excès, on peut cependant retenir que le mot « démocratie » a eu d'abord un sens péjoratif, même si cela n'implique pas que cette situation durait encore à l'époque de Clisthène ou de Périclès : les démocrates n'ont pas attendu le IVe siècle pour retourner le mot « démocratie » en leur faveur. D'autre part, Hansen se réfère au texte des *Politiques* sur la première démocratie [3], mais ne dit rien sur sa première phrase : or, puisque l'étymologie du mot « démocratie » ne renvoie ni à l'égalité ni à la loi, dire comme Aristote que la démocratie tient d'abord son nom de ce qui est égal en vertu de la loi ne peut que renvoyer à l'isonomie et venir conforter, un siècle plus tard, le témoignage d'Hérodote.

1. *La démocratie athénienne*..., chap. 4, p. 96-98 et 111.
2. III, 80-83.
3. Ouvrage cité, index des passages cités, p. 456 où il est renvoyé à la p. 95.

Aristote ne critique donc pas l'oligarchie et la démocratie de la même manière : il est impossible de retourner contre l'oligarchie son propre principe ; on peut au contraire se réclamer de la première démocratie – qui, au nom de l'égalité instaurée par la loi, refuse la suprématie des uns ou des autres et confie à la multitude le soin de délibérer sur ses propres affaires – contre toutes les formes de domination des pauvres sur les riches, qui naissent de la rencontre accidentelle de l'idéal d'isonomie avec la division sociale.

CHAPITRE VI

UNE NOUVELLE DÉFINITION DE LA *POLITEIA*

« LA *POLITEIA* EST EN SOMME UN MÉLANGE D'OLIGARCHIE ET DE DÉMOCRATIE »[1]

Comme je l'ai déjà indiqué, Aristote refuse de rechercher la mesure du bon mélange en s'écartant des situations ordinaires, en construisant comme Platon une cité par la parole ou en choisissant dans la réalité un modèle à imiter, mais il part d'un état des lieux : si on laisse de côté les gouvernements qui ont perdu tout caractère politique, la plupart des régimes mêlent des ingrédients oligarchiques et démocratiques, dans des proportions diverses selon les rapports de force entre riches et pauvres et, à l'intérieur de ces deux classes, entre les groupes qui les composent. C'est vrai pour les trois formes d'oligarchie ou de démocratie préservant le pouvoir des lois et aussi, déclare Aristote au début du chapitre 7, pour les *politeiai* et la plupart des aristocraties.

Elles aussi, les aristocraties mêlent démocratie et oligarchie, sauf l'aristocratie sans mélange, seule à en mériter le nom : c'est seulement dans ce régime que « l'homme de bien et le bon citoyen sont absolument identiques » ; « ailleurs, les citoyens ne sont bons que relativement au régime qui est le leur »[2]. C'est se référer à une cité composée exclusivement d'hommes de bien, possibilité dessinée en creux au chapitre 4 du livre III[3],

1. IV, 8, 3, 1293 b 33-34.

2. IV, 7, 2, 1293 b 1-7. Voir la traduction et le commentaire de l'ensemble du texte, III, 1, p. 265-266.

3. III, 4, 5, 1276 b 37-38.

puis au début du livre IV, à travers l'hypothèse de la cité la plus conforme à nos vœux [1]. Or il s'agit pour l'instant de l'autre voie vers l'excellence, celle du mélange : la forme pure d'aristocratie est provisoirement laissée de côté.

Restent les aristocraties impures : mêlé à d'autres, l'ingrédient aristocratique est utilisé, explicitement ou implicitement.

– *Explicitement*, si la vertu est un critère explicite pour distribuer les pouvoirs. Ce sont les exemples de Carthage et de Lacédémone. À Carthage, « le régime prend en compte la richesse, l'excellence et le peuple » ; à Sparte, « il ne regarde que les deux derniers éléments, l'aristocratie et la démocratie » [2].

– *Implicitement*, si l'on appelle « aristocratie » un mélange d'oligarchie et de démocratie qui, sans faire explicitement usage du critère de l'excellence pour distribuer les pouvoirs, penche vers l'oligarchie. On parle néanmoins d'aristocratie pour la raison suivante : même si la richesse n'est pas la vertu, l'éducation et la bonne naissance ont plus de chance de se rencontrer chez les riches, qui possèdent aussi les biens convoités par les pauvres, incités ainsi à commettre des délits ; pour ces deux raisons, les riches seront, à ce qu'on dit, des « gens bien » (καλοὶ κἀγαθοί) portés à la vertu [3]. Il s'agit d'une opinion commune reflétée par la langue. Pour Aristote lui-même, une richesse modérée est seulement condition d'excellence et non l'excellence elle-même, une richesse excessive pouvant conduire à des crimes plus grands que les petits délits provoqués par une pauvreté excessive [4].

L'ensemble formé par les aristocraties impures est donc organisé de la manière suivante : d'un côté des mélanges usant explicitement du critère de l'excellence (Sparte, Carthage), de l'autre ceux qui ne mêlent que l'oligarchie et la démocratie, les *politeiai* penchant vers l'oligarchie.

1. IV, 1, 3, 1288 b 23-24.

2. IV, 7, 3-4, 1293 b 7-18. L'exemple de Sparte fait difficulté : *infra* (IV, 9, 7-9, 1294 b 18-34), il est pris comme bon mélange d'oligarchie et de démocratie et, au chap. 9 du livre II (14, 1270 a 16-18), Aristote dit que l'écart entre riches et pauvres est excessif à Sparte, ce qui suppose un ingrédient oligarchique. Le régime de Sparte est-il un mélange d'oligarchie et de démocratie, comme en gros en II, 9 et IV, 9 (mélange insatisfaisant en II, 9 et satisfaisant en IV, 9) ou un mixte d'aristocratie et de démocratie comme en IV, 7 ? Sur ces difficultés, voir *infra*, p. 223-228.

3. IV, 8, 3-4, 1293 b 37-42.

4. IV, 11, 5, 1295 b 6-11.

Voici pourquoi les aristocraties impures et les *politeiai* sont étudiées ensemble aux chapitres 7 et 8. Si l'on continue à user de la dichotomie du livre III entre formes droites et formes déviées à laquelle Aristote continue à faire référence au tout début du chapitre 8 [1], il faut en effet distinguer, parmi les régimes qui mêlent plusieurs ingrédients, ceux qui sont déviés, démocraties et oligarchies respectueuses des lois, et ceux qui sont droits, aristocraties impures et *politeiai*. Mais, comme nous l'avons découvert, un tel usage de la distinction entre droiture et déviation devient problématique au livre IV. En réalité, les aristocraties impures et les *politeiai* sont elles-mêmes, par rapport à la « *politeia* la plus droite (ἡ ὀρθοτάτη πολιτεία) », des déviations dont dévient ensuite les mélanges penchant davantage vers la démocratie ou l'oligarchie. Au lieu de se contenter d'opposer le droit et le dévié, il faut mesurer des degrés plus ou moins accentués de déviation à partir d'une même origine, « la *politeia* la plus droite » [2].

Pour Aubonnet et Tricot, il s'agit du régime idéal, le plus conforme à nos vœux, pour Pierre Pellegrin de l'aristocratie pure du chapitre précédent, ce qui revient au même [3]. Les deux textes antérieurs du livre IV déjà traduits et commentés (2, 4 et 3, 8) [4] – à propos de la *politeia* « aristocratique » bien composée et de l'excellent régime politique comparé à une composition musicale mêlant harmonieusement les sons –, nous incitent à comprendre les choses autrement : la mesure dont il faut partir pour déterminer des degrés de déviation de plus en plus accentués, c'est le beau mélange, le mélange bien équilibré entre tension oligarchique et relâchement démocratique qui va bientôt être étudié en détail (chapitres 9 et 11). En adoptant ce point de vue, on aboutit au tableau suivant :

1. οὐκ οὖσαν οὔτε ταύτην παρέκβασιν οὔτε τὰς ἄρτι ῥηθείσας ἀριστοκρατίας, « ni cette dernière [la *politeia*], ni les aristocraties dont nous venons de parler n'étant des déviations » IV, 8, 1, 1293 b 23-24.

2. IV, 8, 1, 1293 b 22-27. Pour l'allusion d'Aristote à l'ancienne manière de distinguer le droit et le dévié de III, 7 (rappelée en IV, 2, 1 et discrètement en IV, 3, 8), voir la dernière ligne de ce texte : « or ces dernières [les oligarchies et démocraties] sont des déviations des premières [aristocraties et *politeiai*] ».

3. Aubonnet, n. 9 de la page 162 ; Tricot, p. 289, n. 5 où il rapporte sans la critiquer sur ce point l'interprétation de Bastien ; Pellegrin, p. 303, n. 1. Pour Oresme, ce régime le plus droit est la royauté ou l'aristocratie, les régimes droits les meilleurs si l'on suit le théorème de l'excellence encore rappelé en IV, 2, 1 (p. 179, 2e c.).

4. Traduction et commentaire de ces textes, pour 2, 4, 1289 b 12-17, p. 179 et pour 3, 8, 1290 a 24-29, p. 185.

<table>
<tr><td colspan="2">La politeia
comme mélange harmonieux et équilibré de démocratie et d'oligarchie</td></tr>
<tr><td>Politeia penchant légèrement vers la démocratie (ce que signifie d'habitude le mot politeia)</td><td>Politeia penchant légèrement vers l'oligarchie (aristocratie impure où le critère de la vertu n'est pas explicite)</td></tr>
<tr><td>1re forme peu déviée de démocratie</td><td>1re forme peu déviée d'oligarchie</td></tr>
<tr><td>2e forme plus déviée de démocratie</td><td>2e forme plus déviée d'oligarchie</td></tr>
<tr><td>3e forme encore plus déviée de démocratie</td><td>3e forme encore plus déviée d'oligarchie</td></tr>
<tr><td colspan="2">4° Démocraties pures et oligarchies pures [δυναστεῖαι]
qui ne sont plus des régimes, des πολιτεῖαι</td></tr>
</table>

Tableau IV : la nouvelle classification selon la politique du mélange : les régimes qui font de l'excellence un critère explicite dans la distribution des pouvoirs (ceux de Sparte et de Carthage, tels qu'ils sont définis au chapitre 7) n'apparaissent pas dans ce tableau pour des raisons qui vont être exposées dans ce qui suit.

Certes, on peut être tenté de hiérarchiser les deux voies vers l'excellence, celle de la cité des semblables (la pure aristocratie) et celle la politique du mélange, puisque la première est la plus conforme à nos vœux. À la fin de cet ouvrage, nous verrons ce qu'il faut en penser. Cependant, même si une telle hiérarchie s'imposait sans problème (ce qui, nous le verrons, n'est pas le cas), ce serait sauter une étape que de présenter tous les mélanges diversement dosés comme des déviations de plus en plus graves à partir d'une aristocratie pure, complètement étrangère à tout mélange : il faudrait écrire au minimum, que la *politeia* mélangée avec justesse est une déviation de l'aristocratie par excellence (la cité selon nos vœux) dont dévient à leur tour les *politeiai* commençant à pencher vers la démocratie et l'oligarchie, puis les démocraties et les oligarchies elles-mêmes ! Pierre d'Auvergne interprète de cette manière (que nous ne partageons pas) le texte (IV, 3, 8) comparant comme nous l'avons vu la *politeia* à une composition musicale heureusement mélangée dont dévient les autres régimes [1].

La *politeia* est donc un mélange d'oligarchie et de démocratie. Dès que le mélange penche *significativement* d'un côté ou de l'autre, commence la double série des trois formes de démocratie ou d'oligarchie analysées aux chapitres 4, 5, et 6 (trois formes, parce que le 4e degré de déviation est tel

1. Voir ce texte, p. 185 et son commentaire par Pierre d'Auvergne, « Annexe I », p. 357.

qu'il n'y a plus de mélange). Un régime qui ne penche que *légèrement* dans un sens ou dans l'autre est une *politeia*, dont il faut distinguer deux formes, penchant respectivement vers la démocratie (*politeia* au sens le plus usuel) ou vers l'oligarchie (forme d'aristocratie ne se référant pas de manière explicite à l'excellence).

Cette définition provisoire des *politeiai* est peu normative : ces régimes sont tout au plus moins déviés que les trois formes de démocratie et d'oligarchie respectueuses des lois. Aristote définit la *politeia* prise en ce sens (dans ses deux formes, plus démocratique ou plus oligarchique) en la distinguant de l'aristocratie, comprise comme régime qui ajoute *explicitement* aux deux ingrédients de la *politeia*, oligarchie et démocratie, un ingrédient aristocratique :

> Comme il y a trois titres en compétition pour revendiquer l'égalité dans le régime, la liberté, la richesse, l'excellence [ἀρετή] (...), il est évident qu'il faut appeler *politeia* le mélange de ces deux éléments, les riches et les pauvres, et appeler de préférence « aristocratie » le mélange des trois éléments, plutôt que les autres régimes [μάλιστα τῶν ἄλλων], si l'on excepte l'aristocratie véritable et première [l'aristocratie pure] [1].

Aristote revient donc sur le tableau des aristocraties impures présenté au chapitre 7. Il préfère maintenant réserver le nom d'aristocratie aux mélanges qui prennent en compte l'excellence de manière explicite (la lettre du texte s'applique à Carthage et non à Sparte, régime où la vertu s'ajoute à la seule liberté et non à la liberté accompagnée de la richesse, mais on peut considérer que ce qui vaut pour Carthage vaut pour Sparte) et appeler *politeia* la troisième forme d'aristocratie impure du chapitre 7, le mélange de démocratie et d'oligarchie penchant vers l'oligarchie. À la suite des deux mises au point successives que nous venons d'analyser, concernant l'aristocratie *stricto sensu* (la cité où tous les citoyens sont des hommes de bien), puis les aristocraties impures, il faut donc distinguer :

– L'aristocratie sans mélange, celle qui mérite le mieux ce nom, la cité selon nos vœux du livre VII.

– Les aristocraties qui font de l'excellence un critère explicite du mélange (formes 1 et 2 de l'aristocratie impure au chapitre 7).

– Les mélanges droits de démocratie et d'oligarchie penchant vers l'oligarchie (forme 3 de l'aristocratie impure au chapitre 7, *politeia* au chapitre 8).

1. IV, 8, 9, 1294 a 19-25.

Ce contexte permet de déterminer le sens du passage difficile précédant immédiatement celui que je viens de traduire. Aristote vient de rappeler que l'aristocratie, l'oligarchie et la démocratie se définissent respectivement par la primauté donnée à l'excellence, à la richesse et à la liberté et que tous ces régimes donnent la suprématie à la majorité de ceux qui ont part au régime [1]. Aussi (οὖν), poursuit-il,

> dans beaucoup de cités, le régime est, pour sa forme, appelé *politeia*. Car le mélange vise [στοχάζεται] seulement les riches et les pauvres, richesse et pauvreté [2].

1. IV, 8, 7, 1294 9-14.

2. Ἐν μὲν οὖν ταῖς πλείσταις πόλεσιν τό τῆς πολιτείας εἶδός καλεῖται. Μόνον γάρ ἡ μίξις στοχάζεται τῶν εὐπόρων καὶ τῶν ἀπόρων, πλούτου και ἐλευθερίας, littéralement pour la 1re phrase, « dans beaucoup de cités, la forme de la *politeia* est utilisée comme nom » (IV, 8, 8, 1294 a 15-17). Je reprends la traduction de Guillaume de Moerbeke pour la 1re phrase, mais dans sa traduction de la 2e, les génitifs τῶν εὐπόρων καὶ τῶν ἀπόρων deviennent les compléments des noms πλούτου και ἐλευθερίας, dépendant directement eux-mêmes du verbe au lieu d'être en apposition à τῶν εὐπόρων καὶ τῶν ἀπόρων : *In pluribus quidem igitur civitatibus politiæ species vocatur : solum enim mixtio conjecturat divitum et pauperum divitias et libertatem* [« le mélange ne prend en compte que les richesses et la liberté des riches et des pauvres (Spiazzi, p. 211, 469, Laval, p. 219, 1re c.). Pierre d'Auvergne comprend la première phrase de la même manière : *Ostendit quod politia observatur in pluribus civitatibus. Et dicit quod in pluribus civitatibus respublica communi nomine vocata vocatur et observatur*, « Il montre que la *politeia* est observée dans beaucoup de cités. Et il dit que, dans beaucoup de cités, république, le nom commun [à tous les régimes], est utilisé et observé » (Spiazzi, p. 213, 611, Laval, p. 221, 1re c.). De même Oresme : « en pluseurs cités ceste policie est appelée espèce de policie », qui cependant, pour la deuxième phrase, fait des deux génitifs *divitum et pauperum* les compléments de *mixtio* : « car tele mixtion de povres et de riches conjecture et considere seulement richecse et liberté » (p. 180, 1re c.). De même encore pour la 1re phrase, Pierre Pellegrin : « Et de la plupart des cités, on dit que leur régime appartient à l'espèce du gouvernement constitutionnel ». Selon lui, Aristote qui estime que la *politeia* est rare est probablement en désaccord avec cette opinion. Mais pour Aristote, la *politeia* est aussi bien commune que rare. Il faut partir de ce dernier paradoxe. Dans notre texte, il s'agit du fait commun : dans beaucoup de cités, existe un mélange d'oligarchie et de démocratie, une *politeia* selon la première définition sommaire et provisoire d'Aristote lui-même (et non d'autres qui se trompent) en IV, 8, 3. Même en tenant compte du fait que ce mélange peut être nettement déséquilibré et mériter le nom de démocratie ou d'oligarchie plutôt que celui de *politeia*, cette dernière reste une moyenne obtenue à partir des diverses déviations de sens opposé. De ce point de vue, elle n'est pas rare. Ce qui est rare et précieux, c'est le μέσον, la juste mesure nécessaire à l'harmonie et à la stabilité du mélange que la science politique va déterminer en IV, 9 et 11 en partant du fait commun. Comme Immisch, Tricot remplace καλεῖται par καλλωπίζεται : « Dans la plupart des États…la forme du gouvernement républicain est exagérément vantée ». Aubonnet conserve le texte du manuscrit et traduit « dans la plupart des cités, la forme appelée *politie* n'est qu'un nom », ce qui s'accorde mal avec la suite.

Deux raisons nous autorisent à user du terme *politeia* pour de nombreux régimes. D'une part, la suprématie y appartient à la majorité de ceux qui ont part au régime, d'autre part, ce régime vise seulement à mélanger riches et pauvres, ce qui exclut, comme la suite le montre, les aristocraties qui font de l'excellence des hommes de bien un critère *explicite* pour distribuer les pouvoirs. Pour déterminer la juste mesure, Aristote part de la situation la plus fréquente, des régimes de son temps qui mélangent démocratie et oligarchie. Si le mélange est nettement déséquilibré, on parle d'une démocratie ou d'une oligarchie ; s'il est plus proche de l'équilibre, on parle d'une *politeia*. Dans ce texte, la *politeia* n'est encore que la moyenne, au sens statistique et non normatif, de tous les régimes qui mélangent riches et pauvres, oligarchie et démocratie sans considérer explicitement l'excellence des hommes de bien pour distribuer les pouvoirs. Mais cette définition est provisoire. La science politique doit nous permettre de mieux doser et de mieux équilibrer ces mélanges. Dès le chapitre 1 du livre IV, Aristote a distingué et opposé deux méthodes pour y parvenir, la sienne et celle des penseurs qui « rejettent les régimes existant et font l'éloge du régime de Sparte ou de quelque autre » [1].

– On peut, comme ces penseurs, rejeter ces mélanges communs d'oligarchie et de démocratie pour louer un régime en apparence meilleur, celui de Sparte ou peut-être celui de Carthage. C'est, explique maintenant Aristote, vouloir améliorer le mélange en y ajoutant *explicitement* l'ingrédient vertu. Si l'on adopte ce point de vue, il faudrait donc préférer les aristocraties lacédémonienne ou carthaginoise aux mélanges plus fréquents d'oligarchie et de démocratie.

– La méthode d'Aristote est différente. Il veut travailler à partir de ces mélanges plus fréquents pour chercher leur point d'équilibre, leur mesure commune, leur moyenne au sens cette fois normatif. Au lieu d'ajouter explicitement l'excellence, il faut travailler à mieux mélanger, à ajuster les éléments démocratiques et oligarchiques jusqu'à rendre leur suture presque invisible : l'excellence nous sera donnée par surcroît.

1. IV, 1, 6, 1288 b 40-1289 a 1.

LE CRITÈRE DU MÉLANGE EXACTEMENT AJUSTÉ D'OLIGARCHIE ET DE DÉMOCRATIE

> De quelle manière advient, à côté de la démocratie et de l'oligarchie, ce qu'on appelle *politeia* et comment il faut l'établir, disons-le à la suite de ce qui a été exposé. En même temps, on rendra aussi manifestes les choses qui servent à définir démocratie et oligarchie. Car il faut saisir leur différence et ensuite partir d'elles pour composer [συνθετέον] avec l'une et l'autre une sorte de symbole [σύμβολον] [1].

Pour les Grecs, un σύμβολον est une pièce unique brisée pour que les deux morceaux momentanément séparés puissent s'ajuster et servir de signes de reconnaissance à ceux qui les détiennent : la composition [σύνθεσις] est donc la reconstitution d'une unité préalable. Il en est de même pour la communauté politique, première par rapport à la division sociale : pour Aristote, les conceptions oligarchique et démocratique du juste sont les fragments dispersés du juste commun dont l'unité doit être recomposée pour que les deux parties de la cité cessent d'être deux partis opposés et se reconnaissent dans la participation à la même communauté.

Aristote distingue trois formes possibles de cette recomposition :

> Il y a trois formules de cette composition [σύνθεσις, *compositio*] et de ce mélange [μιξίς, *mixtio*]. L'une consiste à prendre ensemble les dispositions instituées par les lois de l'un et l'autre régime, par exemple pour juger. Car dans les oligarchies, on impose une amende aux riches s'ils ne jugent pas tandis que les pauvres ne reçoivent pas d'indemnité ; dans les démocraties, il y a une indemnité pour les pauvres et aucune amende pour les riches. Adoptées ensemble, les dispositions de ces régimes font un dispositif commun et moyen [κοινὸν δὲ καὶ μέσον], caractéristique pour cette raison d'une *politeia* [πολιτικόν], car il résulte du mélange des deux régimes [μέμεικται γὰρ ἐξ ἀμφοῖν] [2].

Cette première formule concerne *le pouvoir de juger* : il suffit d'ajuster l'une à l'autre une disposition positive propre à chacun des régimes, l'amende qui incite les riches à siéger au tribunal et l'indemnité qui permet

1. IV, 9, 1, 1294 a 30-35.

2. IV, 9, 2-3, 1294 a 35-b 1 ; Spiazzi, p. 214, 473, Laval, p. 222, 1re c. Sur les raisons pour lesquelles dans ce texte composition (σύνθεσις) et mélange (μιξίς) semblent pour l'instant identifiés, voir *infra*, p. 229 *sq*. et la n. 1 de cette page.

aux pauvres de le faire [1] ; le symbole est reconstitué dans la mesure où riches et pauvres composeront ensemble les mêmes tribunaux. Dans ce premier cas, la comparaison entre le mélange politique et la recomposition de la pièce brisée est particulièrement appropriée.

L'exemple illustrant la deuxième formule concerne *la participation à l'assemblée*. Dans les démocraties, elle n'est soumise à aucune condition de cens (comme dans les 2e et 3e espèces de démocratie décrites aux chapitres 4 et 6) ou à un cens modique (1re espèce de ce régime dans ces mêmes chapitres) ; dans les oligarchies, elle est soumise à un cens élevé. « Le dispositif commun ne sera ni l'une ni l'autre de ces mesures [κοινὸν δέ γε οὐδέτερον], mais intermédiaire pour le cens entre l'une et l'autre [τὸ μέσον ἑκατέρου τιμήματος τούτων] » [2].

Les deux premières formes de composition associent le commun (κοινόν) et le moyen (μέσον, ce qui est exactement mesuré et ajusté), selon deux modalités dont la différence est apparente : dans le premier cas, on associe deux mesures positives opposées ; dans le deuxième, on adopte une disposition intermédiaire qu'aucun des deux régimes ne pratique.

La troisième formule concerne *les magistratures*. Ce qui la différencie de la première est moins apparent :

> Le troisième dispositif a son origine dans les dispositions [ἐκ δυοῖν ταγμάτοιν, *ex duabus institutionibus*, Spiazzi, p. 214, 475, Laval, p. 222, 1re c.] des deux régimes, celles qui viennent de la loi oligarchique et celles qui viennent de la loi démocratique. Prenons un exemple : il semble démocratique de tirer au sort les magistratures et oligarchique d'avoir recours à l'élection, démocratique de n'imposer aucun cens, oligarchique d'en imposer un. Sera donc aristocratique et propre à une *politeia* [ἀριστοκρατικὸν τοίνυν καὶ πολιτικὸν] le fait de prendre à chacun des deux régimes l'une des dites mesures : à l'oligarchie, l'élection des magistrats, et à la démocratie l'absence de cens [3].

Il est démocratique de tirer au sort les magistrats et oligarchique (ou aristocratique) d'avoir recours à l'élection : l'évidence est telle pour les contemporains d'Aristote que ce dernier se dispense de commentaire. Depuis le début de l'époque moderne, le consentement d'individus libres et égaux en droit est à ce point valorisé que l'élection apparaît comme le

1. Comme cela est précisé au chap. 13 (6, 1297 a 39-40) : « si l'on veut mélanger de manière juste, il faut combiner [συνάγειν] les dispositions empruntées aux deux artifices [démocratique ou oligarchique], donner aux uns une indemnité et aux autres une amende ».

2. Pour cette 2e formule, IV, 9, 3, 1294 b 2-6.

3. IV, 9, 4-5, 1294 b 6-13.

procédé démocratique par excellence, même quand certaines de ses modalités, par exemple l'élection de représentants n'ayant ensuite à rendre de compte à personne, sont critiquées. Nous avons oublié que l'élection favorise inévitablement les notables, raison pour laquelle les partisans de la démocratie, en Grèce, jugeaient le tirage au sort plus égalitaire [1].

Cette dernière forme de mélange n'est pas seulement propre à la *politeia* comme la première mais aussi aristocratique. Il est peu probable qu'Aristote veuille se référer aux deux formes de *politeia* (plus démocratique ou plus oligarchique) car il vient de déclarer qu'il est préférable de réserver le mot « aristocratie » aux mélanges prenant en compte explicitement l'excellence [2]. Peut-être pense-t-il, comme au début du livre IV, à la *politeia* aristocratique qui semblait impossible en III, 7 [3] : l'élection de tous les magistrats (procédure aristocratique) sans condition de cens (procédure démocratique) ne serait pas caractéristique de deux régimes distincts mais d'une *politeia* aristocratique qui, sans donner aux meilleurs la suprématie, leur donne le rôle qui convient à une communauté politique ordonnée au bien vivre.

Chacune des trois formules est illustrée par un exemple propre à l'une des trois parties différentes de tout régime, en entendant par là, comme bientôt au chapitre 14, une des trois sortes de pouvoir qui y sont toujours présentes : siéger au tribunal pour la première formule, délibérer sur les affaires communes pour la deuxième, exercer telle ou telle magistrature pour la troisième. Mais cela ne suffit pas à faire la différence entre trois manières de mélanger. La spécificité de la deuxième formule est claire : le dispositif adopté n'existe ni dans les oligarchies ni dans les démocraties. C'est le cas où la comparaison avec la pièce brisée est la moins appropriée. Tentons de différencier les deux autres. Dans la troisième, on ne se contente pas, comme dans la première, d'ajuster l'un à l'autre, comme on le ferait pour reconstituer un symbole, deux fragments préexistants – le recours à l'élection et la possibilité pour tout citoyen d'accéder aux magistratures –, on élimine deux autres mesures positives, le tirage au sort

1. Aveuglés par le prestige de l'élection, certains modernes ont ignoré cet argument et expliqué le recours au tirage au sort par des raisons religieuses : on aurait eu recours au sort pour faire parler les dieux. On chercherait en vain dans les *Politiques* des indications allant dans ce sens. Sur ce point, voir Hansen, « Excursus 3 : Les magistrats tirés au sort », in *La démocratie athénienne à l'époque de Démosthène*, p. 74-77, et Bernard Manin, *Principes du gouvernement représentatif*, Paris, Flammarion, 1996, p. 41-43.

2. IV, 8, 9, 1294 a 24-25, voir *supra*, tableau IV, p. 216.

3. IV, 2, 1289 b 12-17 et dans notre ouvrage II, 4, p. 179-180.

propre aux démocraties et la sélection oligarchique des candidats par un cens élevé.

La fin du chapitre 9 indique ce qui résulte du mélange ainsi réalisé :

> Voilà donc la manière dont se fait le mélange [Ὁ μὲν οὖν τρόπος τῆς μίξεως οὗτος]. Le critère indiquant que démocratie et oligarchie ont été bien mélangées [τοῦ δ᾽ εὖ μεμεῖχθαι δημοκρατίαν καὶ ὀλιγαρχίαν ὅρος], c'est qu'on peut dire du même régime [ou de la même *politeia*, τὴν αὐτὴν πολιτείαν] qu'il [qu'elle] est une démocratie et une oligarchie. Car il est évident qu'on a ce sentiment en parlant ainsi parce qu'elles ont été heureusement mélangées [διὰ τὸ μεμεῖχθαι καλῶς]. On a aussi ce sentiment avec le juste milieu [τὸ μέσον], car chacun des deux extrêmes y apparaît. C'est ce qui arrive avec le régime de Lacédémoniens [1].

Il y a lieu d'être surpris. Nous avons déjà rencontré le régime de Sparte au chapitre 7 : c'était l'exemple d'un mélange de démocratie et d'aristocratie où le critère de l'excellence était explicitement utilisé. Ces deux références à Sparte, au chapitre 7 et maintenant dans notre texte du chapitre 9, sont difficiles à accorder.

Au chapitre 7, Sparte n'était ni une *politeia* au sens général de mélange d'oligarchie et de démocratie, ni un tel mélange penchant vers la démocratie (le sens usuel de *politeia*) ou vers l'oligarchie (le troisième sens du mot « aristocratie » récusé au chapitre 8), mais une aristocratie (au second sens) mêlant *explicitement* un critère démocratique et un critère aristocratique [2]. Dans ce texte du chapitre 7, l'élément oligarchique (la richesse) était absent quand il s'agissait de Sparte [3]. En commentant ce passage, nous avions noté qu'Aristote, au chapitre 1 du livre IV, présentait la tâche centrale de la voie du mélange – déterminer la juste mesure convenant à la plupart des cités – en s'écartant des admirateurs du régime de Sparte et d'autres régimes non nommés, peut-être ceux de Carthage ou de Crête [4].

1. IV, 9, 6-7, 1294 b 13-19. Il est impossible de choisir, dans la traduction entre « régime » et « *politeia* ». D'autre part, la première phrase renvoie (malgré le singulier τρόπος) à l'ensemble des 3 procédés et pas seulement au 3e.

2. Au chapitre 7, Aristote a distingué trois sens du mot « aristocratie » : 1) le régime où tous les citoyens sont des hommes de bien, l'aristocratie sans mélange ; 2) le régime où le critère de la vertu intervient explicitement mais mêlé à d'autres critères ; 3) la *politeia* penchant vers l'oligarchie.

3. IV, 7, 4, 1293 b 16-18.

4. De ceux qui « font l'éloge du régime de Sparte ou de quelque autre » IV, 1, 6, 1288 b 41-1289 a 1.

Du fait de sa tonalité d'ensemble très critique, le chapitre consacré à Sparte au livre II semble aller dans le même sens que ces passages des chapitres 1 et 7 du livre IV. Or voici que Sparte qui représentait la voie qu'il ne fallait surtout pas emprunter devient au chapitre 9 l'exemple du mélange réussi (εὖ μεμεῖχθαι) et même beau (μεμεῖχθαι καλῶς) ! De ce retournement apparent, il faut tenter de rendre compte, sans conclure trop vite au manque d'unité des *Politiques*. Un détour par le livre II est donc indispensable : par le chapitre 9, exclusivement consacré au régime spartiate, et ensuite par le passage du chapitre 6 où Aristote compare, en matière de qualité du mélange, le régime de Sparte à celui que Platon propose dans les *Lois*, qualifié de *politeia*.

Notons d'abord une différence de point de vue entre le chapitre 9 du livre II et le texte du livre IV (chapitre 9) que nous commentons. Au livre II, la critique du régime de Sparte ne vise pas à déterminer la nature d'un mélange dont il faudrait isoler les ingrédients, apprécier le dosage et évaluer le succès ou l'échec. D'autres questions essentielles sont posées : le danger que représentent les hilotes, la population servile cultivant les terres (nous y reviendrons à la fin de cet ouvrage), la liberté désastreuse laissée à une moitié de la cité, les femmes, la trop grande inégalité en matière foncière entre riches et pauvres. De même, les critiques concernant le pouvoir arbitraire des éphores (d'origine populaire, ils décident sans se référer aux lois), les gérontes (nommés à vie, non tenus de rendre des comptes, ils sont exposés à la corruption et à la sénilité), les rois (choisis en vertu de l'hérédité et non de la manière de vivre de chacun), les repas en commun[1] ou la guerre (constituée à tort comme fin du régime) ne concernent pas, du moins explicitement, la question du mélange.

Or cette question avait été abordée au chapitre 6 du livre II consacré à la critique des *Lois* de Platon :

> L'organisation d'ensemble [proposée dans les *Lois*] ne veut être ni une démocratie ni une oligarchie mais un milieu entre les deux [ἡ δε σύνταξις ὅλη βούλεται μὲν εἶναι μήτε δημοκρατία μήτε ὀλιγαρχία, μέση δὲ τούτων], ce qu'on appelle une *politeia*, car elle est composée d'hoplites [ceux qui portent les armes lourdes]. Assurément, si Socrate organise ce régime comme celui qui, plus que les autres, est commun aux cités [ὡς κοινοτάτην

1. En IV, 9, 8, 1294 b 26-27, ces repas illustrent l'aspect démocratique du régime, mais Aristote montre en II, 9 que ce caractère démocratique est mis en danger parce que le financement des repas n'est pas pris en charge par la cité (30-32, 1271 a 26-37). Les gérontes sont les anciens qui forment un conseil, une sorte de sénat. Les cinq éphores, élus par le peuple pour un an, sont pour Aristote les magistrats ayant à Sparte le pouvoir le plus étendu.

ταύτην κατασκευάζει ταῖς πόλεσι τῶν ἄλλων πολιτειῶν], son discours est peut-être heureux, mais s'il le construit comme celui qui, après le premier régime, est le meilleur, il n'est pas heureux. En effet, on aurait pu plutôt faire l'éloge du régime des Laconiens [de Sparte] ou de quelque autre plus aristocratique [1].

Aristote se réfère à la hiérarchie des régimes défendue par Platon au livre V des *Lois* [2]. D'après ce texte, vient d'abord, le premier pour son unité, le régime qui peut réaliser le communisme intégral *pour tous les citoyens* parce qu'ils sont des êtres divins. Ce n'est pas, comme on le dit souvent, le régime de la *République* qui limite ce communisme à la classe des gardiens et en exclut les travailleurs assurant la subsistance de la cité. C'est une des critiques adressées à la *République* de Platon au livre II des *Politiques* : alors que l'unité de la cité est le principe de base de Socrate [3], le dialogue aboutit à « deux cités en une » [4], du moins si la communauté des biens ne vaut pas pour les agriculteurs. Je fais l'hypothèse que Platon connaît cette critique formulée au sein de l'Académie et y répond dans les *Lois* : le régime qu'il place en tête au livre V n'est donc pas celui de la *République*, mais celui qui réaliserait mieux que la *République* l'exigence d'unité maximale que le principe de base de ce dialogue incarne. Dans les *Lois*, il ne s'agit pas, avec le régime qui vient au deuxième rang pour l'unité, de renoncer à la communauté des femmes et des biens pour tous (qui serait proposée dans la *République*) pour être plus réaliste qu'autrefois mais de choisir une meilleure manière de s'approcher de l'unité de la cité première dont la *République* énonce le principe. Au lieu de réaliser le communisme au sein de l'élite des seuls gardiens comme le propose en fait la *République*, au risque de diviser la cité, on le réalise au sein de toute la communauté mais en renonçant à sa forme intégrale : loin de faire retraite, du moins par rapport à la *République*, on prend le risque d'étendre la recherche d'unité à tous les citoyens.

1. II, 6, 16, 1265 b 26-33.

2. À partir de 739 a. C'est le célèbre texte sur les trois cités : en parlant du « premier régime », Aristote reprend le texte même des *Lois* : πρώτη μὲν τοίνυν πόλις τέ ἐστιν καὶ πολιτεία καὶ νόμοι ἄριστοι, « est donc première la cité, le régime et les lois les meilleures où pour toute la cité se réalise le mieux possible le vieux dicton selon lequel les biens entre amis sont communs », 739 b-c.

3. Voici ce principe selon Aristote : τό μίαν εἶναι τὴν πόλιν ὡς ἄριστον ὂν ὅτι μάλιστα πᾶσαν, « le fait pour la cité toute entière d'être une le plus qu'il lui est possible considéré comme la chose la meilleure » II, 2, 2, 1261 a 15-16.

4. ἐν μιᾷ γὰρ πόλει δύο πόλεις, II, 5, 20, 1264 a 24-25.

Après la cité première pour l'unité si les hommes étaient des dieux, Platon place donc celle qui s'en approche le plus, la cité des *Lois*, seconde pour l'unité [1], puisqu'elle maintient la propriété privée.

Pour bien interpréter la critique d'Aristote, il faut comprendre qu'il l'énonce *du point de vue de Platon* : il ne s'agit pas pour lui, comme on est d'abord tenté de le penser, de proposer son propre classement, celui qui, à la fin du livre III (chapitre 18) et au début du livre IV (chapitre 2), découle provisoirement du théorème de l'excellence : au premier rang, la cité régie par l'homme le meilleur ; au deuxième celle qui est gouvernée, comme l'est Sparte, par les meilleurs ; au troisième, le gouvernement populaire droit. C'est ainsi que Thomas d'Aquin comprend ce passage difficile. À cette solution séduisante, on peut opposer deux objections : Aristote décrit la cité des *Lois* dans des termes qui l'apparentent à la *politeia* mesurée et modérée du livre IV plutôt qu'au gouvernement populaire droit du livre III ; d'autre part et surtout, on ne comprend pas pourquoi le régime de Sparte qui va bientôt être très sévèrement critiqué (II, 9) serait valorisé au point d'occuper la deuxième place [2].

Le risque d'équivoque vient du fait qu'Aristote attribue à la cité des *Lois* les traits de la *politeia* du livre IV des *Politiques* : elle est un milieu entre démocratie et oligarchie, composée d'hoplites, « commune, plus que les autres régimes, aux cités » [3]. La critique doit donc être reconstituée de la manière suivante. *Si l'on adopte le point de vue de Platon dans les* Lois, ce dernier se trompe : le deuxième rang aurait dû revenir au régime de Sparte ou à un autre plus aristocratique que le régime proche, comme celui des *Lois*, de ce qu'Aristote lui-même entend par *politeia*, dont l'excellence résulte de la belle réussite du mélange de la démocratie et de l'oligarchie et non de l'adjonction explicite d'une dose de vertu. Ce qui aurait dû, selon Aristote, valoir pour Platon – placer le régime de Sparte avant la *politeia*

1. μία δευτέρως, *Lois*, V, 739 e 4-5.

2. Voir « Annexe I », p. 352, l'interprétation de Thomas d'Aquin. Avant de commenter ce passage, il résume la classification de III, 7 (Spiazzi, p. 79-80, 242, Laval, p. 81, 1re c.) pour mettre en évidence la parenté de la *politeia* dans ce texte des *Lois* et du gouvernement populaire droit dans la classification de III, 7, et expliquer pourquoi la *politeia* est le régime le plus commun : elle participe aussi bien de la démocratie que de l'oligarchie alors que chacun de ces deux régimes privilégie de manière unilatérale une partie de la cité.

3. Pour les hoplites, voir IV, 13 ; comparez surtout κοινοτάτη … ταῖς πόλεσι τῶν ἄλλων πολιτειῶν, II, 6 (à propos de la cité de 2e rang dans les *Lois*), et κοινοτέραν ἁπάσαις, IV, 1, 6, 1288 b 38-39, κοινωτάτη, IV, 2, 4, 1289 b 14 ou enfin IV, 11, 1, 1295 a 29-31, à propos du régime et de la vie auxquels la plupart des cités et des hommes peuvent avoir part en commun (κοινωνῆσαι).

des *Lois* – n'exprime donc pas les préférences d'Aristote qui, pour sa part, recherche une mesure commune à la plupart des régimes en s'écartant des admirateurs de Sparte. De manière paradoxale, Aristote reproche à Platon d'être dans les *Lois* trop aristotélicien : il y a en effet incompatibilité entre le principe d'unité maximale de la cité, défendu dans la *République* et conservé dans les *Lois* sous la forme du communisme intégral de la cité de premier rang, et la promotion en deuxième position d'une politique de l'heureux mélange impliquant une tout autre conception, pluraliste et non moniste, de l'unité de la cité.

Du rang que Platon aurait dû, *de son propre point de vue*, reconnaître au régime de Sparte, Aristote passe ensuite aux raisons conduisant certains à l'admirer :

> Certains disent que le meilleur régime doit résulter du mélange de tous les régimes et, pour cette raison, louent celui des Lacédémoniens (c'est, disent-ils, un mélange d'oligarchie, de monarchie et de démocratie : selon eux, la royauté est monarchie, le pouvoir des gérontes oligarchie et le caractère démocratique provient du pouvoir des éphores parce que ces derniers sont issus du peuple). D'autres disent que l'éphorat est une tyrannie et que le caractère démocratique tient aux repas en commun et autres pratiques de la vie quotidienne [1].

Parmi ces admirateurs, il y a Platon lui-même qui, dans les *Lois*, a choisi un Spartiate (Mégille) et un Crétois (Clinias) comme interlocuteurs de l'Étranger d'Athènes et pris leurs cités respectives comme exemples de vraies *politeiai* [2] : en effet, selon Mégille, Sparte ressemble en même temps à une tyrannie (du fait des éphores), à une démocratie, à une aristocratie et à une royauté, si bien qu'il est impossible de lui assigner une place dans la classification [3]. On se gardera de placer Aristote lui-même au rang de ces admirateurs même si, dans ce texte du livre II, il ne s'en démarque pas : tout au plus admet-il « qu'un régime composé de plus de formes [comme celui de Sparte] est meilleur » qu'un régime composé de tyrannie et de démocratie, définition attribuée à Platon au livre III des *Lois* [4] : en effet, dit

1. II, 6, 17, 1265 b 33-1266 a 1.

2. *Lois*, IV, 712 e 9-713 e 5. Voir dans le présent ouvrage, I, 2, p. 103.

3. *Lois*, IV, à partir de 712 d, immédiatement avant le texte précédent.

4. 693 d *sq.* : selon ce texte, la monarchie et la démocratie sont les mères dont les autres régimes sont des variétés ; c'est donc une nécessité « qu'un régime comporte ces deux éléments » ; il doit avoir part aux deux « pour être bien gouverné ». Faisant référence à ce texte, Aristote transforme la monarchie en tyrannie : même si, pour Aristote, la monarchie perse (à laquelle Platon fait référence) a des aspects tyranniques, elle n'est pas la pure tyrannie qui

Aristote en pensant à ces deux extrêmes que représentent pour Platon la monarchie perse et la démocratie radicale des Athéniens, on ne peut composer le meilleur régime en partant de formes trop déviées pour être des régimes ou du moins les pires de tous [1]. C'est, en somme, jouer Platon contre Platon, ou encore la *politeia* selon Mégille (*Lois*, IV) contre le mélange de deux déviations trop extrêmes (dans le langage d'Aristote despotiques au point de cesser d'être des régimes) pour qu'un régime acceptable puisse en résulter (*Lois*, III).

Après ce long détour, nous sommes mieux armés pour comprendre en quel sens limité le régime spartiate peut être, au chapitre 9 du livre IV, l'exemple d'un mélange réussi. À propos de Sparte, Aristote utilise comme en II, 6 un lieu commun, déjà utilisé par Platon au livre IV des *Lois* : quand un même régime est qualifié par les uns de démocratie et par les autres d'oligarchie, c'est un signe de sa réussite. En usant de ce lieu commun, il met en lumière *la condition préalable* de la réussite d'un mélange : les deux ingrédients de sa composition doivent être *effectivement* présents ; or ils le sont à Sparte puisque les uns parlent d'une démocratie et les autres d'une oligarchie, tous avec des arguments convaincants. Ces deux points de vue unilatéraux manifestent la nature du mélange : il est tel que « chacun des deux extrêmes y apparaît ». Les deux ingrédients sont reconnaissables et identifiables : le mélange n'est pas assez parfait pour être annulé dans son résultat, comme dans une fusion (κρᾶσις) dont les constituants perdraient leurs propriétés respectives, pour engendrer un nouveau corps s'ils sont de force égale [2].

cesse d'être un régime. D'autre part, le bon régime de Platon devient chez Aristote le meilleur régime. Ces deux exagérations facilitent la critique.

1. II, 6, 18, 1266 a 1-5. On voit que Filmer, quand il critique la définition de la *politeia* comme mélange de deux déviations (voir p. 164, n. 1) n'a rien inventé.

2. Tricot parle à tort de « mélange parfait » dans le texte qui introduit l'exemple spartiate (p. 296). Dans le corps de sa traduction, Aubonnet ne parle de mélange parfait que pour le second texte. Même là, c'est exagéré : Aristote ne parle pas de κρᾶσις, comme dans le cas du mélange du vin et de l'eau où l'identité des constituants est détruite (cas cité de manière inexacte par Aubonnet, p. 313, n. 8 de la page 166) : quand le rapport de force entre les constituants est fortement inégal, l'élément « faible » est dissous dans l'autre élément du mélange. Voir en ce sens le seul exemple de κρᾶσις dans les *Politiques* à propos (est-ce un hasard ?) de l'unité de la cité selon Platon : un peu de vin doux mêlé à beaucoup d'eau produit un mélange sans saveur, comme la φίλια trop diluée dans la cité si les enfants sont communs (II, 4, 8, 1262 b 17-18). Sur le vocabulaire du mélange politique dans les *Politiques*, le plus souvent celui de la μίξις, voir p. 156, n. 1 et p. 229, n. 3. Voir aussi, Valéry Laurand, « Mélange total (*krasis/concretio*) », in *Le vocabulaire des Stoïciens*, Paris, ellipses, 2002, p. 46-47 et aussi *Stoïcisme et lien social*, Paris, Garnier, 2014, p. 307 *sq.* : dans les *Politiques*, Aristote

Dès lors, il faut se garder de lire le texte qui suit l'exemple spartiate comme une simple répétition :

> Dans la *politeia* résultant d'un heureux mélange, il faut que l'ensemble des deux régimes semble exister *et aussi ni l'un ni l'autre* [δεῖ δ'ἐν τῇ πολιτείᾳ τῇ μεμειγμένῃ καλῶς αμφότερα δοκεῖν εἶναι *καὶ μηδέτερον*] et que cette *politeia* assure son salut par elle-même, non par une aide extérieure [ἔξωθεν] ; par elle-même, non parce qu'une majorité extérieure [ἔξωθεν] [1] le veut bien (comme ce pourrait être le cas si le régime est mauvais) mais parce qu'absolument aucune des parties de la cité ne voudrait un autre régime [2].

Par rapport au texte qui définissait le critère du beau mélange en prenant l'exemple de Lacédémone, il y a un progrès manifeste : si les deux éléments constitutifs sont présents ensemble, leur identité propre, utile au départ pour calculer le bon dosage, est devenue invisible. Cela n'était pas le cas dans l'exemple spartiate dont nous saisissons mieux à présent l'utilité : faciliter, par leur visibilité, le repérage des deux constituants. Mais si cette visibilité subsistait ensuite, l'harmonie de la composition résiderait dans l'équilibre instable entre les deux fractions de la cité, chacune jalouse de préserver les ingrédients qui lui sont favorables. Or, quand le mélange est harmonieux, chaque partie est moins attentive à ce qui la favorise dans le rapport des forces qu'au salut de tout le régime dont les ingrédients, autrefois séparés, sont si heureusement mélangés qu'ils sont devenus indissociables. Cependant, nous n'avons pas affaire à une fusion telle que le mélange s'abolisse dans son résultat : la démocratie et l'oligarchie restent présentes mais sont devenues invisibles. Le modèle de la μιξίς n'est donc ni celui d'une composition (σύνθεσις) maintenant l'identité de ses éléments [3]

n'utilise pas, comme le feront après lui les stoïciens, la distinction entre la κρᾶσις (compénétration complète de deux corps mélangés conservant cependant leurs propriétés respectives) et la σύγχυσις (fusion où ils perdent ces propriétés).

1. Si l'on conserve ce second ἔξωθεν comme Pellegrin, il désigne tous les résidents qui, du fait de leur non citoyenneté, sont extérieurs à la cité. Si on le supprime, il s'agit simplement du rapport des forces entre citoyens.

2. IV, 9, 10, 1294 b 34-40. C'est moi qui souligne ce qui fait le progrès de ce texte par rapport à celui qui le précède.

3. Sur la différence chez Aristote entre σύνθεσις (composition d'éléments, par exemple d'atomes, sans altération) et μιξίς, voir *De la génération et de la corruption*, I, 10, 328 a 3 *sq.* et le commentaire de P. M. Morel, *Démocrite et la recherche des causes*, Klincksieck, 1996, p. 86-87 : « "Le mélange (*mixis*) est l'union de corps mélangés s'altérant". Il est donc "quelque chose d'intermédiaire et de commun" et ne se confond pas avec ses composants, qui, bien qu'actuellement modifiés, demeurent en puissance identiques à eux-mêmes. Cette théorie tient donc en quelque sorte le milieu entre les théories du mélange total et celles de la

ni celui d'un mélange si parfait qu'il s'annulerait dans sa propre opération (κρᾶσις). L'équivalence de la σύνθεσις et de la μιξίς dans le texte comparant la *politeia* à une pièce reconstituée par ajustement de ses deux fragments séparés [1] était donc provisoire, caractéristique du moment où le régime spartiate était provisoirement l'exemple du mélange réussi. Pour qu'il le soit définitivement, il faudrait réduire la conception aristotélicienne du mélange réussi au bon ajustement d'une institution démocratique (les éphores à Sparte ou les comices populaires à Rome) et d'une institution oligarchique (le conseil des anciens à Sparte ou le Sénat à Rome). Or Aristote a une autre conception du mélange : il s'agit pour lui de disséminer les ingrédients démocratiques et oligarchiques dans toutes les parties du régime, dans chaque micro-procédure ou institution, comme il l'a déjà laissé entendre au début du chapitre en choisissant successivement comme exemples la présence au tribunal, l'accès à l'assemblée populaire et la désignation aux magistratures.

Résumons. Le beau mélange implique d'abord la présence effective d'ingrédients démocratiques et oligarchiques, ces derniers étant nécessaires pour protéger l'isonomie contre les effets de sa rencontre malheureuse avec la division sociale : l'exemple de Sparte est provisoirement pertinent pour montrer que le mélange n'est pas une fusion. Mais la réussite implique aussi que les ingrédients effectivement présents, mis en lumière par l'analyse, deviennent invisibles et que l'unité de la communauté ne soit pas réductible à l'équilibre instable entre les forces qui la composent.

LA JUSTE MESURE, TÒ MÉΣON, ET LA *POLITEIA* DU JUSTE MILIEU, MÉΣH (CHAPITRE 11)

Du mélange si bien ajusté que les ingrédients en deviennent invisibles, Aristote passe au régime qui en résulte, la μέση *politeia*, réalisant la juste mesure ou moyenne, τὸ μέσον. Le mot « régime » a dans ce chapitre son sens le plus large : il est la vie de la cité que toute la communauté partage [2]. Une fois défini le bon mélange dans l'organisation des pouvoirs, il faut

simple juxtaposition (*sunthesis*), selon lesquelles les composants conservent toutes leurs propriétés dans le mélange ». On remarquera que selon ce texte comme dans les 2 premières formes de μιξίς décrites dans les *Politiques* (voir *supra*, p. 220-221), la μιξίς aboutit à quelque chose d'intermédiaire et de commun.

1. IV, 9, 1-2, 1294 a 30-34 puis a 35-b 1. Ces textes sont traduits *supra*, p. 220.

2. Voir le texte traduit *infra*, p. 231.

donc en venir à la composition sociale de la cité et au rôle joué par la classe moyenne. Si ce chapitre est normatif, s'il traite du meilleur régime et de la vie la meilleure, Aristote rappelle immédiatement qu'il ne s'agit pas de la pure aristocratie, autrement dit du régime le plus conforme à nos vœux, mais de celui qui mesure la qualité des mélanges politiques et sociaux pratiqués à son époque dans la plupart des cités :

> Quel est le meilleur régime, c'est-à-dire [καί] [1] la meilleure vie pour la plupart des cités et la plupart des hommes, si l'on ne se réfère pour juger ni à une excellence dépassant les gens ordinaires, ni à une éducation impliquant une nature et des ressources dues à la bonne fortune, ni à un régime advenu selon notre vœu, mais à une vie dont la plupart peuvent jouir en commun, autrement dit [καί] à un régime auquel la plupart des cités puissent avoir part [2] ?

Puisque le meilleur régime constitue la meilleure vie pour la plupart des cités comme pour la plupart des hommes, on peut faire appel dans l'un et l'autre cas aux mêmes principes [3] empruntés aux traités éthiques :

> Car si la vie est heureuse quand elle peut sans entraves se conformer à l'excellence et si l'excellence est une juste moyenne [μεσότητα], il est nécessaire que le juste milieu [τὸ μέσον] représente la vie la meilleure, soit la juste moyenne [μεσότης] accessible à chacun. Il est nécessaire que ces mêmes critères s'appliquent à l'excellence et à la perversité de la cité et du régime. En effet le régime est une sorte de vie pour la cité [4].

1. Je traduis les deux καί par « c'est-à-dire » ou « autrement dit », car un peu plus loin, Aristote établit l'équivalence de πολιτεία et de βίος πόλεως : « car le régime est une sorte de vie pour la cité » IV, 11, 3, 1295 a 40-b 1.

2. IV, 11, 1, 1295 a 25-31.

3. ἐκ τῶν αὐτῶν στοιχείων, IV, 11, 2, 1295 a 35. Στοιχεῖον, qui signifie d'abord « élément », a ici le sens de « principe », comme en V, 9, 5, 1309 b 16, où il est question du « grand principe souvent répété », τὸ πολλάκις εἰρημένον μέγιστον στοιχεῖον : « veiller à ce que la multitude qui veut le régime soit plus forte que celle qui ne le veut pas ».

4. IV, 11, 3, 1295 a 35-b 1. La dernière phrase, ἡ γὰρ πολιτεία βίος τίς ἐστι πόλεως, est citée en grec par Grotius (*DGP*, II, 9, 3, Barbeyrac, p. 376, n. 6) pour illustrer le fait qu'une cité et son peuple peuvent être immortels parce qu'ils tiennent leur vie d'une même πολιτεία (qui pour Barbeyrac est l'unique âme ou esprit de la cité. Grotius y voit « une association pleine et parfaite de vie civile dont le premier effet est la souveraineté ». Ce qui assure à la vie de la cité et de son peuple leur permanence à travers des époques différentes n'est plus, comme chez Aristote (III, 3, 8-9, 1276 b 6-13), le régime comme forme politique, « rapport mutuel entre les parties gouvernantes et gouvernées », mais le régime comme forme juridique, permanence d'une même souveraineté : par exemple, le peuple romain reste le même, qu'il soit gouverné par les rois, les consuls ou les empereurs (*DGP*, II, 9, 8, 1-2, Barbeyrac, p. 380). On voit comment les modernes, à partir de Bodin, ont fait de la souveraineté le principe d'unité et

Il faut bien distinguer les deux critères avancés : 1) la vie heureuse doit être accessible à chacun, elle n'est pas un idéal réservé à une élite ; 2) la juste moyenne est la norme. Confondre les deux critères, croire qu'on devrait, selon Aristote, se contenter de cette moyenne, réduite à un pis-aller, pour que l'excellence soit accessible à la plupart des hommes et des cités, c'est continuer à faire de la *politeia* bien mélangée une position de repli faute de mieux, c'est s'interdire de comprendre que la juste mesure vaut aussi pour la cité du livre VII où la citoyenneté est réservée aux hommes libres assez aisés pour vivre dans le loisir. Dans tout le reste du chapitre 11 apparaissent donc en même temps, entre le régime du mélange bien ajusté du livre IV et la pure aristocratie du livre VII, des ressemblances, du fait de cette norme commune de la juste mesure, et des différences, du fait du second critère de l'accessibilité.

Dans toute cité traversée par la division sociale parce que tous les travailleurs manuels pauvres n'ont pas été tous exclus de la citoyenneté, on peut distinguer trois parties (μέρη) : « ceux qui sont très riches, ceux qui sont très pauvres et en troisième lieu ceux qui tiennent le milieu entre ces deux classes [οἱ δὲ τρίτοι οἱ μέσοι τούτων] »[1]. Pour qu'un mélange harmonieux soit possible, cette classe médiane doit l'emporter sur les deux autres du fait de son nombre et de ses qualités[2].

Pour Aristote, la position de chacun au regard de la richesse tient à la fortune[3], autrement dit à des causes relativement indépendantes de la volonté humaine, celle de chacun ou du législateur. Cela explique peut-être qu'il puisse en même temps souhaiter que les citoyens aient en aussi grand nombre que possible une fortune moyenne et critiquer les penseurs et législateurs – Platon dans les *Lois* et surtout Phaléas de Chalcédoine[4] – qui entendaient y parvenir *directement* par les lois, par exemple en réglementant la propriété foncière. Ils auraient dû en effet légiférer aussi à

d'identité de l'État, lui donnant la fonction qu'Aristote attribuait au régime pour la cité. Sur ce point, voir *supra*, I, 2, p. 95-96.

1. IV, 11, 4, 1295 b 1-3.

2. La nature de ce facteur quantitatif et des facteurs qualitatifs sera précisée au chap. 12, 1, 1296 b 17 *sq*.

3. L'acquisition et possession de tels ou tels biens est qualifiée de τῶν εὐτυχημάτων ἡ κτῆσις, de « possession des dons de la bonne fortune », IV, 11, 4, 1295 b 4-5.

4. Pour les *Lois*, II, 6, 8-11, 1265 a 28-b 6, puis II, 7, 4, 1266 b 6-9 ; pour Phaléas, contemporain de Platon selon Aubonnet : il ne nous est connu que par ce chapitre, II, 7, 2-13, 1266 a 37-1267 a 17, puis 18-21, 1267 a 37-b 13.

propos de la procréation [1] et des biens mobiliers [2], et ne pas confondre (la critique vise Platon) [3] la vie tempérante et la vie bonne : on peut être pauvre et tempérant, ce qui n'est pas la condition moyenne permettant de se conformer sans obstacles à la vertu. Ils auraient dû surtout (c'est Phaléas qui est visé) [4] songer qu'il est plus important d'égaliser les désirs que les biens, puisque les plus grands crimes ne sont pas commis par les pauvres manquant du nécessaire mais par les riches dont le désir ne peut être rassasié. Par conséquent, la division sociale présente dans la plupart des cités ne peut pas être complètement éradiquée par loi ou par décret : elle relève pour une large part de la fortune. Tenter de la supprimer directement en légiférant, c'est risquer d'être incomplet et inconséquent, c'est surtout oublier l'essentiel, la démesure du désir, sur laquelle seule l'éducation peut avoir prise.

Il reste souhaitable que les inégalités entre citoyens soient modérées. Aristote énumère d'abord les qualités des gens de fortune moyenne : 1) ils se laissent facilement persuader d'obéir à la raison, alors que la grande richesse va souvent avec la démesure des grands criminels et que la pauvreté conduit à la délinquance ; 2) ils ne se dérobent pas aux magistratures, comme les pauvres, ni ne les briguent, comme les riches ; 3) ils savent alterner le commandement et l'obéissance, alors que riches et pauvres savent seulement, les uns commander en maîtres, les autres obéir en esclaves. Arrêtons-nous un instant sur ce point essentiel. Quand la plupart des citoyens sont riches ou pauvres et que la classe médiane est faible,

> Il se forme une cité d'esclaves et de maîtres, mais non d'hommes libres, les uns pleins d'envie, les autres de mépris, très éloignés de l'amitié et de la vie politique commune [φιλίας καὶ κοινωνίας πολιτικῆς, *ab amicitia, et communione politica*]. En effet la vie commune implique l'amitié [ἡ γὰρ κοίνωνια φιλικόν, *communio enim amicabile*], car on ne veut pas cheminer en commun avec des ennemis. Ce que veut la cité, c'est être composée autant que possible d'égaux et de semblables, ce qui se trouve avant tout

1. Parce que l'étendue des biens fonciers indispensables à la recherche de l'excellence dépend du nombre d'enfants que chaque famille doit nourrir : II, 6, 10-13, 1265 a 38-b 16 ; 7, 5, 1266 b 8-14.

2. Remarque faite à propos de Phaléas, II, 7, 21, 1267 b 9-13.

3. II, 6, 8-9, 1265 a 28-38. Dans les *Lois*, Platon propose de légiférer sur la taille des lots assignés à chaque famille : Aristote juge ici que cette taille est trop basse, suffisante pour une vie dans la tempérance (σωφρόνως) mais non pour une vie dans la liberté (ἐλευθερίως).

4. II, 7, 8-13, 1266 b 28-1267 a 17.

> chez les gens de fortune moyenne [τοῦτο δ'ὑπάρχει μάλιστα τοῖς μέσοις]. De sorte que cette cité a nécessairement le régime le meilleur [1] en vertu de ces gens qui, selon nous, la constituent par nature [ἐξ ὧν φαμὲν φύσει τὴν σύστασιν εἶναι τῆς πόλεως, *ex quibus dicimus esse natura constitutionem civitatis*] [2].

C'est le moment de revenir sur ce qui apparente les deux voies vers l'excellence, celle du mélange le meilleur et celle de la cité des semblables. Dans l'une et l'autre, dans ce chapitre 11 du livre IV comme au chapitre 8 du livre VII, « la cité est composée de semblables » [3], « autant que possible » est-il ajouté dans notre texte du livre IV à propos de la *politeia*. S'il est vrai que la pauvreté et la richesse rendent difficile la recherche de l'excellence, les citoyens de la pure aristocratie, tous hommes de bien, doivent, comme ceux de notre texte, avoir une fortune moyenne. Reste à déterminer la différence entre la pure aristocratie et le régime bien dosé de la politique du mélange qui admet en son sein la division sociale :

> Il est donc clair aussi que la communauté politique la meilleure l'est du fait des gens moyens [ἡ κοινωνία ἡ πολιτικὴ ἀρίστη ἡ διὰ τῶν μέσων] et que peuvent avoir un beau régime les cités [τὰς τοιαύτας ἔδεχεται εὖ πολιτεύεσθαι πόλεις] où la classe médiane est nombreuse [ἐν αἷς δὴ πολὺ τὸν μέσον], au mieux plus forte que les deux autres, sinon plus forte que l'une des deux, car son apport fait pencher la balance et empêche les excès contraires [4].

L'expression διὰ τῶν μέσων a été rendue de diverses manières. Aubonnet et Pellegrin [5] traduisent comme s'il y avait ἐκ τῶν μέσων : on risque de comprendre qu'il s'agit de la cité la meilleure composée exclusivement de gens de fortune moyenne, autrement dit de la pure aristocratie du livre VII, qui n'est plus traversée par la lutte entre riches et pauvres puisque les pauvres ne sont plus citoyens. Si l'on comprend le texte ainsi, la

1. ἄριστα πολιτεύεσθαι : il s'agit ici de qualifier l'ensemble des pouvoirs (instance suprême et magistratures) ou encore la πολιτεία de cette cité.

2. IV, 11, 7-8, 1295 b 21-28, Spiazzi, p. 219, 490-491, Laval, p. 227, 1re c. : je comprends que ἐξ ὧν est l'équivalent de ἐξ τούτων [=τῶν μέσων] οὕς comme il est normal en grec. De nouveau (voir p. 113, n. 1) GM traduit κοίνωνια par *communio* : il ne s'agit pas de la cité en général mais de la vie politique commune en son sein, entre des citoyens qui sont des amis.

3. ἡ δὲ πόλις κοινωνία τίς ἐστι τῶν ὁμοίων, VII, 8, 4, 1328 a 36-37 ; Βούλεται δέ γε ἡ πόλις ἐξ ἴσων εἶναι καὶ ὁμοίων ὅτι μάλιστ*a*, IV, 11, 8, 1295 b 25-26.

4. IV, 11, 10, 1295 b 34-39.

5. « Il est donc évident que la communauté civile la plus parfaite est celle qui existe entre les citoyens d'une condition moyenne » (Bastien, p. 251) ; « celle que constitue la classe moyenne », Aubonnet ; « celle qui est constituée par des gens moyens » (Pellegrin).

cité résultant du mélange exact et harmonieux n'a plus, au moins ici, « le régime le meilleur [ἄριστα πολιτεύεσθαι] » mais seulement celui qui est beau [εὖ πολιτεύεσθαι] alors que ce régime avait été qualifié à plusieurs reprises d'excellent, du moins si notre lecture des textes est exacte [1]. De plus l'usage de δία comme équivalent de ἐκ semble, selon Bailly, postérieur à Aristote. En m'en tenant au sens instrumental de δία [2], je comprends que la cité est meilleure « du fait des gens de fortune moyenne ». Cette formule a l'intérêt de convenir à la pure aristocratie dont l'excellence résulte des hommes de bien de condition moyenne, seuls à la composer, comme à la μέση *politeia* du livre IV dont l'excellence tient seulement à leur prépondérance. La suite du texte détermine la nature exacte de cette prépondérance en montrant que les gens moyens jouent un rôle différent dans la cité du mélange heureux et mesuré et dans celles qui disposent seulement d'un beau régime.

Après avoir parlé de toutes les cités qui tiennent leur excellence des gens moyens, Aristote passe en effet à celles dont le régime est beau sans être nécessairement excellent. Cette formule peut englober les cités excellentes du livre IV ou du livre VII mais ne s'y limite pas, puisqu'elle est parfois utilisée pour les formes les moins déviées de démocratie, très proches des *politeiai* [3]. Aristote distingue deux cas, celui de la *politeia* harmonieuse et celui des cités approchant le juste mélange sans l'atteindre complètement.

– La classe moyenne est nombreuse (elle ne constitue pas à elle seule toute la cité, comme au livre VII) et plus puissante (si l'on tient compte de son nombre et de ses qualités) [4] que l'ensemble des riches et des pauvres. L'excellence résultant de l'harmonie du bon mélange est possible.

1. IV, 3, 8, 1290 a 27 ; 11, 1, 1295 a 25.

2. Comme le fait Guillaume de Moerbeke – *communio politica optima per medios*, « la meilleure vie politique commune l'est du fait des gens moyens » (Spiazzi, p. 219, 494, Laval, p. 228, 1re c., sur *communio* voir p. 234, n. 2) – et à sa suite Oresme – « Et donques appert que la communion ou communication politique qui est par gens moiens est tres bonne… » (p. 187, 1re c.). Pierre d'Auvergne remplace *per* par *ex* – *respublica quæ est ex mediis est optima* (Spiazzi, p. 222, 636, Laval, p. 231, 2e c.) et semble donc comprendre la proposition comme Aubonnet et Pellegrin aujourd'hui.

3. À propos de la meilleure forme de démocratie, Aristote écrit : « Il est nécessaire que des gens ainsi gouvernés soient bien gouvernés [πολιτευομένους οὕτω πολιτεύεσθαι καλῶς] (car les magistratures seront toujours exercées par les meilleurs avec le consentement du peuple ») VI, 4, 6, 1318 b 32-34.

4. Pour la manière de calculer la puissance d'un groupe déterminé (ici la classe moyenne) par rapport à celle des autres groupes présents dans la cité, voir chap. suivant, p. 242.

– Toujours nombreuse, la classe moyenne est plus forte que l'une ou l'autre des deux autres classes en conflit. En prêtant son concours aux riches ou aux pauvres quand ils sont victimes des excès de la classe opposée, elle peut rétablir l'équilibre que ces excès menacent. C'est ici que la notion de beau régime a son sens minimal. Il s'agit des régimes faiblement déviés. En pensant à la conclusion du chapitre 9 commentée plus haut, nous dirons que les deux parties opposées ont été assez bien mélangées pour que l'équilibre de la cité puisse être restauré quand il est menacé, sans être assez bien ajustées l'une à l'autre pour ne vouloir à aucun prix un autre régime, pour avoir l'une comme l'autre renoncé au désir d'infléchir le régime dans le sens de leurs intérêts, de le tendre dans le sens de l'oligarchie ou de le relâcher dans le sens de la démocratie. Un texte du livre V expose de manière particulièrement claire les situations où la politique du mélange implique une attention vigilante à l'équilibre entre les parties opposées de la cité :

> (…) le fait que la cité soit prospère partie après partie [τὸ εὐημεροῦν τῆς πολέως ἀνὰ μέρος] doit susciter la vigilance pour les mêmes raisons. Le remède consiste à mettre toujours les affaires et les pouvoirs aux mains des parties opposées (je veux dire que les gens équitables sont opposés à la multitude et les pauvres aux riches) et d'essayer, soit de mélanger la multitude des pauvres à celle des riches, soit d'accroître celle des gens moyens, car cela empêche les dissensions civiles dues à l'inégalité [1].

Ce qui est dit un peu auparavant de la nécessité d'une politique de la crainte – ceux qui ont le souci de conserver un régime doivent entretenir des sujets de crainte pour que, comme des sentinelles la nuit, les citoyens veillent à cette sauvegarde [2] – concerne la même situation d'un régime beau sans être excellent, dont l'équilibre précaire rend nécessaire une vigilance constante. Il y a donc un bon usage des dissensions civiles qu'Aristote propose en héritier de la valorisation grecque d'une existence animée par les conflits. Il contribue ainsi à une tradition (développée beaucoup plus tard par Machiavel et Montesquieu) mettant en évidence le bon usage possible des conflits : pour Machiavel et Montesquieu, entre le peuple et les notables dans la république romaine [3] ; pour Montesquieu, entre les partis opposés dans le régime anglais – peut-être songe-t-il à Aristote quand il

1. V, 8, 13-14, b 24-31.

2. V, 8, 8, 1308 a 24-30.

3. *Discours sur la première décade de Tite-live*, I, 4, Paris, Gallimard, 2004, p. 68 *sq.* *Considérations sur les causes de la grandeur des Romains et de leur décadence*, IX, in *Œuvres complètes de Montesquieu*, 2, Oxford, Voltaire Foundation, 2000, p. 156-157.

insiste sur le rôle de la crainte pour rendre les Anglais attentifs à conserver leurs libertés [1] ; pour Rousseau qui se réfère à deux reprises à Machiavel à propos du rôle bénéfique de certaines dissensions civiles – « un peu d'agitation, écrit-il, donne du ressort aux âmes, et ce qui fait vraiment prospérer l'espèce est moins la paix que la liberté » [2].

Cet équilibre tendu entre forces opposées implique que les gens moyens soient assez puissants pour le rétablir en pesant chaque fois dans le sens nécessaire. La μέση *politeia*, le régime du juste milieu, dépasse cette unité précaire parce que les gens moyens l'emportent à eux seuls sur toutes les forces susceptibles d'entrer en conflit. De là provient sa plus grande stabilité : seule, elle échappe aux discordes civiles [3]. Aristote fait appel à l'expérience pour établir l'excellence de ce régime mais il n'évoque en fait que des cités ou des régimes où la classe moyenne est forte sans être prépondérante : les grandes cités sont plus stables, moins exposées aux discordes civiles que les petites ; de même pour les démocraties comparées aux oligarchies [4]. Tout se passe comme si le recours à l'expérience impliquait de nouveau, comme dans le texte traduit plus haut, que le propos soit élargi à toutes les cités bien gouvernées et ne se limite pas à la cité excellente, la seule à être véritablement délivrée des discordes civiles alors que les autres y sont seulement moins exposées. Cette manière de procéder prépare ce qui suit :

> Ce qui vient d'être exposé [on pense au rôle indispensable de la classe moyenne pour tempérer la lutte entre riches et pauvres] rend aussi manifeste la raison pour laquelle la plupart des régimes sont des démocraties ou des oligarchies. En effet, comme dans ces régimes la classe qui représente le juste milieu [τὸ μέσον] est souvent peu nombreuse, il arrive toujours que ceux qui l'emportent, que ce soient les possédants ou le peuple, s'éloignent du juste milieu [οἱ τὸ μέσον ἐκβαίνοντες], et mènent le

1. « Ainsi, quand les terreurs imprimées n'auraient pas d'objet certain (…), elles tendraient tous les ressorts du gouvernement, et rendraient tous les citoyens attentifs », *EL*, XIX, 27, p. 347.

2. *Contrat social*, III, 9, note. Dans cette note, Rousseau adapte un passage de la préface des *Histoires florentines* où Machiavel compare le rôle des dissensions sociales et civiles à Athènes, Rome et Florence (Machiavel, *OC*, Paris, Gallimard, 1952, p. 946). Voir aussi *Contrat social*, II, 3, note, *OC* III, p. 372, où Rousseau cite déjà *Histoires florentines*, VII, 1 (*OC*, p. 1288) pour distinguer bon et mauvais usages des dissensions civiles.

3. IV, 11, 12, 1296 a 7. « Il est manifeste que le régime du juste milieu est le meilleur. Car il est le seul à ignorer les discordes civiles [μόνη γὰρ ἀστασίαστος] ».

4. IV, 11, 13-14, 1296 a 9-16.

> régime selon leurs propres vues, de sorte qu'il devient une démocratie ou une oligarchie [1].

Le fait que la plupart des régimes s'écartent de la mesure provient aussi de la lutte entre ceux qui ont exercé l'hégémonie en Grèce, τῶν ἐν ἡγεμονίᾳ γενομένων τῆς Ἑλλάδος (Athéniens et Spartiates dans le dernier tiers du Ve siècle), les uns et les autres établissant des régimes déviés, démocratiques ou oligarchiques, selon leur propre intérêt et leur propre vision unilatérale du bien commun [2]. Même si elle est la meilleure pour la plupart des cités et en ce sens la plus commune,

> la μέση *politeia* n'apparaît jamais ou rarement et pour peu de gens. Car un seul homme, parmi tous ceux qui eurent autrefois l'hégémonie [τῶν πρότερον ἐφ'ἡγεμονίᾳ γενομένων], se laissa persuader de donner à une cité une telle organisation… [3].

Peu importe finalement que cet homme soit Théramène, Solon [4] (les hypothèses les plus fréquentes) ou un autre : Théramène ou Solon si l'hégémonie dont il est question est celle des cités en compétition, ce qui incite à choisir entre Solon et Théramène si Aristote pense au conflit entre Athènes et Sparte dont il vient de parler ; un autre, si cette hégémonie est celle d'un homme qui, à un moment donné, guide la cité, ce qui multiplie les possibilités. Puisqu'Aristote use pratiquement de la même formule pour ceux qui ont exercé l'hégémonie en Grèce en favorisant dans les autres cités leur

1. IV, 11, 16, 1296 a 22-27.

2. IV, 11, 18, 1296 a 32-36.

3. IV, 11, 19, 1296 a 36-40. Même expression pour « ceux qui autrefois eurent l'hégémonie, τῶν πρότερον ἐφ'ἡγεμονίᾳ γενομένων » et pour les Athéniens ou Spartiates (τῶν ἐν ἡγεμονίᾳ γενομένων τῆς Ἡλλάδος, 1296 a 32-33). Remarquons de nouveau que l'hégémonie, à l'intérieur d'une cité, n'est jamais un pouvoir politique quelconque : il s'agit ici d'un homme exceptionnel, d'un législateur.

4. Solon est archonte en 594-593 av. J.-C. Les archontes sont à cette époque les plus hauts magistrats entre lesquels ont été répartis les pouvoirs du roi. Si l'on veut soutenir qu'Aristote songe à lui comme seul instaurateur d'une μέση *politeia*, on se réfèrera à la *Constitution d'Athènes*, V, où il est présenté comme membre de la classe moyenne et arbitre de la dissension civile entre riches et pauvres. On notera aussi qu'il est cité dans les *Politiques* (IV, 11, 15, 1296 a 18-21) pour illustrer la thèse de l'appartenance à la classe moyenne des meilleurs législateurs, aux côtés de Lycurgue et de Charondas. Ni Lycurgue (législateur mythique de Sparte que Plutarque situe au IXe ou au tout début du IXe siècle), ni Charondas (qui légiféra en Sicile au VIe siècle), cité plus loin comme auteur d'un sophisme pour tromper le peuple, ne semblant susceptibles, pour Aristote, d'avoir instauré une μέση *politeia*. Théramène (exécuté en 404 sur l'ordre des Trente) est présenté par Aristote comme chef du tiers parti qui, entre le parti de la démocratie et celui de l'oligarchie, recherche « le régime de nos pères », τὴν πάτριον πολιτείαν (*Constitution d'Athènes*, XXXIV, 3).

propre régime et pour faire l'éloge de l'homme unique qui se laissa persuader d'instituer une *politeia*, la première hypothèse est peut-être préférable : Aristote opposerait deux usages de l'hégémonie, pour favoriser dans les cité alliées plus faibles un régime dévié comme le sien ou instituer au contraire une vraie *politeia*.

De toute manière, cette expérience rare appartient au passé. Si l'on songe à la *Constitution d'Athènes*, la μέση *politeia* s'apparente au régime de nos pères (dont Solon et Théramène sont tous deux de bons représentants) qui n'est pas exactement cette μέση *politeia*, mais plutôt, dans le tableau des régimes présenté au début du livre IV, une démocratie très modérée, proche de la *politeia* penchant vers la démocratie : elle est tout au plus « ce que nous appelons [νῦν καλοῦμεν] aujourd'hui *politeia* » [1]. Nous constatons de nouveau que la μέση *politeia* ne s'inscrit qu'indirectement dans l'expérience : plus qu'une réalité immédiatement visible, elle est ce qui transparaît dans les cités déviées les mieux gouvernées, ce qui se réaliserait si la dynamique du bon mélange qui les anime parvenait à son terme.

Il y a donc un paradoxe de la politique du mélange. Elle part de la situation commune. La plupart des régimes sont des mélanges plus ou moins stables, plus ou moins équilibrés, de démocratie et d'oligarchie, selon les rapports de force variables entre classes opposées. Parce qu'elle est problématique, cette situation commune conduit le politique à rechercher une forme d'excellence commune convenant à toutes ces cités. Elle peut n'exister nulle part ou n'avoir jamais été complètement réalisée. Elle n'est pourtant pas une utopie. Le mélange exactement ajusté apparaît au point où convergent les lignes de déviation de sens opposé si on les parcourt en sens ascendant, en les prolongeant jusqu'à l'équilibre. Partons du déséquilibre le plus prononcé, des régimes si déviés qu'ils tendent à n'être plus des régimes. Supposons des démocraties de moins en moins relâchées, de plus en plus respectueuses des lois. Faisons de même avec les oligarchies en allant vers toujours moins de tension : nous parvenons à des cités de mieux en mieux gouvernées, de plus en plus stables, de moins en moins exposées aux discordes civiles. Dans ces cités, la classe moyenne joue un rôle essentiel : elle est plus forte que l'une ou l'autre des classes formées par les riches et les pauvres, capable en permanence de restaurer l'équilibre quand il est menacé par la prétention des uns ou des autres à

1. IV, 13, 11, 1297 b 24-25. Plus qu'à la définition propre à Aristote de la μέση *politeia* telle que je viens de la reconstituer, le νῦν καλοῦμεν renvoie à un point vue commun à son époque : ayant pris au IVe siècle un sens radical, le mot « démocratie » n'est plus disponible pour désigner la démocratie de nos pères.

dominer. Supposons maintenant une classe moyenne plus forte que l'ensemble de ces deux classes et un mélange assez bien dosé pour rendre invisible l'identité respective des éléments oligarchiques et démocratiques : les conceptions unilatérales du juste s'ajustent dans la visée du bien de la communauté et de chacun de ses membres. Nous avons défini la forme d'excellence à laquelle *tendent* les cités bien gouvernées. Elle vaut de ce fait pour la plupart des cités : chaque fois qu'on veut, dans une situation donnée, déterminer le régime préférable (ou plus précisément la forme préférable de tel ou tel régime) pour la cité concernée, elle est la cible à viser pour doser le mélange convenable.

CHAPITRE VII

DÉTERMINER LE MÉLANGE EXACTEMENT AJUSTÉ À UNE SITUATION DONNÉE PLUS OU MOINS CONTRAIGNANTE

J'ai déjà indiqué qu'Aristote distingue deux situations, selon que le législateur doit respecter ou non le principe de base du régime de la cité où il intervient. Si une telle contrainte existe, il ne pourra pas, par exemple, remplacer la démocratie en place par un régime dont le principe serait différent. Si le législateur peut au contraire s'écarter du principe en vigueur dans la cité, les contraintes tiennent seulement aux gens (situés dans tel ou tel environnement) auxquels il doit ajuster les nouvelles institutions : il doit déterminer « quel régime, et de quelle sorte, est avantageux pour quels gens et de quelle sorte [τίς δὲ πολιτεία τίσι καὶ ποία συμφέρει ποίοις] » [1]. Ce n'est pas simplement la relation quantitative entre les groupes sociaux (τίσι) qu'il considère mais leurs qualités respectives (ποίοις), selon, par exemple, les activités différentes au sein du peuple (dépendant elles-mêmes, bien sûr, de conditions territoriales et climatiques) ; le choix ne concerne pas seulement un régime et son principe (τίς πολιτεία), mais le dosage qualitatif précis que représente telle démocratie ou telle oligarchie (ποία).

1. IV, 12, 1, 1296 b 13.

DOSER LE MÉLANGE POLITIQUE SELON LE RAPPORT DES FORCES

Pour bien doser le mélange le meilleur dans la situation où l'on se trouve, il faut toujours tenir compte du rapport des forces en présence : « il faut que la partie de la cité favorable au régime soit plus forte que celle qui ne l'est pas » [1]. Cette règle vaut pour tous les régimes et son application détermine la convenance entre la distribution des pouvoirs (selon tel ou tel équilibre) et l'agencement des classes et groupes dans telle ou telle cité, à tel ou tel moment de son histoire.

Pour appliquer cette règle à chaque cité, il faut comparer les forces des diverses parties de la cité (notables, peuple, classe moyenne), en subdivisant éventuellement le peuple et les notables en groupes plus restreints (par exemple, pour le peuple, ceux qui vivent de l'agriculture, de l'élevage, du travail artisanal, de la mer, etc.). Or pour évaluer la force relative d'une classe ou d'un groupe, il faut tenir compte en même temps de son importance numérique et de ses qualités : liberté, richesse, éducation, origine familiale de ses membres. Dans quelle proportion ces facteurs pondèrent-ils le nombre ? S'il est possible de comparer les revenus fonciers possédés globalement par deux classes numériquement inégales en se référant à un passage du livre VI [2], les autres critères ne peuvent donner lieu à aucune mesure directe. Tout au plus pourra-t-on constater après coup, en considérant l'issue d'une lutte civile, que ceux qui voulaient le maintien du régime étaient plus ou moins forts que les autres, la meilleure éducation, par exemple, ayant permis à l'un des partis de mettre en œuvre une stratégie plus efficace.

Aristote consacre la fin du chapitre 12 à montrer comment cette règle permet de déterminer la forme précise de démocratie, d'oligarchie ou de *politeia* convenant à tel ou tel ensemble humain. L'impératif de stabilité (les partisans des institutions doivent être nettement plus forts que leurs adversaires) et l'impératif de la plus grande modération possible pèsent dans le même sens : le législateur doit distribuer les pouvoirs en faisant place à la classe moyenne. Aux forces des partisans du régime, il doit ajouter celle de la classe moyenne [3]. Aristote reprend la formule du

1. IV, 12, 1, 1296 b 15-16. Cet impératif est repris au livre V, 9, 5, 1309 b 16-18.

2. VI, 3, 4, 1318 a 27-33. J'ai déjà traduit (II, 5, p. 207-208) et commenté ce texte où Aristote montre comment on pourrait, dans une démocratie, pondérer la supériorité en nombre du δῆμος en calculant et en comparant les revenus fonciers annuels de deux groupes (composés chacun de riches et de pauvres) ayant des avis contraires sur une question donnée.

3. Δει δ᾽ἀεὶ τὸν νομοθέτην ἐν τῇ πολιτείᾳ προσλαμβάνειν τοὺς μέσους, « il faut toujours que le législateur ajoute les gens moyens en organisant le régime » IV, 12, 4, 1296 b 34-36.

chapitre 11 [1] qui englobe tous les dosages que cet ajout des gens moyens rend possibles, depuis les régimes modérément déviés (démocraties et oligarchies respectant les lois) jusqu'à la μέση *politeia* :

> Partout où l'ensemble des gens moyens l'emporte [ὅπου δὲ τὸ τῶν μέσων ὑπερτείνει πλῆθος] [2] soit sur les deux extrêmes soit seulement sur l'un des deux, le régime peut être stable. (...) Meilleur est le mélange constituant le régime [ὅσῳ δ'ἂν ἄμεινον ἡ πολιτεία [3] μειχθῇ], meilleure est sa stabilité [4].

La stabilité du régime varie selon la qualité plus ou moins bonne du mélange qui dépend à son tour de la force de la classe moyenne, évaluée quantitativement et qualitativement selon la règle indiquée plus haut. Si la classe moyenne est seulement plus forte que chacune des deux classes en lutte, les effets politiques de la division sociale subsistent : le régime possible est une oligarchie ou une démocratie impure, plus ou moins modérée et équilibrée par l'ajout et l'arbitrage de la classe intermédiaire.

Ce rapport de force (une classe moyenne forte mais non prépondérante à elle seule) vaut aussi pour les situations où le législateur doit intervenir en conservant le principe du régime (oligarchique ou démocratique) pour en tempérer la déviation : il s'agit de sauver telle ou telle démocratie ou oligarchie en la modérant et en s'aidant de l'arbitrage de la classe moyenne. C'est la méthode mise en œuvre tout au long du livre V. On ne sauve pas un régime en accentuant sa pente propre mais au contraire en ajoutant au mélange qui le constitue des ingrédients différents [5] et en stabilisant le résultat obtenu grâce aux gens moyens. Il s'agit de la quatrième tâche relevant de la politique du mélange selon le chapitre 1 du livre IV : après avoir procédé à l'état des lieux (I, 1), déterminé la forme d'excellence permettant de mesurer et d'évaluer tous les régimes mélangés (I, 2), puis le

1. Voir *supra*, p. 234 la traduction et commentaire de IV, 11, 10, 1295 b 34-39.

2. « Partout où la classe moyenne l'emporte numériquement » (Aubonnet). Je ne crois pas qu'il faille entendre comme ce traducteur πλῆθος en un sens restrictif, comme si Aristote renonçait ici à tenir compte des autres facteurs que le nombre. Car plus haut, Aristote a envisagé le cas où l'ensemble des pauvres (τὸ τῶν ἀπόρων πλῆθος) l'emporte selon la règle de calcul qui tient compte de ces critères (IV, 12, 3, 1296 b 24 *sq.*).

3. « Régime » ou « *politeia* », on peut hésiter : mais il semble bien qu'est énoncé le principe permettant d'évaluer tous les mélanges et non la seule μέση *politeia*.

4. IV, 12, 4-6, 1296 b 38-1297 a 7. Il est excessif de rendre ἄμεινον en parlant d'un mélange parfait. Aristote continue à parler de μιξίς et non de κρᾶσις, car les ingrédients démocratiques et oligarchiques sont pour lui en même temps visibles et invisibles : si le mélange s'annulait dans son résultat au point de détruire ses éléments constitutifs, la μέση *politeia* se confondrait avec la pure aristocratie du livre VII.

5. V, 9, 6-8, 1309 b 18-35, traduit et commenté p. 190.

dosage accordé à la situation quand on est libre d'instituer un nouveau régime (I, 3), il reste à analyser la manière de réformer un régime dont on conserve le principe (I, 4). Au début du livre IV (§ 4) comme à la fin du chapitre 11 (§ 21), Aristote évite de parler d'excellence à propos du régime modéré de cette manière par le législateur. Réformer consiste cependant toujours à rechercher le meilleur et le plus avantageux dans une situation qu'on n'a pas choisie, dans ce cas souvent peu favorable, en se rapprochant autant qu'on le peut de la *politeia* comme juste mesure, en modérant autant que possible le régime à conserver.

Si maintenant la classe moyenne est seule prépondérante, la stabilité est plus grande, du fait de la possibilité du mélange harmonieux décrit à la fin du chapitre 9 : on voit les ingrédients démocratiques et oligarchiques et en même temps on ne voit aucun d'entre eux, car aucune partie de la cité ne lutte pour établir ou rétablir sa suprématie [1]. Cet excellent mélange est de nouveau préféré aux régimes explicitement aristocratiques, pour certains plus séduisants. Le texte que je viens de commencer à traduire se poursuit de la manière suivante :

> Meilleur est le mélange constituant le régime, meilleure est sa stabilité. Beaucoup, même parmi ceux qui veulent instituer des aristocraties, s'égarent, non seulement en favorisant les riches dans la distribution, mais aussi en faussant l'équilibre au détriment du peuple [ἐν τῷ παρακρούεσθαι τὸν δῆμον]. Inévitablement en effet, avec le temps, les biens illusoires causent un mal véritable ; car les avantages excessifs accordés aux riches ruinent davantage le régime [2] que ceux accordés aux pauvres [3].

Dans la recherche du mélange le meilleur, de l'équilibre entre pauvres et riches, entre relâchement démocratique et tension oligarchique, il n'y a pas symétrie entre les deux tendances. Les erreurs dans le sens de l'oligarchie sont plus dangereuses pour les raisons déjà indiquées : les riches cherchent à dominer alors que les pauvres cherchent seulement à ne pas l'être [4].

Le chapitre 13 aborde deux questions distinctes. D'une part, il revient sur la méthode à utiliser pour bien mélanger, déjà définie au chapitre 9 ; d'autre part, il aborde la question nouvelle de l'armement nécessaire aux citoyens dans une *politeia*.

1. IV, 9, 10, 1294 b 34-40, texte traduit et commenté, p. 229.

2. Même remarque qu'à la p. 243, n. 4.

3. IV, 12, 6, 1297 a 6-13. Au sens littéral, παρακρούειν signifie « fausser l'équilibre d'un coup de pouce », d'où « frauder ».

4. Voir *supra*, « La question de la première démocratie », II, 5, p. 208-209.

Bien mélanger, c'est maintenant mélanger de manière juste (μιγνύναι δικαίως)[1] : dès le chapitre 9 du livre III, Aristote avait opposé les conceptions unilatérales du juste au juste absolu ou total, mais c'est la première fois que ce terme est utilisé pour qualifier le mélange. Cet usage est en accord avec ce qui précède. Aristote a analysé les ruses, artifices ou expédients[2] opposés qu'on a inventés pour infléchir un régime[3], soit dans le sens de l'oligarchie, soit dans le sens la démocratie : pour ne prendre qu'un exemple, infliger de lourdes amendes aux riches pour les contraindre à assister à l'assemblée ou à siéger au tribunal infléchit un régime dans un sens oligarchique alors que l'indemnité accordée aux pauvres pour leur présence agit dans le sens contraire. Mélanger justement revient donc à combiner les deux procédés, ce qui correspond à la première des trois manières de mélanger décrites au chapitre 9.

LA QUESTION DES ARMES

À ces trois types de pouvoir, participation aux tribunaux, délibération à l'assemblée et magistratures, Aristote ajoute de nouveaux domaines où il y a matière à mélange, les lois réglant l'entraînement dans les gymnases et l'armement des citoyens : les artifices oligarchiques consistent ici à inciter par l'amende les riches (et non les pauvres) à s'entraîner et à acquérir des armes lourdes[4], Aristote ne précisant pas ce que serait en ce domaine l'artifice démocratique qu'il faudrait ajuster au précédent pour obtenir le juste mélange. Cela prépare la fin du chapitre : « Il faut que la *politeia*, écrit Aristote, soit composée à partir seulement de ceux qui possèdent des armes lourdes [les hoplites] ». Au livre II comme au livre III, la *politeia* est le régime réservant la citoyenneté aux hoplites[5]. Reprise ensuite à deux

1. IV, 13, 6, 1297 a 39.

2. Cette idée d'un artifice inventé est exprimée par le verbe σοφίζεσθαι (IV, 13, 1, 1297 a 15) et par le substantif σόφισμα (5, 1297 a 35). Ces termes ne sont pas nécessairement aussi péjoratifs que le verbe παρακρούειν (p. 244, n. 3) comme dans les traductions parlant de « tromper le peuple », puisque le mélange juste consiste à combiner des expédients (σόφισματα) de sens opposés. Ils expriment cependant une ruse, un détour : les pauvres ne sont pas exclus *directement* de l'assemblée mais on se garde de leur infliger une amende s'ils ne siègent pas : on rend le régime plus oligarchique sans toucher directement au principe de la démocratie.

3. Même remarque qu'à la p. 243, n. 3.

4. IV, 13, 4, 1297 a 29-34.

5. Pour le livre II, voir 6, 16, 1265 b 28-29 : « L'organisation d'ensemble [proposée dans les *Lois*] ne veut être ni une démocratie ni une oligarchie mais un milieu entre les deux, ce

reprises (πολιτεία ἐκ…) [1], cette formule indique que les citoyens d'une *politeia* sont des hoplites (auxquels s'ajoutent parfois ceux qui l'ont été autrefois) [2] et qu'ils doivent aussi posséder le revenu censitaire suffisant à l'achat de leurs armes [3]. Il ne s'agit pas simplement de la corrélation entre une fortune moyenne et l'acquisition des armes lourdes: les citoyens doivent être capables de participer à la défense de la cité et de son régime et aussi de décourager par leur force toute tentative armée des non-citoyens pour le renverser. Il faut cependant remarquer que les rapports de force internes à la cité (entre citoyens, et entre ces derniers et les simples habitants) dépendent d'abord de facteurs non militaires. De plus, il n'est pas certain que la supériorité des armes lourdes vaille de la même manière à l'intérieur et à l'extérieur de la cité. Au livre VI, Aristote revient de manière plus détaillée sur la relation entre la diversité des forces militaires et la diversité des régimes, mais sans mentionner la *politeia* :

> Comme il y a quatre parties principales de la multitude, celle qui cultive, celle qui s'occupe d'artisanat, celle qui commerce et celle qui est salariée [4], et qu'il y a aussi quatre choses utiles pour la guerre, la cavalerie, l'infanterie lourde, l'infanterie légère et la marine ; là où le pays se trouve convenir à la cavalerie, les conditions naturelles permettent d'établir une puissante oligarchie (car la sauvegarde des habitants dépend de cette atout [διὰ ταύτης τῆς δυνάμεως, littéralement, de cette puissance, la cavalerie elle-même ou peut-être la convenance du pays à la cavalerie] et les élevages de chevaux sont le fait de ceux qui possèdent de grosses fortunes), là où le pays convient à l'infanterie lourde, elles permettent d'établir l'oligarchie suivante (car cette infanterie est le fait des riches plutôt que des pauvres), mais l'aptitude aux armes légères et à la marine sont tout à fait démocratiques [5].

qu'on appelle une *politeia*, car elle est composée d'hoplites », avec une formule proche de celle du livre IV, ἐκ γὰρ τῶν ὁπλιτευόντων ἐστίν (l'ensemble du texte est traduit et commenté *supra*, II, 6, p. 224 *sq.*). Pour le livre III, voir 7, 4, 1279 b 2-4 : « c'est pourquoi en vertu de cette *politeia*, la classe combattante a la suprématie et y ont part ceux qui possèdent les armes lourdes [οἱ κεκτημένοι τὰ ὅπλα] ».

1. IV, 13, 9, 1297 b 12-16.
2. *Ibid.*
3. IV, 13, 7, 1297 b 2-6.
4. Il y a ici une difficulté. Aristote énumère des parties du peuple et non de la cité sans qu'il y ait correspondance terme à terme entre ces parties et les quatre armes, sauf pour les travailleurs salariés portant les armes légères et servant dans la marine.
5. VI, 7, 1-2, 1321 a 5-14.

Il y a ainsi correspondance entre les manières de s'armer ou de combattre et les régimes. Si l'on rapproche ce texte et celui du livre IV, on passe de la prépondérance de la cavalerie et des très gros propriétaires (par le biais d'un régime monarchique ou oligarchique) à celle de l'infanterie lourde : elle rend possibles une oligarchie moins déviée, à base sociale plus large (livre VI), une démocratie modérée (livre IV) – régimes proches de la *politeia* du fait du rôle joué par les gens qui sont aisés sans être très riches. Enfin une démocratie radicale donne la citoyenneté aux artisans, commerçants et petits salariés qui sont marins ou fantassins légers. Un même problème est donc posé aux *politeiai* et aux démocraties ou oligarchies peu déviées. Pour combattre l'ennemi extérieur, elles doivent renforcer l'infanterie lourde grâce à l'infanterie légère et à la marine, ce qui revient à donner des armes au peuple en cas de dissension civile : car les fantassins légers ont plus d'efficacité dans les combats de rue que les hoplites. Le remède proposé aux oligarchies modérées vaut sans doute pour tous les régimes où les citoyens sont des hoplites : les futurs citoyens doivent apprendre à manier les armes légères pour être capables, à l'âge mûr, de défendre le régime [1].

La croissance de la classe moyenne comme le recours à un art militaire fondé sur la solidarité des hoplites ont favorisé la naissance des démocraties modérées, à Athènes au temps de Solon, proches, comme nous l'avons vu, de ce que les contemporains d'Aristote appellent *politeia*. De nouveau, la μέση *politeia*, heureux mélange qui n'est plus l'équilibre précaire entre classes opposées, est moins pour Aristote une réalité actuelle que la juste mesure dont les démocraties d'autrefois se sont approchées et la norme presque invisible animant la recherche de l'excellence par la voie du mélange.

1. VI, 7, 2-3, 1321 a 14-26.

CHAPITRE VIII

MIEUX COMBINER POUR MIEUX MÉLANGER. UNE NOUVELLE DÉFINITION DE LA SUPRÉMATIE (IV, 14-16)

DEUX VISIONS DU RÉGIME MIXTE : ARISTOTE ET POLYBE

Les trois derniers chapitres du livre IV présentent une combinatoire des multiples manières d'organiser les divers pouvoirs politiques présents en chaque régime. L'analyse est d'une extraordinaire minutie. Prenons l'exemple de la désignation des magistrats. Il y a trois questions à résoudre : qui les nomme, qui peut être désigné, faut-il user du tirage au sort ou l'élection [1] ? Pour chaque question, il y a une réponse démocratique (tous nomment, tous peuvent être magistrats, le tirage au sort est privilégié), une réponse oligarchique (une minorité nomme, la magistrature est réservée à certains, l'élection est privilégiée) et une solution moyenne, le droit de nommer ou d'être nommé variant, comme les procédures (élection ou sort), selon les magistratures [2].

Mélanger plusieurs régimes ne revient donc pas à combiner, selon le modèle exposé par Polybe deux siècles plus tard en prenant l'exemple de la république romaine, une instance monarchique (les consuls), une instance aristocratique (le sénat) et une instance démocratique (les comices populaires) mais à proposer un nombre presque infini de mélanges : dans le seul cas de la désignation de tel ou tel magistrat, interviennent en effet déjà trois

1. IV, 15, 14, 1300 a 8-14.

2. Je renvoie sur ce point à P. Pellegrin, *Les politiques*, p. 332-3333, notes 14-18, à Tricot, *La Politique*, p. 328-330, n. 3, et, pour une mise au point plus récente, à l'appendice de l'exposé présenté par Marie-Noëlle Ribas aux journées organisées à Bordeaux en 2012 sur les *Politiques* (« De la méthode combinatoire appliquée à l'établissement des magistratures »). Je la remercie de me l'avoir communiqué.

dosages distincts, une solution plus démocratique à l'accès à la magistrature pouvant par exemple être équilibrée par un recours plus grand à l'élection. Ajustés les uns aux autres, tous ces petits dosages doivent produire un mélange global exactement ajusté à chaque situation : l'harmonie de l'ensemble dépend donc aussi de la justesse de chaque micro-mélange. Beaucoup plus que celle d'Aristote, la conception de Polybe deviendra classique dans la pensée occidentale, jusqu'aux Anglais qui, dans la première moitié du XVIIe siècle, disaient de leur ancienne constitution qu'elle était un heureux mélange de monarchie (le roi), d'aristocratie (les *lords*) et de démocratie (les communes)[1]. Or une conception du régime mixte comme celle de Polybe existait déjà à l'époque d'Aristote : certains affirment, écrit-il au livre II des *Politiques*, que la constitution spartiate mélange tous les régimes, la monarchie (les rois), l'oligarchie (le conseil des Anciens) et la démocratie (les Éphores)[2]. Cette conception déjà polybienne du mélange est pour Aristote un point de départ à dépasser, comme l'est, au livre III, la classification des six régimes. Autrement subtile est la combinatoire de la fin du livre IV ! Cette subtilité n'est pas pour nous étonner si nous sommes attentifs à la fin recherchée : la juste mesure, le dosage ajusté à chaque situation singulière. Le mélange n'est pas une composition où, comme dans la république romaine vue par Polybe et déjà dans le régime spartiate aux yeux de certains contemporains d'Aristote, les éléments démocratique et oligarchique sont immédiatement visibles, représentés chacun par une instance distincte. Chaque régime combine de nombreuses solutions partielles, concernant chacune telle institution ou telle procédure : en cas de réussite, il est impossible d'isoler les ingrédients démocratiques ou oligarchiques utilisés ; disséminés partout dans le régime, ils sont devenus encore moins visibles que les fragments d'un symbole si bien reconstitué qu'il semble ne jamais avoir été brisé.

1. C'est par exemple la thèse des royalistes modérés qui rédigent pour le roi Charles Ier sa réponse (publiée en juin 1642) aux 19 propositions des deux chambres du Parlement.

2. II, 6, 17, 1265 b 33-40.

LES TROIS FONCTIONS PRÉSENTES EN TOUT RÉGIME (DÉLIBÉRER, EXERCER UNE MAGISTRATURE, JUGER) ET LA QUESTION DE LA SUPRÉMATIE

Cette combinatoire si minutieuse vaut pour chacun des trois types de pouvoir présents dans chaque cité. Aristote distingue en effet « trois parties de tous les régimes [τρία μόρια τῶν πολιτειῶν πασῶν] » [1], selon qu'il s'agit de délibérer sur les affaires communes, d'exercer une magistrature ou de juger [2]. L'expression « partie d'un régime » ne renvoie pas nécessairement à une seule institution [3] mais désigne une fonction qui peut, selon le régime, être exercée par un ou par plusieurs organes. C'est la raison pour laquelle nous usons des verbes « délibérer », « exercer une magistrature » et « juger ».

Pour comprendre cette tripartition, il faut revenir sur l'usage du mot ἀρχή et sur les difficultés à le traduire. Au début du livre III, Aristote lui a donné un sens très large, valant pour tout pouvoir politique exercé dans la cité, restreint à une durée limitée ou non, attaché à des personnes déterminées ou à des instances collectives. Dans ce dernier cas, « ce n'est pas, écrivait Aristote, celui qui siège au tribunal, au Conseil ou à l'assemblée qui exerce le pouvoir, mais le tribunal, le Conseil ou le peuple assemblé, οὐ (...) ὁ δικαστὴς οὐδ' ὁ βουλευτὴς οὐδ' ὁ ἐκκλησιαστής ἄρχων ἐστίν, ἀλλὰ τὸ δικαστήριον καὶ ἡ βουλὴ καὶ ὁ δῆμος » [4].

Aristote revient à la fin du livre IV à un sens plus étroit d'ἀρχή et d'ἄρχειν : il réserve ces termes à la seconde fonction – aux magistratures exercées en général par des individus (par exemple, la stratégie) ou plus rarement par des instances collectives (la βουλή des démocraties par exemple), ayant une compétence définie pour une durée limitée.

1. IV, 14, 1, 1297 b 37-39 : « dans tous les régimes, il y a trois parties à propos desquelles le bon législateur doit considérer ce qui est avantageux à chacun. Si elles sont bien [καλῶς] disposées, le régime est lui aussi bien disposé ». Ces trois parties sont trois sortes d'ἀρχή au sens large du mot défini en III, 1, 6-8, mais non au sens plus étroit du terme privilégié maintenant. Contrairement à ce que la traduction Aubonnet de 1297 b 38-39 (« Lorsque tous ces pouvoirs sont bien établis ») pourrait laisser croire, Aristote s'abstient maintenant d'user du mot ἀρχή pour désigner en général ces parties d'un régime. Voir *infra*.

2. IV, 14, 2, 1297 b 41-1298 a 3. Il faut rappeler que la 3ᵉ fonction est politique avant d'être étroitement judiciaire.

3. Comme risquent de le faire croire certaines traductions de τὸ βουλευόμενον qui, à un moment ou à un autre du chapitre 14, veulent éviter de répéter lourdement la traduction littérale : « le corps délibératif » (Aubonnet), « l'instance délibérative » (Pellegrin), « le corps délibérant » (Bastien, p. 264), « la partie ou le membre de la policie qui conseille des choses communes » (Oresme, p. 193, 1ʳᵉ c.).

4. III, 11, 17, 1282 a 34-36.

Les instances délibérant sur les affaires communes, dont la suprématie est pourtant affirmée et reconnue, et les tribunaux ne sont plus désormais des ἀρχαί, leur activité ne relève plus de l'ἄρχειν. Aristote n'explicite pas les raisons de ce nouvel usage plus restrictif d'ἀρχή et d'ἄρχειν. Au début du livre III, au moment où la recherche s'engageait sur la définition du citoyen, être membre de l'assemblée ou d'un tribunal étaient les fonctions à durée non limitée pour lesquelles l'usage du mot ἀρχή posait problème, mais cette objection était immédiatement écartée [1]. Au chapitre 14 du livre IV, Aristote revient à l'usage qui ne fait difficulté pour personne. Ce changement demande explication.

Ἀρχή, ἄρχειν (gouverner, exercer un pouvoir) et son passif ἄρχεσθαι (être gouverné) renvoient à la différence entre ceux qui gouvernent et ceux qui sont gouvernés et donc à la hiérarchie impliquée par le commandement et l'obéissance ou plutôt, puisque cette opposition implique trop de passivité du côté de l'obéissance, entre l'initiative de l'action (l'ἀρχή est aussi commencement ou principe) et sa reprise par d'autres. Cette hiérarchie n'est pas spécifiquement politique : le père et le maître gouvernent (ἄρχειν) des enfants ou des esclaves qui, de ce fait, sont gouvernés (ἄρχεσθαι) et n'agissent pas à leur propre initiative. Il s'agit de savoir ce que devient la relation de pouvoir définie par les pôles de l'ἄρχειν et de l'ἄρχεσθαι quand elle relie des citoyens dont les différences sont pensées sur l'horizon de l'égalité nécessaire à l'existence entre eux d'une même communauté politique et non plus, comme dans une famille, à partir d'une inégalité naturelle temporaire (entre l'adulte et l'enfant) ou définitive (entre l'époux et l'épouse, entre les êtres humains naturellement faits pour la liberté ou la servitude). Aristote précise plus loin que l'exercice de l'ἄρχειν est propre aux magistratures (soit à la 2e fonction) [2]. Il suggère ainsi que juger ou décider (la 3e fonction), ce n'est pas d'abord exercer ce pouvoir, même si ensuite l'application des décisions l'implique de la part d'un magistrat. Mais la suprématie (la 1re fonction) est, pourrait-on objecter, le pouvoir suprême. La réponse tient à la nouvelle définition de la suprématie. Pour que le régime soit excellent et protégé de toute dérive despotique, la suprématie ne doit pas être exercée par une partie de la cité : à

1. III, 1, 6, 1275 a 22-26, voir sur ce point I, 1, p. 74, n. 1.

2. « Pour le dire d'un mot, il faut avant tout parler d'ἀρχαί pour ces ἀρχαί dont la fonction est de délibérer [βουλεύσασθαι] sur certaines affaires, de décider [κρῖναι] et de donner des ordres [ἐπιτάξαι], et cela surtout pour cette dernière fonction. En effet donner des ordres est ce qui caractérise le mieux l'ἀρχή [τὸ γὰρ ἐπιτάττειν ἀρχικώτερόν ἐστιν] » IV, 15, 4, 1299 a 25-28.

ce niveau, il n'y a pas des gouvernants et des gouvernés mais une communauté délibérant sur toutes les affaires qui, selon son propre jugement, la concernent comme communauté. Peut-être dira-t-on encore qu'Aristote définit trois fonctions (délibérer, être magistrat, juger) valant pour tous les régimes, même déviés : dans une démocratie ou une oligarchie, le pouvoir suprême n'est pas, à l'évidence, détenu par tous, ce qui réintroduit l'écart entre les gouvernants et les gouvernés. Mais la démarche d'Aristote exclut qu'on sépare ainsi l'analyse des faits et l'évaluation normative : pour comprendre et expliquer les déviations possibles dans l'exercice de la délibération collective, il faut avoir en tête la juste mesure, le fait que, dans une cité accomplie, l'exercice de la suprématie n'est pas le gouvernement des uns par les autres, même s'ils sont les meilleurs.

En distinguant ces trois fonctions (délibérer, être magistrat, juger), Aristote revient donc sur la question de la suprématie. Au livre III, elle s'est révélée aporétique : l'un après l'autre, tous les candidats possibles à son exercice ont été éliminés, même les meilleurs. Dans un régime ordonné au bien commun, aucune partie de la cité, même composée des meilleurs, ne doit exercer la suprématie, autrement dit constituer à elle seule l'instance suprême, le πολίτευμα. Quand elle le fait ou tend à le faire, le régime est nécessairement dévié, sauf si elle n'est plus vraiment une partie de la cité comme les autres, si le pouvoir suprême est détenu par un ou des hommes divins, si nous sommes en théocratie. C'était déjà la conclusion de Platon dans les *Lois* [1] que Rousseau reprend bien plus tard dans le *Contrat social* [2]. Mais cette exception divine ne fait que confirmer la règle, puisque la solution théocratique n'apparaît que pour être exclue.

Faut-il donc, dans une cité accomplie, se passer de toute suprématie ou la définir autrement ? Au début du chapitre 14 du livre IV, Aristote analyse la première fonction – délibérer sur les affaires communes [τὸ βουλευόμενον περὶ τῶν κοινῶν] [3] – et définit ainsi la suprématie :

> Avoir la suprématie, c'est délibérer au sujet [κύριον δ' ἐστὶ τὸ βουλευόμενον περὶ...] de la guerre et de la paix, des alliances et de leurs

1. *Lois*, IV, 712 e 9-713 e 5. Voir la traduction *supra*, I, 2, p. 103.

2. II, 7, « du législateur ». Chez Rousseau, la solution théocratique, exclue pour le souverain, est reprise à l'irréel pour le législateur qui propose les lois au peuple sans en décider : « Il faudroit des Dieux pour donner des lois aux hommes », *OC* III, p. 381.

3. IV, 14, 2, 1297 b 41-1298 a 1. Littéralement « partie qui délibère ». Mais il ne s'agit pas nécessairement d'une unique instance puisque certains régimes confient la délibération à plusieurs instances distinctes selon le type d'affaires communes à traiter.

ruptures, des lois, de la peine de mort, de l'exil et de la confiscation des biens, du choix des magistrats et de la reddition de leurs comptes [1].

Les traductions françaises des XIXe et XXe siècles construisent la phrase de manière différente : au lieu de relier, comme le faisait Guillaume de Moerbeke et comme je le fais, περὶ à τὸ βουλευόμενον, « ce qui délibère sur… », avec ensuite la liste des affaires communes sur lesquelles on délibère, elles rattachent περὶ à κύριον, « ce qui a compétence ou maîtrise sur… » [2]. Selon cette traduction, Aristote énumérerait les affaires communes sur lesquelles la ou les instances délibérantes ont compétence souveraine sans affirmer encore explicitement la suprématie de cette première fonction sur les deux autres. Pour défendre ma traduction, je remarque qu'Aristote, en général, parle de délibérer (βουλεύεσθαι) περὶ τίνος, par exemple περὶ τῶν κοινῶν, et fait suivre κυρίος d'un simple génitif [3].

De toute manière, il faut distinguer trois usages de κύριος. Le premier consiste à déterminer la plus haute des ἀρχαί, au sens le plus général du livre III où ἀρχή ne désigne pas simplement une magistrature : nous parlons alors de suprématie. En deuxième lieu, κύριος est utilisé pour préciser la compétence de tel ou tel pouvoir (au sens étroit de magistrature), sa δύναμις :

> Je parle de la compétence d'un pouvoir [λέγω δὲ δύναμιν ἀρχῆς] en prenant l'exemple de celui qui est maître de la décision en matière de revenus [τὴν κυρίαν τῶν προσόδων] ou qui est maître de la décision en matière de

1. IV, 14, 3, 1298 a 3-7.

2. *Dominans autem est, quod consiliatur de bello et pace*…, « Détient la suprématie ce qui délibère de la guerre et de la paix… » (Spiazzi, p. 230, 523, Laval, p. 239, 1re c.) : après avoir parlé des 3 *partes* (féminin pluriel) de tout régime, Guillaume de Moerbeke passe au neutre pour décrire les différences, selon les régimes, entre les instances qui les exercent. Commentaire de Pierre d'Auvergne : *dicit quod dominans in civitate consiliatur de*…, « il dit ce qui, détenant la suprématie délibère de… » (Spiazzi, p. 231, 665, Laval, p. 241, 2e c.) ; « Et le premier membre a tele domination qu'il conseille de guerre et de paes… » (Oresme, p. 193, 1re c.). L'autre manière de construire la phrase est celle de Thurot (p. 282), Bastien (p. 260), Aubonnet, Tricot et Pellegrin.

3. Voir l'expression ἀρχὴ κυρία πάντων (première apparition, III, 6, 1, 1278 b 10) déjà analysée et discutée ; de même, au chapitre 15, la compétence de telle ou telle magistrature est exprimée à l'aide de κυρίος avec le génitif : ποίων πανταχοῦ μίαν ἀρχὴ εἶναι κυρίαν, « sur quelles choses une unique magistrature doit être compétent », IV, 15, 9, 1299 b 15-16 ; τις ἄλλος ἄρχων κύριός ἐστι τοιαύτης ἐπιμελείας, « tout autre magistrat compétent pour cette tâche [la surveillance des enfants et des femmes] », IV, 15, 13, 1300 a 5-6 ; voir aussi la conclusion du chap. XV traduite plus loin. Il s'agit ici de compétence dans un domaine défini, et non de déterminer le pouvoir le plus haut.

> défense [τὴν κυρίαν τῆς φυλακῆς] : par exemple, la stratégie a une autre forme de compétence [ἄλλο εἶδός δυνάμεως] que la magistrature qui est maître de décider [κυρίας] pour les contrats passés sur l'agora [1].

Aristote utilise enfin κύριος pour désigner les magistratures les plus élevées, par exemple les offices de stratège ou de trésorier [2]. Il faut donc distinguer trois questions : où réside la suprématie dans une cité et quelle est sa nature ? Quelle est la compétence propre à chaque magistrature ? Quelles sont les magistratures, les plus élevées ?

Cette distinction entre les divers usages de κύριος se heurte cependant au cas limite de la compétence universelle du Conseil (βουλὴ), la magistrature la plus haute dans certaines démocraties : elle risque de se confondre avec la suprématie. Là où le peuple a la suprématie, le Conseil prépare la délibération de l'assemblée, la convoque, la préside et veille à l'exécution de ses décisions. Voici en effet comment se termine l'exposé sur les magistratures les plus importantes (stratégie, contrôle des finances) pour lesquelles Aristote, jusqu'à présent dans ce chapitre, n'a jamais utilisé l'expression κυρία ἀρχή :

> À côté de toutes ces magistratures [ἀρχάς, en particulier stratégie et contrôle des finances], il y en a une qui l'emporte sans conteste sur toutes [ἡ μάλιστα κυρία πάντων]. Car c'est souvent la même magistrature chargée de l'exécution et de la présentation d'une mesure qui préside la multitude là où le peuple a la suprématie [ἡ προκάθηται τοῦ πλήθους ὅπου κύριός ἐστι ὁ δῆμος]. Car il faut qu'existe l'organe qui réunit l'instance suprême du régime [τὸ κύριον τῆς πολιτείας] [3].

1. IV, 15, 22, 1300 b 9-12.

2. V, 9, 1, 1309 a 33-34. Il s'agit dans ce texte de pondérer et de hiérarchiser les qualités individuelles requises pour, par exemple, devenir stratège : attachement au régime, compétence dans ce domaine, excellence et sens de la justice propres à chaque régime. Voir aussi, à propos de ἀρχαὶ κύριαι désignant les magistratures les plus hautes, IV, 15, 10, 1299 b 23 : contrairement à ce qu'implique la traduction Aubonnet, il s'agit des magistratures les plus élevées et non du pouvoir suprême ; Aristote constate que les citoyens exerçant ces magistratures diffèrent selon les régimes, ce qui conduit à se demander si elles doivent être ou non les mêmes quand le régime varie. En VI, 8, 13-16, 1322 a 29-b 12, Aristote ne dit pas κυρία ἀρχή pour désigner les magistratures les plus importantes, comme par exemple la stratégie ou le contrôle général des finances publiques : il dit seulement que ce sont des magistratures qui, requérant beaucoup d'expérience et de loyauté, « ἐν σχήματι δὲ μείζονι τεταγμένας, se voient assigner un rang supérieur » (a 31-32).

3. VI, 8, 17, 1322 b 12-15. Comme le montre le début de ce texte, l'analyse du rôle du Conseil relève bien de la seconde fonction, tout ce qui touche aux magistratures. Sur les attributions du Conseil à Athènes, voir *Constitution d'Athènes,* XLIII, 2-4, puis XLV et XLVI

Aristote use pour la βουλή de l'expression κυρία πάντων : au livre III, elle était réservée au pouvoir suprême. Or la suprématie (Aristote ne parle plus ici d'ἀρχή, pour les raisons que je viens d'indiquer) appartient dans ce texte (cela est souligné à deux reprises) au peuple assemblé. Si la βουλή avait la suprématie en tout comme le pensent certains traducteurs, cette suprématie se confondrait avec celle du peuple, ce qui s'accorde mal avec le texte. Il faut plutôt comprendre que la suprématie du peuple rejaillit sur le rôle de cette magistrature : elle rend possible l'exercice de la suprématie délibérative (convocation et présidence), en prépare les décisions et en contrôle l'application. De ce fait, elle est la plus haute des magistratures mais non l'instance suprême de la cité.

Même si nous adoptions pour la définition du pouvoir de délibérer sur les affaires communes la traduction la plus courante où κύριος renvoie au domaine de compétence, la dernière phrase du chapitre dissiperait toute ambiguïté :

> C'est donc de cette manière qu'il faut définir ce que c'est que délibérer, autrement dit exercer la suprématie dans le régime [1].

Dans cette dernière formule, Aristote dit simplement « délibérer » et non « délibérer sur les affaires communes ». Il faut cependant sous-entendre la formule complète dont le sens a été clairement fixé par la liste qui ouvre le chapitre. Si l'on ne le fait pas, la distinction des trois fonctions (délibérer sur les affaires communes, juger, être magistrat) est mise à mal. Car exercer une magistrature ou juger, c'est aussi délibérer.

C'est clair pour les magistratures dont Aristote s'efforce de donner une définition rigoureuse [2], d'abord en identifiant ce qui est proprement politique plutôt que religieux ou économique, ensuite en limitant l'ἀρχή πολιτική aux fonctions qui impliquent, dans un domaine donné, de délibérer (βουλεύσασθαι), de décider (κρῖναι) et d'ordonner (ἐπιτάξαι). Certes Aristote privilégie ce dernier rôle, ce qui conduit sans doute Tricot à parler d'un pouvoir exécutif, celui de commander pour faire appliquer ce qui a été délibéré et décidé ailleurs. C'est cependant réducteur, puisque les vrais magistrats délibèrent et décident avant d'ordonner chaque fois que les lois ou délibérations de l'assemblée ne suffisent pas à déterminer leur décision.

(chapitres où Aristote analyse les cas où le Conseil est devenu ἄκυρός, n'est plus κυρία, a perdu le pouvoir de décider en dernier ressort).

1. IV, 14, 16, 1299 a 1-2.

2. IV, 15, 2-4, 1299 a 14-30.

De même, les tribunaux délibèrent, même si le texte ne le dit pas explicitement. C'est vrai en particulier pour tous les tribunaux qui ont des fonctions politiques : tribunal pour les redditions de compte, les torts causés au bien commun, les atteintes au régime [1]. Plus que pour les magistrats, il est d'ailleurs difficile de distinguer la fonction délibérative des tribunaux et celle du ou des organes qui exerce(nt) la suprématie en délibérant sur les affaires communes. Ce ou ces dernier(s) juge(nt) pour les peines les plus graves tandis que certains tribunaux entendent des redditions de compte. En excédant la lettre du texte, on peut supposer que le ou les instances qui délibèrent sur les affaires communes exercent leur suprématie en délibérant et en décidant en première instance en ce domaine (comme le font les magistrats pour les affaires relevant de leur compétence propre), et que les tribunaux politiques correspondent à une procédure d'appel, à une forme de contre-pouvoir. Des citoyens peuvent estimer que telle ou telle loi porte atteinte au bien commun ou au régime : l'affaire sera tranchée par un tribunal.

Si le régime est droit et bien établi, la suprématie n'est pas exercée par une partie de la cité sur le reste. Elle consiste à délibérer en commun sur les affaires communes et à décider des affaires les plus importantes. Elle n'est pas exercée nécessairement par une institution unique comme dans les théories modernes de la souveraineté. On notera ce qui est dit de cette première fonction (délibérer sur les affaires communes) dans les *politeiai*, immédiatement avant la formule finale (traduite plus haut) qui affirme sa suprématie. Dans ces *politeiai*,

> (…) quelques-uns [ὀλίγοι] sont maîtres [κύριοι] d'écarter par leur vote un décret [οἱ γὰρ ὀλίγοι ἀποψηφισάμενοι μὲν κύριοι], mais ne le sont pas [καταψηφισάμενοι δὲ οὐ κύριοι] d'en décider positivement, la question relevant toujours du grand nombre [2].

Ce texte ne concerne pas le fonctionnement interne de l'assemblée : si c'était le cas, une minorité pourrait toujours bloquer les décisions. Il doit plutôt s'agir d'une procédure d'appel, par exemple devant un tribunal tel celui qui jugeait à Athènes les accusations en illégalité [3] : ses membres

1. IV, 16, 2, 1300 b 18-21.

2. IV, 14, 16, 1298 b 39-1299 a 1. Les deux verbes utilisés, ἀποψηφίζεσθαι et καταψηφίζεσθαι, font clairement référence à la notion de décret (ψήφισμα).

3. Dans les *Politiques*, Aristote ne fait référence à cette γραφὴ παρὰ νόμων qu'à propos de l'esclavage, I, 6, 2, 1255 a 8-9 (voir sur ce point, Jean Terrel, « Φύσις et νόμος : Aristote est-il naturaliste ? », in *Politique d'Aristote*, *op. cit.*, p. 66). Selon la *Constitution d'Athènes*, celui

(« quelques-uns » et non la multitude) peuvent annuler une décision mais non décider positivement à la place de l'assemblée. Le dispositif contraire convient à une oligarchie où la décision positive revient à quelques-uns (aux magistrats) tout en étant équilibrée (si cette oligarchie sait se modérer) par le contre-pouvoir négatif de la multitude. Il est significatif que ce contre-pouvoir nécessaire à une *politeia* soit décrit dans les termes de la suprématie : ces ὀλίγοι (501, 1001 ou 1501 citoyens, selon l'importance de l'affaire mais de toute façon minoritaires si l'on considère la totalité du corps civique) sont en la circonstance κύριοι. Il s'agit d'éviter d'identifier le pouvoir suprême avec celui de la majorité qui, du fait de la division sociale, risque toujours d'être le pouvoir d'une partie de la cité et non de tous les citoyens.

La réussite de la politique du mélange implique qu'on distingue trois domaines hiérarchisés : la communauté délibère sur les affaires qui la concernent et exerce ainsi la suprématie ; les pouvoirs particuliers confiés temporairement à des individus, des collèges ou des conseils (ἀρχαί) préparent et complètent les décisions de cette communauté, puis les font appliquer, la distinction entre gouvernants et gouvernés étant dans ce troisième cas pertinente ; en matière politique, les tribunaux sont une manière pour la communauté d'instituer elle-même des limites à sa propre suprématie ou plutôt, puisque les tribunaux ne sont pas extérieurs à la communauté, d'exercer cette suprématie à travers une pluralité d'instances impliquant chacune un rythme temporel différent et un mode spécifique de délibération et de décision.

Dans chacun de ces trois domaines, Aristote élabore une combinatoire d'une grande finesse et d'une grande complexité : dans une situation donnée (impliquant plus de démocratie ou plus d'oligarchie), elle permet au législateur de calculer le micro-dosage spécifique convenant à chaque institution et de concevoir pour l'organisation politique d'ensemble le mélange le meilleur, proche, autant qu'il est possible, de la *politeia* comme juste mesure.

qui propose à l'assemblée de voter sur une question sans délibération préalable du Conseil ni inscription à l'ordre du jour par les prytanes s'expose à une accusation d'illégalité (XLV, 4).

TROISIÈME PARTIE

LA CITÉ SELON NOS VŒUX
OU LA CITÉ DES SEMBLABLES

INTRODUCTION

DE LA POLITIQUE DU MÉLANGE À LA CITÉ DES SEMBLABLES

Le législateur doit presque toujours rechercher le régime le meilleur dans une situation qu'il n'a pas choisie. Il doit tenir compte du rapport de force entre les classes sociales : peuple, notables – pour chacune de ces classes, groupes divers qui la composent, par exemple, pour le peuple, cultivateurs, pasteurs, artisans, commerçants, travailleurs manuels salariés – et gens de condition moyenne, dont la puissance peut être infime, assez importante pour arbitrer les conflits entre le peuple et les notables ou seule prépondérante. Le législateur peut devoir accepter une contrainte supplémentaire et conserver le principe du régime en place : par exemple, réformer une démocratie sans pouvoir la remplacer par un autre régime. Rechercher le régime le meilleur, c'est déterminer le mélange accordé à chaque cas, le dosage approprié d'éléments démocratiques et oligarchiques – aussi proche que possible de la mesure commune de tous les mélanges, la *politeia* dans sa définition achevée.

Au terme de ce parcours des livres IV, V et VI, cette dernière n'est plus le régime populaire droit du livre III, ni même seulement, comme au chapitre 8 du livre IV, un mélange d'oligarchie et de démocratie ou ce mélange penchant vers la démocratie. Pour parvenir à la *politeia* dans sa définition achevée, il faut mesurer exactement les quantités et qualités de démocratie et d'oligarchie convenant à chaque pouvoir ou procédure, puis combiner tous ces micro-mélanges dans une composition si harmonieuse que les sutures en deviennent invisibles. La conservation du régime ne tient plus à l'équilibre entre des forces sociales ou politiques veillant jalousement sur leurs intérêts respectifs, comme dans les oligarchies ou les démocraties les moins déviées : chaque partie de la cité a dépassé sa vision unilatérale du juste pour viser le bien de tous et le salut du régime.

Pour découvrir cette mesure commune de tous les mélanges dont il convient d'user comme norme dans des situations chaque fois différentes, il faut imaginer des démocraties de moins en moins déviées, de mieux en mieux équilibrées ou modérées par des contrepoids empruntés au régime contraire et par une classe moyenne dont le poids social et politique augmente peu à peu jusqu'à la prépondérance. Cette juste mesure est en même temps commune à tous les mélanges et rare. Invisible au regard ordinaire, elle apparaît en pointillés au point de convergence des lignes ascendantes que dessinent des démocraties et des oligarchies de mieux en mieux gouvernées.

Puisqu'aucune fraction de la cité n'y est en position dominante, cette *politeia* n'est plus, comme au chapitre 7 du livre III, le régime dépourvu de principe d'excellence et donc de nom propre. C'est désormais, comme son nom l'indique, le vrai régime politique, comme au livre IV des *Lois*. Mais Aristote ne prend pas comme modèle, comme Platon le fait dans ce texte, le régime de Sparte ou de Crête que Mégille et Clinias sont impuissants à nommer [1] : la *politeia* n'est pas à découvrir dans les régimes prétendant ouvertement à la vertu, admirés à Athènes par tous les adversaires de la démocratie et ensuite, à l'époque moderne, par ceux qui voient en Sparte un modèle de vertu républicaine [2], elle est la mesure commune immanente à tous les régimes cherchant à être bien gouvernés, quand les démocraties et les oligarchies se modèrent de mieux en mieux, jusqu'à dépasser, pour finir, l'équilibre toujours précaire entre forces opposées.

L'aporie de la classification du livre III, celle du régime populaire droit, est donc résolue. Il en est de même pour les deux autres problèmes, celui de la suprématie (1) et celui de l'excellence (2).

1. Il ne s'agit plus de déterminer la fraction de la cité à laquelle il faut attribuer le pouvoir suprême, mais de hiérarchiser trois fonctions politiques fondamentales (délibérer, être magistrat, juger) en donnant la

1. Ce texte est traduit dans la première partie de cet ouvrage, p. 103.

2. Pour les modernes, Rousseau et après lui beaucoup de Montagnards à l'exception notable de Camille Desmoulins (Pierre Vidal-Naquet, « La place de la Grèce dans l'imaginaire de la révolution », in *La démocratie grecque vue d'ailleurs*, Paris, Flammarion, 1990, p. 211-235). Pour les contemporains d'Aristote auxquels *Les Politiques* font allusion, voir IV, 1, 5-6, 1288 b 33-1289 a 1 et peut-être aussi la référence au deuxième sens du mot « aristocratie » pour les régimes qui avancent explicitement le critère de la vertu (IV, 7, 3-4, 1293 b 7-18 ; IV, 8, 7-9, 1294 a 9-25).

primauté à la première, à la délibération de toute la communauté sur les affaires qui la concernent, activité pour laquelle les relations entre des gouvernants qui commandent et des gouvernés obligés de leur obéir ne sont plus pertinentes.

2. Dans sa définition achevée, la *politeia* réconcilie l'excellence de chaque citoyen et celle de la communauté. Beaucoup de citoyens appartiennent à la classe moyenne, à elle seule plus forte que les riches et les pauvres. Assez limitées pour ne pas les inciter à l'arrogance et à une recherche effrénée du profit, les richesses de ces citoyens leur assurent, avec le pouvoir d'agir quand il le faut et comme il le faut [1], le loisir nécessaire à la culture de toutes les qualités du corps et de l'esprit qui font une vie heureuse et accomplie. Si les autres citoyens plus pauvres ont des qualités individuelles partielles de moindre importance, elles sont parties prenantes de l'excellence collective de la communauté, pour les raisons exposées au chapitre 11 du livre III.

La visée d'isonomie propre à la première démocratie et, à travers elle à toute vraie cité – l'égalité des citoyens et l'absence de suprématie des uns sur les autres – est mise en péril par sa rencontre avec la division sociale, sous la forme de la lutte au sein de la communauté civique entre une minorité de riches et une majorité de pauvres. Nous venons d'examiner la manière dont Aristote pense pouvoir, dans des circonstances déterminées, y remédier : on choisit le dosage d'oligarchie et de démocratie le mieux accordé à ces données, approchant, autant qu'elles le permettent, le beau mélange harmonieux de la *politeia*. Mais on peut aussi imaginer la division sociale entièrement chassée de la cité, devenue pleinement de ce fait communauté de semblables. Cette seconde voie vers l'excellence a été la première à être envisagée au début du livre IV [2]. C'est elle qui est étudiée à partir du livre VII.

1. J'emprunte cette formule au texte de Thucydide cité en introduction (II, 40, 2), p. 35.

2. C'est la première tâche de la science politique dans sa recherche du meilleur régime (que j'ai numérotée II pour tenir compte de l'ordre d'exposition suivi ensuite), celle de déterminer les qualités du régime le plus conforme à ce qu'on souhaite pourvu que rien d'extérieur ne s'y oppose (IV, 1, 3, 1288 b 23-24).

CHAPITRE IX

LE PRINCIPE (ΥΠΟΘΕΣΙΣ) DE LA CITÉ DES SEMBLABLES ET SES CONSÉQUENCES

LE PRINCIPE : LES CITOYENS SONT TOUS HOMMES DE BIEN

Le principe de la cité selon nos vœux a été formulé très tôt, dès le chapitre 4 du livre III, pour être provisoirement écarté [1]. Cette cité doit être composée exclusivement d'hommes de bien, elle est l'aristocratie sans mélange, seule à mériter le nom d'aristocratie :

> Il est bon d'appeler aristocratie le régime dont nous avons traité dans nos discours précédents [πὲρι ἧς διήλθομεν ἐν τοῖς πρώτοις λόγοις], car le régime formé d'hommes les meilleurs en excellence dans l'absolu, et dont la bonté n'est pas relative à un certain principe [τὴν γὰρ ἐκ τῶν ἀρίστων ἁπλῶς κατ᾽ἀρετὴν πολιτείαν, καὶ μὴ πρὸς ὑπόθεσίν τινα ἀγαθῶν ἀνδρῶν], peut seul se nommer à bon droit aristocratie : c'est en effet le seul régime où l'homme de bien et le bon citoyen sont absolument identiques, alors que dans les autres, les citoyens sont bons relativement à leurs propres régimes [ἐν μόνῃ γὰρ ἁπλῶς ὁ αὐτὸς ἀνὴρ καὶ πολίτης ἀγαθός ἐστιν, οἱ δ᾽ἐν ταῖς ἄλλαις ἀγαθοὶ πρὸς τὴν πολιτείαν εἰσὶ τὴν αὑτῶν] [2].

Comme la *politeia* à partir du chapitre 8, l'« aristocratie » est ainsi redéfinie. Dans la classification du chapitre 7 du livre III, ce mot avait un sens large associé au théorème de l'excellence : il désignait la suprématie

1. Εἰ γὰρ ἀδύνατον ἐξ ἁπάντων σπουδαίων ὄντων εἶναι πόλιν, « dans l'hypothèse où il est impossible à une cité de n'être composée que d'hommes de bien » III, 4, 5, 1276 b 37-38.

2. IV, 7, 2, 1293 b 1-7.

des meilleurs pour le gouvernement le meilleur [1]. Il pouvait convenir à une cité où les meilleurs étaient seulement une partie de la cité, seule à réaliser l'identité des deux excellences, celle de l'homme de bien et du bon citoyen, avec les risques despotiques que cela comportait. Dans la nouvelle définition de l'aristocratie que nous examinons [2], les meilleurs sont la cité tout entière ; l'excellence civique n'est plus relative au principe régissant chaque régime ; elle n'est plus différente d'une cité à l'autre et par là distincte de l'excellence universelle de l'homme de bien, elle est absolue : la cité dont le régime est le plus beau s'est donné « des hommes justes, au sens absolu et non relativement au principe du régime » [3]. Absolue parce qu'elle vaut pour les hommes de bien dans tous les régimes, cette excellence est cependant relative au principe de la cité des semblables où elle vaut pour tous les citoyens :

> Ceci est clair si l'on part du principe de base de ce régime [Τοῦτο δὲ δῆλον ἐκ τῆς ὑπόθέσεως]. Car la vie heureuse dépend nécessairement de l'excellence, et l'on ne doit pas parler d'une cité heureuse en ne considérant que l'une de ses parties, mais tous les citoyens [4].

À partir de ce principe d'excellence énoncé au singulier, « il faut exposer les conditions fondamentales (εἰπεῖν…ποίας δεῖ τινὰς τὰς ὑπόθεσεις) que doit remplir la cité selon nos vœux ». Aristote utilise de nouveau le mot ὑπόθεσις, mais au pluriel. Ces conditions sont des ὑπόθεσεις parce que nous devons nécessairement en poser l'existence comme « objets de nos vœux » (εὐχομένους) : il faut seulement qu'elles ne

1. L'aristocratie est « celui des régimes où un petit nombre, supérieur à un, détient la suprématie, soit que les meilleurs aient le pouvoir, soit qu'ils l'exercent en vue du meilleur pour la cité et ceux qui y ont part en commun » III, 7, 3, 1279 a 35-37.

2. Si cette définition est nouvelle, il est difficile de savoir à quels « discours précédents » Aristote fait référence au début de notre texte. Il ne peut s'agir de la définition de l'aristocratie en III, 7, sauf si l'on fait abstraction du fait que cette définition (la suprématie des meilleurs pour le meilleur gouvernement) vaut dans ce texte pour la suprématie de quelques uns, d'une partie seulement de la communauté civique. Dans la formule de III, 4 rappelée p. 265, n. 1, la cité des semblables est évoquée pour être écartée. On peut penser à deux passages de III, 5 : celui qui évoque la cité excellente (ἡ βελτίστη πόλις) qui « ne fait pas de l'artisan un citoyen », car cela interdirait que l'excellence dont nous parlons (la même pour le citoyen et l'homme de bien) soit celle de chaque citoyen (3, 1278 a 8-11) ; et la conclusion du chapitre qui évoque les cités où tout citoyen est homme de bien (10, 1278 a 40-b 5). Mais ces deux textes font référence à la cité des semblables sans réellement procéder à son examen.

3. (…) ἐν τῇ κάλλιστα πολιτευομένῃ πόλει καὶ τῇ κεκτημένῃ δικαίους ἄνδρας ἁπλῶς, ἀλλὰ μὴ πρὸς ὑπόθεσιν « dans la cité au plus beau régime et qui s'est donné des hommes justes, au sens absolu mais non relatif à un principe » VII, 9, 3, 1328 b 37-39.

4. VII, 9, 7, 1329 a 19-24.

soient pas impossibles. Il s'agit en premier lieu du nombre des habitants, de la nature du territoire et de l'origine ethnique des citoyens. Du point de vue de la politique du mélange, c'étaient des ὑποκειμένα, des données que le législateur n'avait pas choisies et dont il devait tenir compte pour approcher autant qu'il le pouvait le juste mélange. Il s'agit maintenant des ressources (au singulier, χορηγία)[1] de la cité conforme à nos vœux ou encore de la matière (ὕλη) dont ses ouvriers (δημιουργοί), les législateurs, doivent disposer[2]. Dans cette nouvelle perspective, ces ὑποκειμένα deviennent les ὑπόθεσεις dont ils doivent nécessairement poser l'existence pour que cette cité puisse être réalisée.

Premières conditions (chapitres 4-7) : nombre des citoyens (1), nature du territoire (2), origine ethnique des citoyens (3)

1. Le nombre des citoyens doit être situé entre un minimum et un maximum[3].

Les citoyens doivent être assez nombreux pour que la cité soit autarcique. Cette autarcie n'est pas conçue de manière étroite. Il ne s'agit pas simplement, comme dans la « cité première » conçue par Platon au livre II de la *République*, de vivre, de donner satisfaction à des besoins élémentaires – se nourrir, se loger, s'habiller, se chausser, etc. – mais de bien vivre, ce qui va avec le loisir et une activité politique.

De là découle une définition anti-platonicienne de la cité première. Selon Socrate, elle est d'abord composée d'un cultivateur [γεωργός], d'un bâtisseur de maison [οἰκοδόμος], d'un tisserand [ὑφάντης] et peut-être d'un cordonnier [σκυτοτόμος, au sens premier, « celui qui taille le cuir »], car la vie implique d'abord la nourriture, un logement, un vêtement et des

1. « La vie la meilleure, pour chacun isolément et en commun pour les cités, est celle qui va avec une excellence assez riche en ressources pour avoir part aux actions conformes à l'excellence [ὁ μετ'ἀρετῆς κεχορηγημένης ἐπὶ τοσοῦτον ὥστε μετέχειν τῶν κατ'ἀρετὴν πράξεων] » VII, 1, 13, 1323 b 41-1324 a 2. Les ressources en question, contrairement à l'excellence, ne dépendent pas de chacun ou de la cité mais de la chance.

2. VII, 4, 1-3, 1325 b 35–1326 a 5. Pour le sens de ὑπόθεσις, voir II, « Introduction », p. 169-171. Pour les ὑποκειμένα, voir IV, 1, 3, 1288 b 26.

3. VII, 4, 1-14, 1325 b 33-1326 b 25. Sur cette question, voir Annick Jaulin, « Aristote et la "chorégie politique" : les conditions quantitatives de l'excellence politique », in *L'excellence politique chez Aristote*, *op. cit.*, p. 173-185. Ce texte a un objet plus étroit que son titre l'indique : il s'agit de la cité comme πλῆθός, comme multitude de citoyens différents dont le nombre doit être situé entre un minimum et un maximum.

chaussures, prises comme exemple de toute autre chose nécessaire au corps. Jugeant que la division du travail est rendue nécessaire par la diversité des aptitudes naturelles et la plus grande efficacité de chacun dans l'activité lui convenant le mieux naturellement, Socrate introduit d'autres métiers, par exemple forgeron, éleveur et même commerçant et détaillant [1]. Au livre IV, Aristote a déjà résumé ce texte de la *République* pour le critiquer [2]. D'une part, il refuse de mettre sur le même plan toutes les activités nécessaires, comme si une cité avait autant besoin de cordonniers que de cultivateurs [3]. Cette remarque vaut bien sûr pour tous les artisans et commerçants : nous verrons plus loin qu'Aristote ne considère pas le travail agricole comme servile, ou du moins comme aussi servile que les travaux manuels urbains. D'autre part, une cité uniquement ordonnée à la vie, et donc sans dimension proprement politique, n'est pas une vraie cité :

> Si l'on admet que l'âme est davantage une partie du vivant que le corps [ζῴου μόριον μᾶλλον ἢ σῶμα], il faut poser comme parties de la cité, plutôt que celles qui visent les besoins nécessaires, celles qui ressemblent à l'âme [τὰ τοιαῦτα] : celle qui fait la guerre, celle qui a part à la justice dans les tribunaux et en outre celle qui délibère, car elle fait œuvre d'intelligence politique [4].

Ailleurs dans les *Politiques*, et en particulier au début de ce développement du livre IV consacré aux parties (μέρος ou μόριον) de la cité [5], ces termes peuvent désigner tout élément indispensable à l'existence d'une cité. Nous découvrons maintenant une hiérarchie : certaines parties le sont plus que d'autres, ce qui, bien sûr, prépare le nouveau développement sur cette question au livre VII [6].

C'est à cette critique de la *République* de Platon qu'Aristote fait allusion au livre VII pour définir l'autarcie :

> En conséquence, la *cité première* [πρώτη πόλις] doit nécessairement regrouper assez de monde pour former le premier groupe capable d'autarcie en vue de la vie heureuse qui convient à une communauté politique [7].

1. *République*, II, 369 d-371 d.
2. IV, 4, 11-14, 1291 a 10-28.
3. IV, 4, 12, 1291 a 19.
4. IV, 4, 14, 1291 a 24-28.
5. IV, 4, 9, 1290 b 38-39.
6. Voir plus loin la comparaison systématique des textes des livres IV et VII consacrés aux parties de la cité, III, 9, p. 271-276.
7. VII, 4, 11, 1326 b 7-9. C'est moi qui souligne l'expression « cité première ».

La cité première ne pourra donc pas, comme chez Platon, se passer des pouvoirs spécifiquement politiques – défendre la cité par les armes, rendre la justice, délibérer sur les affaires communes. Ces activités n'auront pas pour seul rôle – c'est la critique adressée à Platon – de remédier aux maux qui, dans une cité d'abord ordonnée seulement à la vie, naissent du luxe – injustices entre les citoyens et dangers venant des ennemis extérieurs. Pour être une vraie cité ordonnée au bien vivre, la cité première doit pouvoir immédiatement, selon Aristote, se défendre, juger et délibérer.

La croissance du nombre de citoyens a aussi une limite supérieure. Des citoyens trop nombreux seraient incapables d'une belle législation et d'un bel ordre. En effet, « la loi [νόμος] est ordre [τάξις], si bien qu'une belle législation [εὐνομία] est nécessairement un bel ordre [εὐταξία] » [1]. Avant d'interdire ou de commander, la loi organise, distribue les rôles entre les citoyens. Une cité agit à travers tous ceux qui y exercent un pouvoir, dirigent et décident. Or « pour décider sur ce qui est juste et répartir les pouvoirs selon la valeur de chacun, les citoyens doivent nécessairement se connaître les uns les autres dans leurs qualités respectives » [2]. Une législation heureuse et un ordre heureux impliquent donc pour le nombre de citoyens une limite supérieure.

2. Aristote fait des remarques similaires à propos du territoire. Sa taille, sa situation (accès à la mer) et sa fertilité doivent convenir à l'autarcie d'une vie heureuse pour tous les citoyens : la cité doit disposer des ressources nécessaires au loisir, que le commerce avec l'étranger procure éventuellement, et à la sécurité par rapport à toute agression étrangère. Il faut cependant éviter qu'un territoire trop étendu, une trop grande fertilité, une ouverture trop grande à l'extérieur ou la recherche immodérée de la puissance militaire aboutissent à valoriser à l'excès l'abondance des biens matériels, un commerce dont le profit serait la seule finalité ou une politique extérieure impérialiste dont le but serait d'asservir sans discernement toutes les autres cités ou États, grecs ou barbares [3]. La cité des semblables n'est pas d'abord ordonnée à la guerre comme Sparte et beaucoup d'autres cités [4]. Aristote le montre en faisant l'hypothèse d'une unique cité n'ayant de relation qu'avec elle-même, « heureuse si son organisation politique est belle », « si toutefois il est possible quelque part qu'une cité soit gouvernée

1. VII, 4, 7-8, 1326 a 25-35.

2. VII, 4, 12-13, 1326 b 11-20.

3. VII, 5 et 6 (en totalité), 1326 b 26-1327 b 19.

4. Sur les pratiques et mœurs des cités ordonnées à l'impérialisme et à la guerre, VII, 2, 8-12, 1324 b 1-22.

par de bonnes lois en n'ayant rapport qu'à elle-même [καθ' ἑαυτὴν] » : dans ce cas, « l'organisation du régime ne vise ni la guerre ni la domination sur les ennemis »[1]. L'hypothèse est formulée pour les besoins de l'argumentation. En réalité, les cités sont toujours en relation avec l'étranger : c'est souhaitable pour les raisons déjà indiquées, tenant au confort nécessaire à la vie heureuse. Elles doivent donc pouvoir se défendre et exercer si nécessaire l'hégémonie sur d'autres cités autonomes et autarciques sans prétendre dominer despotiquement tous leurs voisins. Comme l'introduction de cet ouvrage l'a déjà montré, la distinction entre pouvoir politique et pouvoir despotique vaut aussi entre les cités[2]. La cité selon nos vœux devra donc distinguer parmi les peuples étrangers ceux qui ont un naturel servile et ceux qui sont faits pour la liberté : se limiter envers les seconds à la guerre défensive ou à la recherche d'hégémonie (supposant toujours, pour Aristote, le consentement des citoyens et des cités intéressés) et ne chercher à dominer que les premiers, puisque l'usage de la contrainte n'est légitime qu'envers ceux que leur nature voue à la servitude et n'y consentent pas, comme l'est la chasse pour capturer des animaux sauvages (et non des hommes) pour les banquets et les sacrifices. Nous reviendrons sur la question de l'esclavage en concluant les parties II et III de cet ouvrage[3].

3. Il faut enfin déterminer les conditions ethniques les plus favorables[4]. Les citoyens appartiendront à la race des Hellènes (τὸ τῶν Ἑλλήνων γένος) : ces derniers possèdent l'intelligence et l'habileté technique des peuples (ἔθνη) d'Asie (sans cependant partager leur servilité et leur lâcheté) et, en même temps, le courage et le sens de la liberté des peuples du Nord et d'Europe, auxquels font défaut les qualités intellectuelles des peuples d'Asie. Là encore, comme quand il était question au chapitre 11 du livre III de la possibilité d'une excellence commune par composition des qualités individuelles dans une multitude, il s'agit d'un heureux mélange, réalisé cette fois au sein de la race des Hellènes, qui élimine les défauts (servilité et manque d'intelligence) et ne conserve que les qualités (courage et intelligence). C'est manifeste quand il s'agit de choisir au sein des Hellènes ceux qui, mieux que les autres, combinent courage et intelligence :

1. VII, 2, 16, 1324 b 41-1325 a 5.
2. Voir « Introduction », p. 25-28.
3. Voir p. 314-318.
4. VII, 7, 1-4, 1327 b 19-38.

> La même différence [que celle qui existe entre les peuples d'Europe et d'Asie] existe parmi les peuples hellènes comparés entre eux. Car les uns ont une seule de ces puissances naturelles, les autres en présentent un heureux mélange [τὰ μὲν γὰρ ἔχει τὴν φύσιν μονόκωλον, τὰ δὲ εὖ κέκραται πρὸς ἀμφοτέρας τὰς δυνάμεις ταύτας] [1].

Alors que la *politeia* mélange dans une même cité des citoyens en partie différents, la cité selon nos vœux peut n'être composée que de semblables et se passer de ce genre de mélange : chaque citoyen est lui-même un beau mélange d'intelligence et de libre courage.

LES PARTIES DE LA CITÉ (CHAPITRE 8)

L'exposé sur l'organisation politique de la cité des semblables commence par une clarification à propos de la notion de « partie » (μόριον ou μέρος) de la cité. Jusqu'à présent, le sens de ces termes a varié. Au livre I, ils désignent tous les éléments sans lesquels une cité ne peut exister : la famille, par exemple, est une partie de la cité [2] et les éléments dont elle est faite (y compris ceux qui ne sont pas citoyens, l'épouse, les enfants et les esclaves) ont par ce biais le même statut. C'est explicite à propos des femmes :

> de même (…) qu'un homme et une femme sont une partie de la famille, il est évident que la cité aussi doit être considérée comme à peu près partagée en deux entre la multitude des hommes et celle des femmes, si bien que dans tous les régimes où les dispositions concernant les femmes sont mauvaises, on doit considérer que la moitié de la cité vit en dehors des lois [3].

1. VII, 7, 4, 1327 b 33-36 (ἔχει τὴν φύσιν μονόκωλον, littéralement « leur nature est unijambiste »).

2. Pour comprendre ce qu'est la cité, il est nécessaire, « de diviser ce composé jusqu'à ses éléments indécomposables, soit jusqu'aux parties du tout [τὸ σύνθετον μέχρι τῶν ἀσυνθέτων ἀνάγκη διαιρεῖν (ταῦτα γὰρ ἐλάχιστα μόρια τοῦ παντός)] » I, 1, 3, 1252 a 18-20. Et aussi : Καὶ πρότερον δὴ τῇ φύσει πόλις ἢ οἰκία καὶ ἕκαστος ἡμῶν ἐστιν. Τὸ γὰρ ὅλον πρότερον ἀναγκαῖον εἶναι τοῦ μέρους, « Et par nature la cité est antérieure à la famille et à chacun de nous. En effet le tout est nécessairement antérieur à la partie » I, 2, 12-13, 1253 a 18-20. μόριον γὰρ οἰκία πόλεώς ἐστι, « car la famille est une partie de la cité », *Économique*, I, 2, 1343 a 16.

3. II, 9, 5, 1269 b 14-19. Ce n'est sans doute pas un hasard que les choses soient plus explicites pour les femmes, car elles ont par rapport à la citoyenneté un autre statut que les esclaves et les métèques. Voir sur ce point I, 1, p. 72, n. 4. En III, 4, 6, 1277 a 5-10, Aristote dit de nouveau qu'une famille est composée d'un homme et une femme pour la comparer à la cité, les deux communautés étant composées d'éléments dissemblables : mais cette non similitude

Le fait qu'au tout début du livre III les citoyens soient les seules parties de la cité à être citées [1] ne suffit pas à interdire un usage plus large de μέρος ou de μόριον. On a expliqué la différence entre ces deux usages de μέρος et de μόριον, large ou étroit, en invoquant deux points de vue possibles sur la cité, dans un cas résidence commune et dans l'autre communauté politique : si on considère la résidence, les épouses, les enfants, les métèques, les esclaves, bref tous les résidents non citoyens sont des parties de la cité alors que le point de vue politique les exclut [2]. Mais en réalité, c'est bien la communauté politique en tant que telle, et non simplement la résidence commune, qui, au livre I, rassemble des familles et des villages et c'est encore elle qui admet comme parties tous les éléments (choses ou êtres animés) nécessaires à son existence [3].

Un texte très important du chapitre 4 du livre IV le confirme [4]. Pour comprendre la pluralité des régimes, écrit Aristote, il faut partir du fait que « toute cité n'a pas une seule partie [μέρος] mais plusieurs » [5] : autant de manières d'organiser ces parties, autant de régimes différant par leurs principes respectifs mais aussi, pour un même principe, par diverses façons de le réaliser en disposant ces parties de diverses manières. « Partie » a ici un sens large, s'étendant à tous les éléments indispensables à une cité. Certains d'entre eux, par exemple les thètes (les travailleurs manuels salariés) ne sont citoyens que dans certaines démocraties, celles où l'accès à la citoyenneté est particulièrement large. Cependant, l'analyse des huit fonctions indispensables à une cité que ce texte introduit contient la

ne vaut pas ici entre les parties de la cité au sens large (par exemple entre métèques et citoyens) mais entre les citoyens parce que le citoyen ordinaire n'a pas l'excellence des hommes de bien.

1. Ἐπεὶ δ' ἡ πόλις τῶν συγκειμένων, καθάπερ ἄλλο τι τῶν ὅλων μὲν συνεστώτων δ' ἐκ πολλῶν μορίων, δῆλον ὅτι πρότερον ὁ πολίτης ζητητέος. Ἡ γὰρ πόλις πολιτῶν τι πλῆθός ἐστιν, « Puisque la cité fait partie des choses composées, comme pour n'importe laquelle de ces totalités composées de nombreuses parties, il faut manifestement rechercher ce qu'est le citoyen. Car la cité est une certaine multitude de citoyens » III, 1, 2, 1274 b 38-41.

2. Voir par exemple Mogen H. Hansen, qui distingue la description socio-économique et l'analyse de la structure politique : Polis, *Une introduction à la cité grecque*, Paris, Les Belles Lettres, p. 133.

3. « Une cité est une multitude de familles et aussi de terres et d'acquisitions qui puisse se suffire pour bien vivre », Πόλις οἰκιῶν πλῆθος ἐστι καί χῶρας καὶ κτημάτων αὔταρκες πρὸς τὸ εὖ ζῆν, *Économique*, I, I, 2, 1343 a 10-11.

4. IV, 4, 7-19, 1290 b 23-1291 b 13.

5. οὐχ ἓν μέρος ἀλλὰ πλείω πᾶσαν ἔχειν πόλιν, IV, 4, 7, 1290 b 24. Repris en termes identiques un peu plus loin, αἱ πόλεις οὐκ ἐξ ἑνὸς ἀλλ' ἐκ πολλῶν σύγκεινται μερῶν « les cités ne se composent pas d'une seule partie mais de plusieurs (IV, 4, 9, 1290 b 38-39).

critique de la réponse platonicienne à la même question des parties de la cité (*République*, II) et affirme à cette occasion que certaines « parties » de la cité, les citoyens qui la défendent, jugent ou délibèrent, méritent plus que les autres d'être appelées ainsi [1].

Dans ce texte, Aristote énumère huit fonctions indispensables, chacune exercée par une partie de la cité – un certain nombre d'hommes (πλῆθος), citoyens ou non : les agriculteurs (οἱ γεωργοί) pour fournir à la cité son alimentation (τὸ περὶ τὴν τροφὴν) (1) ; les artisans, τὸ βάναυσον πλῆθος, riches ou pauvres [2] (2) ; les marchands de l'agora occupés à vendre et à acheter pour le commerce maritime et le petit commerce, τὸ ἀγοραῖον, τὸ περὶ τὰς πράσεις καὶ τὰς ὠνὰς καὶ τὰς ἐμπορίας καὶ καπηλείας διατρῖβον ([*pars*] *quæ circa forum; dico autem foralem quæ circa venditiones et emptiones et negotiationes et campsioras demoratur*) [3], eux aussi riches ou pauvres (3) ; les travailleurs manuels salariés, τὸ θητικόν, tous pauvres (4) ; ceux qui ont la charge de la guerre, γένος τὸ προπολεμῆσον (5) ; ceux qui délibèrent et décident des droits en cas de litige, τό βουλευόμενον καί κρῖνον περὶ τῶν δικαίων τοῖς ἀμφισβητοῦσιν (6) [4] ; ceux qui ont la charge d'une liturgie sur leurs biens propres, τό ταῖς οὐσίαις λειτουργοῦν, nécessairement riches (7) ; ceux qui ont une charge publique et une liturgie ayant rapport aux magistratures, avec alternance ou non (8) [5]. Selon les régimes,

1. Voir *supra* p. 268.

2. Le chapitre 5 du livre III examine si ces artisans doivent ou non être citoyens.

3. Spiazzi, p. 196, 419, Laval, p. 202, 1re c. Là où le texte grec dont nous disposons parle du commerce en mer (ἐμπορίας) et du petit commerce (καπηλείας), le traducteur parle du négoce (*negotiationes*) et du commerce d'argent (*campsioras*). Voir sur ce point l'exposé sur la chrématistique p. 287 (n. 1), p. 292 (n. 2) et p. 295 (n. 5).

4. Aristote s'arrête à la 5e fonction, compare sa liste à celle de Platon au livre II de la *République* et, à ce propos, évoque la fonction délibérative et judiciaire (IV, 4, 14, 1291 a 27-28), reprochant à Platon de l'avoir omise, ainsi que la fonction militaire, dans sa description de la cité première, puis passe à la 7e fonction sans avoir désigné explicitement la fonction délibérative et judiciaire comme la 6e. Mais en [17], il cite les fonctions délibérative et judiciaire (1291 a 39-40) comme « celles que nous venons de distinguer à l'instant » (sans aucun doute à propos de Platon) et comme distinctes de la 8e. Je rétablis l'ordre.

5. Τὸ δημιουργικὸν καὶ τὸ περὶ τας ἀρχὰς λειτουργοῦν est difficile à traduire. Dans certaines cités, certains magistrats, exerçant seuls leurs fonctions ou au sein d'un collège restreint dont les membres sont nommément désignés, sont appelés « démiurges », mot qui signifie aussi artisan, d'où la plaisanterie de Gorgias rapportée en III, 2, 2, 1275 b 25-30 : il compare les démiurges qui fabriquent des citoyens et les démiurges qui fabriquent des pots. L'expression qui suit renvoie, comme en III, 6, 9, 1279 8-13 où le verbe λειτουργεῖν est utilisé, à l'exercice d'une autorité (περὶ τὰς ἀρχὰς) qui est aussi un service, une charge, soit qu'on y engage directement ses biens propres comme dans les liturgies *stricto sensu* évoquées pour la 7e fonction (armer un navire, recruter un chœur pour les concours de tragédie), soit qu'on

certaines de ces fonctions seront ou ne seront pas compatibles et pourront être exercées ou non par les mêmes personnes. La 7e fonction, celle des riches, est toujours incompatible avec la 4e, celle des salariés pauvres, et souvent avec les trois premières, quand les agriculteurs, artisans ou commerçants sont pauvres. Puisque la richesse et la pauvreté sont incompatibles, elles déterminent en toute cité un conflit inévitable : selon que les riches ou les pauvres seront les plus forts (ce qui varie selon les cités et l'histoire de chaque cité), le régime tendra vers l'oligarchie ou la démocratie. Ce texte met donc la division sociale au cœur de la politique et permet de comprendre que le conflit de ces deux régimes existe entre les cités et aussi en chacune d'entre elles : « C'est pourquoi les parties par excellence de la cité *semblent* être les riches et les pauvres »[1].

Au livre VII, la définition des parties de la cité est reprise : il ne s'agit plus d'abord d'expliquer la pluralité de fait des régimes, même si cet objectif subsiste[2], mais d'examiner la question de l'accès à la citoyenneté et la solution que la cité des semblables y apporte. C'est pourquoi Aristote donne aux mots μέρος et μόριον un sens plus étroit. Parmi tous les groupes d'hommes indispensables à toutes les cités – leur liste au livre VII est, nous allons le voir, proche de celle du livre IV –, seuls sont *stricto sensu* des parties de la cité ceux qui, au-delà d'éventuelles différences, ont quelque chose de commun et d'identique comme membres de la même communauté. Une cité ne se réduit ni à un ensemble ni même à une association ou à une alliance ; elle est une communauté et même la communauté par excellence : il faut donc distinguer un simple élément et une partie :

> Puisque, comme dans les autres composés conformes à la nature [τῶν κατὰ φύσιν συνεστώτων], les éléments sans lesquels le tout n'existerait pas ne sont pas des parties [μόρια] de la composition totale [τῆς ὅλης συστάσεως], il est évident qu'on ne doit pas poser toutes les choses appartenant nécessairement aux cités comme parties [μέρη] de la cité, de même que pour

néglige pendant le temps de la charge, si elle est provisoire, ses affaires personnelles dont un autre s'occupera alors (III, 6, 9).

1. Διὸ ταῦτα μέρη μάλιστα εἶναι δοκεῖ πόλεως, οἱ εὔποροι και οἱ ἄποροι, IV, 4, 19, 1291 b 7-8. C'est moi qui souligne δοκεῖ, qui prépare la clarification du livre VII. Formule ambiguë : partie de la cité peut avoir son sens le plus général (élément indispensable), et on remarquera alors qu'Aristote parle des pauvres et des riches comme plus tard au livre VII des hoplites et de ceux qui jugent ou délibèrent, μέρη… τῆς πόλεως μάλιστα ὄντα (9, 4, 1329 a 4-5) ; mais on peut aussi comprendre qu'Aristote pense seulement à la communauté des citoyens (et non à tous les résidents pauvres et riches) dont la vie est commandée par la division sociale.

2. Ce qui fait la diversité des régimes, c'est le fait que tous participent aux 6 fonctions de la liste du livre VII, ou seulement certains à certaines (VII, 9, 1-2, 1328 b 24-33).

> toute autre communauté dont provient un genre qui est quelque chose d'unique [ἐξ ἧς ἕν τι τὸ γένος]. Car quelque chose d'un, de commun et d'identique doit exister pour les membres de la communauté, qu'ils y aient part de manière égale ou inégale [1].

Les six groupes énumérés ensuite [2] sont donc indispensables à l'existence de la cité sans en être nécessairement des parties en ce sens restreint, des membres de la communauté ayant en commun la recherche de la vie heureuse. Toute cité doit assurer sa subsistance, τροφή (I), recourir à des techniques, τεχναί (II), avoir des armes lourdes pour se défendre, ὅπλα (III), disposer de richesses, χρημάτα (IV), prendre soin des dieux, ἡ περὶ τὸ θεῖον ἐπιμέλεια (V) et enfin juger à propos des choses avantageuses et des droits, κρίσις περὶ τῶν συμφερόντων καὶ τῶν δικαίων (VI).

La différence entre le livre IV et le livre VII ne tient pas aux détails des deux listes : la 1re fonction (assurer la subsistance) est dans les deux cas la même, les techniques (τεχναί) de la seconde liste (II) englobent les fonctions artisanale (2), commerçante (3) et salariée (4) de la première. La fonction militaire (5 et III) suit dans les deux listes [3]. La première liste traite du rôle des riches (IV dans la seconde liste) à propos des liturgies (7). La première liste ne mentionne pas le culte divin (V dans la 2e liste), tandis que la première liste dédouble la fonction proprement politique (VI dans la 2e liste) en distinguant, d'un côté la délibération et le jugement (6), de l'autre les magistratures (8). Le tableau qui suit résume cette comparaison entre ces textes des livres IV et VII :

1. VII, 8, 1-2, 1328 a 21-27. Je poursuis la traduction plus loin.

2. VII, 8, 6-7, 1328 b 2-15.

3. À remarquer cependant que cette fonction est définie de manière plus étroite dans la seconde liste : il ne s'agit plus de tous ceux qui combattent en cas de guerre, mais des hoplites, ceux qui portent les ὅπλα, les armes lourdes, les seuls à être citoyens dans une *politeia* comme dans la cité des semblables.

<table>
<tr><th>VII, 8, 6-7, 1328 b 2 – 15</th><th>IV, 4, 9-11, 15-17</th></tr>
<tr><td>I. RECHERCHE DE L'ALIMENTATION
τροφή</td><td>1. AGRICULTEURS
τὸ περὶ τὴν τροφὴν πλῆθος, οἱ γεωργοί</td></tr>
<tr><td rowspan="3">II. EXERCICE DES MÉTIERS
τεχναί</td><td>2. ARTISANS
τὸ βάναυσον, τὸ περὶ τὰς τέχνας</td></tr>
<tr><td>3. COMMERÇANTS
τὸ ἀγοραῖον</td></tr>
<tr><td>4. TRAVAILLEURS MANUELS SALARIES
τὸ θητικόν</td></tr>
<tr><td>III. DÉTENIR LES ARMES LOURDES
ὅπλα</td><td>5. ARMÉE
τὸ προπολεμῆσον</td></tr>
<tr><td>IV. DISPOSER UNE CERTAINE ABONDANCE DE RICHESSES
χρημάτων τις εὐπορία</td><td>7. CITOYENS RICHES ASSURANT LE FINANCEMENT DES LITURGIES
τὸ ταῖς οὐσίαις λειτουργοῦν, ὃ καλοῦμεν εὐπόρους</td></tr>
<tr><td>V. ASSURER LE CULTE DES DIEUX
περὶ τὸ θεῖον ἐπιμέλεια</td><td></td></tr>
<tr><td rowspan="2">VI. JUGER À PROPOS DES CHOSES AVANTAGEUSES ET DES DROITS DANS LES RELATIONS MUTUELLES
κρίσις περὶ τῶν συμφέροντων καὶ τῶν δικαίων τῶν πρὸς ἀλλήλους</td><td>6. CEUX QUI DÉLIBÈRENT ET JUGENT AU SUJET DES DROITS EN CAS DE LITIGE
τό βουλευόμενον καί κρῖνον περὶ τῶν δικαίων τοῖς ἀμφισβητοῦσιν</td></tr>
<tr><td>8. MAGISTRATS
τὸ δημιουργικὸν καὶ τὸ περὶ τὰς ἀρχὰς λειτουργοῦν</td></tr>
</table>

Tableau V : les éléments indispensables à la cité

CHAPITRE X

ORGANISATION POLITIQUE DE LA CITÉ DES SEMBLABLES

ACCÈS À LA CITOYENNETÉ (CHAPITRE 9, 1328 B 24 – 1329 A 2)

Dans la cité des semblables ni les artisans, ni les commerçants, ni les cultivateurs – les groupes 2, 3, 1 de la 1re liste, II et I de la 2e – ne pourront être citoyens. Pour comprendre ces exclusions, il faut continuer à traduire le texte divisant les éléments indispensables selon qu'ils sont parties ou non de la cité :

> Mais quand on a d'un côté un moyen, de l'autre une fin, ils n'ont rien de commun, mais l'un accomplit l'action que l'autre subit. Je veux parler, par exemple, de la relation de tout instrument et des ouvriers [δημιουργοί] à ce qui est produit. Car entre une maison [οἰκία] et celui qui la construit [οἰκοδόμος], rien n'est commun, mais la technique des constructeurs [τῶν οἰκοδόμων τέχνη] [1] est en vue de la maison. C'est pourquoi s'il faut aux cités de la propriété [κτῆσις, littéralement, ce qui est acquis], elle n'est en rien partie [μέρος] de la cité, alors que beaucoup d'êtres animés sont des parties [μέρη] de cette propriété. Or la cité est une certaine communauté de semblables, en vue de mener la vie la meilleure possible [2].

La différence entre les éléments seulement indispensables et les parties de la cité tient au fait que la cité est la communauté par excellence. Entre les éléments quelconques et les parties de la cité, il n'existe aucune communauté parce qu'il n'y a rien de commun entre des moyens (instruments,

1. Rappelons que l'οἰκοδόμος était un des 4 éléments de la cité première du livre II de la *République* de Platon qu'Aristote critique et que les τεχναί sont le groupe II de la 2e liste.
2. VII, 8, 3-4, 1328 a 28-37.

techniques utilisées, ouvriers qui les mettent en œuvre) et les fins que servent ces moyens (la maison ou la cité). Dans le cas de la cité, ces moyens utiles auxquels Aristote refuse maintenant le statut de « parties » sont désignés par le terme κτῆσις, désignant ici non l'acte d'acquérir mais la propriété acquise, dont les êtres animés (bien sûr les esclaves) sont un élément essentiel. Les esclaves sont donc des exemples privilégiés de ces éléments indispensables qui ne sont pas *stricto sensu* des parties de la cité. Il faut citer ici un passage de l'*Éthique à Nicomaque* :

> Là où il n'y a rien de commun entre gouvernant et gouverné [μεδὲν κοινόν ἐστι τῷ ἄρχοντι καὶ ἀρχομένῳ], il n'y a aucune amitié [φιλία] puisqu'il n'y a pas de justice [δίκαιον]. Il en est comme de la relation de l'artisan [τεχνίτης] à son instrument, de l'âme au corps, du maître à l'esclave : tous peuvent être objet de soin [ὠφελεῖται] de la part de ceux qui en usent, mais il n'y a pas de justice envers les choses inanimées ni amitié. Ni envers un cheval ou un bœuf, ni envers un esclave en tant qu'esclave. Car il n'y a rien de commun. L'esclave est en effet un instrument animé, l'outil un esclave inanimé. En tant qu'il est esclave, il n'y a donc aucune amitié envers lui, mais seulement en tant qu'il est un homme. Car il semble y avoir une sorte de justice entre n'importe quel homme et tout autre capable d'avoir part en commun avec lui à une loi et à un contrat [νομοὺ καὶ συνθήκης] [1].

Il peut arriver que cette fonction d'instrument animé soit exercée par des hommes dont le naturel n'est pas servile. En ce sens, Aristote accepte en partie la thèse de ceux qui font de l'esclavage une institution injuste s'écartant de la nature [2]. Mais il pose en principe de sa politique, pour reprendre la formule de Hobbes [3], qu'il existe un naturel servile et qu'on peut contraindre à servir ceux que leur nature y destine et qui n'y consentent pas [4]. La fin du texte – l'écart final possible entre la fonction d'instrument animé et l'homme qui l'exerce – révèle une hésitation d'Aristote, distincte de l'écart qu'on vient de signaler entre l'esclavage

1. *EN*, VIII, 14, 1161 a 30-1161 b 5, trad. Tricot modifiée. Voir un texte proche de l'*Éthique à Eudème*, II, 9, 1241 b 17-22.

2. I, 6. Voir sur ce point J. Terrel, « Φύσις et νόμος : Aristote est-il naturaliste ? », in *Politique d'Aristote*, p. 65-68 et *infra*, p. 315.

3. « Je sais qu'Aristote, au premier livre de ses *Politiques*, fonde sa doctrine en se donnant des hommes plus dignes par nature, les uns de commander (…) les autres de servir » *Leviathan*, 15, The Clarendon Edition, Oxford, 2012, p. 234-235, trad. fr. Tricaud, Sirey, Paris, 1971, p. 153-154, trad. modifiée.

4. I, 8, 12, 1256 b 23-26 (traduit *infra*, p. 317) et VII, 2, 15, 1324 b 36-41 (traduit dans notre introduction, p. 24). Pour la critique par Pufendorf de l'usage de la contrainte envers ceux que la nature destine à la servitude et n'y consentent pas, voir p. 176, n. 1.

institué et le naturel servile. Pour commenter ce texte, on ne peut se contenter de dire, comme au livre I des *Politiques*, qu'il peut y avoir une amitié du maître et de l'esclave l'un envers l'autre quand leur statut respectif est conforme à leur nature, parce que le second est comme une partie vivante du corps du premier mais séparée de lui, et qu'une bonne pratique de l'autorité est utile au maître comme à l'esclave [1] : au début du texte de l'*Éthique*, Aristote a montré que le soin accordé à l'instrument relève de l'ὠφελεία (secours, aide, assistance) et non de la véritable amitié (φιλία). L'amitié dont parle l'*Éthique* ne s'adresse pas à l'instrument animé mais à l'homme : même de naturel servile, il peut n'être pas réduit à cette fonction et avoir dans la cité (la loi et le contrat impliquent la cité) des rapports juridiques avec ceux qui y résident (esclaves, métèques ou citoyens) [2]. Nous reviendrons sur cette tension interne à la pensée d'Aristote à la fin de cet ouvrage.

Il y a cependant une accentuation différente dans le texte des *Politiques* que nous commentons et dans celui de l'*Éthique à Nicomaque.* Dans les *Politiques*, l'artisan lui-même (δημιουργός), par exemple celui qui construit la maison (οἰκοδόμος), est l'instrument qui n'a rien de commun avec l'œuvre, la fin de son activité : la cité, comparée ici à la maison, aura d'autres outils que les esclaves. Ces derniers sont seulement l'exemple privilégié des instruments animés de la cité qui n'en sont pas de véritables parties.

L'esclave ne doit donc pas être confondu avec les autres instruments animés également privés de citoyenneté. L'artisan et le travailleur salarié sont libres : ils ne sont pas des parties de ceux qui les utilisent. Au contraire,

1. « Pour certains, une telle distinction [entre le maître naturel et l'esclave naturel] existe ; il est alors avantageux, pour l'un d'être esclave, pour l'autre d'être maître, et c'est également juste : il faut que l'un soit gouverné et que l'autre gouverne selon le gouvernement qu'il lui est naturel d'exercer pour gouverner et être le maître. Le faire mal est nuisible à l'un et à l'autre. Car la même chose est avantageuse à la partie et au tout comme au corps et à l'âme, l'esclave étant une certaine partie du maître – partie animée séparée du corps. C'est pourquoi il y a avantage et amitié réciproques entre un esclave et un maître qui ont les qualités naturelles pour l'être ; mais pour ceux qui ne le sont pas de cette manière mais en vertu de l'institution et parce qu'ils y ont été contraints par la force, c'est le contraire », I, 6, 9-10, 1255 b 5-15. La contrainte peut être associée soit à une institution s'écartant de la nature (l'asservissement de citoyens à l'issue d'une guerre par exemple) soit aux situations où celui qui a un naturel d'esclave ne consent pas à être asservi.

2. Il existait à Athènes une minorité d'esclaves privilégiés qui pouvaient être riches et passer des contrats : Hansen (*La démocratie athénienne*..., p. 151-152) cite un texte attribué à Démosthène qui parle d'un esclave capitaine de navire qui passe des contrats avec des hommes libres (*Contre Phormion*, 34, 5-10).

l'esclave est une partie des propriétés de la famille et de la cité (VII, 8, 3-4, le texte des *Politiques* que nous commentons) ; mieux, il est une partie de son maître : de ce fait, il a même intérêt que lui ; il partage une vie commune avec lui, il est pour lui κοινωνὸς ζωῆς [1]. Il faut donc distinguer deux formes opposées de vie commune : dans un cas, la vie du maître et celle de l'esclave sont communes parce que l'un est une partie de l'autre ; au pôle opposé, les citoyens ont une vie politique commune et sont parties de la cité parce qu'ils ne sont pas parties les uns des autres. Dans toute vraie cité (et cela vaut aussi pour la cité des semblables), l'unité implique la pluralité et ne la détruit pas. L'union de la cité n'est ni celle d'une famille (qui suppose déjà entre ses membres libres une forme de pluralité) ni à plus forte raison celle que forment un maître et son esclave : malgré la « vie commune » évoquée au chapitre 13 du livre I entre le maître et l'esclave, Aristote hésite dans ce dernier cas, comme nous venons de le voir, à parler de « communauté ». En comparant la famille, le village et la cité, on pourra dire de cette dernière qu'elle est la « communauté par excellence », mais il est impossible d'écrire que la relation politique accomplit les virtualités communautaires de la relation despotique, tant le pouvoir politique, dans sa définition même, s'oppose au pouvoir despotique.

Aristote refuse aux *artisans* et aux *commerçants* l'accès à la citoyenneté en invoquant le principe de la cité des semblables, le fait que les citoyens de cette cité sont justes au sens absolu (ce qui implique que les excellences du citoyen et de l'homme de bien soient identiques). Car la vie de ces artisans et commerçants est « sans noblesse et incompatible avec l'excellence » [2]. Aristote ajoute un peu plus loin que « la classe des artisans n'a pas part à la cité, ni non plus toute espèce d'individus qui n'est pas ouvrière d'excellence » [3]. Examinons les arguments d'Aristote à propos des artisans (1) et des commerçants (2), différents, nous allons le voir, de ceux qu'il avance pour refuser la citoyenneté à ceux qui cultivent la terre (3).

1. I, 13, 13, 1260 a 39-40. Voir sur cette question le texte d'Emmanuel Bermon, « Une image de l'excellence politique comparable à un couteau de Delphes : la navigation des marins (*Pol.* III, 4, 1276 b 16-34), in *L'excellence politique chez Aristote*, *op. cit.*, p. 33 et p. 39-40.

2. VII, 9, 3, 1328 b 40-41.

3. Τὸ γὰρ βάναυσον οὐ μετέχει τῆς πόλεως, οὐδ'ἄλλο οὐθὲν γένος ὃ μὴ τῆς ἀρετῆς δημιουργόν ἐστιν (VII, 9, 7, 1329 a 19-21). Μετέχει a ici le sens fort de « être une partie de… ».

1. Au livre III, Aristote avait déjà affirmé que « la cité la meilleure ne donne pas la citoyenneté à l'artisan » [1] : « dans les temps anciens, écrivait-il, chez certains, l'artisan était esclave ou étranger, ce qui explique que beaucoup le soient encore aujourd'hui » [2]. Cette fonction est donc servile, même quand elle n'est pas exercée par des esclaves. Ce que l'esclave est pour un particulier, l'artisan et le salarié le sont pour la cité :

> Pour les tâches indispensables, ceux qui en ont la charge pour un seul sont des esclaves, ceux qui l'ont pour la communauté sont des artisans et salariés [βάναυσοι καὶ θῆτες] [3].

La fonction des artisans est servile parce qu'ils ont dans la cité, comme le suggère le texte traduit et commenté plus haut (VII, 8, 3-4), le même rôle de moyen que les esclaves. C'est vrai *a fortiori* pour les salariés : à leur dépendance de moyens par rapport à une fin s'ajoute leur soumission au maître qui les emploie et les paie. Parmi les activités utiles indispensables à la cité, Aristote distingue celles qui sont dignes d'un homme libre, au vieux sens du mot « libérales », et celles qui ne le sont pas [τῶν τε ἐλευθέρων ἔργων καί τῶν ἀνελευθέρων, *liberalibus operibus et illiberalibus*, « liberales et illiberales »], qui font de celui qui s'y adonne un artisan [βάναυσον] [4] et, poursuit-il,

> (…) on doit considérer comme caractéristique d'un artisan toute activité, art et connaissance [Βάναυσον δ'ἔργον εἶναι δεῖ τοῦτο νομίζειν καὶ τέχνην ταύτην καὶ μάθησιν] rendant impropres à l'usage et à la pratique de la vertu [πρὸς τὰς χρήσεις καὶ τὰς πράξεις τὰς ἀρετῆς] le corps, l'âme ou l'intelligence des hommes libres. C'est pourquoi tous les arts propres à préparer pour le corps une disposition plus mauvaise, nous les disons dignes d'un artisan, et de même pour les activités salariées [5].

1. Παρ'ἐνίοις ἦν δοῦλον τὸ βάναυσον ἢ ξενικόν, III, 5, 3, 1278 a 8 : παρ'ἐνίοις, il ne s'agit pas nécessairement de certaines cités. τὸ βάναυσον, Aristote utilise un neutre désignant la catégorie ou la classe des artisans.

2. III, 5, 3, 1278 a 6-8.

3. III, 5, 4, 1278 a 11-13. À Athènes, les esclaves domestiques sont les οἰκέται (mot qui renvoie directement à la famille, οἰκία). Au livre I, l'esclave est une partie de la famille : la discussion sur l'esclavage concerne donc les esclaves domestiques, les tâches serviles nécessaires à la cité étant confiées à des hommes libres comme dans ce texte. Cependant le livre VII distingue, parmi les travailleurs agricoles à statut servile (δοῦλοι) ou semi-servile (περιοίκοι), les ἰδίοι, qui cultivent les terres des particuliers et les κοίνοι, qui cultivent celles de la communauté (10, 14, 1330 a 30-31).

4. VIII, 2, 3, 1337 b 5-8, Spiazzi, p. 411, 1107, Laval, p. 405, 1re c., Oresme, p. 340, 2e c.

5. VIII, 2, 4-5, 1337 b 8-14.

Ce texte à l'intérêt de souligner de nouveau le caractère servile, indigne d'un homme libre, de toute activité artisanale. Et dans la suite du livre VIII Aristote caractérisera de cette manière l'activité des musiciens professionnels [1].

2. Comme celle des artisans, la vie des commerçants [ἀγοραῖος βίος] est « sans noblesse et incompatible avec l'excellence » [2]. Ce jugement ne signifie pas qu'Aristote adopte sur le commerce un point de vue étroitement naturaliste et réactionnaire [3], qu'il condamne l'institution (νόμος) de la monnaie (νόμισμα) et tout art d'en user pour acquérir des richesses – toute chrématistique, χρηματιστική [τεχνή] – comme contraires à la nature. Si Aristote rapproche νόμισμα à νόμος pour marquer que la monnaie est instituée, il ne partage donc pas le point de vue étroitement naturaliste selon lequel

> la monnaie semble être une bagatelle, institution de part en part sans rien de naturel [λῆρος εἶναι δοκεῖ τὸ νόμισμα καὶ νόμος παντάσι, φύσει δ'οὐθέν, *deliramentum esse numisma et lex omnino natura autem nihil*], car, si ceux qui l'utilisent en changent [μεταθεμένων τε τῶν χρωμένων] elle perd toute valeur et utilité pour se procurer aucune des choses indispensables [4].

Pour instituer des cités et réaliser pleinement leur nature d'animaux politiques, certains hommes ne se sont plus contentés de la communauté familiale des biens ou du troc entre les familles et les villages : ils ont institué telle ou telle monnaie et des échanges plus étendus. Comme nous l'avons vu, l'autarcie ne signifie pas que la cité est isolée : la cité excellente – naturelle, mais autrement que la famille ou le village – a accès à la mer et commerce avec l'étranger. Il y a donc un usage naturel de l'invention de la monnaie – une chrématistique naturelle – et un usage dévié – une

1. VIII, 5, 8, 1339 b 9.

2. VII, 9, 3, 1328 b 39-41. L'expression ἀγοραῖος βίος indique que l'affirmation vaut pour les deux commerces, de gros, par mer (ἐμπορία), et de détail (καπηλεία). En III, 5, la nécessité de libérer le citoyen de la cité excellente des tâches indispensables n'est illustrée que par le cas des artisans indépendants ou salariés (βαναύσοι et θῆτες). Cependant Aristote cite ensuite (sans dire explicitement ce qu'il en pense) une loi de Thèbes écartant de l'exercice du pouvoir celui qui ne s'était pas retiré de l'agora depuis dix ans (7, 1278 a 25-26).

3. Sur ce point, je reprends l'analyse d'Alain Bresson, « Aristote et le commerce extérieur », in *La cité marchande*, Bordeaux, Ausonius, 2000, chap. VI ; et de nouveau « Φύσις et νόμος : Aristote est-il naturaliste ? », in *Politique d'Aristote*, p. 57 et 65.

4. I, 9, 11, 1257 b 10-13, Spiazzi, p. 34, 80, Laval, p. 36. Tricot attribue à tort cette thèse à Aristote (p. 59, n. 2).

chrématistique déviée[1]. Cet usage non nécessaire et non naturel de la monnaie pour accumuler sans limite des biens est devenu, selon Aristote, prédominant à l'époque où il écrit. Cela explique le jugement défavorable porté sur la vie des commerçants.

Pour parvenir à cette conclusion, il faut saisir ce qu'Aristote entend par « chrématistique », χρηματιστική [τέχνη]. Au début du chapitre 9 du livre I, il définit le sens le plus courant et le plus approprié de cette expression (péjoratif comme nous allons le voir) en l'opposant à l'art d'acquérir la vraie richesse (autrement dit les biens utiles à la famille et à la cité), conforme à la nature et indispensable à ceux qui gouvernent ces communautés :

> Il existe une autre forme de l'art d'acquérir [γένος ἄλλο κτητικῆς (τέχνης)], qu'on appelle le plus souvent, et à juste titre, chrématistique [χρηματιστική], en vertu de laquelle il n'existe *aucune limite*, semble-t-il, *à la richesse et à l'acquisition*[2].

Ce qui suit au chapitre 9 montre que l'absence de limite à l'acquisition des richesses est rendue possible par l'institution de la monnaie. La difficulté provient du fait qu'Aristote utilise le mot χρηματιστική en un sens plus large alors que la définition plus étroite et péjorative du chapitre 9 est encore absente. En dehors de ces trois parties du gouvernement de la

1. Distinction faite à deux reprises dans la conclusion de l'étude de l'acquisition d'un point de vue théorique (I, 8-10), avant de passer à son étude d'un point de vue pratique (I, 11) : I, 9, 18, 1258 a 14-18, puis I, 10, 4-5, 1258 a 37-b 8. Ces deux points de vue, théorique et pratique, sont distingués au début du chapitre 11. Voir *infra*, p. 293-294.

2. I, 9, 1, 1256 b 40-1257 a 1. Ce texte suit donc celui qui définit l'art d'acquérir la vraie richesse que doivent posséder les politiques et ceux qui gouvernent les familles. C'est moi qui souligne la formule indiquant l'absence de limite. Je poursuis plus loin la traduction de ce texte, p. 290. Dans le *Capital* (I, 2e section, *Œuvres*, *Économie, I*, Paris, Gallimard, 1965, p. 698, n. a), Marx résume et cite ces deux textes, mais réserve le mot « chrématistique » à l'art d'acquérir sans limite : « Aristote oppose l'économique et la chrématistique (…) la première (…) se borne à procurer les biens nécessaires et utiles, soit au foyer domestique, soit à l'État (…) ». Dans ce que Maximilien Rubel appelle « Matériaux pour l'économie » (1861-1865), Marx écrit, à propos de la production qui se développe comme production de marchandises : « Faire de l'argent apparaît comme le but ultime de toute espèce d'activité » et renvoie en note à Aristote (*Œuvres*, *Économie II*, Paris, Gallimard, 1968, p. 390). C'est une quasi citation de I, 9, 18, 1258 a 12-14. Certains, écrit Aristote, font de leur courage ou de leur compétence (de stratège ou de médecin par exemple) un usage chrématistique : οἱ δὲ πάσας [δυνάμεις] ποιοῦσι χρηματιστικάς, ὡς τοῦτο τέλος ὄν, πρὸς δὲ τὸ τέλος ἅπαντα δέον ἀπαντᾶν, « ils font de toutes ces capacités (au courage, à la stratégie, à la médecine) des chrématistiques, comme si c'était là le but, le but auquel toutes choses doivent concourir ».

famille (οἰκονομία) que sont le gouvernement de l'esclave par le maître, de l'épouse par l'époux et des enfants par le père, écrit-il au chapitre 3,

> il y a aussi une partie qui, aux yeux de certains, est le gouvernement de la famille [οἰκονομία] et, aux yeux d'autres, en est la partie principale. Il faudra voir ce qu'il en est. Je veux parler de ce qu'on appelle chrématistique [χρηματιστική] [1].

Cette question des relations entre chrématistique et gouvernement de la maison est reprise au début du chapitre 8 :

> Considérons dans son ensemble (…) toute acquisition et chrématistique [ὅλως δὲ περὶ πάσης κτήσεως καὶ χρηματιστικῆς, *totaliter autem de possessione et pecuniaria* (GM), *universaliter de omni possessione et de arte quæ est de pecuniis* (TA)], puisque l'esclave est aussi une certaine partie de ce qui est acquis [κτήσεως]. En premier lieu, il est difficile de savoir [ἀπορήσειεν] si la chrématistique [χρηματιστική] [2] est le même art que celui de gouverner une maison [τῇ οἰκονομικῇ], si elle en est une partie ou si elle en est un serviteur [ὑπηρετική, *subministrativa*] et, dans le cas où elle en serait un serviteur, si elle l'est comme l'art de faire des navettes pour l'art de tisser ou l'art du fondeur pour celui du statuaire. En effet ils ne rendent pas le même service : l'un fournit des instruments, l'autre la matière (…). Il est donc évident que l'art de gouverner la maison n'est pas identique à la chrématistique : acquérir est l'affaire de cette dernière,

1. I, 3, 3, 1253 b 12-14. Traductions de χρηματιστική dans ce passage : GM, *chrematica* (Spiazzi, p. 13, 25, Laval, p. 16, 1re c.) ; TA, *pars pecunialis* (en faire toute l'*œconomia* ou sa partie principale, ajoute-t-il, revient à dire que « la gestion de la famille consiste essentiellement à acquérir et conserver l'argent, *in acquisitione et conservatione pecuniæ* » (Spiazzi, p. 14, 46, Laval, p. 17, 2e c.), puis, plus loin, *pars pecuniativa* (Spiazzi, p. 15, 48, Laval, p. 18, 1re c.) ; Oresme, p. 50, 2e c., « tresoriere ou pecuniative » ; Thurot, p. 14, « art de conserver et d'accroître sa fortune » ; Bastien, p. 7, « art d'amasser une fortune » ; Aubonnet, « art d'acquisition » ; Pellegrin, « acquisition des biens » ; Tricot, « art d'acquérir des richesses ».

2. Aubonnet et Pellegrin parlent maintenant de l'art d'acquérir. Voulant sans doute éviter – comme le fait pourtant Thomas d'Aquin dans son commentaire (Spiazzi, p. 31, 97, Laval, p. 32, 1re c.) – de juxtaposer les choses acquises (dont l'esclave fait partie) et l'art d'acquérir des biens au moyen de la monnaie, Guillaume de Moerbeke parle d'abord de considérer « toute possession et bien monétaire », mais la difficulté qui suit concerne l'*ars pecuniativa* (Spiazzi, p. 30, 61-62, Laval, p. 30, 1re c.) ; Thomas d'Aquin parle de l'*ars de pecuniis*, puis de *l'ars pecuniativa, id est acquirendi pecunias* (Spiazzi, p. 31, 98, Laval, p. 32, 1re c.). Oresme traduit *pecuniativa* en « pecuniative », soit « art qui est pour acquerir pecune », p. 60, 1re c. : *pecunia* et « pecune » renvoient évidemment à la monnaie, comme le montre le commentaire de Thomas d'Aquin (*pecunia est inventa propter commutationes faciendas*, « l'argent fut inventé pour permettre les échanges » Spiazzi, p. 35, 112, Laval, p. 36, 2e c.). Le mot κτῆσις, comme le mot « acquisition » en français, désigne aussi bien l'activité acquisitive que son résultat.

utiliser celle du premier (…) Mais la chrématistique est-elle une partie de l'art de gouverner la maison ou est-elle spécifiquement différente ? C'est une question débattue [1].

Pour Guillaume de Moerbeke, Thomas d'Aquin et Oresme que nous suivons sur ce point, le mot χρηματιστική implique toujours, dès ces premières occurrences (I, 3, I, 8), l'usage de la monnaie. Au contraire, beaucoup d'interprètes et de traducteurs estiment aujourd'hui qu'il désigne, avant le chapitre 9, l'art d'acquérir des biens en général [2] : ils choisissent de ne pas le traduire toujours de la même manière, de corriger Aristote pour, disent-ils, clarifier son propos, ce qui crée de nouvelles difficultés. Pour notre part, nous traduisons toujours χρηματιστική par « chrématistique ».

Avant le chapitre 9, Aristote emploie ce terme pour poser des questions qu'il laisse en attente, tout en suggérant déjà l'esprit de ses réponses. Le sens usuel du terme χρηματιστική (celui du chapitre 9) est en effet le signe que la recherche sans limite des richesses, rendue possible par la monnaie, est envahissante : toute acquisition de biens risque de devenir χρηματιστική, en ce sens péjoratif. Ainsi conçue, la chrématistique risque de se confondre avec l'art de gouverner la famille [οἰκονομική τεχνή] [3] ou d'en devenir la partie la plus importante [4] ; de même, l'art de se procurer la nourriture, dont l'agriculture est l'exemple privilégié, devient une partie de cette recherche non limitée de richesses [5]. Dès les premiers usages du mot χρηματιστική, Aristote suggère donc immédiatement que son analyse va s'engager dans trois directions.

– Si l'acquisition des richesses à l'âge de la monnaie concerne le gouvernement de la famille, on ne pourra ni la confondre avec ce gouvernement, ni se contenter de dire qu'elle en est une partie : à ce titre, elle n'en sera qu'un serviteur subordonné, comme matière (à l'exemple du métal utilisé par le statuaire) ou mieux comme instrument (comme la navette pour le tisserand) [6]. On voit ce qui en découle : un instrument ne doit pas

1. I, 8, 1-2, 1256 a 1-14.

2. Aubonnet p. 121, n. 24 ; Tricot, p. 32, n. 4 ; Pellegrin, p. 115, n. 1.

3. Thèse de certains en I, 3, 3, 1253 b 12, reprise sous forme de question en 8, 1, 1256 a 3-4.

4. Thèse de certains en I, 3, 3, 1253 b 13.

5. Thèse énoncée sous forme de question en I, 8, 3, 1256 a 17-18.

6. *Manifestum est enim, quod pecuniativa aliquo modo ad œconomicam pertinet*, « il est en effet manifeste que la chrématistique concerne de quelque manière le gouvernement de la

être acquis sans limite, puisque la quantité et la qualité utiles sont déterminées par des fins immanentes à son usage. Les statuts de « partie » et d' « instrument subordonné » ne sont pas exclusifs l'un de l'autre : utilisée par l'art de gouverner une famille, la chrématistique pourra avoir par rapport à cet art le statut de partie, mais ne s'y réduira pas, puisqu'elle peut exister aussi en dehors de la famille et devenir, comme nous allons le voir, l'instrument de l'art politique.

– À l'extérieur de la famille, la chrématistique peut être au service de l'art de gouverner la cité. Le lien manifeste existant entre le développement des échanges, l'invention de la monnaie et la création des cités va dans le sens de cette hypothèse qui nous incite à suivre Guillaume de Moerbeke, Thomas d'Aquin et Oresme quand ils comprennent que la chrématistique des chapitres 3 et 8 n'est pas seulement l'art d'acquérir en général et que l'argent y est immédiatement impliqué, comme Aristote le suggère lui-même au seuil du chapitre 8 quand il distingue acquisition et chrématistique.

– Pour comprendre le développement des formes monétaires de l'acquisition (la chrématistique dans ses formes naturelle et déviée), il faut enfin considérer l'époque où l'art d'acquérir de la nourriture ne concernait que les familles et ne relevait pas de la chrématistique parce que la monnaie n'existait pas encore. Voilà une dernière raison pour refuser de comprendre que χρηματιστική, dans ses deux premiers usages, désigne l'art d'acquérir en général, car une telle interprétation prive le paragraphe 3 du chapitre 8 de toute signification. Voici en effet ce texte qui suit immédiatement celui que je viens de traduire :

> Si (…) la tâche du χρηματιστικός [celui qui est compétent en chrématistique] est de connaître l'origine des biens monétaires et de ce qui est acquis [πόθεν χρήματα καὶ κτῆσις ἔσται, *unde pecuniæ et acquisitio erit*], et si ce qui est acquis [κτῆσις] et la richesse [πλοῦτος] ont de multiples parties, on doit d'abord se demander si l'art agricole est une partie de la chrématistique ou s'il en diffère génériquement, et de même en général pour le soin accordé à la nourriture et à son acquisition [κτῆσις] [1].

famille » (TA, Spiazzi, p. 31, 98, Laval, p. 32, 1re c.). La thèse qui en découle est énoncée sous forme de question en I, 8, 1-2, 1256 a 1-10.

1. I, 8, 3, 1256 a 15-19, Spiazzi, p. 30, 65, Laval, 30, 1re c. La formule χρήματα καὶ κτῆσις fait écho à la formule initiale περὶ πάσης κτήσεως καὶ χρηματιστικῆς : comme Guillaume de Moerbeke, je comprends que les χρήματα, objet de la χρηματιστική, sont ici les biens monétaires.

Comment l'art d'acquérir de la nourriture pourrait-il ne pas être une partie de l'art d'acquérir en son sens le plus général ? Si χρηματιστική signifiait ici l'art d'acquérir des biens sous toutes ses formes, la question n'aurait aucun sens. On ne résout pas la difficulté en remplaçant, comme on l'a parfois proposé, le χρηματιστικῆς des manuscrits par οἰκονομικῆς : de toute évidence une famille doit se nourrir et l'acquisition des aliments fait partie de la bonne gestion familiale ! La question de savoir si l'agriculture fait partie de la chrématistique a au contraire tout son sens si cette dernière implique l'usage de la monnaie et si l'on s'interroge sur les formes d'acquisition de la nourriture avant que cet usage apparaisse. Toute la fin du chapitre 8 le confirme : Aristote y parle d'un art naturel d'acquérir primitif, qui fait partie de l'art d'administrer une famille, sans user une seule fois du mot χρηματιστική.

Le paragraphe que nous venons de commenter introduit l'exposé sur l'art d'acquérir (qui n'est pas encore χρηματιστική) dont la nature a doté les animaux et les hommes, tant que ces derniers ont une activité auto-productive (αὐτόφυτον...τὴν ἐργασίαν, *sponte natam ... elaborationem*, GM) et n'ont donc pas encore besoin de l'échange, du commerce, même de détail, μὴ δ' ἀλλαγῆς καὶ καπηλείας, *non per commutationem et negotiationem* [1], et de la monnaie : ce sont des nomades vivant du pastorat, des chasseurs, des pêcheurs, des pillards ou des cultivateurs. À la suite de cet exposé, Aristote parvient à une conclusion plus générale :

> Il y donc une forme de l'art d'acquérir conforme à la nature qui est une partie de l'art de gouverner la maison [2] : elle doit tenir disponibles, ou acquérir pour les mettre en réserve, *les richesses* [*χρήματα*] indispensables pour vivre et utiles pour la communauté d'une cité ou d'une famille [3].

1. I, 8, 8, 1256 a 40-b 1. Spiazzi, p. 30, 60, Laval, p. 31, 1re c. : là où nos manuscrits portent καπηλείας (« petit commerce »), Guillaume de Moerbeke ne parle pas de « change » (ce qu'il fait, quand les manuscrits usent de l'adjectif correspondant à καπηλεία) mais de *negotiatio*, qui n'est pas le commerce de détail mais plutôt le commerce en gros, comme d'ailleurs dans la traduction latine de IV, 4, 10 (1291 a 5) où il est utilisé pour traduire ἐμπορία (p. 273, n. 4).

2. Ἓν μὲν οὖν εἶδος κτητικῆς [τέχνη] κατὰ φύσιν τῆς οἰκονομικῆς μέρος ἐστίν. Je rattache κατὰ φύσιν à ce qui précède et non à ce qui suit, parce que l'expression κτητικὴ κατὰ φύσιν se retrouve un peu plus loin. Autre solution : « une forme de l'art d'acquérir qui, en vertu de la nature, est une partie de l'économie ». Forme de « l'art d'acquérir », et non de « chrématistique », parce que cette forme d'acquisition peut ne pas user de la monnaie tant qu'il n'y a pas d'échange (à l'intérieur de la famille où tout est commun) ou que l'échange se limite au troc entre les familles regroupées en villages.

3. I, 8, 13, 1256 b 26-30. C'est moi qui souligne χρήματα et sa traduction.

En arrêtant la traduction ici, on pourrait comprendre que l'art d'acquérir conforme à la nature est toujours strictement familial, quelle que soit sa forme (monétaire ou non) : utile à la cité, mais par l'intermédiaire de la famille qui, dans la cité, aurait seule la charge de pourvoir aux nécessités de la vie. Une telle lecture est tentante. Nous pourrions, comme Rousseau, rappeler que l'économie [οἰκονομία] « ne signifie originairement que le sage et légitime gouvernement de la maison [οἶκος] » [1] et juger que l'économie ne devient politique que chez les modernes, au milieu du XVIIIe siècle, au risque d'ailleurs, estime Arendt [2] de faire perdre son âme à la politique en la rabaissant au seul souci des choses nécessaires à la vie.

Mais l'usage du mot χρήματα qui, nous l'avons vu (8, 3), peut désigner les richesses en argent, et la suite du texte nous interdisent d'en rester là [3]. Bien avant le XVIIIe siècle, il y a pour Aristote ce que les modernes appelleront économie politique, en termes aristotéliciens une chrématistique politique [4] :

> Et il semble que la vraie richesse [πλοῦτος] se tire de ces biens. Car ce qui suffit dans une telle acquisition pour vivre bien [ἡ γὰρ τῆς τοιαύτης κτήσεως αὐτάρκεια πρός ἀγαθὴν ζωὴν] n'est pas illimité. (...) Car aucun

1. Rousseau, *Discours sur l'Économie politique*, *OC* III, Paris, Gallimard, 1964, p. 241.

2. « ... pour les Anciens le terme même d' "économie politique" eut été une contradiction dans les termes : tout ce qui était "économique", tout ce qui concernait la vie de l'individu et de l'espèce, était par définition non politique, affaire de famille » *Human Condition*, trad. fr., *Condition de l'homme moderne*, Paris, Calmann-Levy, 1983, p. 66-67. Voir sur ce point les remarques critiques de Castoriadis dans *La cité et les lois*. Refusant la manière dont Arendt dévalorise l'économie (au sens moderne), il écrit d'abord qu' « Arendt traduit exactement une réalité qui est présente en Grèce ancienne » et que sa position « fausse ...s'il s'agit de la politique comme telle, est juste comme interprétation de la façon dont les Grecs, en tout cas les Athéniens, voyaient les choses » (p. 81). Mais il se corrige lui-même plus loin : de l'affinité entre *oikos* et *oikonomia*, « on ne peut en conclure que pour les Grecs l'*oikonomia* relevait exclusivement du domaine privé » (p. 178).

3. Voir dans ce sens la manière dont Thomas d'Aquin commente le texte que nous venons de traduire : « *une certaine forme naturelle de l'art d'acquérir* (...) *est une certaine partie de l'art de gouverner une maison*, pour autant que cette partie est dite serviteur subordonné [*subministrativa*] : car elle n'est pas seulement au service [*subministrat*] de l'art du gouvernement domestique mais au service de l'art politique ; et ceci en ce qu'il est nécessaire à l'action du politique et de celui qui gouverne une maison que soient acquises les choses à mettre en réserve pour les nécessités de la vie et l'utilité de la communauté, tant maison que cité, car ni la maison ni la cité ne peuvent être gouvernées sans les choses nécessaires à la vie » (Spiazzi, p. 33, 107, Laval, p. 34, 2e colonne).

4. L'auteur de l'*Économique* (Aristote ou un aristotélicien) parle de 4 économies, la 3e étant politique : Οἰκονομίαι εἰσι τέτταρες (...) : βασιλική, σατραπική, πολιτική, ἰδιωτική, « il y a quatre économies... : royale, satrapique, politique et privée » (II, I, 1, 1345 b 11-14).

art [τέχνη] n'a d'instrument illimité, en nombre et en grandeur, et la richesse est la masse des instruments de ceux qui pratiquent les arts économiques et des *politiques* [ὀργάνων πλῆθός ἐστι οἰκονομικῶν καὶ πολιτικῶν]. À l'évidence, il existe donc un art d'acquérir conforme à la nature [τις κτητικὴ (τέχνη) κατὰ φύσιν] pour ceux qui gouvernent les familles et pour les *politiques* [τοῖς οἰκονόμοις καὶ τοῖς πολιτικοῖς] et on en voit la raison [1].

L'acquisition et la mise en réserve des richesses ne sont pas seulement réservées à ceux qui administrent les familles, elles sont aussi des tâches de la cité et des politiques. Or le développement conduisant de la famille et du village à la cité implique la naissance et le développement des échanges au-delà du troc, si bien que l'art naturel d'acquérir nécessaire à la cité et aux politiques est aussi chrématistique : il implique le commerce, la monnaie et les échanges entre cités. « Conforme à la nature » ne renvoie pas ici à une origine commune aux hommes et aux animaux, ni même aux premières formes de communauté humaine (entre l'homme et la femme ou les parents et les enfants), mais à la communauté achevée venant chronologiquement à la fin, même si elle est en un sens l'origine, non au sens du commencement mais du but ou principe du processus. La référence à la nature est donc ambivalente. En un sens, « l'amitié de l'homme et de la femme paraît commencer conformément à la nature, car l'homme est par nature plus enclin au couple qu'il n'est politique, dans la mesure où *la famille est antérieure à la cité*, plus nécessaire qu'elle et plus commune, quant à la procréation des enfants, aux animaux » [2]. En un autre sens, c'est la cité qui est la plus naturelle à l'homme comme animal politique, « *antérieure par nature (...) à la famille et à chacun de nous* » [3].

La monnaie et la cité sont instituées parce que l'homme n'est pas un animal quelconque mais un être capable naturellement d'inventer et d'instituer. Cette chrématistique, distincte de l'art d'acquérir primitif, reste

1. I, 8, 14-15, 1256 b 30-39. C'est moi qui souligne la référence deux fois reprise à une chrématistique politique. Les οἰκονόμοι sont ceux qui administrent ou gouvernent les familles. Aristote parle auparavant des οἰκονομικοί. Puisque ἡ οἰκονομική (τέχνη) désigne « l'art d'administrer une maison », les οἰκονομικοί sont ceux qui ont cette compétence. C'est ce texte précédant la définition du sens le plus courant et le plus approprié du mot χρηματιστική que Marx résume et cite dans le *Capital* (voir p. 283, n. 2) pour définir l'économie et la différencier de la chrématistique *stricto sensu*.

2. *EN*, VIII, 14, 1162 a 17-21. Commenté par Michel Foucault, *Subjectivité et vérité*, cours au Collège de France, 1980-1981, « Hautes Études », Gallimard-Seuil, Paris, 2014, p. 136-137.

3. I, 2, 12, 1253 a 18-19. C'est moi qui souligne dans cette citation et la précédente les formules qui paraissent littéralement se contredire.

naturelle si l'acquisition est limitée à ce qui suffit au bien vivre parce qu'elle conserve son statut de matière et d'instrument de fins qui la dépassent.

Pourtant la chrématistique – comme développement *naturel* de l'acquisition grâce à l'institution de la monnaie et des échanges à l'intérieur de la cité et entre les cités – porte en elle une possibilité de déviation. De moyen au service du bien vivre, ce qui lui assigne la limite propre à tout moyen, l'acquisition des biens devient fin pour elle-même. Nous passons de la chrématistique naturelle à sa forme déviée qui confère au mot son sens péjoratif le plus usuel. Poursuivons la traduction du texte qui ouvre le chapitre 9 :

> Il existe une autre forme de l'art d'acquérir, à laquelle s'applique le plus souvent et à juste titre, le nom de chrématistique, en vertu de laquelle il n'existe aucune limite, semble-t-il, à la richesse et à l'acquisition. Beaucoup estiment qu'elle est une et même chose que la forme dont on vient de parler [la chrématistique comme forme naturelle de l'art d'acquérir] du fait de leur voisinage [διὰ τὴν γειτνίασιν]. En fait elle n'est ni identique ni éloignée de la forme précédente. La première est naturelle, la seconde non naturelle, mais naît plutôt d'une forme d'expérience et de technique [1].

Pourquoi y a-t-il affinité et voisinage entre les deux formes de chrématistique (naturelle et déviée) [2] ? « Il y a échange de tout ce qui peut s'acquérir et son origine première réside dans le fait, *conforme à la nature*, que les hommes ont plus ou moins du nécessaire » [3]. De là le troc, puis le recours à l'étranger « pour importer ce dont on manquait et exporter ce qu'on avait en surplus » et, du fait de « la difficulté transporter tout ce dont on a *naturellement* besoin », l'institution par convention de la monnaie [4].

Selon l'*Éthique à Nicomaque* (V, 8) [5], l'invention de la monnaie est rendue nécessaire par la division du travail et la nécessité d'assurer à l'avenir la possibilité des échanges qui ne peuvent pas être immédiatement réalisés. La division du travail nous contraint à comparer des objets qualitativement différents, une chaussure, une maison, un lit, de même pour les

1. I, 9, 1, 1256 b 40-1257 a 5.

2. Ce qu'Aristote répète encore un peu plus loin en des termes voisins : il ne dit plus γειτνίασις mais σύνεγγυς (I, 9, 15, 1257 b 35-36).

3. Ἔστι γὰρ ἡ μεταβλητικὴ πάντων, ἀρξαμένη τὸ μὲν πρῶτον ἐκ τοῦ κατὰ φύσιν, τῷ τὰ μὲν πλείω τὰ δὲ ἐλάττω τῶν ἱκανῶν ἔχειν τοὺς ἀνθρώπους, I, 9, 4, 1257 a 14-17. C'est moi qui souligne dans ce texte et les suivants les références à la nature.

4. I, 9, 7-8, 1257 a 31-41.

5. 1132 b 21-1133 b 28.

activités des artisans qui les produisent. Ici commence l'exposé qui, selon Marx, manifeste le « génie » d'Aristote, le « grand penseur » « qui a analysé le premier la forme de la valeur, ainsi que tant d'autres formes, soit de la pensée, soit de la société, soit de la nature » [1]. Pour que l'échange soit possible, il faut au préalable que soit établie une équivalence entre 1 maison, X chaussures, Y lits, etc. Sans cela, il n'y a ni échange, ni communauté :

> Tous ces produits doivent être mesurés par quelque étalon unique… Cet étalon est en vérité le besoin, le lien entre toutes les choses. Car si l'on n'avait besoin de rien, ou de manière dissemblable, il n'y aurait pas d'échange, ou cet échange serait différent, δεῖ ἄρα ἑνί τινι πάντα μετρεῖσθαι (…) τοῦτο δ᾽ ἐστὶ τῇ μὲν ἀληθείᾳ ἡ χρεία, ἡ πάντα συνέχει. εἰ γὰρ μηθὲν δέοιντο ἢ μὴ ὁμοίως, ἢ οὐκ ἔσται ἀλληγὴ ἢ οὐχ ἡ αὐτή [2].

La monnaie a été instituée comme substitut (ὑπάλλαγμα) [3] au besoin, comme gage (ἐγγυητής) [4] et garantie que nous pourrons nous procurer à l'avenir ce qui ne peut pas être l'objet d'un troc immédiat. Même, si, en toute rigueur, il n'est pas possible de rendre un lit, une maison ou un lit commensurables, la monnaie nous permet d'y parvenir de manière suffisante pour satisfaire nos besoins. C'est à partir de là que Marx s'écarte d'Aristote :

> Ce qui empêchait Aristote de lire dans la forme de la valeur des marchandises que tous les travaux sont ici exprimés comme travail humain indistinct et par conséquent égaux, c'est que la société grecque reposait sur l'esclavage, et avait pour base naturelle l'inégalité des hommes et de leur force de travail.

On pourrait objecter à Marx que la comparaison entre les travaux était possible pour Aristote parce qu'il jugeait servile, comme nous venons de le voir, le travail de l'artisan et du salarié. L'essentiel n'est pas là, mais dans le fait que la réunion dans une même cité de plusieurs familles et villages implique la nécessité et la possibilité de l'échange. En ce sens, l'invention monétaire est naturelle, même si la monnaie comporte une part d'arbitraire,

1. *Le Capital*, I, 1re section, Karl Marx, *op. cit.*, p. 589, p. 590-591 pour ce qui suit. Voir sur cette question le texte remarquable de C. Castoriadis, « Valeur, égalité, justice, politique de Marx à Aristote et d'Aristote à nous », in *Les carrefours du labyrinthe 1*, Paris, Seuil, 1998, p. 325-413. Je reprends sa traduction de *wertform* : « forme de la valeur » et non « forme valeur ».

2. *EN*, V, 8, 1133 a 25-28.

3. *EN*, V, 8, 1133 a 29.

4. *EN*, V, 8, 1133 b 12.

parce que chaque cité a sa monnaie qu'elle peut falsifier et rendre inutilisable [1].

Si la forme déviée de chrématistique n'est pas encore née, parce que l'institution de la monnaie est, comme on vient de le montrer, naturelle, elle est cependant rendue immédiatement possible : si l'écart entre les possessions et les besoins est l'origine naturelle de l'usage de la monnaie pour les acquérir,

> il est aussi évident que le commerce de détail, comme forme de chrématistique (ἡ καπηλικὴ [χρηματιστική]) n'en relève pas *par nature*), car l'échange [pour rester naturel] doit se pratiquer dans la limite des besoins des deux parties [2].

Le commerce de détail ne relève donc pas de l'usage naturel de la monnaie :

1. *EN*, V, 8, 1133 a 30-31.

2. ἧ καὶ δῆλον ὅτι οὐκ ἔστι φύσει τῆς χρηματιστικῆς ἡ καπηλική. ὅσον γὰρ ἱκανὸν αὐτοῖς, ἀναγκαῖον ἦν ποιεῖσθαι τὴν ἀλλαγὴν (I, 9, 4, 1257 a 17-18). Cette phrase suit immédiatement celle dont les références sont données p. 290, n. 3. Ma traduction implique que χρηματιστική est sous-entendu après καπηλική. Si l'on sous-entend τεχνή, il faut traduire : « il est aussi évident que l'art du commerce de détail ne relève pas par nature de la chrématistique ». Dans l'une ou l'autre hypothèse, le lien entre le petit commerce et la chrématistique, *au sens le plus général du mot*, n'est pas naturel – ce commerce relevant déjà de la chrématistique déviée commençante. Cette traduction met ce texte en accord avec les deux usages de καπηλικός qui suivent, où le petit commerce relève de la chrématistique déviée (I, 9, 9-10, 1257 b 2, et b 10, je traduis, *infra*, p. 293, n. 1, le premier passage). Au contraire, Pellegrin, Tricot et Marx comprennent que le commerce de détail n'appartient pas à la chrématistique déviée définie au début du chapitre 9, « parce que l'échange n'y a en vue que ce qui est nécessaire aux acheteurs et aux vendeurs » (traduction citée par Marx, le *Capital*, I, 2e section, p. 698 n. a, citée p. 283, n. 2). Mais dans ce cas, la première référence au petit commerce contredit les deux autres. Je reviendrai plus loin sur la question de savoir si, pour Aristote, le commerce de détail relève déjà (mais de manière infinitésimale) de la chrématistique déviée (ce que je pense) ou n'en relève pas encore (comme le pense Marx, du fait, écrit-il, que « la valeur d'usage y prédomine »). Guillaume de Moerbeke et Thomas d'Aquin (Spiazzi, p. 34, 76, Laval, p. 35, 1re c., p. 35, 113, et p. 37, 1re c. pour le commentaire) comprennent (mais le traducteur avait-il le même texte que nous ?) : *non est secundum naturam pecuniativae campsoria* [*nummularia quæ est permutatio denariorum,* TA], « le commerce de l'agent de change [les opérations du banquier qui pratique le change] n'est pas conforme à la nature de la chrématistique » ; comme moi, ils opposent un usage naturel et un usage dévié de la monnaie, mais pour eux c'est le métier de l'agent de change et non celui de petit commerçant qui dévie de la chrématistique naturelle. Mêmes traductions et commentaires pour les deux textes où nous avons καπηλικόν et καπηλικήν (Spiazzi, p. 34, 77 et 79, Laval, p. 35 et 36, 1re c., p. 36, pour le commentaire 117 et 119 et p. 38, 1re c.), mais *supra* (p. 287, n. 1), le traducteur a usé de *negotiatio* pour le texte où nous avons καπηλεία.

> Une fois la monnaie inventée, du fait des nécessités de l'échange, naquit l'autre forme de chrématistique, sous la forme du commerce de détail [τὸ καπηλικόν], pratiquée d'abord simplement, ensuite, l'expérience aidant, avec plus de technique pour rechercher d'où et comment obtenir par l'échange *le plus gros profit*[1].

La forme la plus simple du commerce passant par un tiers, le commerce de détail, est le lieu où apparaît une déviation encore peu visible, mais qui, l'expérience et la technique aidant, devient prédominante : cela explique que le mot χρηματιστική désigne le plus souvent, et donc à juste titre si l'usage est roi, la forme déviée de recherche des richesses.

La chrématistique naturelle et sa forme déviée sont voisines sans être identiques. Il est naturel d'échanger des chaussures dont on n'a pas l'usage contre un objet dont on a besoin[2]. Le troc est nécessaire dès qu'il y a plusieurs familles (puisque dans chaque famille tout est commun)[3] : dans ce cas, l'acquisition est limitée par les besoins des deux parties. Il est naturel d'inventer la monnaie quand les objets échangés sont difficiles à transporter[4] : mais l'échange d'un objet quelconque contre de l'argent rend possible l'intervention d'un tiers et un commerce qui n'est plus régulé par les besoins limités des deux partenaires : d'instrument naturel pour faciliter les échanges, la monnaie devient un bien recherché sans fin et sans limite pour lui-même.

L'institution naturelle de la monnaie et de la chrématistique introduit donc la possibilité d'une déviation : tout en étant naturel, le pouvoir humain d'instituer est aussi celui de s'écarter de la nature. Or la frontière entre le naturel et le dévié sépare deux formes d'acquisition si voisines – Aristote le note à deux reprises – qu'il est parfois très difficile dans la pratique de les distinguer. On peut le montrer en étudiant le chapitre 11.

Ce chapitre implique un changement de point de vue : de la connaissance théorique Aristote passe à la pratique[5]. Or la distinction entre les

1. I, 9, 9, 1257 a 41-1257 b 5. C'est moi qui souligne la formule indiquant le passage du naturel au dévié.

2. « Il y a un double usage de chaque objet acquis, dans les deux cas, de cet objet comme tel, mais non comme tel de la même manière : un usage est propre à l'objet, l'autre non, une chaussure, par exemple, pouvant être chaussée ou échangée » I, 9, 2, 1257 a 6-9.

3. I, 9, 5-6, 1257 a 19-30.

4. I, 9, 7-8, 1257 a 31-41.

5. « Maintenant que nous avons suffisamment précisé les choses d'un point de vue théorique [πρὸς τὴν γνῶσιν, *ad scientiam*], il faut en venir au point de vue de la pratique [πρὸς τὴν χρῆσιν, *ad usum*]. Dans toutes les questions de ce genre, la théorie [θεωρία, *contemplatio*]

formes naturelle et déviée de chrématistique, claire en théorie, risque de devenir confuse dans la pratique. Aristote distingue maintenant trois formes de chrématistique [1] : la première, conforme à la nature (κατὰ φύσιν) [2], est la plus familiale (οἰκειοτάτη χρηματιστική) [3], la deuxième concerne les échanges (μεταβλητικὴ χρηματιστική), la troisième tient le milieu entre les deux.

– Pour la forme dite première [4], utile [5] et propre plus que les deux autres à la famille, Aristote prend comme exemple l'acquisition de tels ou tels chevaux, bœufs, moutons, etc. (en connaissant chaque fois les lieux où les élever et la manière de le faire), la culture des terres ou l'apiculture. Puisqu'il n'est question d'échange qu'avec la deuxième forme, on pensera peut-être que χρηματιστική désigne dans ce texte l'art d'acquérir en général [6] et qu'Aristote songe à des familles produisant elles-mêmes tout ce qu'elles consomment, sans recours à la monnaie. On remarquera cependant que des activités comme la pêche, la chasse et le pillage, caractéristiques au chapitre 8 de l'art d'acquérir antérieur à l'invention de la monnaie, ne sont pas citées comme exemples de cette première forme de

est libre alors que la pratique empirique [ἐμπειρία, *experientia*] se plie à la nécessité » I, 11, 1, 1258 b 9-11, GM, Spiazzi, p. 42, 90, Laval, p. 43, 1re c.

1. Quelle que soit la forme, Aristote use du mot χρηματιστική (*pecuniativa*, GM, Spiazzi, p. 42, 91, Laval, p. 43, 1re c., TA, Spiazzi, p. 43, 135, Laval, p. 44, 1re c.).

2. I, 11, 4, 1258 b 29.

3. I, 11, 3, 1258 b 20. C'est le sens premier de οἰκεῖος qui, il est vrai, n'est pas le plus courant dans les *Politiques* – voir cependant II, 9, 11, 1270 a 1-2, ἔξω γὰρ τῆς οἰκείας, *extra domum* (GM, Spiazzi, p. 98, 183, Laval, p. 98, 1c.), à propos des hommes qui, au contraire des femmes doivent s'éloigner de la sphère familiale pour combattre ; aussi la plupart des traducteurs et d'abord Guillaume de Moerbeke (Spiazzi, p. 42, 91, Laval, p. 43, 1re c.) comprennent que les activités qui relèvent de cette forme de chrématistique sont comme l'écrit Thomas d'Aquin « les premières et les plus propres [à ce qu'est la chrématistique], parce qu'on acquiert ainsi de l'argent à partir des choses naturelles, premières causes de l'invention de la monnaie » Spiazzi, p. 44, 138, Laval, p. 45, 1re c.). Traduire nous oblige à choisir entre deux sens qui sont sans doute tous les deux présents : la chrématistique, l'acquisition des biens à l'aide de la monnaie, est d'abord le fait des familles quand elles se mettent à échanger, et cette acquisition est appropriée à sa fin naturelle. Voir l'excellente note de Tricot, qui parle de l'art d'acquérir des richesses en son sens le plus propre et le plus naturel, le sens familial (p. 67, n. 4).

4. I, 11, 3, 1258 b 21.

5. Aristote parle des μέρη χρήσιμα, « des parties utiles » de la chrématistique (I, 11, 1, 1258 b 12).

6. Aubonnet et Pellegrin traduisent χρηματιστική par « art d'acquérir » ou « art d'acquisition » tout au long du chapitre 11, Tricot dit « art d'acquérir des richesses » pour la première forme et dit ensuite « autre forme de chrématistique ».

chrématistique. Selon Thomas d'Aquin qui estime que la chrématistique implique toujours la monnaie, cette première forme nécessaire d'*ars pecuniativa* est celle « par laquelle un homme peut acquérir de l'argent à partir des choses que la nature met à son service pour le nécessaire à la vie, *per quam homo acquirit pecuniam ex rebus quas natura ministrat ad necessitatem vitæ* » [1]. Il faudra se demander pourquoi l'échange et la monnaie – impliqués selon Thomas d'Aquin dans cette forme de chrématistique – sont presque absents dans la description qui en est faite. Ils ne sont suggérés que par un seul mot, λυσιτελέστατα [2] : celui qui acquiert des animaux doit savoir lesquels sont pour lui les plus avantageux, l'adjectif λυσιτελής qualifiant au sens premier celui qui acquitte une rançon où une dépense.

– L'échange, μεταβλητικὴ [χρηματιστικη] [3], apparaît explicitement avec la deuxième forme de chrématistique. Aristote cite trois activités : la plus importante, le commerce sur mer (ἐμπορία, *mercatura*) [4] (frètement des navires, transport maritime, vente sur place) ; le prêt à intérêt (τοκισμός) et l'usage du travail salarié (μισθαρνία). La première activité, le commerce sur mer du grossiste, favorise en pratique la recherche sans limite du profit, même si en théorie le fait n'a rien de nécessaire puisqu'il est naturel aux cités de commercer entre elles. Les deux dernières activités relèvent encore plus clairement de la chrématistique qui recherche sans fin le profit : au chapitre précédent, le prêt à intérêt est l'exemple par excellence de la chrématistique déviée, l'acquisition y provenant de la monnaie elle-même, avec oubli de la fin pour laquelle on l'a acquise [5] ; le travail

1. Spiazzi, p. 43, 136, Laval, p. 45, 1re c.
2. I, 11, 1, 1258 b 13.
3. I, 11, 3, 1258 b 21, 4, 1258 b 29.
4. I, 11, 3, 1258 b 22, GM, Spiazzi, p. 42, 92, Laval, p. 43, 1re c.
5. I, 10, 4-5, 1258 a 37-b 8, Spiazzi, p. 38, 88-89, Laval, p. 40, 1re c. Si Guillaume de Moerbeke disposait pour καπελεία et καπηλικός d'un manuscrit proche du nôtre, ce texte peut expliquer que le petit commerce devienne pour lui le commerce portant sur l'argent : « C'est ainsi conformément à la nature, de l'avis de tous, que la chrématistique [χρηματιστική, *pecuniativa*] a son point de départ dans les fruits de la terre et les animaux. Comme nous l'avons dit, elle a deux formes, celles du petit commerce et de l'art de gouverner la famille [τῆς μὲν καπηλικῆς τῆς δ'οἰκονομικῆς, *hac quidem campsiora, hac autem œconomica*]. Cette dernière est nécessaire et louable, alors que la première est une forme d'échange blâmée à juste titre [τῆς δὲ μεταβλητικῆς ψεγομένης δικαίως] (car elle n'est pas conforme à la nature mais pratiquée par les uns aux dépens des autres), et on a tout à fait raison de haïr la pratique de l'usurier [ἡ ὀβολοστατικὴ] du fait que l'acquisition provient de la monnaie elle-même et non de ce pour quoi on l'a acquise [ἐφ'ὅπερ ἐπορίσθη, *super quo acquisivimus*] ». Tricot, Aubonnet et Pellegrin comprennent qu'il s'agit de ce pour quoi on a institué la monnaie. C'est

salarié est servile et la science nécessaire à la bonne utilisation de ces salariés n'a sans doute pas plus de dignité, pour Aristote, que celle du maître qui gouverne des esclaves, tâche qu'on doit, autant que possible, confier à un intendant [1].

Le petit commerce (καπηλεία) [2] n'est cité pour aucune de ces deux formes (familiale et commerciale). Peut-être cela tient-il à sa position, à la frontière entre le naturel et le dévié : selon le chapitre 9, le petit commerce est la déviation à l'état naissant, la pratique où la monnaie commence de manière infinitésimale à cesser d'être un instrument, à devenir une fin recherchée pour elle-même.

– La troisième forme de chrématistique est intermédiaire entre les deux premières : on tire de la terre des choses utiles, comme c'était le cas pour la forme naturelle, mais qui ne sont pas directement consommables, des matériaux, pierres et minerais à transformer par le travail des artisans [3].

À première lecture, le chapitre que nous venons de commenter s'accorde mal avec ce qui précède : il y a trois formes de chrématistique et non deux comme auparavant ; Aristote insiste sur le caractère naturel de la première forme, sur son caractère plus domestique (sans qu'elle le soit exclusivement puisque les familles échangent), mais reste discret sur l'usage naturel de la monnaie et de l'échange ; il est silencieux sur le commerce de détail, le lieu du commencement infinitésimal de la déviation ; il est également silencieux sur le rapport à la nature (conformité ou déviation) des deux autres formes, laisse entendre qu'elles donnent lieu à la recherche illimitée du profit, mais termine le chapitre en reprenant ce qu'il avait exposé à la charnière des chapitres 8 et 9 : il est utile aux politiques de connaître les méthodes inventées par les commerçants pour accroître leur profit en s'assurant le monopole provisoire d'une denrée ou d'une production, « car beaucoup de cités doivent emprunter ces voies et cette pratique chrématistique [πολλαῖς γὰρ πόλεσι δεῖ χρηματισμοῦ καὶ τοιούτων πόρων], comme une famille, mais en plus grand » [4].

possible, mais il peut s'agir simplement de celui qui acquiert de l'argent selon la nature, soit pour se procurer ce dont il a naturellement besoin.

1. I, 7, 4-5, 1255 b 31-37.

2. En fait Aristote n'utilise pas le substantif καπελεία mais l'adjectif καπηλικός au chapitre 9 : καπηλική [χρηματιστική], I, 9, 4, 1257 a 17-18 ; τὸ καπηλικόν [εἶδος τῆς χρηματιστικῆς], I, 9, 9, 1257 b 2, dans les deux cas on peut traduire « le petit commerce comme forme de chrématistique ».

3. I, 11, 4-5, 1258 b 27-32.

4. I, 11, 13, 1259 a 33-35.

Ces difficultés ont conduit à douter de l'authenticité de ce chapitre. Qu'il soit ou non un ajout, son contenu est cependant compatible avec ce qui précède : la distinction entre l'usage naturel de l'invention monétaire (pour faciliter les échanges, nécessaires aux familles et aux cités si l'on comprend correctement l'idéal d'autarcie) et son usage dévié (pour accroître sans limites ses richesses) est *théoriquement* claire, mais la prépondérance *pratique* de la chrématistique déviée, manifestée par le sens courant du mot, brouille cette frontière que la théorie a établie.

En pratique, la recherche sans fin du profit est prépondérante : richesse et excellence ne coïncident pas. La vie des commerçants, ordonnée à la recherche sans limites de la richesse est pour Aristote aussi vile et incompatible avec l'excellence que la vie des artisans et des salariés pauvres.

3. Découlant toujours du principe de la cité des semblables (les citoyens doivent être des hommes de bien), l'exclusion des cultivateurs n'est cependant pas justifiée de la même manière que celle des artisans et des commerçants, par le caractère servile de leur activité. Aristote se contente de dire qu'ils n'ont pas le loisir indispensable « pour engendrer l'excellence [πρὸς τὴν γένεσιν τῆς ἀρετῆς] et pour les activités politiques [πρὸς τὰς πράξεις τὰς πολιτικάς] » [1]. Il y a deux raisons de s'étonner.

S'il faut, pour être pleinement citoyen, au sens où l'excellence civique est celle de l'homme accompli, être libéré des tâches indispensables et si ces tâches ont toujours quelque servilité, on ne voit pas pourquoi ce qui vaut pour les artisans et les commerçants ne vaudrait pas aussi pour les agriculteurs. D'ailleurs, Aristote lui-même semble suggérer la servilité du travail agricole quand il le confie, dans la cité des semblables, à des esclaves ou à des périèques d'origine barbare [2]. Mais, à s'en tenir à la lettre du texte qui vient d'être cité, le travail agricole, celui des cultivateurs et des pasteurs, n'est pas en lui-même « sans noblesse et incompatible avec l'excellence ». La seule raison invoquée pour refuser la citoyenneté aux agriculteurs est le manque de loisir. Si l'on oublie ce jugement différent sur le travail agricole et sur les métiers urbains (commerce et artisanat), on ne comprend plus que les démocraties les moins déviées et les *politeiai* acceptent la citoyenneté des uns (cultivateurs et pasteurs) et la refusent aux autres (artisans et salariés).

1. VII, 9, 4, 1328 b 41-1329 a 2.

2. δούλους ἢ βαρβάρους περιοίκους, VII, 9, 8, 1329 a 24-26. Sur la traduction de cette expression, voir *infra*, p. 305, n. 2.

La seconde surprise est la suivante. Comme nous l'avons déjà observé [1], les démocraties bien gouvernées et les *politeiai* peuvent accorder la citoyenneté aux cultivateurs et pasteurs *parce qu'ils ont peu de loisir* : elles se protègent ainsi des risques d'une citoyenneté intempestive, des assemblées siégeant en permanence et du despotisme du peuple gouvernant à coup de décrets. Dans le cas de la cité des semblables, ce même manque de loisir est au contraire invoqué pour refuser la citoyenneté à ceux qui assurent la subsistance de la cité. C'est souligner la différence, sur laquelle nous allons revenir, entre les deux voies vers l'excellence, celles du mélange et celle de la cité des semblables.

Pourquoi Aristote porte-t-il un regard différent sur les métiers urbains et agricoles ? Le cas des thètes (les travailleurs salariés) ne fait pas difficulté : leur trop grande pauvreté et leur dépendance envers leurs maîtres leur interdisent d'être ouvriers de l'excellence. Le cas des artisans est différent puisqu'ils peuvent ne pas être pauvres et ne dépendent pas d'un patron. Aristote les associe sans doute aux commerçants, autrement dit au renversement de la hiérarchie qui doit exister selon lui entre le vivre et le bien vivre : dans la vie des artisans et des commerçants, les moyens (les biens matériels) prennent la place du bien véritable ; dans la vie des cultivateurs, ces biens peuvent, semble-t-il, conserver leur statut de moyens, même si le peu de loisir est un obstacle à l'excellence achevée. De plus les travaux agricoles et les activités artisanales ont des effets différents sur le caractère :

> l'agriculture contribue beaucoup à la formation d'un caractère viril : à l'inverse des activités des artisans qui rendent les corps débiles, elle les rend capables de séjour au grand air et de prendre de la peine, capables encore de rencontrer le danger venant des ennemis, car ils sont les seuls dont les propriétés sont en dehors des remparts [2].

1. Voir *supra*, p. 197-198.
2. *Économique*, I, II, 3, 1343 b 2-6.

DISTRIBUTION DES POUVOIRS POLITIQUES
(CHAPITRE 9, 1329 A 2 – A 34 ; CHAPITRE 14, 1332 B 12 – 1333 A 16)

Aristote traite à deux reprises (chapitres 9 et 14) de la distribution des pouvoirs entre ceux qui sont admis à la citoyenneté. Il aboutit chaque fois à la même conclusion mais en partant de deux points de vue différents : au chapitre 9, celui des parties, au sens strict, de la cité ; au chapitre 17 celui de la relation au sein des citoyens entre gouvernants et gouvernés.

1. Le premier exposé part de la liste du chapitre 8 du livre VII : puisque les artisans, les thètes et les commerçants (II), puis les agriculteurs (I) se sont vu refuser la citoyenneté, il faut considérer les quatre autres éléments de la liste. Aristote ne dit rien des riches (IV), car la richesse n'est jamais, même dans les oligarchies, le seul critère pour être ou ne pas être citoyen. Restent donc ceux qui portent les armes lourdes (III), ceux qui sont chargés du culte à rendre aux dieux (V) et ceux qui prennent les décisions en matière d'avantages et de droits réciproques, κρίσις περὶ τῶν συμφέροντων καὶ τῶν δικαίων τῶν πρὸς ἀλλήλους (VI) ou plutôt, puisqu'Aristote use maintenant d'une formule légèrement différente, délibèrent sur ce qui est avantageux et décident des droits (τὸ βουλευόμενον περί τῶν συμφερόντων καὶ κρῖνον περὶ τῶν δικαίων) [1].

Les hoplites (III) et ceux qui délibèrent et jugent (VI) apparaissent, écrit Aristote, comme « les parties par excellence de la cité [μέρη φαίνεται τῆς πόλεως μάλιστα ὄντα] »[2]. La question est donc de savoir si les mêmes hommes doivent porter les armes lourdes et délibérer ou juger. Si ces fonctions étaient réservées à vie à des groupes distincts, les hoplites seraient d'éternels gouvernés. Or c'est impossible : ceux qui sont maîtres des armes lourdes (ὅπλων κύριοι) sont aussi maîtres de maintenir ou non le régime (μένειν ἢ μὴ μένειν τὴν πολιτείαν). Cependant il s'agit de deux tâches relevant de maturités (ἀκμή) différentes, l'une en force corporelle (δύναμις), l'autre en prudence (φρόνησις) : les mêmes hommes seront donc

1. VII, 9, 4, 1329 a 3-4. Comme le montre la comparaison entre les deux formules, ce sont tous les pouvoirs politiques (la participation à la délibération collective, aux tribunaux mais aussi l'exercice des magistratures car, comme nous l'avons vu, les magistrats délibèrent aussi) qui sont réservés aux citoyens actifs quand ils ont atteint l'âge de la maturité intellectuelle.

2. VII, 9, 4, 1329 a 4-5.

hoplites quand ils sont jeunes et exerceront les pouvoirs de délibérer ou de juger quand ils seront plus âgés [1].

Reste le culte que la communauté doit rendre aux divinités qui la protègent (V). Ce sont les citoyens, et non les éléments de la cité qui n'en sont pas des parties (sont cités les cultivateurs et les artisans), qui doivent honorer les dieux. Après le temps des armes et celui de la citoyenneté active, vient celui du repos et du service divin :

> puisque le corps politique [τὸ πολιτικὸν] a été divisé en deux parties, les hoplites et ceux qui délibèrent, et qu'il convient de rendre aux dieux le culte qui leur est dû et d'assurer le repos auprès d'eux à ceux qui, avec le temps, ont laissé leurs fonctions, il faut leur confier le sacerdoce [2].

2. Au chapitre 14, la question du rôle respectif de ces deux parties du corps politique, les hoplites et ceux qui délibèrent ou jugent, est reprise dans une perspective différente. Il ne s'agit plus d'abord de conserver le régime en se prémunissant contre l'hostilité des hoplites, prévisible s'ils étaient à vie des gouvernés, et de distribuer les fonctions politiques (porter les armes, délibérer et juger, honorer les Dieux) selon l'âge où l'on a les meilleures qualités pour les accomplir, mais de veiller à ce que la relation entre gouvernants et gouvernés soit véritablement politique et non despotique :

> Comme toute communauté politique est composée de gouvernants et de gouvernés, il faut examiner si les gouvernants et les gouvernés [τοὺς ἄρχοντας καὶ τοὺς ἀρχομένους] doivent à vie être différents ou rester les mêmes. Car il est clair que l'éducation devra aussi s'accorder à cette distinction [κατὰ τὴν διαίρεσιν ταὺτην] [3]. Certes, si les uns différaient des autres autant que les dieux et les héros, pensons-nous, diffèrent des hommes, le corps tout d'abord et ensuite l'âme manifestant leur grande supériorité, au point que l'excellence des gouvernants par rapport aux gouvernés soit incontestable et évidente, *le meilleur, à l'évidence, serait que ce soient toujours les mêmes, une fois pour toutes, qui gouvernent et*

1. VII, 9, 5-6, 1329 a 6-17. Aristote ne donne pas ici les âges d'exercice des fonctions militaire et politique. Selon la *Rhétorique* (II, 14, 4, 1390 b 9-11), « le corps est dans sa maturité [ἀκμάζει] entre 30 et 35 ans, et l'âme vers 49 ans ».

2. VII, 9, 9, 1329 a 30-34. On comprend mieux maintenant pourquoi la prêtrise est mentionnée dans la liste du livre VII alors qu'on pouvait s'en passer au livre IV.

3. Pellegrin comprend que le mot δαίρεσις désigne une alternative : selon que les mêmes sont gouvernants ou gouvernés ou non, l'éducation est différente. C'est possible. Dans la traduction usuelle que j'adopte, Aristote note que l'éducation dépend de toute manière de la distinction gouvernant/gouverné qui reste opératoire même s'il y a alternance (voir mon commentaire).

> *soient gouvernés*. Mais puisqu'on ne rencontre pas facilement ce qui se voit en Inde où, au dire de Scylax, les rois diffèrent ainsi de ceux qu'ils gouvernent, il est à l'évidence nécessaire, pour de nombreuses raisons, que tous, de manière semblable, soient en commun et à tour de rôle gouvernants et gouvernés [πάντας ὁμοίως κοινωνεῖν τοῦ κατὰ μέρος ἄρχειν καὶ ἄρχεσθαι] [1].

Si cela était possible, le meilleur serait que les fonctions de gouvernant et de gouverné soient réparties de manière définitive : l'alternance semble être un pis-aller. Cette affirmation est surprenante puisqu'elle semble donner la préférence au roi sur le politique. Pourtant, elle n'est pas isolée puisqu'elle est aussi présente au début du livre II, à l'occasion d'une critique de la *République* de Platon [2]. L'unité de la cité, écrit Aristote, n'est pas celle d'une famille ou *a fortiori* d'un individu [3]. Elle n'est pas non plus celle d'une alliance ou d'une ethnie additionnant des éléments semblables [4]. La cité associe des éléments différant spécifiquement, entre lesquels il faut donc distribuer les pouvoirs selon l'égalité défendue dans les traités éthiques, la réciprocité selon l'égalité des proportions et non l'égalité des parts [5] : à chacun ou à chaque groupe de citoyens selon sa

1. VII, 14, 1-3, 1332 b-12-27. C'est moi qui souligne. Scylax est un navigateur grec du VIe siècle av. J.-C. originaire de Carie. Selon Hérodote (IV, 44), il fut envoyé par Darius Ier explorer le cours de l'Indus et parvint en Egypte, ce qui permit à Darius de soumettre les Indiens et d'ouvrir leur mer à ses vaisseaux. L'affirmation de Scylax citée par Aristote ne se trouve pas dans les textes d'Hérodote dont nous disposons.

2. II, 2, 1-7, 1261 a 9-b 9.

3. « (…) devenue davantage une, la cité n'existe plus. En effet la cité est par nature une multitude. Devenant davantage une, de cité elle devient famille et de famille un seul homme. La famille, nous l'affirmons, est plus une que la cité et l'homme plus un que la famille. Aussi si l'on pouvait unifier davantage la cité, on ne le devrait pas, car cela la détruirait » II, 2, 2, 1261 a 18-22. On pourrait s'étonner de voir affirmer l'unité de la famille alors qu'elle est composée d'éléments hétérogènes (père, mère, enfants, esclaves). En fait il faut tenir compte du contexte : celui de la critique de la communauté des biens et des enfants proposée par Platon dans la *République* et qui, selon Aristote réduirait la cité à une grande famille.

4. II, 2, 3, 1261 a 22-30.

5. Τὸ ἴσον τὸ ἀντιπεπονθὸς, « l'égal comme réciprocité » II, 2, 4, 1261 a 30-31. « Dans les communautés d'échange, la cohésion est assurée par ce type de justice, la réciprocité selon la proportion [τὸ ἀντιπεπονθὸς κατ'ἀναλογίαν] et non selon l'égalité [καὶ μὴ κατ'ἰσότητα]. C'est en effet quand on agit en retour en respectant les proportions que la cité subsiste [τῷ ἀντιποεῖν γὰρ ἀνάλογον συμμένει ἡ πόλις] » (*EN*, V, 8, 1132 b 32-34) : l'égalité refusée consisterait à considérer comme identiques les comportements d'un magistrat qui frappe un particulier et d'un particulier qui frappe un magistrat sans tenir compte de leurs statuts respectifs. Tricot (*Éthique à Nicomaque*, Paris, Vrin, 1987, p. 239) parle d'égalité stricte, ce qui prête à confusion, car l'égalité entre deux proportions (2/4 = 1/2) est aussi stricte que l'égalité refusée ici.

capacité à contribuer au bien commun. La perspective adoptée est celle de la politique du mélange, dans une communauté en partie hétérogène et non, comme au livre VII, de la cité des semblables.

Or entre des semblables, le principe de l'égalité des proportions, poursuit Aristote, implique l'alternance [1]. On peut être surpris de voir le principe de l'égalité des proportions appliqué à la cité des semblables, en rupture apparente avec l'affirmation précédente où ce principe valait pour une cité composée d'éléments différant spécifiquement. Pour résoudre cette difficulté, on remarquera qu'Aristote, quand il présente le débat sur la justice entre partisans de la démocratie et de l'oligarchie, n'oppose pas le principe oligarchique de l'égalité des proportions [2] et le principe démocratique de l'égalité des parts [3]. Au chapitre 9 du livre III, les partisans de la démocratie s'accordent avec leurs adversaires sur le principe de l'égalité des proportions, mais choisissent comme critère le fait que les citoyens sont tous des hommes libres : à ces semblables, il faut donc donner des parts égales [4]. Voilà donc une première façon de ramener l'égal accès aux pouvoirs (impliquant l'alternance s'ils ne peuvent être exercés en commun) à l'égalité des proportions, alors qu'il semblait relever de l'égalité des parts. Il y a une seconde manière d'éclairer les textes des livres II et VII que nous commentons. Pour Aristote, l'alternance ne vise pas une égalité détruisant la différence entre gouvernants et gouvernés. « Sans conteste, écrit-il au livre VII, les gouvernants doivent différer des gouvernés » [5]. C'est à cette lumière que le texte du livre II doit être compris :

> Entre hommes libres et égaux, il est nécessaire qu'il en soit ainsi [selon le principe de l'égalité proportionnelle]. Comme ils ne peuvent tous gouverner en même temps, ils doivent le faire pendant un an, ou selon un autre ordre ou pour un temps donné. Et il arrive de cette manière que tous gouvernent, comme si les cordonniers et les charpentiers échangeaient leurs métiers et que les mêmes ne soient pas toujours cordonniers et charpentiers. Puisqu'il est meilleur qu'il en soit aussi ainsi dans le cas de la communauté politique, *le meilleur, à l'évidence, est que les mêmes*

1. II, 2, 4, 1261 a 32-34.

2. Platon, *Gorgias*, 508 a : Socrate déclare que l'égalité géométrique (ou des proportions) est toute-puissante chez les dieux comme chez les hommes et l'oppose à l'attitude qui consiste à vouloir avoir à tout prix plus que les autres, plus que sa part.

3. Égalité arithmétique des parts : à chacun 1 kg de pain. Égalité des proportions si, par exemple, la quantité de pain est proportionnée au poids de chacun : 1/40 = 2/80.

4. III, 9, 1-4, 1280 a 7-24.

5. VII, 14, 4, 1332 b 32-34.

> *gouvernent toujours*, si c'est possible. Mais dans les cas où c'est impossible parce que tous sont par nature égaux et que dès lors il est juste (...) que tous aient part au gouvernement, on a une imitation de la solution précédente (...) : à tour de rôle, les uns gouvernent, les autres sont gouvernés, comme s'ils étaient devenus différents. Et de la même manière, ceux qui gouvernent deviennent différents en exerçant des fonctions gouvernementales différentes [1].

L'alternance n'est pas le moyen d'abolir la différence spécifique entre gouvernants et gouvernés. Elle imite en effet le dispositif où cette différence est particulièrement visible du fait de sa permanence et préserve donc cette différence dans les cas où l'égalité des citoyens risque de la mettre en danger : l'imitation consiste à faire comme si gouvernants et gouvernés étaient devenus différents en nature ou en compétence. C'est la première raison conduisant Aristote à se donner une situation de départ où la distinction entre gouvernés et gouvernants est évidente, du fait de la nature (comme en Inde selon Scylax au livre VII) ou, pour le charpentier ou le cordonnier du livre II, du fait de leur compétence technique, qui peut d'ailleurs relever aussi de leurs naturels respectifs.

Cependant cet argument ne suffit pas à expliquer la préférence d'Aristote, affirmée dans ces deux textes que nous comparons, pour une attribution permanente et définitive des rôles de gouvernant et de gouverné. Pris à la lettre et de manière isolée, ces textes semblent défendre le théorème de l'excellence dans sa version radicale : l'idéal serait que l'excellence des gouvernants, en nature et en compétence, soit aussi manifeste que celle des dieux. Nous avons déjà rencontré au livre III, avec l'homme divin qu'on ne pouvait pas décemment ostraciser [2] et ensuite avec celui qui décide de tout, le πεμβασιλεύς [3], cette figure théocratique d'une excellence permanente et définitive. Nous avions alors estimé qu'elle était présentée pour être exclue, quand on a fait l'expérience de son impossibilité. Aristote ne peut songer à prendre pour modèle ce que des Barbares (mieux, des Asiatiques inclinés à la servilité) [4] ont pensé de leurs rois au dire de Scylax. Les deux voies vers l'excellence (la politique du mélange et la cité des semblables) ont en commun de répondre aux apories mises en

1. II, 2, 4-7, 1261 a 32-1261 b 6. Je souligne la formule qu'Aristote reprend dans le texte du livre VII traduit plus haut.

2. Mon commentaire *supra*, p. 130-135.

3. Mon commentaire *supra*, p. 135-147.

4. Voir *supra*, VII, 7 et mon commentaire, p. 270-271.

évidence au livre III, dont la troisième forme, la plus spectaculaire, est l'impossibilité de la théocratie.

Dans le chapitre 14 du livre VII que nous commentons, il faut donc, puisque la théocratie est impossible, rendre compatibles deux impératifs en apparence contraires : la justice comme égalité des proportions veut qu'on donne la même chose à des semblables [1] ; les gouvernants doivent différer des gouvernés [2]. Il ne s'agit pas simplement, comme au chapitre 9, d'éviter que la différence entre gouvernants et gouvernés conduise à la sédition des hoplites (cet objectif restant bien sûr présent) [3] mais surtout d'éviter que la relation de pouvoir (qui doit être maintenue) devienne despotique [4] : il faut donc qu'on apprenne à gouverner en obéissant. On peut donc prendre appui sur la différence naturelle entre les âges, l'écart entre la vigueur des uns et la φρόνησις des autres, ce qui a en outre l'intérêt de favoriser l'éducation au commandement par l'obéissance, autrement dit l'exercice non despotique de l'autorité.

Dans la cité des semblables, l'exercice de tous les pouvoirs politiques – le pouvoir collectif de délibérer et les magistratures *stricto sensu*, également englobés par la formule utilisée par Aristote (τὸ βουλευόμενον περί τῶν συμφερόντων καὶ κρῖνον περὶ τῶν δικαίων, « le fait de délibérer sur les choses avantageuses et de décider des droits ») – est confié aux hommes mûrs qui ont appris à délibérer, à décider et à commander en obéissant quand ils étaient hoplites. L'alternance a certainement sa place pour les magistratures au sein de la classe des citoyens chargés ensemble de délibérer. Pour caractériser ce pouvoir de délibérer et de décider que les hommes mûrs exercent en commun, Aristote n'utilise pas, au livre VII, le vocabulaire de la suprématie. Certes, il dit que les hoplites, « maîtres des armes », sont aussi « maîtres de la survie du régime [ὅπλων κύριοι μένειν ἢ μὴ μένειν κύριοι τὴν πολιτείαν] »[5]. Mais les hoplites usent de ce pouvoir pour défendre le régime, et non pour le renverser, parce qu'ils savent qu'ils vont à leur tour, à leur maturité, avoir part au gouvernement de la cité : ils sont κύριοι alors quand ils n'exercent pas encore la suprématie politique. Peut-être pourrait-on objecter à Aristote qu'il existe bien ici une forme de suprématie au sens critiqué dès le livre III, une partie de la cité (les hommes mûrs) gouvernant le reste des citoyens traités alors en enfants sinon en

1. VII, 14, 3, 1332 b 27.
2. VII, 14, 4, 1332 b 32-34.
3. VII, 14, 3-4, 1332 b 27-32.
4. VII, 14, 6-7, 1333 a 2-6.
5. VII, 9, 5, 1329 a 11-12.

esclaves. Aristote considère sans doute que tout citoyen se prépare à gouverner un jour, puis à laisser la place à d'autres quand l'âge de la prêtrise sera venu.

RÉPARTITION DES TERRES ET REPAS EN COMMUN

Dans la cité des semblables, les cultivateurs ne sont pas citoyens. Les hoplites et les citoyens actifs doivent posséder les terres[1] et les faire cultiver par des esclaves ou des périèques d'origine barbare (δούλους ἢ βαρβάρους [ἢ] περιοίκους)[2]. La mention des périèques est intéressante. À côté des esclaves *stricto sensu* (δοῦλοι si l'on donne à δούλος un sens étroit qu'il n'a pas toujours), certains travailleurs étaient attachés à la terre comme les serfs plus tard en Europe) : « hilotes (εἵλωτες) » à Sparte, « pénestes (πενέσται) » en Thessalie, « clarotes (κλαρῶται) » en Crête (non mentionnés sous ce vocable par Aristote dans les *Politiques*), ils n'étaient ni libres ni esclaves (au sens étroit). Les périèques avaient un statut intermédiaire entre ces serfs et les hommes libres. Entre les hommes libres et ces populations à des degrés divers serviles, de l'esclave au périèque, il pouvait y avoir – c'est un danger pour Aristote – communauté ethnique, religieuse

1. VII, 9, 7, 1329 a 17-19 et 8, a 24-26 ; 10, 9, 1329 b 36-37. Aristote ne mentionne pas pour la propriété des terres les citoyens retraités chargés du culte des dieux. Sans doute ne se chargent-ils pas plus de la gestion de leurs anciennes propriétés que des affaires politiques.

2. VII, 9, 8, 1329 a 24-26. « Des esclaves ou des périèques d'origine barbare » si l'on supprime le second ἢ, ou, en le conservant comme Pellegrin : « des esclaves, des Barbares ou des périèques ». Cependant Aristote distingue plus loin deux et non pas trois solutions : « pour les cultivateurs, le mieux, si l'on doit faire ce qu'on souhaite, est que ce soient des esclaves, ni de même origine ni courageux (ainsi ils seront utiles à leur tâche sans présenter aucun danger d'innovation), ou, seconde solution, que ce soient des périèques barbares au naturel proche de ceux dont on vient de parler » VII, 10, 13, 1330 a 25-30. De là l'idée de supprimer le second ἢ pour accorder les deux textes. Si l'on refuse la correction pour conserver le manuscrit, on peut, pour éviter de juxtaposer des esclaves, des Barbares et des périèques, ce qui n'a guère de sens, construire la phrase comme Guillaume de Moerbeke : *necesse est servos esse, aut barbaros, aut vernaculos*, « il est nécessaire que ce soit des esclaves, soit barbares soit vernaculaires [nés dans la maison ou le pays et donc ayant le grec comme langue maternelle] ». Aristote distinguerait donc deux types de servitude, celle des Barbares et celle de serfs parlant grec comme souvent les périèques, sans recommander encore, comme il le fait plus loin l'utilisation d'esclaves ou de périèques d'origine barbare. L'inconvénient de cette solution est de donner à δούλος un sens large au chapitre 9 (englobant les esclaves *stricto sensu* et les périèques) et strict au chapitre 10.

et linguistique [1]. Aristote ne semble pas distinguer pour la Crête les clarotes et les périèques : il écrit que les périèques sont pour les Crétois ce que sont les hilotes à Sparte [2], mais distingue lui aussi des degrés de servitude (de l'esclave et du périèque). Or, dans la cité selon nos vœux, il tempère cette distinction : d'une part, en souhaitant que les esclaves et les périèques aient la même origine, barbare et non grecque, d'autre part en déclarant que ceux qui cultivent les terres des particuliers (cela vaut donc aussi pour les périèques) font partie des biens privés des propriétaires [3]. Or à Sparte, les hilotes cultivant les terres des particuliers appartenaient à la cité : si au contraire les périèques travaillant la terre sont la propriété privée de leurs maîtres, leur statut est semblable sur ce point à celui des esclaves. Nous allons bientôt y revenir [4].

Dans la cité selon nos vœux, la possession des terres par les citoyens prend deux formes distinctes. Une part du territoire est commune : elle sert à financer le culte divin et les repas communs [5]. Elle est cultivée par des esclaves ou des périèques communs à la cité [6]. Aristote insiste sur la nécessité d'un financement public des repas communs, car, écrit-il, il ne serait pas facile aux pauvres de payer leur contribution si le financement était privé comme il l'est à Sparte [7]. Il y a donc des citoyens pauvres dans la cité des semblables, même si cette pauvreté ne va pas jusqu'à leur interdire tout loisir.

La part restante du territoire est répartie entre les citoyens, chacun d'eux disposant de deux lots, l'un proche de la ville, l'autre des frontières. Cette disposition librement empruntée à Platon [8] vise à éviter que les

1. Pierre Vidal-Naquet, « Économie et société dans la Grèce ancienne », in *La démocratie grecque vue d'ailleurs*, p. 64-75.

2. *Ibid.*, p. 72. Voir II, 10, 4-5, 1271 b 40-1272 a 1.

3. τούτων δὲ τούς μὲν ἰδίους ἐν τοῖς ἰδίοις εἶναι τῶν κεκτημένων τὰς οὐσίας, parmi eux, les uns, *privés*, font partie des biens *privés* des propriétaires, VII, 10, 14, 1330 a 30-31. Ce texte suit celui qui est traduit p. 305, n. 2, à propos de l'ethnie et du caractère souhaitables pour les esclaves ou périèques affectés à la culture des terres. C'est moi qui souligne.

4. Voir *infra*, p. 317.

5. VII, 10, 11, 1330 a 9-13.

6. Voir VII, 10, 14, 1330 a 31, la suite du texte traduit p. 305, n. 2 : parmi les esclaves ou périèques, les uns sont possédés par les particuliers, « les autres qui travaillent les terres de la communauté lui appartiennent [τοὺς δ'ἐπὶ τῇ κοινῇ γῇ κοινούς] ».

7. VII, 10, 10, 1330 a 3-8. Critique de la solution spartiate, II, 9, 30-31, 1271 a 26-32.

8. *Lois*, V, 745 c-e. Aristote évoque cette proposition de Platon au livre II de la manière suivante : « il faut aussi examiner si la répartition des domaines où résider [οἰκόπεδων διαίρεσιν] n'est pas désavantageuse pour le gouvernement de la famille [πρὸς οἰκονομίαν], car il a distribué à chacun deux domaines séparés l'un de l'autre, or il est difficile

citoyens aient, en cas de délibération sur la paix ou la guerre avec les cités voisines, des intérêts opposés [1]. Car des cités où certains citoyens avaient toutes leurs propriétés près des frontières jugeaient nécessaire de leur interdire de prendre part aux débats sur la paix ou la guerre concernant de trop près leurs intérêts particuliers : alors qu'on considère souvent aujourd'hui que l'avis des premiers concernés doit être privilégié, Aristote approuve, comme un pis-aller il est vrai [2], cette mesure qui les écarte de la décision.

d'administrer deux maisons [οἰκίας δύο οἰκεῖν] » II, 6, 15, 1265 b 24-26. Pour expliquer la contradiction apparente entre la critique au livre II et l'emprunt au livre VII, on peut remarquer qu'il s'agit au livre II de deux domaines où résider et au livre VII de l'emplacement des terres à cultiver. Ajoutons que le souci de Platon – égaliser les fortunes puisque les terres périphériques avaient moins de valeur, en tentant compte aussi de la fertilité, et permettre au fils aîné de s'installer après son mariage dans le second domaine (VI, 776 a *sq.*) – n'est pas celui d'Aristote qui songe surtout à éviter que l'intérêt particulier des frontaliers vienne perturber le débat sur la paix et la guerre.

1. VII, 10, 11-12, 1330 a-14-23. Voir aussi sur ce point « Introduction », p. 42.

2. Castoriadis cite et commente ce texte en attribuant cette disposition aux Athéniens (« La *polis* grecque et la création de la démocratie », in *Domaines de l'homme. Les carrefours du labyrinthe II*, p. 293), ce qu'Aristote ne fait pas ni dans les *Politiques* ni dans la *Constitution d'Athènes*.

CONCLUSION
(PARTIES II ET III)

FAUT-IL HIÉRARCHISER LES DEUX VOIES VERS L'EXCELLENCE ?

Pour résoudre les difficultés mises en évidence au livre III, Aristote propose deux formes d'excellence pour les cités. Il reste à savoir s'il les hiérarchise.

UNE PRÉFÉRENCE APPARENTE POUR LA CITÉ DES SEMBLABLES

Selon la première voie étudiée dans la deuxième partie de cet ouvrage, le meilleur régime résulte, dans une situation donnée, du mélange exactement dosé d'ingrédients démocratiques et oligarchiques, aussi proche que possible de la juste mesure, *politeia* à ce point harmonieuse que la division sociale présente dans la cité devient invisible parce que tous visent le bien commun.

À suivre la seconde voie, la division sociale est complètement chassée de la communauté des citoyens dont l'accès est réservé aux hommes de bien. Les différences entre les citoyens ne tiennent qu'à l'âge et à l'exercice successif dans la vie de chacun de trois fonctions – hoplite, citoyen actif et prêtre – ainsi probablement, même si Aristote ne les mentionne pas, qu'aux divergences normales d'opinion dans la délibération collective et à l'alternance dans l'attribution des magistratures.

Montrons d'abord ce qui rapproche ces deux voies, celles du mélange harmonieux et de la cité des semblables.

L'une et l'autre répondent aux trois apories mises en évidence au livre III, toutes liées au théorème de l'excellence selon lequel la cité la mieux gouvernée est celle où la suprématie appartient au(x) meilleur(s) : ce théorème conduit à distinguer l'excellence achevée des gouvernants et l'excellence ordinaire des simples citoyens (1), exclut l'excellence du gouvernement populaire droit, car la suprématie du grand nombre ne peut, semble-t-il, être celle des meilleurs (2), implique enfin qu'une partie de la cité exerce sa suprématie sur le reste, ce qui réduit l'autorité politique à une autorité despotique, si le bien commun est oublié, ou au moins paternelle ou maritale puisque l'attribution de la suprématie aux meilleurs est permanente, comme l'est au sein de la famille le pouvoir du père sur ses esclaves, son épouse et ses enfants tant qu'ils ne sont pas adultes (3).

La cité du mélange et la cité des semblables répondent l'une et l'autre à ces apories.

1. Dans la cité des semblables, la distinction entre l'homme de bien et le citoyen ordinaire est provisoire : tout citoyen devient à l'âge mûr un homme accompli exerçant toutes les fonctions proprement politiques. De son côté la *politeia*, et avec elle les mélanges qui s'en approchent, parvient à combiner les qualités des citoyens, et non leurs défauts, pour réaliser une communauté civique capable de tempérance, de justice et de jugement éclairé. Un texte du livre VII précise la proximité et la différence des deux voies en la matière :

> Une cité assurément est vertueuse [σπουδαία] si les citoyens ayant part au régime sont vertueux [τῷ τοὺς πολίτας τοὺς μετέχοντας τῆς πολιτείας εἶναι σπουδαίους]. Or pour nous tous les citoyens ont part au régime [ἡμῖν δὲ πάντες οἱ πολῖται μετέχουσι τῆς πολιτείας]. Voilà donc ce qu'il faut examiner : comment un homme devient-il vertueux ? Car s'il est possible que tous les citoyens soient vertueux sans que chacun d'eux le soit [c'est la voie de la *politeia*], il est préférable que chacun d'eux le soit, car il s'ensuit que tous le sont [c'est la voie explorée au livre VII] [1].

Tout le début de ce texte peut valoir pour les deux voies : dans l'une et l'autre, tous les citoyens ont part au régime, ce qui est conforme à la définition du vrai citoyen au début du livre III ; l'une et l'autre cité sont excellentes, mais chacune à sa manière : la *politeia* grâce à la vertu commune de tous les citoyens qui n'est pas nécessairement celle de chacun, selon le modèle exposé au chapitre 11 du livre III ; la cité selon nos vœux parce que la vertu de tous est la conséquence de celle de chacun. À s'en tenir à ce

1. VII, 13, 9-10, 1332 a 32-38.

texte, la seconde manière doit être préférée. Nous allons bientôt examiner ce qu'il faut en penser.

2. Dans la cité des semblables comme dans la *politeia*, la suprématie de la multitude est le meilleur régime pour la cité. Dans le premier cas, les citoyens deviennent tous, à l'âge mûr, des hommes de bien ; dans le second, les citoyens de fortune moyenne ont une autorité suffisante pour équilibrer l'influence combinée des riches et des pauvres : mêlés à toute la communauté qui délibère, ils contribuent à son excellence [1].

3. Dans l'une ou l'autre cité, les effets despotiques de la suprématie sont surmontés : dans un cas (*politeia*), tous les citoyens ont part à la délibération sur les affaires communes ; dans l'autre (cité des semblables), chaque citoyen y participe quand il est parvenu à la maturité.

L'affinité entre ces deux régimes est aussi révélée par leur organisation sociale. Dans l'un et l'autre, comme dans les formes les moins déviées d'oligarchie et de démocratie, la vie des artisans et des commerçants est incompatible avec l'excellence requise pour être citoyen. Du fait de la prépondérance de la classe moyenne, la *politeia* est pour une large part composée de semblables.

La principale différence entre les deux voies concerne le statut des cultivateurs et pasteurs, compatible avec la citoyenneté dans un cas (*politeia*), incompatible dans l'autre (cité des semblables). La cité des semblables et la *politeia* sont deux réponses différentes à l'aporie de l'égalité qu'on peut formuler de la manière suivante.

Si l'accès à la véritable citoyenneté est large, si une partie au moins des travailleurs manuels aux revenus modestes a véritablement part à la cité, ce qui implique, au-delà de leur citoyenneté nominale et légale, leur participation active à la vie politique, le corps civique est relativement hétérogène : tous ne bénéficient pas du même loisir ; il est donc nécessaire de tenir compte de cette hétérogénéité pour distribuer les pouvoirs et en particulier les magistratures : de là le risque d'un exercice despotique de l'autorité.

Si au contraire l'accès à la véritable citoyenneté est réservé à ceux qui sont entièrement libérés, grâce au travail servile, des tâches indispensables à la vie, tous bénéficient du même loisir. La distribution des pouvoirs peut être égalitaire, dans les limites cependant du maintien nécessaire de la

1. « Tous réunis, ils ont un bon sens suffisant [ἱκανὴν αἴσθησιν] et mêlés aux meilleurs rendent service aux cités [μιγνύμενοι τοῖς βελτιόσι τὰς πόλεις ὠφελοῦσι] » III, 11, 9, 1281 b 34-38.

distinction entre les gouvernants et les gouvernés, reposant désormais sur la différence naturelle entre la pleine puissance du corps et le plein développement de l'intelligence pratique. Le risque vient dans ce cas de tous ceux qui sont indispensables à la cité et qui campent à ses portes, comme l'a fait le prolétariat en Europe au XIXe siècle au début de la révolution industrielle.

Parler comme nous l'avons fait de deux voies peut cependant laisser croire que les législateurs pourraient à leur gré emprunter l'une ou l'autre. Il n'en est rien : quand ils recherchent le meilleur régime, ils sont toujours placés dans une situation qu'ils ne choisissent pas. Dans ces conditions, le régime recherché est celui qui réalise le mieux les vœux de la science politique et la question de savoir si l'une ou l'autre forme d'excellence est préférable ne se pose pas.

Aristote parle cependant à de nombreuses reprises du régime le meilleur si rien d'extérieur ne s'oppose à notre souhait, régime en même temps élitiste (pour l'accès à la citoyenneté) et égalitaire (pour l'exercice des pouvoirs). Puisqu'il est relatif aux conditions les plus conformes à nos vœux, il paraît avoir la préférence d'Aristote. Dans cette hypothèse, il représenterait une sorte d'idéaltype ou d'idée régulatrice. En vertu de l'unité de la science politique fortement soulignée en ouverture du livre IV, l'analyse des conditions conformes à nos vœux pourrait éclairer tout le travail du législateur quand il recherche l'excellence dans des conditions qui s'imposent à lui. Un texte du livre IV que nous avons déjà rencontré et traduit[1] semble conforter cette hypothèse : il nous faut déterminer, écrit Aristote, « le régime le plus commun et le plus souhaitable » (il s'agit bien sûr de la *politeia*, « après le meilleur ». La *politeia* elle-même et tous les régimes corrects comportant un mélange seraient des déviations s'écartant à des degrés divers du régime le plus correct, l'aristocratie sans mélange, autrement dit le régime selon nos vœux, limite vers lequel tendrait la *politeia* si toute trace du mélange s'abolissait dans son résultat : des citoyens tous semblables en excellence.

1. IV, 2, 4, 1289 b 12-17, commenté *supra*, II, 4, p. 179. Voir aussi notre commentaire de IV, 8, 1, 1293 b 21-27, II, 6, p. 215, que certains interprètent dans le même sens.

L'APORIE DE L'ÉGALITÉ

Tout cela est en partie vrai. Cependant le texte du livre II que nous avons analysé, qui insiste tant sur la différence entre la communauté politique et la famille – la cité n'ayant pas l'unité de la famille parce que sa composition est hétérogène [1], paraît difficilement compatible avec l'idée d'une préférence définitive d'Aristote pour la cité des semblables.

D'autre part, le prix à payer pour la réaliser est élevé. Comme on l'a vu plus haut, elle a pour principe l'identité des deux excellences, celles du citoyen et de l'homme de bien. Pour que ce principe soit effectif, pour que tous les citoyens puissent être ouvriers d'excellence, leur vie doit être complètement libérée de toutes les tâches indispensables à la vie. Or cet objectif est toujours difficile à atteindre, *quelle que soit la cité*, comme Aristote l'indique en préalable à son examen du régime de Sparte :

> Qu'il faille, dans un régime qui aspire à être beau [τῇ μελλούσῃ καλῶς πολιτεύεσθαι (πολίτειᾳ)], disposer d'abord du loisir par rapport aux nécessités de la vie, c'est chose admise. Mais de quelle manière on peut en disposer, ce n'est pas facile à saisir [2].

Pour assurer le loisir des citoyens, il faut les libérer des tâches imposées par la vie en les confiant à une classe servile ou semi-servile (esclaves, hilotes, pénestes ou périèques). À propos de la Thessalie et de Sparte, Aristote expose les dangers et difficultés de cette solution [3]. Des travailleurs manuels indispensables à la cité sans y être intégrés deviennent presque toujours des ennemis de l'intérieur disposés aux séditions, surtout s'ils partagent la langue, la culture et la religion des citoyens et peuvent espérer participer davantage à la vie de la cité. Ils sont donc des alliés possibles pour les ennemis de l'extérieur. Les cités crétoises ont compris ce dernier danger : utilisant toutes ces populations serviles, elles se gardent d'en user les unes contre les autres quand elles se font la guerre.

Or c'est à ce genre de travailleurs que la cité selon nos vœux a recours pour toutes les tâches agricoles. Ce seront, déclare Aristote, des esclaves ou des périèques d'origine barbare [4]. Si ce sont des esclaves, ils ne doivent être ni de même origine ni courageux ; si ce sont des périèques, ils doivent être d'origine barbare et de même peu courageux [5]. Il faut se souvenir de ce qui

1. II, 2, 2-3, 1261 a 14-30.
2. II, 9, 2, 1269 a 34-36.
3. II, 9, 2-4, 1269 a 34-1269 b 12.
4. VII, 9, 8, 1329 a 24-26.
5. VII, 10, 13, 1330 a 25-30.

est dit sur la servilité des Barbares (au livre I)[1] ou plus précisément des peuples d'Asie (livre VII)[2], et sur le danger représenté au livre II par les pénestes de Thessalie et les hilotes de Sparte, de même origine (grecque) que les citoyens et portés comme eux au courage.

De toute manière, et cela vaut bien sûr pour la Crête et pour la cité du livre VII même si la remarque est faite à propos de Sparte, il est très difficile de naviguer entre laxisme et sévérité, d'éviter le double écueil de l'insolence et de la haine des classes serviles[3]. Quand il s'agit de savoir comment régler cette difficulté soulevée au livre II – celle de s'arrêter à un juste milieu entre licence et répression, Aristote se contente de renvoyer à un autre développement, absent en fait dans les *Politiques*, et à dire qu'il vaut mieux « proposer à *tous* les esclaves la liberté pour récompense »[4]. Mais que deviendront ces esclaves affranchis, des travailleurs manuels libres ou des citoyens libérés du travail manuel ? Le fait même qu'Aristote propose pour les repas communs leur financement public[5], pour éviter que les citoyens pauvres en soient exclus, comme ils le sont à Sparte, montre qu'il risque d'y avoir des citoyens pauvres dans la cité des égaux : la division sociale continue à la travailler, ce qui nous renvoie au modèle de la *politeia* et non à celui d'un corps civique homogène.

La question de l'esclavage

On peut éclairer ces difficultés en revenant sur une question qui divise toujours les commentateurs, celle de l'esclavage dans les *Politiques*.

Mettant en avant les rares textes où Aristote parle d'amitié entre le maître et l'esclave[6], certains le créditent de nous avoir fait connaître la critique radicale de l'esclavage qui existait à son époque, de l'avoir

1. I, 2, 4, 1252 b 7-9.

2. VII, 7, 1-4, 1327 b 19-38. Les solutions esquissées par Aristote (origine et naturel des populations serviles, exercice de l'autorité) sont proches de celles de Platon dans les *Lois* (VI, 777 b-778 a).

3. II, 9, 4, 1269 b 7-12.

4. VII, 10, 14, 1330 a 31-33 (c'est moi qui souligne). Même conseil dans l'*Économique*, I, V, 6, 1344 b 11-17. Voir aussi le testament d'Aristote cité par Diogène Laërce, *Vies et doctrines des philosophes illustres*, V, 11-15, p. 566-570, qui mentionne l'affranchissement par Aristote de certains de ses esclaves.

5. Critique de la solution spartiate et éloge du financement public des repas en commun : II, 9, 30-32, 1271 a 26-37 ; VII, 10, 10, 1330 a 3-8.

6. I, 6, 9-10, 1255 b 5-15, voir *supra* p. 279, n. 1.

exposée avec une grande honnêteté et d'en avoir tenu compte en constatant que les esclaves institués pouvaient ne pas être ceux que la nature avait destinés à la servitude : d'une part, il note à plusieurs reprises que la nature a des ratés et que la différence entre le naturel servile et l'aptitude au gouvernement de soi-même ou des autres, incontestable en théorie, est souvent peu visible en pratique [1] ; d'autre part, il sait que les vaincus réduits en esclavage peuvent avoir un naturel d'hommes libres, même si la victoire est signe de supériorité naturelle [2]. Dans un passage de la *Rhétorique*, il distingue les lois particulières, relatives aux diverses cités, et la loi commune naturelle, puis justifie cette distinction en citant l'*Antigone* de Sophocle, un vers d'Empédocle et la *Messénienne* d'Alcidamas, élève de Gorgias. Un scholiaste illustre en marge la troisième référence en citant Alcidamas : « Dieu a laissé tous les hommes libres : la nature n'a rendu personne esclave » [3]. Aristote peut penser à ce texte quand il prend au sérieux, avant de les discuter, les thèses de certains sages. Selon eux,

> Exercer le pouvoir d'un maître [τὸ δεσπόζειν] est contre nature [παρὰ φύσιν], car c'est par institution [νόμῳ] que l'un est esclave, l'autre libre ; par nature, il n'y a aucune différence. Il n'y a donc là aucune justice du fait de la violence [4].

> Cette institution est une sorte d'accord [ὁμολογία τίς] selon lequel ce qui est dominé à la guerre appartient à ceux qui dominent [5].

D'autres commentateurs [6] se méfient à juste titre de la tendance presque instinctive des philosophes, visible aujourd'hui dans les polémiques sur

1. I, 5, 10, 1254 b 32-36. Et surtout : « souvent la nature veut agir ainsi [ne distinguer l'esclave et l'homme libre que par l'excellence et son contraire] mais ne le peut pas » (I, 6, 8, 1255 b 2-4).

2. τινὰ ἀρετὴ τυγχάνουσα χορηγίας καὶ βιάζεσθαι δύναται μάλιστα, καὶ ἔστιν ἀεὶ τὸ κρατοῦν ἐν ὑπεροχῇ ἀγαθοῦ τινος, ὥστε δοκεῖν μὴ ἄνευ ἀρετῆς εἶναι τὴν βίαν « une certaine excellence qui en trouve les moyens peut tout à fait user de la contrainte et le fait de vaincre implique toujours une supériorité en un certain bien, de sorte que la force paraît n'être pas dépourvue d'excellence » (I, 6, 3, 1255 a 13-16). L'argument est remarquablement ambigu : il y a une indéniable supériorité naturelle mais pour qu'elle conduise au pouvoir de contraindre et à une victoire, il faut qu'elle en trouve les moyens, ce qui dépend de la fortune qui, elle, ne dépend pas de cette inégalité naturelle.

3. ἐλευθέρους ἀφῆκε πάντας θεός, οὐδένα δοῦλον ἡ φύσις, rapporté en marge de *Rhétorique*, I, 13, 2, 1373 b *sq*.

4. I, 3, 4, 1253 b 20-22.

5. I, 6, 1, 1255 a 6-7.

6. Voir par exemple Grégoire Chamayou, « La chasse aux bœufs bipèdes », in *Les chasses à l'homme*, Paris, La Fabrique Éditions, 2010, chap. premier, p. 11-19.

Heidegger, à défendre un grand penseur quand il défend des thèses qui les scandalisent, et à transformer ainsi la philosophie en forteresse où le mal ne pourrait pas pénétrer. Ces commentateurs rappelleront les textes déjà cités dans cet ouvrage : entre l'instrument animé et son maître, il n'y a ni amitié ni vraie communauté ; si l'on veille à n'utiliser comme instrument animé que celui que la nature a destiné l'être, on peut acquérir des esclaves par la violence, comme on capture des animaux pour s'en nourrir ou les domestiquer.

Pour éclairer ces textes qui se contredisent, de la chasse aux esclaves à l'amitié envers eux, il faut tenir compte du contexte dans lequel Aristote écrit. En s'appuyant sur les analyses de P. Vidal-Naquet évoquées plus haut [1], on peut opposer schématiquement deux modèles pour penser la servitude aux Vᵉ et IVᵉ siècles.

Selon le premier, le plus ancien et le plus fréquent, il existe entre la liberté et la servitude une série de degrés intermédiaires qui viennent brouiller la frontière entre les deux statuts, surtout quand tous ont même langue et même religion.

Le second modèle, moins ancien et plus rare, est athénien. Il se caractérise par l'« avance, main dans la main, de la liberté et de l'esclavage » [2]. Avant Solon, les terres pouvaient être cultivées à Athènes par des paysans athéniens réduits pour dettes à un statut servile. Si ces paysans asservis ne sont pas exactement les hilotes de Sparte – leur servitude ne résulte pas de la conquête de leur territoire par des envahisseurs et ils sont donc moins éloignés des hommes libres que ne le sont les hilotes à Sparte –, l'action de Solon revient cependant, non à supprimer tout esclavage, mais au contraire à établir entre liberté et servitude une stricte frontière que l'existence d'un statut intermédiaire pouvait venir brouiller. Les mesures démocratiques de Clisthène, qui donne la citoyenneté à des travailleurs libres dont les tâches étaient considérées par Aristote comme serviles (artisans et commerçants), vont dans le même sens.

Cependant la fameuse formule de Finley, proche de celle de Rousseau dans le *Contrat social* [3] – la liberté et la servitude avancent main dans la main –, comme si, commente Castoriadis pour manifester ses réserves [4],

1. « Économie et société dans la Grèce ancienne », *La démocratie grecque vue d'ailleurs*, p. 64-75.

2. Finley, *Économie et société en Grèce ancienne*, Paris, La Découverte, 1984, p. 171, cité par Vidal-Naquet, p. 74.

3. « Quoi ! la liberté ne se maintient qu'à l'appui de la servitude ? » III, 15, *OC* III, p. 431.

4. *La cité et les lois,* p. 40-41, puis 61-65.

l'esclavage était la condition nécessaire de la démocratie, est unilatérale. C'est dans cette démocratie qui établit une frontière nette entre servitude et liberté en supprimant l'esclavage pour dettes des paysans autochtones de l'Attique que se développe aussi un imaginaire de la liberté et de l'égalité dont Platon témoigne bien malgré lui au livre VIII de la *République* à travers une extraordinaire caricature. Si l'on veut abolir l'inégalité et l'autorité entre les citoyens, pourquoi, écrit-il, s'arrêter en si bon chemin ? « N'est-il pas nécessaire que (...) l'esprit de liberté s'étende à tout », que les enfants s'égalent aux adultes, les métèques aux citoyens, les esclaves aux hommes libres, les femmes aux hommes, les chiennes à leurs maîtresses tandis que les ânes et les chevaux, dans les ruelles d'Athènes, « bousculeront le passant qu'ils trouvent sur leur chemin si, par mégarde, il ne se range pas » [1] ? De la discussion sur l'esclavage au livre I des *Politiques*, il faut retenir que la naturalité de l'esclavage était en débat, en particulier à Athènes, comme d'ailleurs le statut réservé aux femmes : c'était l'effet de la dynamique imaginaire de l'égalité sans fin impliquée par la démocratie.

C'est à la lumière de ces deux manières de penser la servitude – selon une hiérarchie des degrés ou selon une stricte dichotomie – et aussi du paradoxe que la démocratie athénienne représente, pratiquant cette dichotomie et nourrissant aussi un imaginaire de la recherche sans fin de l'égalité – qu'on peut tenter d'éclairer la position d'Aristote.

En confiant dans la cité des semblables la culture de toutes les terres à une population servile, il revient au régime spartiate ou crétois dont il a pourtant présenté au livre II une critique sévère. Conscient du risque d'instabilité que cela comporte, il aménage ce modèle dans le sens du modèle athénien d'une nette séparation entre esclavage et liberté : les périèques utilisés, grecs à Sparte et en Crête, seront, dans la cité selon nos vœux, presque des esclaves : des Barbares serviles et peu courageux, propriété privée de leurs maîtres et non de la cité. Pour les acquérir, la guerre est donc juste par nature, selon une thèse déjà présente au livre I et reprise au début du livre VII :

> L'art de la guerre est, en un sens, une manière naturelle d'acquérir (en effet chasser fait partie des manières naturelles d'acquérir) : il faut en user envers les animaux sauvages et les hommes, quand, nés pour être gouvernés, ils s'y refusent, car cette guerre est juste par nature [2].

1. *République*, VIII, 562 e-563 e.
2. I, 8, 12, 1256 b 23-26.

Ce texte n'est pas isolé. Aristote défend une thèse identique au livre VII, de manière encore plus provocante pour nous : ceux qui confondent le pouvoir exercé sur des hommes libres et la domination sur des esclaves ressemblent à ceux qui, pour un banquet ou un sacrifice, chasseraient aussi bien des hommes que des animaux sauvages comestibles [1].

Mais d'un autre côté, il faut gouverner les esclaves en leur proposant la liberté comme récompense : cette proposition est faite à tous et non à quelques-uns [2]. À l'évidence, elle n'aurait aucun sens si la barrière entre servitude et liberté était infranchissable, si la différence de nature entre Grecs et Barbares, hommes libres et esclaves (car il ne peut s'agir ici des esclaves institués ou des ratés de la nature) était comparable, comme le laissent entendre d'autres textes, à celle qui existe entre les dieux et les hommes ou entre les hommes et les autres animaux. Comme le montre le texte de l'*Éthique à Nicomaque* cité plus haut [3], un esclave naturel n'est pas un animal domestique qu'on peut réduire comme un bœuf à sa seule fonction d'instrument animé : il est aussi un homme capable d'une communauté de contrat ou de loi et donc d'amitié avec les citoyens. L'hésitation d'Aristote est sans doute l'écho du caractère paradoxal du modèle athénien : d'un côté, séparation nette entre servitude et liberté (conduisant Platon et Aristote à refuser que des Grecs puissent être réduits à la condition servile qu'on devrait réserver à des Barbares) ; de l'autre, participation des esclaves à la vie de la cité, par exemple aux spectacles comiques et tragiques dont on connaît l'importance politique, utilisation d'esclaves publics comme auxiliaires des magistrats pour certaines tâches bureaucratiques [4] et surtout imaginaire démocratique conduisant une minorité de penseurs à une critique radicale de l'esclavage que nous connaissons grâce à Aristote.

Plus que le beau mélange de la *politeia*, la cité des semblables implique un recours massif à l'esclavage. Or ce recours est problématique.

1. VII, 2, 15, 1324 b 36-41. Ce texte a été traduit dans l'introduction de cet ouvrage, p. 24.

2. Τίνα δὲ δεῖ τρόπον χρῆσθαι δούλοις, καί διότι βέλτιον πᾶσι τοῖς δούλοις ἆθλον προκεῖσθαι τὴν ἐλευθερίαν, ὕστερον ἐρουμεν, « comment faut-il se comporter avec les esclaves et pourquoi il est meilleur de leur proposer *à tous* la liberté comme récompense, nous le dirons plus tard (VII, 10, 14, 1330 a 31-33). C'est moi qui souligne.

3. VIII, 14, 1161 a 30-1161 b 5. Voir p. 278.

4. Hansen, *La démocratie athénienne*…, p. 153.

POLITIQUE ET DOMINATION

Aristote hésite à propos de la relation entre les citoyens et les travailleurs serviles à l'intérieur de la cité des semblables. Il hésite aussi à propos de la domination et de la guerre. Comme nous allons pouvoir le constater, l'un ne va pas sans l'autre.

D'un côté, la cité selon nos vœux fait un usage massif de travailleurs serviles d'origine barbare : « dominer en maître ceux que leur nature voue à la servitude [τὸ δεσπόζειν τῶν ἀξίων δουλεύειν] » [1] est donc un des buts de l'entraînement aux activités guerrières [τήν τε τῶν πολεμικῶν ἄσκησιν] [2]. Aristote justifie donc sans hésiter le recours à la guerre offensive pour contraindre à l'esclavage ceux qui, malgré leur naturel servile, n'y consentent pas.

De l'autre, tous les textes du livre VII où l'on rencontre cette justification soulignent d'abord les dangers de cette pratique despotique. La justification de la domination exercée sur ceux dont le naturel est servile est toujours seconde par rapport au principe selon lequel « le pouvoir sur des hommes libres [ἡ τῶν ἐλευθέρων ἀρχὴ] est plus beau que le pouvoir despotique [τὸ δεσποτικῶς ἄρχειν] et s'accorde mieux à l'excellence » [3]. « Dominer en maître ceux que leur nature voue à la servitude » n'est que le dernier but de l'entraînement à la guerre. Avant de l'énoncer, Aristote commence par rappeler qu'il ne s'agit pas de réduire en esclavage ceux qui sont capables de se gouverner eux-mêmes, qu'on doit d'abord viser l'autarcie correctement comprise (« éviter d'être soi-même l'esclave des autres ») et ensuite rechercher « l'hégémonie pour prendre soin de ceux qu'on gouverne [τὴν ἡγεμονίαν τῆς ὠφελείας ἕνεκα τῶν ἀρχομένων] » et non « régner en maître sur tous » [4]. L'usage du pouvoir despotique est donc rigoureusement encadré. Comme la richesse résultant de la chrématistique, il n'est dans la hiérarchie des biens qu'un instrument au service des fins plus hautes de la cité, le bien vivre, la vie dans l'amour de la beauté et de la sagesse.

1. VII, 14, 21, 1334 a 2.
2. VII, 14, 21, 1333 b 38-39.
3. VII, 14, 19, 1333 b 27-29.
4. VII, 14, 21, 1333 b 38-1334 a 2. Aristote parle de prendre soin des gouvernés, ce qui peut valoir, si l'on se souvient du texte de l'*Éthique à Nicomaque* cité et traduit *supra* (p. 278), aussi bien pour les hommes libres que pour les esclaves. Mais dans le contexte où nous sommes, prendre soin s'oppose à exercer un pouvoir en visant d'abord à son propre avantage.

Or cet instrument, comme l'enrichissement, risque toujours de devenir dangereux : « la plupart des hommes, écrit Aristote, ambitionnent de dominer beaucoup de gens en maîtres [τὸ πολλῶν δεσπόζειν] parce que cela procure en grande abondance les biens de la fortune » [1]. Quand la domination despotique – associée ici à la chrématistique déviée qui cherche à accumuler des richesses toujours plus grandes – cesse d'être un moyen pour devenir une fin, la guerre devient le but de la cité, tandis que la distinction entre domination despotique et hégémonie politique s'efface. On cherche à régner en maître sur les autres cités grecques pour exercer un pouvoir despotique sur les autres citoyens : celui qui le pourra « se mettra en chasse d'une telle domination [τοῦτο πειρατέον διώκειν] [2] pour être capable d'avoir le pouvoir [ἄρχειν] dans sa propre cité » [3]. La distinction fondamentale entre le pouvoir despotique et le pouvoir politique est menacée. Celui qui entreprend de dominer despotiquement ses voisins grecs qui ne le méritent pas sera tenté d'agir en despote chez lui.

La cité des semblables utilise donc des instruments, l'esclavage et la domination, qui peuvent la conduire à sa perte. La préférence d'Aristote pour elle reste problématique.

Il est donc impossible de s'arrêter à l'idée d'une hiérarchie entre deux régimes, l'un, celui de la cité des semblables, plus conforme au plein accomplissement de l'homme comme animal politique, si les circonstances sont favorables, l'autre, la *politeia*, approchant, autant qu'elles le permettent, l'idéal de la cité décrite au livre VII. Il existe deux voies dont la différence ne peut être réduite. Les trois apories du livre III restent présentes dans la recherche des solutions. Plutôt qu'une synthèse dogmatique, l'ouvrage d'Aristote est une réflexion systématique sur la grandeur et les difficultés d'une expérience exceptionnelle, la création collective de la cité et de la démocratie. Les apories et les tensions que cette réflexion met en lumière font la force et non la faiblesse des *Politiques*. En les interprétant ainsi, on est mieux préparé à comprendre les paradoxes de leur réception.

1. VII, 14, 17, 1333 b 16-18.

2. La plupart des traducteurs traduisent cette expression par quelque chose comme « tentera de s'emparer du pouvoir ». Διώκειν signifie « poursuivre », avec éventuellement une idée de rapidité et de violence. Τοῦτο me semble renvoyer à ce qui précède immédiatement τὸ τῶν πέλας ἄρχειν, le pouvoir sur les voisins. Aristote met en évidence le lien entre domination sur les autres États et pouvoir tyrannique dans la cité.

3. VII, 14, 20, 1333 b 32-33.

CONCLUSION GÉNÉRALE

UNE RÉCEPTION PARADOXALE

L'histoire de la réception des *Politiques* est étonnante. Sans cesse traduites, interprétées et utilisées depuis plus de huit siècles, elles avaient plus longtemps encore été oubliées : pendant plus de quinze siècles, de la mort de Théophraste, premier successeur d'Aristote à la tête du Lycée (vers 287 av. J.-C.) à leur traduction en latin par Guillaume de Moerbeke (entre 1264 et 1269 ap. J.-C.). Elles étaient disponibles mais, autant que nous puissions en juger, dans l'indifférence générale [1].

On explique ce désintérêt en observant que les *Politiques* ont perdu assez vite leur actualité. À une époque où la cité, telle que l'entendait Aristote, avait décliné pour finalement disparaître, l'œuvre qui lui était consacrée serait devenue caduque [2]. L'intérêt pour elle, ajoute-t-on, était trop dépendant du moment de sa rédaction. Pour Aristote, à la différence de Platon, les affaires humaines sont pour la philosophie un domaine relativement autonome, en particulier par rapport à ce que nous appelons aujourd'hui « métaphysique » [3]. La *République*, le dialogue le plus célèbre de

1. Sur cette question de la disponibilité pendant ces 15 siècles d'un texte qui n'intéressait presque personne, je renvoie aux arguments de Pierre Pellegrin, « Introduction », *in* Aristote, *Les politiques*, p. 14-17. Peut-être faudrait-il cependant nuancer cette analyse, en particulier soumettre à l'examen des textes l'hypothèse d'une présence souterraine des *Politiques*, par exemple dans la pensée politique de Polybe, des stoïciens ou dans le droit romain avant la traduction de Guillaume de Moerbeke. Pour ce qui est du droit romain, voir plus loin l'esquisse d'analyse de l'histoire de la formule *rex singulis major universis minor*.

2. *Ibid.*, p. 17-18.

3. La responsabilité du terme est attribuée à Andronicos de Rhodes près de trois siècles après la mort d'Aristote. Le même Andronicos, contemporain de Cicéron, est responsable, avec Tyrannion, de l'édition du corpus aristotélicien (terminée vers 30 av. J.-C.) dont

Platon où il est question de politique, traite, comme l'indique son titre grec [1], de la πολίτεια. Le régime en question n'est pas simplement politique, avec sa hiérarchie entre les philosophes, les gardiens et ceux qui produisent ou échangent – agriculteurs, artisans et commerçants –, il est aussi psychique et ontologique. La cité que Socrate et ses amis construisent dans leurs discours implique une distribution des pouvoirs de l'âme – intelligence, force de caractère et affects – et une organisation de tout ce qui existe – réalités sensibles et formes intelligibles. Les dialogues politiques de Platon ont donc continué à intéresser leurs lecteurs longtemps après la mort de leur auteur parce que leur enjeu était relativement indépendant de la période historique et de la région du monde où la cité était apparue et s'était développée : par leur portée métaphysique et anthropologique, les questions traitées dépassaient la politique étroitement entendue ; de plus, la politique proposée était en partie étrangère à l'expérience des Grecs des Ve et IVe siècles dont Platon s'écartait parce qu'il la jugeait insatisfaisante. Rien de tel pour les *Politiques* d'Aristote : sans être réductible à une structure juridique puisqu'elle est la vie même de la cité, la πολίτεια – cela pourrait être un titre acceptable pour les *Politiques* – n'est jamais, du fait de la relative autonomie des affaires humaines, un régime général des choses et des âmes : l'organisation de la cité ne reflète pas, comme chez Platon, l'ordre de tout ce qui existe. Et, comme nous l'avons constaté dans la deuxième partie de cet ouvrage, la politique d'Aristote, sans être platement réaliste au sens où elle renoncerait à l'excellence, implique une prise en compte minutieuse de la vie des cités existantes. Du fait même de leur effort pour problématiser la vie politique réelle, les *Politiques* pouvaient donc être oubliées dès lors que leur objet, le monde des cités, avait perdu son importance [2].

Mais mettre en avant de cette manière la caducité de l'ouvrage d'Aristote est presque trop convaincant : le contexte de sa redécouverte au XIIIe siècle et ceux qui se sont succédé ensuite jusqu'à aujourd'hui sont au moins aussi différents, sinon plus, de celui qui, dans la Grèce des Ve et

proviennent nos manuscrits. Selon Strabon (vers 64 av. J.-C. – entre 21 et 25 ap. J.-C.), Tyrannion a pu travailler à partir de la bibliothèque d'Apellicon ramenée à Rome par Sylla après la prise d'Athènes en 86 av. J.-C. (*Géographie*, XIII, 1, 54).

1. Πολίτεια, que le titre usuel en français, *République*, traduit très imparfaitement.

2. « (…) on comprend fort bien… [qu'une telle autonomie de la philosophie pratique] ait été un puissant ministre du mouvement de mise à l'écart de la philosophie politique d'Aristote » Pierre Pellegrin, *ibid.*, p. 24. Sur l'éventail des sens possibles de πολίτεια au sens de « régime » (chez Aristote et d'autres), voir dans cet ouvrage, « Annexe II », « Foucault, la démocratie grecque et nous », p. 369-371.

IVe siècles avant J.-C., lui avait donné son sens ; et pourtant l'ouvrage n'a jamais cessé depuis sa redécouverte d'intéresser ses lecteurs. Il faut donc se demander pourquoi et de quelle manière cette réflexion sur l'invention d'une πόλις presque disparue, du moins dans la forme où Aristote l'avait pensée, a pu retrouver une actualité.

LA REDÉCOUVERTE DES *POLITIQUES* : UNE RENAISSANCE POLITIQUE

La *civitas* de Guillaume de Moerbeke et de Thomas d'Aquin – la traduction latine de πόλις, qui devient « cité » quand Nicolas Oresme passe un siècle plus tard du latin au français et dont Grotius et Hobbes traitent encore au XVIIe siècle [1] – est souvent un grand royaume [2]. Cette *civitas* n'est donc pas la πόλις d'Aristote dont tous les citoyens doivent se connaître pour pouvoir bien juger et bien distribuer les magistratures selon leur capacité à contribuer au bien commun [3] et dont toute la population, y compris les étrangers non citoyens, peut être embrassée d'un seul coup d'œil [4]. De plus un royaume est une monarchie. Or si ce genre de régime apparaît bien dans la première ligne de la classification des régimes au chapitre 7 du livre III [5], il ne joue aucun rôle, selon Aristote, dans les cités pleinement développées : la monarchie convient aux premières cités, encore proches des familles et des villages ; la *politeia*, telle qu'elle est redéfinie au livre IV comme beau mélange de démocratie et d'oligarchie, ne comporte aucun ingrédient monarchique, à la différence de la république romaine telle que Polybe l'interprète. « L'embarras d'Aristote, écrit Montesquieu, paraît visiblement quand il traite de la monarchie » [6].

1. Dans le *De Jure belli ac pacis* (*Droit de la guerre et de la paix*) de Grotius paru en 1625, il est constamment question de la *civitas* et des *civitates*, de même en 1642 dans le *De Cive* (*Du citoyen*) de Hobbes ; plus significatif encore, Hobbes traduit *commonwealth* par *civitas* dans le *Leviathan* latin (1668), alors que le terme *respublica* était disponible.

2. C'est la raison pour laquelle Barbeyrac rend *civitas* par « État » quand il traduit en 1724 le *De Jure belli ac pacis*. 75 ans plus tôt (1649), Sorbière l'avait souvent fait avant lui en traduisant le *De Cive*.

3. VII, 4, 13, 1226 b 14-20.

4. VII, 4, 14, 1226 b 20-24. Voir plus loin (p. 325, n. 3) la manière dont Oresme commente ce passage.

5. « Monarchie » est le nom des deux régimes, droit (royauté) et dévié (tyrannie), où un seul a la suprématie. Voir *supra* le tableau I, I, 2, p. 100.

6. « …à l'origine les cités étaient gouvernées par des rois, comme le sont aujourd'hui les peuplades » I, 2, 6, 1252 b 19-22. Voir sur ce point dans cet ouvrage I, 3, l'interprétation des

C'est dans ce contexte peu favorable si l'on en reste à l'argument de la caducité tel qu'il est habituellement formulé, que les *Politiques* sont redécouvertes et suscitent un vif intérêt. Indiquons quelques repères : vers 1263, le pape Urbain IV charge Thomas d'Aquin de préparer une édition latine du corpus aristotélicien à partir du grec pour faire pièce aux versions latino-arabes, qui d'ailleurs ne comportaient pas les *Politiques* ; vers 1264, Guillaume de Moerbeke, choisi apparemment par Thomas d'Aquin, termine la traduction en latin des deux premiers livres ; vers 1268, Albert le Grand les commente ; vers 1268-1269, Guillaume de Moerbeke dispose enfin d'un texte grec complet et reprend toute sa traduction ; à partir de 1268 et jusqu'à sa mort en 1274, Thomas d'Aquin la commente jusqu'au chapitre 8 du livre III ; Pierre d'Auvergne poursuit ensuite et termine le commentaire ; une première traduction française aujourd'hui perdue est tentée vers 1305 [1] ; entre 1371 et 1374, Nicolas Oresme traduit l'ensemble du texte en commentant chaque paragraphe. De cette nouvelle et intense curiosité pour un texte laissé si longtemps dans l'oubli, il nous faut rendre compte.

En premier lieu, on tire parti de la naturalité qu'Aristote reconnaît à la cité. Il s'agit pour lui d'intégrer et de dépasser la découverte des sophistes : avec les mœurs et les lois qui les régissent, les cités ne sont pas des réalités naturelles indépendantes de la volonté humaine, mais certains hommes les instituent, de manière différente selon le lieu et le moment. Aristote n'oppose pas nature et institution comme les sophistes opposaient avant lui φύσις et νόμος mais « naturalise » le pouvoir d'instituer grâce auquel certains réussissent mieux que d'autres à actualiser pleinement ce que chaque homme est en puissance, un animal politique que la nature voue à la communauté la plus haute dans l'ordre humain, qui est politique. Ce naturalisme est différent de celui des stoïciens : ces derniers récusent ce rôle positif reconnu par Aristote au pouvoir d'instituer que les sophistes avaient attribué aux hommes [2]. Quand les *Politiques* sont redécouvertes, ce

chapitres 14-17 du livre III consacrés à la monarchie. Pour le jugement de Montesquieu : *De l'Esprit des lois,* XI, 9, p. 181.

1. Menut, « Introduction to Oresme's version », *in* Oresme, p. 11. Pour toutes ces références, voir le récit de Menut, *ibid.*, p. 24-27. Selon Menut, Thomas d'Aquin « travaillait à la *Lectio* du chapitre 6 du livre III quand il mourut en 1274 ». Selon l'édition Spiazzi (p. 140), le commentaire de Thomas d'Aquin s'arrête à la fin de la *Lectio* VI du livre III, commentaire de nos actuels chapitres 7 et 8. Je suppose que Menut se réfère au découpage impliqué par les *Lectiones* de Thomas d'Aquin.

2. « Selon leur opinion [celle des stoïciens], le juste existe par nature et non par institution, tout comme la loi et la raison droite » Diogène Laërce, VII, 128, *Vies et doctrines*..., p. 866.

qu'Aristote dit de la relation entre nature et institution n'est pas remis en cause – il n'y a pas retour à une position de type stoïcien, mais il y a un besoin nouveau de distinguer la nature (l'ordre de l'univers et des affaires humaines tel qu'il découle des lois de la création) et la surnature (les interventions extraordinaires et miraculeuses de Dieu dont la Bible est la révélation). Et puisque cette révélation, transmise et interprétée par l'Église, est pour elle fondement et justification de son autorité, la référence à la nature est le moyen d'assurer à la politique humaine, à la science qui en traite et aussi aux royaumes une relative autonomie par rapport à cette autorité ecclésiale parfois bien envahissante. Bien entendu, la distinction entre nature et surnature n'est pas, du moins chez Thomas d'Aquin, séparation [1] : la fin de la cité selon Aristote, l'excellence accomplie, est comprise à la lumière du salut chrétien promis par la révélation ; l'autorité de l'Église peut donc continuer à jouer un rôle au sein de la *civitas*, même si cette dernière est devenue relativement autonome.

En deuxième lieu, les *Politiques* permettent de mettre en avant la pluralité des *civitates* pour s'opposer à tous ceux qui entreprennent de redonner vie au fantôme de l'Empire romain qui, bien longtemps après sa destruction, a continué à hanter les esprits, suscitant les espoirs et les craintes [2] : pendant au moins quatre siècles, jusqu'à Grotius et Hobbes, la *civitas* est une arme anti-impériale, une manière d'affirmer l'indépendance et la pluralité des États [3], de résister à toute tentative de restaurer

Les stoïciens admettent que les cités reconnues comme telles par Aristote (qui pour eux n'en sont pas puisque la seule vraie cité est la cité universelle formée par les sages et les dieux) sont des constructions artificielles faisant partie de la nature, mais cet artifice, au lieu de réaliser comme chez Aristote ce qui est le plus naturel à l'homme comme animal politique, n'est qu'un pis-aller rendu nécessaire par l'existence massive d'insensés. Le sage doit cependant participer à ces cités si cela lui permet de faire progresser les insensés en direction de la justice et de la sagesse. Voir Valéry Laurand, *La politique stoïcienne*, Paris, P.U.F., 2005, p. 59 *sq*.

1. Comme elle tendra à le devenir dans la scolastique tardive à la fin du XVIe siècle quand certains théologiens inventeront l'état de pure nature (origine lointaine de l'état de nature de Hobbes), ce que serait l'ordre naturel en l'absence fictive (selon eux) de toute révélation. Voir sur ce point Jean Terrel, *Les théories du pacte social*..., p. 33-37.

2. Pour les tentatives de la papauté, voir le jugement de Hobbes : « si un homme considère l'origine de cette grande domination ecclésiastique, il percevra aisément que la *papauté* n'est rien d'autre que le *spectre* du défunt *empire romain*, siégeant couronné sur son tombeau » *Leviathan*, 47, The English and Latin Texts (ii), p. 1118, trad. Tricaud, p. 707, trad. modifiée.

3. Voir sur ce point le commentaire (p. 289-294) qui, dans la traduction d'Oresme, suit l'actuel chapitre 4 du livre VII à propos de la grandeur de la cité en nombre de citoyens et de résidents (VII, 10 dans la numérotation d'Oresme). Après avoir brièvement commenté ce chapitre, Oresme examine la validité de la prétention à l'empire universel. Après avoir longuement exposé ce qui pourrait justifier un tel projet, Oresme en vient à la critique (p. 291,

une quelconque monarchie universelle au profit d'un empereur, d'un roi ou du pape [1].

En troisième lieu, il s'agit, au moment où Nicolas Oresme passe du latin au français, de s'opposer aux juristes qui, dans l'entourage du roi de France Charles V, prétendent être plus compétents pour le conseiller que les théologiens férus de philosophie : alors que ces derniers, grands lecteurs d'Aristote, en resteraient aux principes généraux de la science politique, les juristes auraient seuls l'expérience pratique et la connaissance des cas particuliers nécessaires au bon conseiller [2]. Oresme leur répond en mettant en avant le rôle d'Aristote auprès d'Alexandre et en montrant que la science politique, discipline dans laquelle Aristote est selon lui l'auteur le plus renommé, est indispensable au bon gouvernement du royaume [3]. Ce qui est problématique pour nous, le décalage entre la πόλις, objet des *Politiques*, et la forme politique très différente construite par Alexandre, une sorte d'empire multiculturel, est ainsi neutralisé, comme l'est aussi la différence entre une cité et un grand royaume. De plus, poursuit Oresme, ces mêmes juristes ignorent la science politique et invoquent à tort le droit romain pour infléchir la monarchie dans le sens de l'absolutisme. Dans les gloses d'Oresme, leur *princeps solutus legibus* (« le prince n'est pas lié par les lois ») devient à la lumière aristotélicienne le principe de la tyrannie la plus dangereuse : si le respect des lois est un des critères pour juger de la gravité d'une déviation, on ne peut enseigner aux princes qu'ils sont libres de toute obligation envers leurs propres lois [4].

milieu de la 1re c.). Son premier argument consiste à étendre au royaume, sous prétexte qu'il n'est que « cité royal avec sa région », l'argument d'Aristote sur les limites supérieures à assigner à toute cité, en population et en territoire, en négligeant ce qu'il vient de traduire : le fait que tous les citoyens, selon Aristote, doivent pouvoir se connaître ; or les royaumes auxquels pense Oresme excèdent une telle limite, même s'ils ne prétendent pas être des empires.

1. Sur ces tentatives depuis Charlemagne et les résistances qu'elles ont suscitées, voir Montesquieu, *Réflexions sur la monarchie universelle en Europe*, *OC*, 2, Oxford, Voltaire Foundation, 2000, p. 321-364.

2. L'argument se trouve dans le *Songe du vergier*, texte terminé vers 1378, quatre ans après la traduction d'Oresme, et contenant une réplique des juristes aux critiques qu'Oresme leur adressait. Sur cette polémique entre les philosophes ou théologiens se revendiquant d'Aristote et les juristes qui leur opposaient le droit romain, voir Jacques Krynen, *L'empire du roi. Idées et croyances politiques en France. XIIIe-XVe siècle*, Paris, Gallimard, 1993, p. 110-124.

3. *Le livre de Politiques d'Aristote*, Proheme, Oresme, p. 44, 2e c. : « le grant roy Alexandre… se gouvernoit par le conseil de luy ».

4. Voir le long commentaire d'Oresme qui suit la réponse de Théopompe à sa femme à propos des mesures qu'il avait prises pour limiter le pouvoir des rois à Sparte (V, 11, 2-3, 1313

En traduisant et commentant les *Politiques*, Oresme affirme donc sa compétence de philosophe et de théologien comme conseiller du prince et critique les discours absolutistes des juristes selon lesquels « le roi est empereur en son royaume », ne rendant de comptes sur terre à personne. Dans ses gloses, Oresme montre que la partie la plus éclairée des sujets doit délibérer sur les affaires communes et en décider, détenir ce qu'il appelle la souveraineté. Cette dernière est donc déjà présente chez Oresme, non au sens de Bodin ou de Hobbes où elle remplacera ce qu'est le régime chez Aristote – le principe qui unifie chaque cité et assure sa pérennité au cours du temps – mais pour désigner ce que, chez Aristote, nous avons appelé « suprématie ».

Oresme oppose trois régimes qu'il condamne – la démocratie, où la multitude populaire est souveraine, la tyrannie et l'oligarchie, où « les princes ou tirans tiennent la souvereineté sus tout le peuple et sus les lois et sus la policie » – aux deux régimes qu'il approuve, la *politeia* et l'aristocratie où

> la multitude non pas la populaire mes la multitude et congregation universelle de tous les princes et offices et des principalzs citoiens a la souvereine domination et correction ou alteration des particuliers princes ou offices et le ressort ou cognoissance des trez grandes questions, et à elle appartient la reformation de la policie, et composer ou muer ou approver ou accepter les lays… [1].

Oresme poursuit en étendant à la royauté (qu'il appelle « policie royal ») ce qu'il vient de dire pour l'aristocratie et la *politeia* : il infléchit la *politeia* d'Aristote – le régime droit où la multitude a la suprématie – dans le sens de l'aristocratie, en réservant la suprématie aux princes et principaux citoyens, pour qu'elle s'apparente à ce qu'il juge devoir être la royauté, qui n'est plus la royauté totale d'Aristote où un seul a la suprématie en tout. « En policie royal », écrit-il, il est expédient « que tele multitude raisonnable ou partie de elle ait ceste puissance », autrement dit la souveraineté telle qu'il vient de la définir : le pouvoir de corriger les

a 25-33), p. 242-244, en particulier p. 243, 1re c., où Oresme cite et critique l'usage absolutiste des maximes comme : « le prince est libre par rapport aux lois » ou « ce qui plait au prince a force de loi ». Sur l'usage fréquent de la réponse de Théopompe dans l'utilisation des *Politiques*, voir *infra*, p. 338-339.

1. Oresme, p. 274, 1re c., commentaire qui suit la traduction de VI, 8, 17, 1322 b 18. Rappelons que « policie » traduit πολιτεία, aux deux sens de régime et de régime droit où la multitude a la suprématie.

princes, d'altérer les offices, de connaître les questions les plus importantes, de légiférer et de conduire la réforme du royaume.

Arrêtons nous un instant sur cette souveraineté compétente pour la réforme du royaume [1]. En 1254, peu avant que les *Politiques* soient traduites pour la première fois en latin, saint Louis avait publié une ordonnance *ad statum regni reformandum in melius*, « pour réformer en mieux l'état du royaume ». Ensuite, pendant un siècle, la pratique de la réforme s'étend et se généralise, à l'initiative des monarques ou des états généraux : il s'agit de désigner des réformateurs qui enquêtent sur les agissements des officiers royaux et proposent des solutions pour mettre fin aux abus. Entre 1356 et 1358, à la suite de la défaite à Poitiers de l'armée française contre les Anglais et de la captivité du roi, les députés des états de langue d'oïl tentent de mettre l'administration royale sous contrôle, ce qui donne à l'idée de réforme un contenu subversif nouveau. Par rapport à cette radicalisation, Oresme se tient en retrait. Commentant au début de sa traduction du livre V la notion de στάσις (qu'il traduit par « sedition ») et le paragraphe où Aristote déclare que « ceux qui auraient les plus justes motifs de se soulever et qui le font le moins sont ceux qui l'emportent par l'excellence » [2], Oresme commence par refuser de justifier, au contraire de ce que faisait avant lui Pierre d'Auvergne, une sédition des vertueux entreprise pour une bonne cause et sans dommage pour le bien public [3]. Cette critique de la sédition semble pouvoir s'appliquer au mouvement réformateur de 1356-1358. Mais précisément, tout tient à la définition de la sédition. À ceux qui la justifient pour cause de réforme,

> Je repon (...) combien que reformer la policie soit tres grant bien, toutesvoies ce ne est pas a faire fors par bon moyen. Et autres manieres sunt de corrigier princeys que par sedition. Car selon Aristote ou XIII ou XIIII chapitre du tiers [4], toute la multitude ensemble a poste [pouvoir] ordinaire

1. Pour tout ce paragraphe, voir « 1356-1358. Aristote au service de la réforme », in *L'empire du roi*, *op. cit.*, p. 419-432.

2. V, 1, 6, 1301 a 39-40.

3. Pour ce commentaire, Oresme, p. 203-205. Pierre d'Auvergne est cité au début de ce passage. Pour expliquer l'extrême rareté selon Aristote des séditions entreprises par les hommes de bien accomplis, Pierre d'Auvergne invoque deux raisons : le risque de porter atteinte au bien public et la rareté de la rencontre entre une juste cause et la puissance nécessaire. « Mais si ces deux choses se rencontrent, en ce qu'ils [les hommes vertueux] ont une cause juste et la puissance et qu'ils ne nuisent pas au bien public, mettre en mouvement une sédition est rationnel et ne pas le faire serait un péché » Spiazzi, p. 247, 714, Laval, p. 258, 2e c.

4. Il s'agit dans notre numérotation du chapitre 11 du livre III traduit et commenté par Oresme p. 134-138. Dans la traduction d'Oresme, le chapitre XIII s'arrête à la fin de notre § 8

> de corrigier les princes. Et quant tous ensemble ou les deputés a ce funt teles corrections d'une volonté, ce ne est pas sedition et si ne resistent pas a la posté, car ils ont puissance souveraine [1].

La royauté d'Oresme n'est pas, comme dans la définition du chapitre 7 du livre III des *Politiques*, le régime où un seul homme a la suprématie en tout. Car la suprématie appartient pour Oresme à la multitude raisonnable : quand cette dernière entreprend la réforme du royaume, ce n'est ni sédition ni résistance, mais exercice légitime de l'autorité souveraine.

Dans le siècle qui suit leur traduction en latin, entre 1260 et 1374, les *Politiques* servent donc à défendre l'autonomie de la politique humaine contre les entreprises des clercs, l'indépendance des cités et royaumes contre les diverses tentatives d'instaurer un empire à vocation universelle, et la suprématie des citoyens éclairés contre la montée de l'absolutisme.

La nouvelle actualité des *Politiques* ne tient donc pas uniquement au nouveau rôle joué par les cités, en particulier dans l'Italie des XIIIe et XIVe siècles, ni au nouveau discours républicain qui s'en fait l'écho. Ce discours se nourrit en même temps, dans des proportions dont on peut discuter, de ce qu'Aristote dit de l'homme comme animal politique et comme citoyen – on parlera alors avec John Pocock d'« humanisme civique », au sens où l'on doit, pour être un homme accompli, être citoyen – et de l'expérience de la république romaine – on parlera alors avec Quentin Skinner de discours « républicain » ou plutôt « néo-romain » pour tenir compte de son usage possible dans les monarchies modérées. Quelle que soit l'importance des cités italiennes et du discours néo-aristotélicien ou néo-romain qui s'y développe, la *civitas* de Thomas d'Aquin (ou la « cité » d'Oresme) est plus souvent un grand royaume qu'une de ces cités. L'actualité nouvelle des *Politiques* s'explique d'abord par une véritable renaissance politique dont les nouvelles cités ne sont qu'un élément. Peut-être faut-il considérer que la Renaissance commence bien avant le XVe siècle et même avant la redécouverte des *Politiques*, s'il est vrai que l'intérêt pour ce texte implique des besoins antérieurs. M'inspirant des analyses de Castoriadis, je ne pense pas d'abord ou seulement, quand je parle de « renaissance », à l'apparition de formes politiques nouvelles comme l'ont été en Grèce la cité et la démocratie, car les hommes ne cessent jamais de créer : entre la fin du IVe siècle (le moment où la rédaction des *Politiques* se

(1281 b 38) : titre donné par Oresme à ce qui suit (son chapitre XIV) : « Ou XIIII chapitre il traicte ceste question assavoir mon se ce est bien que toute multitude ait l'election et la correction des princes » (p. 136, 1re c.).

1. Oresme, p. 204, 2e c.

termine) et la renaissance politique dont nous parlons, quinze siècles plus tard, Alexandre et ses successeurs ont inventé de nouvelles formes politiques – des États multiculturels où se sont mêlés et mariés Grecs et Barbares, au grand scandale des aristotéliciens qui accompagnaient Alexandre – et de nouvelles formes de commerce, qui feront les unes et les autres l'admiration de Montesquieu [1] ; il en va de même pour les Romains, sans que cela suffise à susciter pour les *Politiques* un grand intérêt. Ce qui est nouveau au XIIIe siècle et redonne vie aux *Politiques*, ce n'est pas simplement l'innovation politique mais le fait que cette innovation deviennent en partie consciente d'elle-même : comme quinze siècles plus tôt, le procès par lequel une société institue de nouvelles formes politiques est problématisé, devient une question philosophique, si l'on accepte de définir la philosophie comme la problématisation de l'expérience. À l'époque de cette renaissance médiévale comme à celle de Périclès, le mouvement d'auto-institution de la société devient conscient, au moins en partie, pour ses acteurs : il devient pour eux objet de réflexion, ils tentent de le critiquer et de l'infléchir. Dans ce travail, ils redécouvrent, avec les *Politiques*, une première tentative systématique, apparentée à la leur, de « problématiser » les succès et les échecs d'une expérience riche et variée où des formes et des pratiques politiques nouvelles ont été créées, discutées et critiquées. Peut-être objectera-t-on qu'on peut trouver auparavant, par exemple chez Cicéron ou Polybe, à propos de cette autre création que fut la république romaine, une réflexion critique qui n'a pas suscité pour les *Politiques* un intérêt comparable à celui de Thomas d'Aquin ou d'Oresme. L'explication tient sans doute à un trait déjà noté plus haut : l'écart et même l'opposition entre le modèle républicain romain, universaliste et en ce sens déjà impérial, et la pluralité irréductible des cités – manifeste quand d'innombrables cités autonomes naissent du mouvement de « colonisation ».

LA RÉCEPTION MODERNE

Ce modèle d'un ordre pluriel des cités intéresse ceux qui, dans l'Europe des XIIe et XIIIe siècles, sont hostiles aux projets de monarchie universelle, qu'ils émanent de l'Église ou d'États séculiers. L'opposition entre ces deux organisations possibles pour l'Europe – comme monarchie universelle ou comme équilibre devant être toujours préservé entre des États indépendants – est la toile de fond de la réception des *Politiques*, jusqu'au

1. *De l'Esprit des lois*, X, 14 et XXI, 8.

moment où les deux guerres mondiales du XXe siècle rendront définitivement caduc le second modèle, comme la guerre du Péloponnèse avait, bien longtemps auparavant, conduit à la destruction de l'équilibre polémique entre les cités grecques. Est-ce un hasard si, au seuil du XXIe siècle, à l'âge où la mondialisation se généralise, le modèle de l'équilibre conflictuel entre les cités ou les États tend à s'effacer – même en Europe où les deux guerres mondiales l'ont mis en question – devant celui d'un empire dont on se demande s'il pourra, à l'intérieur comme à l'extérieur, ne pas être despotique [1] ?

Il est impossible d'entreprendre ici l'étude détaillée de la réception moderne des *Politiques*. Les très nombreux matériaux existant en ce domaine n'ont jamais fait l'objet d'un recensement et d'une réflexion systématiques. Pour la période qui va d'Oresme aux Révolutions française et américaine, il faudrait, pour commencer à y travailler, regrouper à titre provisoire les usages des *Politiques* autour de trois thèmes : le débat suscité par le discours républicain (1) ; le développement, dans les grands royaumes en formation, d'un pouvoir central fort et les résistances qui s'y opposent (2) ; l'apparition, à partir du XVIe siècle, des arts de gouverner (3). Je me contente de quelques exemples pour illustrer cette tripartition.

Aristote républicain

J'irai vite sur le premier usage que facilite l'assimilation très précoce de la *politeia* à la république, déjà présente dans les commentaires de Thomas d'Aquin. Même si l'on estime, comme Quentin Skinner, que les cités italiennes aspirant à vivre libres dans l'indépendance se réfèrent davantage à Rome qu'à la cité grecque, il y a une lecture des *Politiques* en termes d'humanisme civique – de la citoyenneté comme manière pour un homme d'accomplir son humanité [2] – et, de ce fait, un usage et une critique d'Aristote comme auteur républicain. Aux côtés de Caton, de Cicéron, de Sénèque et de Tacite, il est pour Hobbes une de ces « autorités démocratiques » qui, « sous la belle apparence du nom de liberté », incite « à

1. Voir par exemple Michael Hardt et Antonio Negri, *Empire*, Cambridge (Massachussets), London (England), Harvard University Press, 2000, trad. fr. Denis-Armand Canal, Paris, Exils Éditeur, 2000, et en particulier, « Polybe et le gouvernement impérial », trad., p. 382 *sq*. Voir aussi Ulrich Beck et Edgar Grande, *Das kosmopolitische Europa*, Frankfurt am Main, Suhrkamp Verlag, 2004, trad. fr. Aurélie Duthoo, *Pour un empire européen,* Paris, Flammarion, 2007, en particulier chap. III, « l'Empire cosmopolitique », p. 75 *sq*.

2. Voir sur ce point les travaux de John Greville Agard Pocock.

mépriser les lois », « à regarder les rois comme des loups » et à porter contre eux des armes criminelles[1].

Le débat sur l'étendue du pouvoir royal

En continuité avec l'interprétation de Thomas d'Aquin, Oresme distingue, contre des juristes tentés par l'absolutisme dont ils croient trouver la justification dans le droit romain, deux manières pour un roi de gouverner : il peut retenir pour lui tout le pouvoir, ce qui le conduit à la tyrannie, ou au contraire agir en « politique », accepter de respecter les lois de la cité sous le contrôle de la multitude raisonnable chargée de corriger les abus de l'administration royale et de réformer le royaume. C'est en ce sens qu'Oresme interprète la distinction entre le gouvernement royal et le gouvernement politique à la fin du texte qui, au tout début des *Politiques*, met en évidence la spécificité de la cité et des pouvoirs qui s'y exercent[2]. Cet usage de l'ouverture des *Politiques* pour limiter, tempérer et contrôler le pouvoir royal se maintient jusqu'à la fin du XVIIIe siècle. Chacun se prononce sur la spécificité de la communauté politique et sur ce qui distingue les manières « économique », « despotique », « royale » et « politique » de gouverner, la plupart du temps sans nommer Aristote ni citer ce texte tant sa connaissance va de soi. Les partisans de l'absolutisme (Bodin, Hobbes, Filmer) hésitent à reconnaître le caractère spécifique du pouvoir politique : relativiser la hiérarchie entre gouvernants et gouvernés en la subordonnant à l'égalité dans la participation à une même communauté leur semble incompatible avec la souveraineté qu'ils jugent devoir être absolue ; la critique de la tyrannie atteint selon eux les vrais souverains. Au contraire leurs adversaires reprennent librement l'idée d'une différence spécifique entre les divers pouvoirs, qu'ils veuillent faire l'économie de toute souveraineté humaine pour la réserver à Dieu (Locke), ou la rendre compatible avec la liberté politique (Spinoza, Rousseau).

1. Hobbes dénonce ceux qui enseignent, « sous la belle apparence du nom de liberté, / À mépriser les lois et à regarder les rois comme des loups. / Parmi eux, il y eut le Stagirite (bien qu'il fut lui-même / Le précepteur d'un grand tyran), le grand Aristote, / Suivi par Cicéron, Sénèque, Tacite et mille autres, / Qui nous enseignèrent à ne pas supporter nos rois. / À la lecture de ces autorités démocratiques / Qui pensent que la liberté ne signifie rien d'autre / Pour chacun que de régner à son tour, / Les citoyens portèrent leurs armes criminelles contre leur propre roi (*Histoire ecclésiastique*, Paris, Honoré Champion, 2008, vers 367-376, p. 344, je traduis du latin). Sur Caton, voir la célèbre dédicace du *De Cive*, Oxford, Clarendon Press, 1983, p. 73, trad. fr., Paris, Flammarion, 2010, p. 75 ; voir aussi *Behemoth*, 4e dialogue, Oxford, Clarendon Press, 2010, p. 322, trad. fr., Paris, Vrin, 1990, p. 201.

2. I, 1, 2, 1252 a 7-16. Voir *supra* p. 147-149.

L'utilisation ou le rejet, au moment de la révolution anglaise et ensuite après la Restauration de 1660, de l'adage selon lequel le roi est *singulis major universis minor*, « plus grand que les individus pris un à un, moins grand que l'ensemble qu'ils forment », est un second exemple d'un principe lié aux *Politiques* dans le débat sur l'étendue du pouvoir royal. Ce qui était seulement pour Aristote un calcul de prudence pour mesurer l'importance de la garde à accorder à un monarque dont on veut prévenir la tyrannie[1] est devenu au XVIe siècle un principe général permettant de distinguer le roi et le tyran, le roi devenant le premier magistrat du peuple souverain : « le peuple en corps, écrit l'auteur des *Vindiciæ contra tyrannos*, est plus puissant que le roi et lui est supérieur »[2]. Voulant à la suite du massacre de la Saint-Barthélemy (1572) justifier le droit de résister à un roi inique, il use de ce principe pour placer la suprématie dans la communauté. Il ne s'agit plus simplement de mesurer la puissance à accorder au roi par rapport à celle du peuple mais de déclarer que ce dernier lui est supérieur. De même, selon Henry Parker, champion du Parlement dans le débat ouvrant la guerre civile en Angleterre vers 1642,

> Le pouvoir n'est que second et dérivé chez les Princes, la source et la cause efficiente est le peuple, ce qui rend exacte l'inférence selon laquelle le roi, bien que *singulis Major* est *universis minor*[3].

Au contraire, Hobbes juge que la maxime est absurde :

> (…) si par *tous ensemble* [*all together*, la traduction de *universis*], ils ne veulent pas dire le corps collectif comme une personne unique, il s'ensuit que tous ensemble et chacun d'eux [*every one*, la traduction de *singulis*] signifient la même chose et la formule est absurde. Mais si par *tous ensemble* ils entendent désigner une personne unique (personne que le

1. III, 15, 14-15, 1286 b 27-40, voir *supra*, I, 3, p. 140-141.

2. *Deinde probavimus (…), populum universum rege potiorem & superiorem esse*, *Vindiciæ, contra tyrannos : sive, de Principis in Populum, Populique in Principem, legitima potestate,* (1579), Édimbourg (lieu d'édition peut-être fictif), 1579, p. 193 ; *De la puissance légitime du prince sur le peuple et du peuple sur le prince*, traité très utile et digne de lecture en ce temps, escrit en latin par Estienne Junius Brutus, et nouvellement traduit en français, Genève (?), 1581, reproduction en fac-similé, Genève, Droz, 1979, p. 219.

3. *Power is but secondary and derivative in Princes, the fountaine and efficient cause is people, and from hence the inference is just, the King, though he be* singulis Major, *yet he is* universis minor (je traduis), *Observations upon some of His Majesties Late Answer and Expresses*, London, 1642, p. 2.

souverain porte), il s'ensuit que le pouvoir de tous ensemble est le même que le pouvoir souverain, et de nouveau la formule est absurde [1].

La première absurdité montre que la multitude censée être supérieure au roi doit être un ensemble unifié : si elle ne l'est pas, le roi lui est en même temps supérieur et inférieur car *all together* et *every one* signifient la même chose. Mais si la multitude n'est unifiée qu'à travers son souverain (si en ce sens le roi est la multitude comme personne), le roi – seconde absurdité – ne peut être inférieur à lui-même.

Après la Restauration, Sidney use de nouveau de la formule dans sa critique d'un passage du *Patriarcha* de Filmer [2] pour montrer que les nations font les rois et leur sont supérieurs : il s'agit pour lui de dénoncer la manière dont Filmer utilise l'autorité de Bracton, le grand juriste anglais du XIIIe siècle [3].

Dans le débat anglais et déjà dans le réquisitoire des huguenots français contre les tyrans, l'adage *singulis major universis minor* est devenu autonome par rapport à Aristote. Il est d'ailleurs probable que la formule, dans son contenu sinon dans sa littéralité, a été introduite dans le droit anglais indépendamment de la traduction des *Politiques* puisque le *De legibus* de Bracton est pratiquement contemporain de cette traduction : ce qui suggère

1. *Leviathan*, 18, The English and Latin Text (i), p. 280-281, Tricaud, p. 190 (trad. modifiée).

2. *Patriarcha*, chap. XXIII, in *Patriarcha and Others Writings*, *op. cit.*, p. 39, trad. fr. F. Lessay, *Le débat Locke-Filmer*, Paris, P.U.F., 1998, p. 215.

3. « il [tout magistrat légitime] ne peut être protégé par la loi qu'il a renversée, ni obtenir l'immunité pour ses crimes de l'autorité qui lui a été conférée à la seule fin de lui servir à faire le bien. Il fut *singulis major* compte tenu de l'excellence de son office, mais *universis minor* en vertu de la nature et de la fin de son institution (Algernon Sidney, *Discourses Concerning Government*, Indiapolis, Liberty Fund, 1996, chap. II, section 24, p. 223-224. « (…) le peuple doit nécessairement être juge des affaires survenant entre eux [en anglais, *people* appelle un pluriel] et celui qu'ils n'ont pas institué pour qu'il puisse être grand, glorieux et riche, mais pour qu'il puisse les juger et combattre pour eux, ou leur être bénéfique d'une autre manière en les gouvernant. En ce sens, celui qui est *singulis major* doit être obéi par chacun quand ses commandements sont justes, légitimes et tendent au bien public », *ibid.*, chap. II, section 32, p. 312-313, je traduis. Plus loin (chap. III, section 9, p. 368), Sidney attribue la formule complète (*singulis major, universis minor*) à Bracton, *On the Law and Customs of England*, 4 volumes, trad. fr. Samuel E. Thorne, Cambridge, Harvard University Press, 1968, folio 107, p. 305. Cette référence au *De legibus et Consuetudinis Angliæ* de Bracton (mort en 1268) montre que la formule ou plus exactement une formule voisine immédiatement citée par Sidney – *in justicia exequenda omnibus major, in justicia recipienda cuilibet ex plebe fit æquale*, « dans l'exécution des décisions de justice plus grand que tous, mais comme justiciable l'égal de n'importe quel plébéien » – apparaît presque en même temps que la première traduction latine des *Politiques*.

que le texte en question (III, 15, 14-15) a peut-être influencé – à un moment ou à un autre, et par tel ou tel canal – la tradition juridique avant cette traduction. L'adage a ainsi une coloration spécifiquement anglaise : par exemple, Richard Hooker se réfère vers 1600

> à l'état et à la nature de ce royaume [d'Angleterre] où le peuple n'a pas d'autre sujétion que celle à laquelle il a consenti pour son propre avantage et sa propre sécurité. Donc, dans les royaumes de ce genre, le gouverneur suprême a évidemment un *dominion* universel, mais dépend de la totalité du corps sur les diverses parties duquel il a ce *dominion* : dans ce cas, c'est donc un axiome que *Le Roi est major singulis universis minor* [1].

Cependant le commentaire d'Oresme montre que le principe *rex universis minor* a une origine aristotélicienne, même s'il a acquis ensuite son indépendance. Dans la glose qui suit immédiatement sa traduction de III, 15, 14-15, Oresme en reste à la littéralité du précepte et se contente de préciser qu'il convient au roi gouvernant selon les lois :

> Car il convient qu'il ait puissance et convient que elle soit de tele quantite que elle soit plus grande que la puissance de chescun des singuliers par soy et que la puissance de pluseurs ensemble. (…) Mes sa puissance doit estre moindre que celle de la multitude [et, ajoute Oresme en commentant, « ou de la plus vaillante partie » : comme, nous l'avons vu, Oresme a une conception relativement aristocratique de la souveraineté populaire] [2].

Oresme revient ensuite à deux reprises sur la question pour montrer qu'il ne s'agit pas simplement de mesurer les forces militaires à accorder au roi, mais de manière plus générale son pouvoir (sa puissance juridiquement qualifiée, sa *potestas*) :

> La puissance royale est en tele maniere que elle est plus grande de celle de quelcunques subject, es est mendre que ne est la puissance de tous ensemble ou de la plus vaillante partie : si comme il appert du XXIIIe chapitre du tiers [aujourd'hui, III, 15] [3]
> (…) comme plus a plain appert au XXIIIe chapitre du tiers et fut touchié au chapitre devant cestui [notre précédente citation], la posté du roy selon la nature du princey royal est en tele maniere moderee et amesuree que elle est

1. *Of the Laws of Ecclesiastical Polity* (ouvrage dont la publication n'est pas achevée à la mort de son auteur en 1600), livre VIII (publié en 1648), 2, 7 (Kebble), 3, 2 (Folger), Cambridge University Press, 1989, p. 143, je traduis.

2. Oresme, p. 157, 1re c.

3. Oresme, p. 241, 1re c.

mendre que la poste sus son peuple que ne est la posté du peuple. Et avec ce, le roy est sous la loy…[1].

Mieux gouverner

Dans ce débat à propos de la nature du pouvoir royal, Aristote est devenu un allié ou un adversaire pour défendre une certaine conception de ce qui est légitime et de ce qui ne l'est pas : on s'est déplacé de la prudence nécessaire au bon législateur – mesurant l'importance de la garde à accorder à un monarque – aux principes du droit politique. Mais on peut aussi lire les *Politiques* quand on recherche la manière la plus efficace de gouverner un État. Au début de l'époque moderne, au moment où la réflexion sur l'art de gouverner devient politique, parce que le gouvernement exercé par les pasteurs chrétiens est en crise et que les États, qui doivent en partie le suppléer, ont des besoins administratifs nouveaux, on recherche une forme de rationalité nouvelle convenant aux besoins du nouvel appareil qui se met en place : on se réclame de la « raison d'État » et de l' « État de police » – un État prenant mieux en charge la « police » de la vie quotidienne et des mœurs[2].

Dans cette perspective, Machiavel est à la fois source d'inspiration et repoussoir. Voulant montrer qu'un prince doit s'abstenir de toucher aux femmes de ses sujets[3] pour éviter « une des premières causes de la ruine des tyrans »[4] et des conjurations[5], Machiavel cite Aristote[6], en pensant certainement à un passage du livre V[7]. Beaucoup de ses autres remarques à propos de ce qui conserve ou ruine un régime évoquent le même livre. Le tyran d'Aristote et le prince de Machiavel doivent afficher les apparences de toutes les bonnes qualités, la piété et le respect de l'honneur des femmes par exemple, quand ils ne les ont pas[8]. Comme l'écrit Pierre

1. Oresme, p. 242, 2e c. Il s'agit du long commentaire déjà cité où est critiquée la maxime *princeps legibus solutus*.

2. Voir sur ce point Michel Foucault, *Sécurité, Territoire, Population*, cours au Collège de France, 1977-1978, « Hautes Études », Gallimard-Seuil, Paris, 2004, leçons des 1er février, 8, 15, 22, 29 mars et 1er avril.

3. *Le Prince*, XVII, *op. cit.*, 13, p. 147.

4. *Discours*, III, 26, p. 483.

5. *Discours*, III, 6, p. 406.

6. *Discours*, III, 26, p. 483.

7. V, 10, 16, 1311 b 5-6, 11, 22, 1314 b 24-25.

8. *Le Prince*, XV, p. 139 et XVIII, p. 151-152 (« Pour un prince donc, il n'est pas nécessaire d'avoir, dans les faits, toutes les qualités susdites, mais il est bien nécessaire de paraître les avoir »).

d'Auvergne en commentant le passage des *Politiques* auquel Machiavel pouvait penser,

> il convient au tyran pour sauver la tyrannie de ne pas paraître inhumain ou cruel aux sujets, la raison en est que s'il leur paraît inhumain, il se rend odieux pour eux, si bien qu'ils s'insurgent plus facilement contre lui ; mais il doit se rendre respectable pour son excellence en quelque bien excellent : et s'il n'a pas un tel bien, *il doit simuler l'avoir* (...) *et s'il ne peut pas avoir toutes les vertus et les actes qui en découlent*, que du moins il travaille à la vertu civile qui semble principale ; *et s'il ne l'a pas en vérité, qu'il fasse qu'ils pensent qu'il l'a* : car bien que ce ne soit pas en soi un bien, c'est cependant un bien pour ceci qu'il n'est pas facilement méprisable [1].

Remarquons encore qu'Aristote et Machiavel disent en termes similaires que le peuple désire seulement ne pas être opprimé alors que les Grands ont un désir insatiable d'argent et de pouvoir.

À la fin du XVIe siècle, les héritiers fidèles ou hérétiques de Machiavel relisent eux aussi les *Politiques*. Ils privilégient les livres dits « réalistes » (IV, V, VI) et tout particulièrement le livre V. Par exemple Giovanni Botero remarque comme Machiavel qu'Aristote « conseille (...) au tyran de tout faire pour être cru pieux et religieux » [2]. Mais la référence à Aristote est en même temps chez lui une arme contre Machiavel. Botero définit la raison d'État comme « la connaissance des moyens propres à fonder, conserver et accroître » « une seigneurie [*uno dominio*] sur les peuples ». Dans un rapport critique à Machiavel – ce dernier privilégiant les princes nouveaux et jugeant impossible de conserver sans acquérir – Botero hiérarchise ces trois tâches : d'abord conserver, ensuite seulement accroître, accroître avant de fonder, l'art de fonder et celui d'accroître étant ensuite déclarés identiques si on les compare avec l'art de conserver [3]. Pour justifier cette thèse, Botero se réclame d'Aristote :

> Aristote fut aussi de cet avis, qui, dans les *Politiques*, dit que l'ouvrage principal du législateur n'est pas de constituer et de former la Cité, mais de veiller à ce qu'elle puisse se conserver longtemps en sécurité. Et Théopompe, roi de Sparte, ayant flanqué le pouvoir royal d'un sénat ou du conseil des éphores répondit ainsi à sa femme qui l'accusait d'avoir

1. Spiazzi, p. 301, 911, Laval, p. 308, 1re c. (c'est moi qui traduis et souligne), commentaire de V, 11, 21-22, 1314 b 18-25. Jean-Louis Fournel et Jean-Claude Zancarini donnent cette référence dans leur édition du *Prince* que j'utilise.

2. *De la raison d'État* (1588-1598), II, 15, trad. fr. Pierre Benedittini et Romain Descendre, Paris, Gallimard, 2014, p. 155. *Politiques*, V, 11, 25, 1314 b 38-1315 a 4.

3. *De la raison d'État*, I, 1, p. 67-68.

> amoindri son empire : – Au contraire, il n'en sera que plus fort, étant plus stable et plus solide [1].

Dans la première phrase de ce texte, Botero pense sans doute au passage du livre IV (chapitre 1) où Aristote annonce le livre V : il existe de situations où le législateur doit tenir compte de données très contraignantes – non seulement accorder le régime à la nature du peuple et du territoire, mais en outre respecter dans son principe le régime existant ; il faut, écrit Aristote, savoir « comment il s'est constitué dès l'origine et de quelle manière, une fois constitué, il peut être sauvegardé le plus longtemps possible » [2]. Cette tâche particulière du législateur d'Aristote (sauvegarder) devient dans l'interprétation de Botero son ouvrage principal. Dans la seconde phrase, Botero prend l'exemple du roi de Sparte Théopompe, cité par Aristote au livre V, pour illustrer l'un des moyens de conserver une monarchie :

> Elles [les monarchies] sont sauvées (…) par des causes contraires [à celles de leur destruction]. Ainsi (…) les royautés se sauvent en allant vers plus de mesure. Car plus on restreint les domaines où les rois décident en maîtres, plus longtemps durera (…) leur pouvoir dans son intégralité ; eux-mêmes en effet deviennent moins despotiques, plus égaux dans leurs mœurs, et suscitent moins l'envie des gouvernés. C'est pour cette raison que la royauté dura longtemps chez les Molosses, de même que celle des Lacédémoniens, car, dès l'origine, le pouvoir fut partagé entre deux rois et ensuite Théopompe le modéra de diverses manières, entre autres en instituant au-dessus du pouvoir royal celui des Éphores : en ôtant de la puissance à la royauté, il l'augmenta en durée, si bien que, d'une certaine manière, il ne la rendit pas moins mais plus grande. Et c'est ce que, dit-on, il répondit à sa femme, qui lui demandait s'il n'avait pas honte de léguer à ses fils une royauté moindre que celle que lui avait léguée son père : « non certes, dit-il, car je la leur lègue plus durable » [3].

L'utilisation de ce texte par Botero est intéressante à plus d'un titre. Elle l'est d'abord par rapport à Machiavel qui privilégie la voie romaine par rapport à la voie spartiate, la conquête du pouvoir (à l'intérieur comme à l'extérieur) par rapport à la modération prônée par Théopompe. En 1513, au moment où il compose le *Prince*, Machiavel discute avec Francesco Vettori de ce qui importe si, au contraire de ce que pensera Botero, la conservation passe par la conquête : les rapports de force entre les États

1. *Ibid.*, I, 5, p. 72, trad. modifiée.
2. IV, 1, 4, 1288 b 28-30.
3. V, 11, 2-3, 1313 a 25-33.

italiens et les diverses puissances étrangères (la France, l'Espagne, les Suisses…). À la différence de Vettori, Machiavel dit craindre les Suisses : au contraire des Vénitiens, écrit-il, ils font la guerre avec des soldats et des chefs qui leur appartiennent ; le fait qu'ils forment une fédération, et non un État unifié, ne les rend pas moins redoutables. « Je ne sais, ajoute Machiavel à ce propos, ce que dit Aristote des républiques partagées en plusieurs États » [1]. Ce n'est pas avouer que, à cette date, il n'a pas lu les *Politiques*, mais laisser entendre qu'il n'y a rien trouvé qui puisse éclairer la discussion avec Vettori à propos des rapports de force entre les États [2] et de la force militaire d'une fédération. Le texte de Botero illustre aussi les limites de notre classement des usages des *Politiques* : l'institution des éphores par Théopompe a été évoquée à maintes reprises dans les débats sur l'absolutisme et le gouvernement mixte, thèmes qui relèvent dans notre classement du deuxième usage et aussi, pour le gouvernement mixte, du premier, l'usage républicain. Cet exemple montre enfin que la lecture et l'usage des *Politiques* n'ont peut-être pas été complètement interrompus de la mort de Théophraste à Guillaume de Moerbeke. Sans référence il est vrai à Aristote, la réforme de Théopompe est évoquée par Cicéron (106- 43 av. J.-C.), Valère Maxime (autour de 14 après J.-C.) et Plutarque (46-125 après J.-C.). Dans le *De legibus* (III, 7), il s'agit pour Cicéron de s'opposer au risque de tyrannie et dans le *De Republica* (II, 33) de donner satisfaction aux revendications populaires, comme on l'a fait à Rome avec la création des tribuns de la plèbe. Valère Maxime (IV, 1, « exemples étrangers », 8) et Plutarque (*Lycurgue*, IX) nous fournissent des récits plus proches de celui d'Aristote, avec en particulier la réponse de Théopompe à sa femme (absente chez Cicéron), pour illustrer la modération du roi (Valère Maxime) ou la nécessité de mettre un frein au pouvoir oligarchique du sénat (Plutarque, qui cite Platon – probablement *Lois*, III, 692 a *sq.*, mais Platon ne rapporte ni la critique de l'épouse de Théopompe, ni la réponse de ce dernier).

1. *Lettres à Francesco Vettori*, 26 août 1513, Paris, Payot & Rivages, 2013, p. 62-63.

2. Sur la discrétion d'Aristote à propos des relations entre les cités, voir *supra*, « Introduction », p. 18-21. Il y a peut-être en II, 2, 3, 1261 a 29 une allusion à la confédération des Arcadiens et en VII, 7, 3, 1327 b 29-33 une allusion à une organisation unique des cités grecques sous direction macédonienne (voir « Introduction », p. 27).

Les *Politiques* aujourd'hui

Dans un contexte qui n'est plus celui de leur redécouverte au XIIIe siècle ou de leurs usages au début de l'époque moderne, les *Politiques* continuent à nous intéresser et notre intérêt n'est pas un simple malentendu. Si l'ouvrage n'était qu'un prétexte à des préoccupations étrangères à celles de leur auteur, nous ne passerions pas tant de temps à le scruter et à le traduire pour en reconstituer aussi rigoureusement que possible la signification. Et nous n'avons pas seulement le souci, même si nous l'avons aussi, de reconstituer avec la curiosité désintéressée d'un ethnologue le fonctionnement d'une étrange forme politique aujourd'hui disparue. Il faut donc qu'il y ait sens pour nous à réfléchir sur ces deux inventions, la cité et la démocratie, même si elles ne sont plus les nôtres. Il faut que la cité ait quelque chose à nous dire sur ce qu'est pour nous la politique, que les succès et les échecs de la démocratie athénienne soient encore pour nous matière à réflexion quand nous analysons notre propre expérience. Il faut pour cela que ces deux créations aient fait l'objet d'une problématisation dont certaines œuvres, en particulier celles de Thucydide et d'Aristote, portent témoignage. Il faut enfin que cette réflexion, dans son inachèvement et son ouverture, contribue à notre propre lucidité. Donnons-en simplement quelques exemples.

1. Aristote insiste sur les fins de la cité et de la politique : l'excellence, la vie accomplie dans toutes ses dimensions pour tous les citoyens. Un bon libéral disciple de Rawls ou un bon lecteur de Hobbes vous diront que les États ne peuvent avoir des fins positives d'une telle richesse, que la paix civile exige que des fins de ce genre soient réservées au domaine privé. L'expérience tragique des guerres de religion nous aurait appris à limiter les fonctions de l'État à un minimum négatif : assurer la compatibilité des entreprises privées ou, pour parler comme Hobbes, des courses individuelles à la puissance, pour atteindre des buts différents d'un individu à l'autre et variant, pour un même individu, au cours de son existence. Il existe à coup sûr des situations critiques – la guerre civile dans un État, la première guerre mondiale, aussi catastrophique pour l'Europe que l'a été la guerre du Péloponnèse pour les cités grecques, et ce qui a suivi ensuite dans les États qui se réclamaient du communisme ou dans les régimes fascistes [1]

1. Comme Robert O. Paxton (*Le fascisme en action*, Paris, Seuil, 2004), j'étends le sens du mot « fascisme », appliqué d'abord à l'Italie de Mussolini, au régime nazi, qui, à son dernier stade, en est la seule forme radicalisée ayant existé à ce jour.

– qui incitent à se soucier avant tout des fins minimales des États : l'urgence commande de penser d'abord à la vie et aux libertés dans ce qu'elles ont d'élémentaire. Il reste à savoir s'il est possible de réduire la politique à une telle recherche de sécurité et de liberté dans les relations entre individus, si tout débat sur le bien vivre doit et peut être vraiment éliminé de la sphère politique. De quoi débat-on dans les multiples comités éthiques qui discutent de l'embryon, de la procréation assistée ou de l'interruption volontaire de grossesse, sinon de la définition d'une vie authentiquement humaine ? La politique culturelle ou éducative de nos gouvernements se réduit-elle, et peut-elle se réduire, à assurer la coexistence pacifique des efforts de chacun pour son épanouissement personnel, selon sa propre vision du bonheur ?

2. Aristote met en évidence le lien entre la division sociale et la politique. La première partie de la *Constitution d'Athènes* nous propose une histoire de la démocratie avant Périclès qui confirme l'importance pour Aristote de ce lien, qu'il s'agisse de Solon, de la tyrannie de Pisistrate ou de Clisthène. Solon intervient dans un climat d'une guerre civile entre riches et pauvres à laquelle il tente de mettre fin grâce à son arbitrage. Après son départ, les troubles reprennent, jusqu'à ce que Pisistrate accède au pouvoir [1]. Sa tyrannie est présentée par Aristote comme une autre forme d'arbitrage entre le peuple et les notables, imposé cette fois par la contrainte [2]. Le contenu de cet arbitrage, relativement favorable au peuple, explique la durée et la stabilité de cette tyrannie du vivant de Pisistrate [3]. Les troubles reprennent quand ses fils sont chassés du pouvoir et leur issue est favorable au camp populaire dont Clisthène est le *leader*. Dans les *Politiques*, cette importance politique de la division sociale acquiert une portée plus générale pour expliquer que les conflits entre partisans de la démocratie et de l'oligarchie soient si fréquents et surtout pour comprendre comment on s'écarte de la visée démocratique première pour aller vers une domination des pauvres sur les riches.

Dans le climat de crise du marxisme qui a accompagné la contestation et la dissidence dans les pays du bloc soviétique, puis l'effondrement de leurs régimes, le lien entre la division sociale et la politique a pu être mini-

1. XIII-XV.

2. Solon exhorta en vain le peuple à la résistance quand Pisistrate réclama et obtint une garde armée (XIV, 2).

3. « La majorité des notables et du peuple lui était favorable ; car il se conciliait les premiers par ses relations avec eux, les seconds en les aidant dans leurs occupations privées et il était bien doué pour plaire aux uns et aux autres » XVI, 9.

misé ou même oublié dans la pensée politique, comme il l'avait été à des époques antérieures [1]. Cela vaut par exemple, à la fin du XXe siècle, pour la manière d'interpréter l'histoire à laquelle Aristote s'intéresse dans la *Constitution d'Athènes*. L'exemple de Foucault est significatif : très présente en 1970 dans son premier cours au Collège de France [2] quand il s'agit de rendre compte des réformes de Solon et de la naissance de la démocratie en Grèce, la lutte des classes disparaît presque complètement dans les cours de 1983 et de 1984 [3]. Castoriadis lui-même, dans son effort pour se déprendre de Marx, parle assez peu de lutte des classes quand il commente dans ses divers séminaires la création grecque de la politique et de la démocratie [4]. Pourtant la nouvelle situation mondiale, les échecs auxquels nous a conduit l'utopie néo-libérale, l'apparition et la persistance d'une crise structurelle durable dans les pays capitalistes autrefois hégémoniques, le fossé qui s'y creuse sans cesse davantage entre riches et pauvres, sont là pour nous rappeler ce que savait déjà Aristote : il est impossible de penser la politique sans prendre en compte d'une manière ou d'une autre – Aristote, certes, n'était pas révolutionnaire ou gauchiste – la division sociale.

3. Le caractère problématique de la solution consistant à hiérarchiser les deux voies, celle du mélange exactement dosé et celle de la cité des semblables, n'est pas la faiblesse mais plutôt la force des *Politiques* : il témoigne de l'intérêt comme des limites de l'invention grecque de la démocratie. Sous de nouvelles formes, l'aporie d'Aristote est toujours la nôtre. La démocratie ne se réduit pas à un gouvernement institué. Elle est toujours aussi, dans sa naissance comme dans son développement, le

1. Je pense au discours qui, de Hobbes à Rousseau, associe droit naturel, contrat et souveraineté. Avant Rousseau, qui constitue bien sûr une exception, il fait peu de place à la division sociale.

2. *La volonté de savoir*, cours au Collège de France, 1970-1971, in *Leçons sur la volonté de savoir*, Paris, « Hautes Études », Gallimard-Seuil, 2011, p. 1 à 193.

3. *Le Gouvernement de soi et des autres*, cours au Collège de France, année 1982-1983, Paris, « Hautes Études », Gallimard-Seuil, 2008, et *Le Courage de la vérité, le gouvernement de soi et des autres*, année 1983-1984, Paris, « Hautes Études », Gallimard-Seuil, 2009. Sur cette question de la présence de la lutte des classes en 1970 et en 1983-1984, voir Jean Terrel, « De la critique de la volonté de vérité au courage de la vérité », *Foucault, une politique de la vérité*, *Cahiers philosophiques*, n°130, 3e trimestre 2012, p. 7-28.

4. Voir cependant *Thucydide, la force et le droit*, p. 267-269 : Castoriadis veut surtout montrer que la lutte des pauvres contre les riches n'existe pas toujours, qu'elle ne débouche pas toujours, quand elle existe, sur la démocratie (voir l'exemple de Pisistrate à Athènes) et que les pauvres ne doivent pas être parés, à la manière chrétienne, de toutes les vertus.

procès à travers lequel une multitude s'auto-institue comme communauté de citoyens, dans l'arbitraire d'un certain rapport de force. Ce rassemblement inclut les uns et exclut les autres : pendant très longtemps les femmes, aujourd'hui les étrangers, les jeunes à partir de tel ou tel âge, etc. Contrairement à ce que risque de nous laisser croire la référence à la nature dans l'affirmation des droits de l'homme et du citoyen, l'attribution de la citoyenneté ne va jamais de soi : elle est objet de débat, de délibération et de décision. Comme nous l'avons vu, Aristote a analysé l'élargissement de l'accès à la citoyenneté qui a commencé avec Solon et s'est radicalisé avec Clisthène : n'importe qui, écrit-il, devient bon pour faire un citoyen [1], et la dynamique égalitaire peut selon lui conduire, ce que Platon avait déjà imaginé, à la suppression de toutes les hiérarchies si l'on suit sa logique jusqu'à la caricature [2] ; de même, depuis deux siècles, le suffrage s'est peu à peu généralisé sans devenir pour autant véritablement universel. Aristote observe que cet élargissement a un coût : il devient nécessaire de distribuer de manière inégale les pouvoirs entre les citoyens, avec les risques de despotisme que cela entraîne : si la communauté civique est fortement hétérogène, on sera tenté de distinguer entre les qualités des citoyens ordinaires, suffisantes pour des citoyens obéissant aux lois et bons soldats, et l'excellence complète, faite de courage, de science et de bon jugement, nécessaire au bon gouvernant. Depuis les révolutions américaine et française, une dynamique égalitaire a conduit aussi à un mouvement indéfini d'élargissement du droit au suffrage. Mais là aussi les effets sont contrastés. D'un côté, cela a incité tous ceux que cette dynamique effrayait, comme elle effrayait déjà Aristote, à faire appel à des mécanismes de compensation : les effets oligarchiques de l'élection – il faut être un notable pour être élu – que les partisans de la démocratie libérale hésitent, contrairement à Aristote, à reconnaître, et surtout les effets oligarchiques de la représentation, un trait spécifiquement moderne de l'histoire des démocraties. À Athènes, les partisans de la démocratie savaient que les inévitables délégations de pouvoir pouvaient avoir des effets oligarchiques, plus prononcés quand le magistrat était désigné, pour des raisons évidentes de compétence, par élection et non par tirage au sort, et cependant limités par la nécessité impérative de rendre des comptes. Aujourd'hui nos députés

1. VI, 4, 16, 1319 b 10-11.

2. Pour sa part, Aristote évoque l'anarchie dans les relations entre les esclaves, les femmes et les enfants et ceux qui ont en principe autorité sur eux, le maître, le mari, l'adulte (VI, 4, 20, 1319 b 27-32). Dans le texte de Platon, les animaux domestiques eux-mêmes (ânes et chiennes) se libèrent de l'autorité humaine (*République*, VIII, 562 d-563 d).

et notre gouvernement nous « représentent » : nous pouvons ne pas les réélire mais, sauf action illégale, ils ne rendent des comptes à personne. À ceux qui protestent, ils opposent la réponse que Hobbes avait déjà imaginée : nous sommes vos représentants, vous avez par avance reconnu nos décisions comme les vôtres [1]. Il est dangereux de penser en termes de représentation, si l'on oublie qu'elle est entièrement fictive : nous ne votons pas nous-mêmes les lois, nous ne nous gouvernons pas nous-mêmes et c'est la raison pour laquelle ceux que nous élisons devraient avoir des comptes à nous rendre.

À l'époque contemporaine, la dynamique de l'élargissement du suffrage a de nouveaux effets, inconnus à l'époque de Thucydide et d'Aristote. Tous deux savaient que la démocratie peut se corrompre en démagogie. À cette démagogie, on peut encore comparer certaines utilisations de l'extension du suffrage et de la politique de masse apparus dans la seconde moitié du XIXe siècle, par exemple en France avec le Second Empire. Mais, en partie du fait des effets corrupteurs de la première guerre mondiale qu'on a pu comparer de ce point de vue à la guerre du Péloponnèse, le fascisme a inventé des formes inédites de politique de masse. Il ne s'agit plus seulement de légitimer par le vote un régime autoritaire comme l'avaient tenté Napoléon III ou Bismarck dans la seconde moitié du XIXe siècle, mais de combiner la démagogie électorale et la mobilisation militante, souvent violente, contre des élites jugées corrompues, la gauche et les syndicats et, pour finir, une partie de la population transformée en bouc émissaire à chasser et à détruire [2].

Aristote savait, et nous devons savoir aussi, même si cela nous dérange, que la dynamique égalitaire, si positive soit-elle, comporte des risques et que la démocratisation est toujours problématique. Pour autant, nous ne sommes pas contraints d'accepter ses analyses des dérives de la démocratie athénienne, différentes, nous l'avons constaté, de celles de Thucydide. De même, constater aujourd'hui que la démocratisation a été une condition du fascisme, y compris dans sa forme la plus radicale, le nazisme, qu'elle est utilisée aujourd'hui par des courants hostiles à la démocratie – ailleurs, à la suite du printemps arabe, par des forces politico-religieuses intégristes et chez nous par des partis jouant la respectabilité pour dissimuler la réalité de

1. (...) *every Subject is by this Institution Author of all the Actions, and Judgements of the Soveraigne Instituted*, « (...) chaque sujet est par cette institution auteur de tous les actes et jugements du souverain institué » *Leviathan*, 18, The English and Latin Texts (i), p. 270, trad. fr. Tricaud, Paris, Sirey, 1971, p. 183.

2. Voir sur ce point Robert O. Paxton, *op. cit.*, p. 77 *sq*.

leur politique – ne doit pas nous conduire à y renoncer et à nous contenter, comme trop souvent nos grands partis politiques de gouvernement, d'une oligarchie libérale habillée en démocratie, mais plutôt à réfléchir, comme l'ont fait les Athéniens à l'époque de Périclès, sur la nécessité pour les démocraties d'instituer elles-mêmes les limites qui leur conviennent : une chose est en effet de remédier aux risques de la démocratisation en appelant démocratie le pouvoir oligarchique des notables, autre chose d'inventer des contre-pouvoirs réellement démocratiques, comme l'ont été à Athènes les assemblées très larges, dont les membres étaient tirés au sort, qui pouvaient décider, après en avoir délibéré, d'annuler un vote de l'assemblée du peuple dont un citoyen avait contesté la légitimité [1].

1. Voir sur ce point Bernard Manin, *Principes du gouvernement représentatif*, *op. cit.*, p. 32-37 et Pierre Rosanvallon, *La contre-démocratie*, Paris, Seuil, 2006, p. 199-206.

ANNEXE I

TRADUCTIONS ET COMMENTAIRES GUILLAUME DE MOERBEKE, THOMAS D'AQUIN, PIERRE D'AUVERGNE, NICOLAS ORESME

POLITIQUES, I, 2, 1252 A 7-16 : GUILLAUME DE MOERBEKE ET THOMAS D'AQUIN [1]

Quoniam omnem civitatem videmus communitate[m] [2] *quamdam existentem, et omnem communitatem boni alicujus institutam : ejus enim quod videtur boni gratia, omnia operantur omnes : manifestum quod omnis bonum aliquod conjecturat.*

Maxime autem principalissimum omnium maxime principalis, et omnes alias circumplectens. Hæc autem est quod vocatur civitas, et communicatio politica.

Quicumque igitur existimant politicum et regalem et œconomicum et despoticum, idem non bene dicunt.

Multitudine enim et paucitatis putant differe, sed non specie, horum unumquodque : puta, siquidem paucorum, patrem familias ; si autem plurium œconomicum. Si autem adhuc plurium, politicum aut regale :

1. Je donne ma propre traduction du texte grec à la fin de la première partie de cet ouvrage, I, 3, p. 147.

2. Spiazzi, *communitate*, Laval, *communitatem.* Si l'on considère le manuscrit grec dont nous disposons (κοινωνίαν τινὰ οὖσαν), il faut peut-être supposer que *communitate* provient d'une coquille, propre à l'édition Spiazzi ou à une édition antérieure. Si le traducteur a véritablement utilisé un ablatif, il indique en quel sens la cité a une certaine existence – « nous voyons que toute cité a une certaine existence comme communauté » – mais dans ce cas, il faut rattacher *quamdam* à *existentem*, ce qui ne va pas sans difficulté.

tamquam nihil differentem magnam domum et parvam civitatem. Et politicum et regale, quandoquidem ipse præest, regale ; quando autem secundum rationem disciplinæ talis secundum partem principans et subjectus politicum.

Puisque toute cité, nous le voyons, existe comme une certaine communauté et que toute communauté est instituée en vue de quelque bien [1] (c'est en effet pour ce qui leur semble un bien que tous font toutes choses), toute communauté, c'est manifeste, vise quelque bien.

C'est le bien absolument premier entre tous que vise la communauté absolument première. C'est elle qu'on appelle cité et communauté politique [2].

Donc, tous ceux qui estiment que les pouvoirs politique, royal, économique et despotique sont la même chose ne parlent pas bien.

C'est en effet par le beaucoup et le peu, pensent-ils, que chacun de ces pouvoirs diffère des autres, et non spécifiquement : comme si l'on gouvernait peu de gens en maître de maison, plus de gens en dirigeant d'une famille, plus encore en politique ou en roi, comme s'il n'existait aucune différence entre une grande maison et une petite cité. Et pour le pouvoir politique et royal, il est royal chaque fois qu'on l'exerce de son propre chef ; mais politique quand on l'exerce selon les raisons d'une telle discipline, étant pour partie prince et pour partie [3] sujet.

GM, Spiazzi, p. 5, 1-4, Laval, p. 7, 1re c.

1. Je traduis comme si le *gratia* de la ligne suivante était sous-entendu en m'inspirant du manuscrit disponible pour nous ; mais on peut préférer, puisque nous ne connaissons pas le texte que le traducteur avait sous les yeux, rattacher le génitif *boni alicujus* à *communitas*. Il faut alors traduire : « et que toute cité est instituée comme communauté d'un certain bien ».

2. Ou peut-être, « On l'appelle cité et on appelle politique cette relation de communauté ». Le traducteur use ici de *communicatio* et non de *communitas* pour traduire κοινωνία. À propos des Barbares dont le naturel est servile, il écrit un peu plus loin (Spiazzi, p. 5, 10, Laval, p. 7, 1re c.) : *fit communicatio ipsorum servæ et servi*, « advient entre eux la relation commune d'une esclave et d'un esclave » [γίνεται ἡ κοινωνία αὐτων δούλης καὶ δούλου, I, 2, 4, 1252 b 7]. Il semble que *communitas* désigne pour le traducteur la communauté et *communicatio* la relation entre les membres de cette communauté.

3. GM rend littéralement κατὰ μέρος (« à tour de rôle ») par *secundum partem*. Mais le commentaire de TA rend difficile cette traduction : il ne s'agit pas du citoyen tour à tour gouvernant et gouverné, mais du roi pour partie prince et pour partie sujet (pour autant qu'il respecte les lois de la cité). Voir sur ce point, Ellen Meiksins Wood, *Des citoyens aux seigneurs*, p. 350 *sq*. et 375 *sq*.

Ensuite, quand il [Aristote] dit, « donc, tous ceux qui… » [1],

Il compare la cité aux autres communautés : et à ce propos, il fait trois choses. *En premier lieu*, il expose l'opinion fausse que certains défendent. En deuxième lieu, il montre de quelle manière on peut connaître que l'opinion exposée est fausse, là où il dit, « mais cela n'est pas vrai, etc. » [2]. En troisième lieu, conformément à la méthode appropriée dans ce cas, [*secundum assignatum modum*] [3], il expose la vraie comparaison entre la cité et les autres communautés, là où il écrit, « c'est pourquoi il est nécessaire d'abord de combiner etc. » [4].

Pour *le premier point*, il procède en deux temps. Il énonce d'abord l'opinion fausse. Ensuite, il introduit l'argument qu'on avance en sa faveur, là où il écrit « c'est en effet par le beaucoup et le peu, etc. [*multitudine enim paucitate*] » [5].

En ce qui concerne *le premier temps*, il faut considérer que l'existence de deux communautés, cité et maison [*domus*], est manifeste pour tous.

Or la cité est gouvernée [*regitur*] selon un double gouvernement [*duplici regimine*], politique et royal [*politico et regali*]. Le gouvernement est *royal* quand celui qui est à la tête de la cité [*civitati præest*] détient la plénitude du pouvoir [*habet plenariam potestatem*]. Le gouvernement est *politique* quand celui qui est à la tête de la cité détient un pouvoir dans le cadre fixé par un certain nombre de lois de la cité.

1. Début de la traduction latine du texte qui commence en grec par ὅσοι μὲν οὖν οἴονται πολιτικὸν καὶ βασιλικὸν καὶ οἰκονομικὸν καὶ δεσποτικὸν εἶναι τὸν αὐτὸν…, « En conséquence, ceux qui pensent que gouverner en politique, gouverner en roi, diriger une famille et diriger en maître sont la même chose… » I, 1, 2, 1252 a 7-9.

2. En grec, ταῦτα δ'οὐκ ἔστιν ἀληθῆ, I, 1, 2, 1252 a 16.

3. Référence au paragraphe I, 1, 3, 1252 a 17-23 terminant le premier chapitre, dans lequel Aristote rappelle la méthode qui convient à l'analyse des réalités composées.

4. Référence au passage du deuxième chapitre qui commence en grec par ἀνάγκη δὴ πρῶτον συνδυάζεσθαι, « en premier lieu, il est nécessaire que s'accouplent… » I, 2, 2, 1252 a 26.

5. En grec, le passage commençant par πλήθει γὰρ καὶ ὀλιγότητι νομίζουσι, « C'est en effet selon le beaucoup et le peu, pensent-ils, » I, 1, 2, 1252 a 9-10. On pense d'abord au grand et au petit nombre, ce qui convient à la différence entre cité et famille, puis entre le pouvoir despotique, le pouvoir économique et le pouvoir politique ou royal. Dans ce qui suit immédiatement, le pouvoir politique et le pouvoir royal ne sont pas encore distingués : on gouverne plus de monde encore « en politique ou en roi » (I, 2, 1252 a 11-12). Mais Thomas d'Aquin voit bien que cela doit s'appliquer aussi ensuite, si l'on entend la première formule d'Aristote (I, 2, 1252 a 7-10) dans toute sa généralité, à la différence faussement comprise entre le pouvoir politique et le pouvoir royal. Dans ce cas, il s'agit de quantité plus ou moins grande de pouvoir et non de grand et de petit nombre : de là ma traduction, « par le beaucoup et le peu ».

De même, le gouvernement de la maison est double : *économique* et *despotique* [œconomicum *et* despoticum]. Or on appelle maître [*despotes*] tout homme qui a des esclaves. Et on nomme gouverneur de la famille [*œconomus*] [1] celui qui prend soin d'une famille quelconque ou l'administre [*procurator vel dispensator alicujus familiæ*]. Il en découle que le gouvernement despotique est celui d'un maître commandant [*præsidet*] à des esclaves tandis qu'il y a gouvernement domestique quand quelqu'un administre les affaires de toute une famille, dont les membres ne sont pas seulement des esclaves, mais aussi un grand nombre de personnes libres. Certains ont donc soutenu, mais à tort, que ces gouvernements ne sont pas différents mais en tout identiques.

Ensuite, quand il écrit, « c'est en effet par le beaucoup… » [2],

Il expose leur argument que voici. Toutes les choses qui diffèrent seulement par le beaucoup et le peu ne diffèrent pas spécifiquement ; car la différence en plus et en moins ne fait pas varier l'espèce. Or les dits gouvernements ne diffèrent que par le beaucoup et le peu, ce qu'ils mettent en évidence de la manière suivante [*quod sic manifestabant*].

Si [*Si enim*] la communauté gouvernée a peu de membres, comme dans une petite maison, celui qui est à sa tête est, pour son nom, le maître de maison [*paterfamilias*] auquel appartient le pouvoir d'un prince despotique [*dicitur paterfamilias ad quem pertinet despoticus principatus*] [3].

Mais si la communauté a plus de membres, qui ne sont pas seulement des esclaves mais aussi beaucoup de personnes libres, celui qui est à sa tête est dit gouverner la famille [*œconomus*].

Et si les membres sont encore plus nombreux, n'appartenant plus seulement à une maison unique mais à une seule cité, le gouvernement est dit alors politique ou royal.

Voilà ce que certains disent, comme si une maison ne différait d'une cité que par le beaucoup et le peu ; de sorte qu'une grande maison est une petite cité et réciproquement ; voilà qui va se révéler faux à la lumière de ce qui suit. De la même façon, ils soutiennent aussi que les gouvernements politique et royal ne diffèrent que par le beaucoup et le peu [*Similiter etiam politicum et regale regimen ponebant differre solum multitudine et*

1. *Œconomus* est la transcription latine de οἰκονόμος que « chef de famille » rend mal puisque Thomas d'Aquin lui-même suggère que la distinction *despoticum/œconomicum* est l'équivalent dans la famille de la distinction entre *regale* et *politicum* dans la cité.

2. Référence au passage qui en grec commence par πλήθει γὰρ, I, 2, 1252 a 9.

3. La traduction de *paterfamilias* par « père de famille » serait inadéquate, car on penserait en français à la relation du père à son épouse et à ses enfants alors qu'il s'agit ici de la relation aux esclaves.

paucitate] [1]. Car quand de son propre chef un homme dirige *purement et simplement* en toutes choses [simpliciter *et secundum omnia*], on dit le gouvernement royal. Mais quand, *en vertu des raisons* [secundum rationem] [2] d'une telle science, il dirige en partie [*in parte præsidet*], c'est-à-dire en vertu des lois établies grâce à l'enseignement de la science politique [*secundum leges positas per disciplinam politicam*], le gouvernement est politique ; comme si un tel homme était en partie prince [*secundum partem principetur*], pour autant qu'il s'agit de questions soumises à son pouvoir, et en partie sujet [*secundum partem sit subjectus*], pour autant qu'il s'agit de questions pour lesquelles il est assujetti à la loi. De tout cela, ils concluent que tous les gouvernements dont on a parlé, les uns relevant de la cité, les autres de la maison, ne diffèrent pas spécifiquement.

Ensuite, là où il dit, « or ces choses… » [3],

Il *met en évidence la manière dont on peut établir la fausseté de la dite opinion…*

TA, Spiazzi, p. 6-7, 12-16, Laval, p. 9, 2e c. – p. 10, 1re c.

1. L'apport de Thomas d'Aquin par rapport à Aristote consiste à répéter, à propos du gouvernement politique et du gouvernement royal, ce qu'Aristote n'affirme qu'une fois (I, 2, 1252 a 9-10) quand il énumère tous les pouvoirs (dans la famille et dans la cité) qui, selon les penseurs critiqués, ne différent que par le beaucoup et le peu. Suivant ici Thomas d'Aquin, Oresme relie beaucoup plus explicitement que ne le fait Aristote deux aspects de la thèse critiquée, l'absence de différence entre une grande famille et une petite cité, et l'absence de différence autre que quantitative entre gouvernement politique et gouvernement royal : « (…) comme se il n'eust nulle difference entre un grant hostel et une petite cité, ne entre gouvernement politique et royal. Car quant un homme a la souveraine presidence ce est princey royal ; mes quant il gouverne selon les paroles de la discipline, ce est a dire selon les lais de la cité et il est en partie tenant princey et en partie subject sous le roy, adonques ce est princey politique. Mes ces choses ne sunt pas vraies » p. 45. Oresme suit aussi Thomas d'Aquin quand il assimile le politique au roi dont le pouvoir est limité, en partie prince et en partie sujet parce qu'il obéit aux lois de la cité.

2. Le *secundum rationem* est opposé au *simpliciter* : d'un côté le pouvoir s'étend purement et simplement en tout, de l'autre il y a le calcul d'une proportion, d'une *ratio*.

3. Nouvelle référence à ταῦτα δ' οὐκ ἔστιν ἀληθῆ, I, 1, 2, 1252 a 16.

POLITIQUES, II, 6, 16, 1265 B 26-33 :
THOMAS D'AQUIN [1]

En premier lieu, il [Aristote] dit que, selon la loi de Socrate, l'organisation d'ensemble [*tota coordinatio*] de la multitude, autrement dit de la cité, n'est ni l'état populaire [*plebeius status*] [2] ni le principat du petit nombre, mais le milieu entre les deux, que certains désignent du nom commun de *politeia* [*politiam*], et qui a son fondement dans [*consistit ex*] ceux qui portent les armes. En effet, puisque Socrate divise la multitude des citoyens en deux parties, l'une formée des combattants, l'autre des artisans et des campagnards (et qu'il faut que les campagnards demeurent à la campagne), le seul résultat possible est que la multitude ou presque de ceux qui résident dans la cité est formée des hommes qui combattent.

Selon lui, si Socrate [*ipse*] a institué un tel ordre [*ordinationem*] comme le plus commun par rapport à tous les autres régimes, il a peut-être bien parlé. Car l'oligarchie n'est que celle des grands, la démocratie que celle des petits ; mais la *politeia* dont nous parlons repose sur ceux qui occupent entre eux la position moyenne [*oligarchia est solum magnorum, democratia vero est solum infirmorum, hæc vero politia est ex his qui sunt medii inter utrosque*] ; et pour cette raison, elle est plus commune en tant qu'elle participe des deux.

Mais si Socrate [*ipse*] a institué un tel ordre comme le meilleur après le premier, il n'a pas bien parlé. Au dire d'Aristote, le premier régime est la royauté, soit chronologiquement (au départ, toutes les cités étaient régies par des rois), soit parce qu'elle est le meilleur régime du moment que le roi est un homme de bien. Or après ce premier régime, on ne peut pas dire que la *politeia* des combattants est le meilleur ; bien meilleur est le principat des hommes vertueux, le régime des Lacédémoniens ou de tous les autres citoyens qui seraient régis par le pouvoir des meilleurs.

Spiazzi, p. 80, 243-244, Laval, p. 81.

1. Pour la traduction du texte grec, mon interprétation et la critique de celle de Thomas d'Aquin, voir *supra*, IIe, 6, p. 224-227.

2. *Status* est ici l'équivalent de régime. Bodin parle encore en ce sens de l'« état » d'une république, déterminé selon lui par le détenteur de la souveraineté, et Hobbes dans le *De Cive* du *status civitatis*.

POLITIQUES, III, 5, 10, 1278 A 40 - B 5 : GUILLAUME DE MOERBEKE, THOMAS D'AQUIN [1]

Utrum quidem igitur alteram, vel eamdem, ponendum, secundum quam vir bonus est, et civis studiosus, palam : quia alicujus quidem civitatis idem : alicujus autem alius : et ille autem non omnis, sed qui civis, et dominus, et potens esse dominus, vel secundum se, vel cum aliis curæ communium.

Faut-il poser comme différentes ou identiques [les excellences] qui font un homme de bien et un citoyen zélé, la réponse est évidente : en effet dans telle cité cet individu est le même, dans telle autre différent. Et cet homme de bien n'est pas n'importe qui, mais le citoyen ayant ou pouvant avoir la suprématie, par lui-même ou avec d'autres, dans l'administration des affaires communes.

GM, Spiazzi, p. 132, 243, Laval, p. 134, 1re c.

Il est montré que dans une certaine cité, bien sûr celle des meilleurs [*optimatum*], l'homme de bien [*bonus vir*] et le bon citoyen [*bonus civis*] sont identiques, cité dans laquelle les magistratures sont attribuées selon la vertu qui appartient à l'homme de bien. Mais dans certaines cités, le bon citoyen est autre, bien sûr dans les régimes corrompus où les magistratures ne sont pas attribuées selon la vertu. Et celui [*ille*] qui est identique à l'homme de bien n'est pas n'importe quel citoyen [*quicumque civis*], mais celui qui régit la cité et dispose ou peut disposer de la suprématie [*dominus vel potens esse dominus*] pour les affaires qui touchent à l'administration de la communauté [*ad curam communitatis*], soit seul, soit avec d'autres.

TA, Spiazzi, p. 134, 383, Laval, p. 136.

1. Ma traduction du grec *supra* I, 1, p. 88.

POLITIQUES, III, 6, 1, ET 7, 3 : DÉFINITION DE LA ΠΟΛΙΤΕΊΑ AU SENS LARGE (« RÉGIME ») ET AU SENS ÉTROIT (LA FORME DROITE DONT LA DÉMOCRATIE EST LA DÉVIATION) SELON GUILLAUME DE MOERBEKE ET THOMAS D'AQUIN

III, 6, 1, 1278 b 7-10 [1]

Est autem politia ordo civitatis aliorum principatuum, et maxime dominantis omnium. Dominans quidem enim ubique est politeuma civitatis : politeuma autem est politia.

Un régime, c'est l'ordre de tous les pouvoirs dans la cité et surtout de celui qui les domine tous. Car ce pouvoir dominant est partout le *politeuma* de la cité : or ce *politeuma* est le régime.

GM, Spiazzi, p. 135, 245, Laval, p. 136, 1re c.

Ostendit quod sit respublica. Et dicit quod respublica nihil est aliud quam ordinatio civitatis, quantum ad omnes principatus qui sunt in civitate, sed præcipue quantum ad maximum principatum, qui dominatur omnibus aliis principatibus. Et hoc ideo, quia impositio ordinis in civitate, tota consistit in eo qui dominatur civitati ; et talis impositio ordinis est ipsa respublica.

Il montre ce qu'est la république ; et dit que la république n'est rien d'autre que l'organisation de la cité, en ce qui concerne tous les pouvoirs qui y sont présents, mais surtout le plus grand pouvoir, celui qui domine tous les autres. Et cela parce que l'imposition d'un ordre dans la cité repose entièrement sur celui qui domine la cité ; et cette imposition d'un ordre est la république même.

TA, Spiazzi, p. 136, 385, Laval, p. 137, re c.

III, 7, 3, 1279 a 37-39 [2]

Quando autem multitudo ad commune conferens vivit, vocatur communi nomine omnium politiarum politia.

Mais quand la multitude vit en se consacrant au bien commun, le régime porte le nom commun de tous les régimes, *politeia*.

GM, Spiazzi, p. 138, 254, Laval, p. 139, 1re c.

1. Ma traduction du grec *supra* I, 2, p. 93.
2. Ma traduction du grec *supra* I, 2, p. 101.

Sed quando multitudo principatur intendens ad utilitatem communem, vocatur respublica quod est nomen commune omnibus politiis.

Mais quand la multitude gouverne en visant l'utilité commune, le régime s'appelle république, ce qui est le nom commun de tous les régimes.

TA, Spiazzi, p. 139, 393, Laval, p. 141, 1re c. [1]

POLITIQUES, III, 12, 1, 1282 B 14-18 : PIERRE D'AUVERGNE [2]

En premier lieu, il dit que dans tous les arts et sciences, à l'évidence opératoires [*scilicet operativis*], la fin est un certain bien, parce que toute discipline enseignée [*doctrina*] et art, qui est de manière semblable acte et opération [*actus et operatio*], semble désirer un certain bien…Mais parmi toutes les sciences actives et pratiques [*inter omnes scientias activas et practicas*], celle qui est politique est première entre toutes…

Spiazzi, p. 155, 441, Laval, p. 159, 1 c.

POLITIQUES, III, 13, 12, 1283 B 40-42 : GUILLAUME DE MOERBEKE, ORESME

Quod autem rectum sumendum forte.
Rectum autem forte ad conferens totius civitatis et ad commune civium…
Il faut peut-être choisir ce qui est correct.

1. On peut s'étonner de voir Thomas d'Aquin user ici de *respublica* pour traduire le grec πολίτεια comme nom commun de tous les régimes, alors que depuis le début de ses commentaires il a usé comme Guillaume de Moerbeke de *politia*. Tout s'éclaire au chapitre 7 quand il nomme le régime populaire droit *respublica* : comme πολίτεια en grec, *respublica* devient en latin le nom commun de tous les régimes et le nom du régime populaire droit. Ce qui en français moderne paraît arbitraire s'éclaire si l'on se souvient que Rome, même sous le régime impérial, est restée, du moins pour la pensée officielle, une *respublica*, le mot désignant la communauté politique quel que soit son régime. Au XVIe siècle, Bodin s'en souvient encore quand il écrit les *Six livres de la République*.

2. Pour la traduction du texte commenté, I, 3, p. 111. Dans le texte grec comme dans la traduction latine (Spiazzi, p. 155, 302, Laval, p. 158, 1re c.), « dans toutes les sciences et arts ».

Or ce qui est correct est peut-être ce qui apporte à toute la cité et au bien commun des citoyens…

GM, Spiazzi, p. 163, 320-321, Laval, p. 166, 1re c.

T. Et l'en doit prendre ce qui est droit par aventure…

G. Il dit *par aventure* non pas pource que il doubte que l'en ne doie faire ce que est droit, mes pource que l'en doubte aucunes foiz quele chose est selon droit.

T. Et par aventure est ce droit que les lois soient mises au conférent ou au profit de toute la cité et au commun profit de tous les citoiens.

G. Il dit *par aventure* pource que quant a parler de bien profitable comme sunt richeces, il peut estre qu'aucune multitude soit moins bonne ou en plus grand peril se elle estoit plus riche, jouxte ce que fu dit ou XII chapitre du secunt [1]. Mes quant a parler de bien de vertu ou de expedient, il ne convient ja dire par aventure, car les loys doivent estre pour un tel bien commun.

Oresme, p. 142, 1re c. [2]

POLITIQUES, III, 15, 15-16, 1286 B 31-40 : PIERRE D'AUVERGNE

Manifestum est … quod oportet ipsum [le roi dans une monarchie royale, non tyrannique] *habere potentiam et maiorem potentiam quam sit potentia unius … Iterum et maiorem oportet ipsum habere potentiam, quam plurium simul : minorem tamen quam sit potentia totius civitatis respectu multitudinis.*

Il est manifeste… qu'il doit avoir une puissance, et une puissance plus grande que n'est la puissance d'un seul … il doit encore avoir aussi une puissance plus grande que celle de plusieurs assemblés : mais cependant moindre que n'est la puissance de toute la cité considérée comme multitude.

Spiazzi, p. 177, 106, Laval, p. 181, 2e c.

1. Le chap. XII du livre II commence chez Oresme au § 15 de II, 7 (1267 a 21) : dans ce § 15, Aristote précise que les possessions d'une cité ne doivent pas être abondantes au point d'exciter la convoitise des cités étrangères.

2. Sur ce point, voir I, 3, p. 127, n. 1.

POLITIQUES, IV, 3, 8, 1290 A 24-29 : GUILLAUME DE MOERBEKE ET PIERRE D'AUVERGNE

Verius autem et melius, ut nos divisimus, duarum, aut unius existentis bene institutæ, alias esse transgressiones, has quidem bene contemperatæ harmoniæ, has autem optimæ politiæ ; oligarchias quidem eas quam duriores et magis despoticæ, remissas autem et molles demoticas.

Mais il est plus vrai et meilleur de dire, en accord avec la division que nous avons faite, que de deux ou d'un seul régime existant heureusement constitué les autres sont des déviations, soit de l'harmonie bien tempérée, soit de la *politeia* la meilleure, oligarchiques celles qui sont plus dures et plus despotiques, démocratiques celles qui sont relâchées et molles.

GM, Spiazzi, p. 192, 411, Laval, p. 198, 1re c.

Cependant il est meilleur pour nous de les [les régimes] diviser conformément à ce qui a été dit plus haut : certains, à l'évidence, sont des régimes droits, certains des déviations, de sorte que *d'un seul régime bien ordonné ou de deux*, les autres sont des déviations : autrement dit, *certaines déviations sont bien équilibrées* [commensuratæ], *comme celle qui porte le nom commun de république* alors que les autres [en] sont des déviations

PA, Spiazzi, p. 194, 552, Laval, p. 201, 1re c., nous soulignons).

Dans cette paraphrase interprétative, Pierre d'Auvergne intervient pour présenter la république, sa traduction de *politeia*, comme une déviation d'un seul régime bien ordonné. Dès lors les régimes déviés autres que la république deviennent des déviations d'un seul régime bien ordonné, probablement l'aristocratie pure des livres VII et VIII ou de deux régimes (si l'on tient compte du fait qu'ils en dévient de manière indirecte, par l'intermédiaire d'une première déviation, la *politeia*). Cette lecture peut se revendiquer des textes où Aristote semble afficher sa préférence pour la cité des semblables des livres VII et VIII. Mais elle implique deux interventions significatives que notre soulignement signale : l'ajout précisant que la république est une déviation, et l'inversion de la formule correctement traduite par Guillaume de Moerbeke, « deux ou un seul » devenant « un seul ou deux ».

ANNEXE II

FOUCAULT : LA DÉMOCRATIE GRECQUE ET NOUS [1]

Aux Ve et IVe siècles av. J.-C., les Grecs, et en particulier les Athéniens, inventent et font vivre des démocraties. Au milieu du Ve siècle, dans le premier texte conservé qui les décrit [2], Hérodote parle de mettre la délibération des affaires au milieu de tous, de confier le pouvoir à la multitude.

Dans ce texte, le défenseur de ce régime ne parle ni de « démocratie », ni de δῆμος. C'est Mégabyze, le partisan de l'oligarchie, qui dénonce la démesure d'une assemblée populaire non retenue, d'un δῆμος (mot qui

1. La première version de ce texte a été exposée au lycée Camille Julian de Bordeaux alors que le premier cours de Foucault au Collège de France (*La Volonté de savoir*) n'était pas publié. Pour une comparaison de la position de Foucault en 1970 et en 1983-1984, voir Jean Terrel, « De la critique de la volonté de savoir au courage de la vérité », *Cahiers philosophiques* n°130, 2012, p. 7-28.

2. Il s'agit pour les notables perses qui viennent de renverser le pouvoir tyrannique des Mages de choisir un nouveau régime. « Otanès appelait à déposer les affaires [à délibérer] au milieu des Perses [ἐς μέσον Πέρσῃσι καταθεῖναι τὰ πράγματα] en déclarant ce qui suit : "(…) Le pouvoir de la multitude [πλῆθος ἄρχον] a tout d'abord le plus beau de tous les noms, 'isonomie' [ἰσονομία, 'égalité par et devant la loi'] (…). C'est par le tirage au sort qu'il confie leur pouvoir aux magistrats [ἀρχὰς ἄρχει] ; il soumet ce pouvoir à la reddition de comptes ; il fait remonter toutes les décisions à la délibération commune [βουλεύματα δὲ πάντα ἐς τὸ κοινὸν ἀναφέρει]. Voici donc mon avis : abandonnons la monarchie pour élever la multitude [τὸ πλῆθος ἀέξειν] ; c'est en effet dans le grand nombre que toutes choses résident [ἐν γὰρ τῷ πολλῷ ἔνι τὰ πάντα]" » (Hérodote, III, 80, trad. JT) : ἀρχὰς ἄρχει ne peut être traduit complètement si l'on tient compte du fait que ἄρχειν signifie à la fois « commencer » et « commander ». Hérodote écrit que le pouvoir de la multitude « commande » que les pouvoirs des magistrats aient leur origine dans le tirage au sort.

signifie à la fois « peuple » et « assemblée populaire »), et conseille ironiquement à ceux qui veulent du mal aux Perses d'en user [1] : peut-être les mots « démocratie » et δῆμος étaient-ils à l'origine péjoratifs, même si, à l'époque de Hérodote et de Périclès, ils avaient cessé de l'être pour ceux qui approuvaient ce régime.

Otanès, son défenseur dans le texte d'Hérodote, l'appelle ἰσονομία (isonomie), « le plus beau de tous les noms », *égalité par et devant la loi*. Il en donne trois caractéristiques : la délibération en commun, les affaires mises au milieu de tous sans privilège de l'un ou de l'autre ; l'égalité réalisée par le tirage au sort dans la distribution des pouvoirs exercés individuellement et temporairement par tel ou tel ; enfin l'obligation faite aux titulaires de ces fonctions de rendre des comptes.

De la redécouverte des *Politiques* d'Aristote à aujourd'hui, on a très souvent décrit cette expérience avec ses qualités et ses défauts. Il ne s'agit pas de s'enfermer dans le passé mais de parler aussi de nous, de notre rapport à la politique et à la démocratie. C'est vrai aussi pour Foucault qui aborde cette question dans ses deux derniers cours au Collège de France en 1983 et 1984. Il y consacre six bonnes heures en 1983 et une heure l'année suivante [2].

Avant d'analyser ce que Foucault dit du régime des Athéniens et, à travers lui, de son propre rapport à la démocratie, je distinguerai trois attitudes à propos de cette création de la cité et de démocratie. La première oppose la liberté des Anciens et celle des Modernes. La seconde cherche à rétablir une continuité entre le régime des Athéniens et ce qu'il est convenu d'appeler démocratie libérale. La troisième attitude consiste à prendre appui sur l'expérience grecque, sans bien sûr l'idéaliser, pour critiquer nos démocraties libérales qui, à l'aune d'Athènes, seraient plutôt des oligarchies que des démocraties. En simplifiant j'attribuerai la première attitude à Benjamin Constant, immédiatement après la Révolution française [3],

1. Hérodote, III, 81.

2. *Le gouvernement de soi et des autres*, Cours au Collège de France, 1982-1983, Paris, « Hautes Études », Gallimard-Seuil, 2008 (abr., *GSA*), *GSA*, p. 68-70 ; p. 71-169. *Le courage de la vérité, Le gouvernement de soi et des autres*, Cours au Collège de France, 1984, Paris, « Hautes Études », Gallimard-Seuil, 2009 (abr. *CV*), p. 33-51.

3. *De la liberté des Anciens comparée à celle des Modernes*, discours prononcé à l'Athénée royal de Paris en 1819, *De la liberté chez les modernes, Écrits politiques*, présenté par Marcel Gauchet, Pluriel, Paris, Librairie générale française, 1980, p. 491-515.

la seconde à John Stuart Mill, au milieu du XIXe siècle [1], et la troisième à un très grand penseur récemment disparu, Cornelius Castoriadis [2].

Commençons par l'attitude encore vivante aujourd'hui qui distingue et oppose deux conceptions et deux pratiques en matière de liberté politique, celle des Anciens et celle des Modernes.

D'un côté, le portrait du citoyen dans les cités et républiques antiques. Il est libre parce qu'il participe à leur gouvernement : il prend part à la délibération commune ; il peut avoir accès, à tour de rôle, aux magistratures exercées à titre individuel et temporaire. L'important n'est donc pas l'existence d'un domaine propre à chacun, défini par le droit de gérer ses biens, d'avoir telle ou telle religion, d'éduquer ses enfants de telle ou telle manière, etc., mais d'avoir part à toutes les décisions collectives. Ce portrait de la participation de chacun à la communauté, à ses choix et à ses valeurs fait souvent abstraction de la différence entre la démocratie des Athéniens et les autres régimes antiques, par exemple en Grèce celui de Sparte. Pour Benjamin Constant, cette liberté du citoyen est en réalité « un asservissement de l'existence individuelle au corps collectif ».

Au citoyen incorporé à la cité, Constant oppose l'individu moderne : il veut que l'État soit organisé pour que son domaine propre – ses biens et ses droits – soit protégé des abus de pouvoir et des empiètements des autres citoyens ; pour lui, la citoyenneté n'est plus en elle-même un bien mais le moyen de surveiller l'État, de s'assurer qu'il protège bien sa liberté sans la menacer par des interventions abusives. Les élections américaines nous ont fourni, avec les militants et militantes du *Tea party*, une image grossie, caricaturale, très éloignée du portrait policé dessiné par Constant, de cette défense libérale de la liberté propre à chacun.

Voilà ce qu'on retient le plus souvent de l'exposé de Benjamin Constant, un de ceux qui a le mieux systématisé cette opposition du citoyen antique et de l'individu moderne. Cependant Constant sait bien que ce portrait du citoyen asservi à la cité n'est pas celui du citoyen athénien qui, en réalité, combine l'activité civique et la liberté d'organiser sa vie familiale comme il l'entend, ce que les partisans de la démocratie (comme Périclès selon Thucydide) approuvent et que ses adversaires lui reprochent comme une manifestation intolérable de laisser aller (Platon, au livre VIII

1. *Considerations on Representative Government*, Londres, 1861 ; trad. fr. : *Considérations sur le gouvernement représentatif*, Paris, Gallimard, 2009.

2. « La *polis* grecque et la création de la démocratie », in *Domaines de l'homme, Les carrefours du labyrinthe, II*, Paris, Seuil, 1986, p. 261-306.

de la *République*, et même parfois Aristote) [1]. Constant résout la difficulté en disant que les Athéniens, peuple de marins et de commerçants, sont déjà des Modernes.

Si l'on ne retient que ce dernier aspect de la pensée de Constant et qu'on la prolonge par les analyses de John Stuart Mill, on obtient une seconde attitude : elle cherche à Athènes, et plus généralement dans les républiques antiques libres, une origine de la liberté moderne, un libéralisme républicain en germe, cherchant à combiner les droits de l'homme et du citoyen, les uns conditionnant les autres : il faudrait protéger les droits de chacun pour rendre possible la participation de tous aux décisions publiques et réciproquement protéger l'activité citoyenne pour assurer à chacun ses libres jouissances privées. Cette attitude exige qu'on privilégie les cités ou républiques antiques jugées les plus libérales : ce n'est plus Athènes qui est vue à la lumière austère de Sparte mais plutôt Rome et même parfois Sparte qui perdent leurs couleurs les moins libérales à la lumière d'Athènes. Une variante de cette seconde attitude est aujourd'hui celle de Pierre Manent : il présente le gouvernement libéral des Modernes comme la synthèse enfin trouvée des républiques antiques et des grandes monarchies (anglaise et française) des XVIIe et XVIIIe siècles [2].

La troisième attitude consiste à valoriser l'invention athénienne dans ses qualités et ses limites sans la transformer en modèle, pour animer une critique de nos régimes libéraux qui se sont aussi prétendus, assez tardivement d'ailleurs, à partir du milieu du XIXe siècle, démocratiques. Deux thèmes sont le plus souvent mis en avant pour leur contester cette prétention à être des démocraties, celui de la représentation et celui de l'élection.

D'une part, on constate que la démocratie antique n'a jamais pensé les nombreuses délégations de pouvoir confiées temporairement aux magistrats en termes de représentation. Aujourd'hui nos représentants sont censés agir à notre place, comme si fictivement, par le miracle de la représentation, nous n'étions plus gouvernés par d'autres mais par nous-mêmes : nous ferions nos propres lois, mieux nous serions nos propres gouvernants. Les Athéniens faisaient et disaient autre chose : sans se limiter, comme on le dit trop souvent, à la démocratie directe, sans non plus définir leur régime par l'auto-gouvernement, ils jugeaient que la relation entre gouvernants et gouvernés était en même temps indispensable et

1. *Politiques*, VI, 4, 20, 1319 b 27-32.

2. « La crise du libéralisme » (8 février 2011), *Commentaire*, n°141, printemps 2013, p. 91.

dangereuse, et qu'il fallait donc la contrôler, par l'usage du tirage au sort, de l'alternance et de la reddition de compte, pour qu'elle reste politique, ordonnée à l'égalité des citoyens dans la participation à la même communauté.

Voilà donc pour ce thème de la représentation et des deux manières différentes (celle des Athéniens et la nôtre) de concevoir la relation entre les simples citoyens et ceux qui, à un moment donné, ont été désignés, directement ou non, par élection ou tirage au sort, pour les gouverner [1]. Mais la comparaison critique entre nos régimes et celui que les Athéniens ont inventé porte aussi sur une seconde question, celle de l'élection. Nos régimes représentatifs modernes, qui se sont réclamés tardivement de la démocratie, vers le milieu du XIXe siècle, sont caractérisés par « le triomphe de l'élection » [2]. Or nous avons oublié ce qui était pour Aristote et encore pour Montesquieu une évidence : l'élection est une procédure oligarchique ou au mieux aristocratique favorisant les notables, ceux qui sont connus et ont le pouvoir de se faire connaître ; les Athéniens en usaient de manière limitée, quand une magistrature exigeait des compétences particulières que tous ne possédaient pas, par exemple militaires ou financières.

Éloge libéral de l'individu et de ses droits, tentative de trouver à Athènes le germe d'un républicanisme libéral, critique radicale d'un gouvernement fondé sur la représentation et l'élection, voilà trois attitudes possibles liées à notre relation à la démocratie grecque. Où situer Foucault ? Comme c'est souvent le cas pour lui, il est ailleurs. Je commencerai par résumer son point de vue [3]. Ceci me permettra de mettre en évidence deux questions toujours actuelles et méritant donc toujours d'être discutées : Qu'est-ce qu'un régime ? Les idéaux démocratiques d'autonomie, d'obéissance à la loi qu'on s'est soi-même donnée, et d'auto-

1. Rousseau et Constant s'accordent pour distinguer et opposer un régime qui n'accepte pas l'usage de la représentation (du moins pour le pouvoir de légiférer) et un régime qui la juge indispensable, même si ensuite leurs préférences sont contraires. Il est cependant possible de refuser cette manière de poser le problème, et avec elle l'opposition des Anciens et des Modernes, pour défendre un usage démocratique de la représentation. C'est le cas de James Harrington au milieu du XVIIe siècle. Voir Ch. Miqueu et J. Terrel, « Harrington et la rupture républicaine », in *Harrington et le républicanisme à l'âge classique*, textes réunis par Bernard Graciannette, Christophe Miqueu et Jean Terrel, Pessac, PUB, 2014, p. 12-16.

2. Bernard Manin, « Le triomphe de l'élection », *Principes du gouvernement représentatif,* Paris, Calmann-Levy, 1995, chap. II.

3. Je reprends les analyses exposées dans « La *parrêsia* en démocratie », *in* Jean Terrel, *Politiques de Foucault*, Paris, P.U.F., 1010, IIe partie, chap. II, p. 186-194, et chap. IV, conclusion, p. 250-254 ; voir aussi, conclusion finale, p. 260-262.

gouvernement ne risquent-ils pas de nous faire oublier les dangers inhérents en tout régime aux relations de pouvoir ?

Les deux derniers cours de Foucault sont consacrés à la notion de παρρησία (*parrêsia*). La παρρησία, c'est la liberté de parole ou, plus exactement, le franc-parler. Foucault la rencontre pour la première fois en 1982. Cette année-là, la notion ne concerne ni la politique ni la démocratie mais plutôt la relation éthique entre deux personnes. Quelqu'un désire prendre soin de lui-même, s'orienter dans l'existence et la pensée, et sollicite pour cela l'aide d'un directeur, plus avancé dans cette voie. La παρρησία, le franc-parler, est l'attitude que doit posséder ce directeur pour être efficace dans ce rôle.

Reprenant la question l'année suivante, Foucault infléchit son analyse. Sans abandonner le domaine du gouvernement de soi, il revient à la politique dont il paraissait s'être détourné au profit de l'éthique. Au début du cours, il décrit Platon usant de franc-parler, de manière provocante, envers un tyran, dans une attitude proche de celle des cyniques face à tout pouvoir établi. Pour l'instant, Foucault efface délibérément la différence entre la pédagogie persuasive de Platon et les défis lancés par Diogène à Alexandre le Grand ou au roi Philippe de Macédoine. En 1984, Foucault rappelle que pour le cynique Diogène, la παρρησία est « ce qu'il y a de plus beau au monde » et en donne quelques exemples célèbres [1]. En ce début du cours de 1983 (ce qui changera ensuite), le Platon mis en scène par Foucault se comporte comme Diogène. Ce qui importe, c'est le risque pris pour proclamer ce qu'on pense vrai et l'acceptation d'en être transformé, d'en souffrir et même d'en mourir. Dès 1983, la παρρησία devient, selon la formule qui servira de titre au dernier cours de Foucault, « le courage de la vérité » [2].

Ce retour à la politique n'est pas un retour à la démocratie. Pour illustrer le courage de la vérité, Foucault ne choisit pas Périclès mais Platon, un philosophe qui n'aimait guère la démocratie. Et le philosophe n'est pas en train de monter à la tribune de l'assemblée pour dire ses quatre vérités au peuple qui l'écoute, il défie un tyran. Foucault inverse l'ordre

1. « Comme on lui demandait ce qu'il y a de plus beau au monde, Diogène répondit, le franc-parler [παρρησία] ». Diogène, 69, *Vies et doctrines des philosophes illustres*, VI, Librairie générale française, 1999, p. 736 ; cité par Foucault le 29 février 1984, *CV*, p. 154. « … après Chéronée, Diogène, fait prisonnier, fut conduit à Philippe. Quand celui-ci lui demanda qui il était, Diogène répondit : "L'espion de ton insatiable avidité" (43, *ibid.*, p. 720) ; cité par Foucault le 23 février 1983, p. 264.

2. *Politiques de Foucault*, IIe partie, chap. II, p. 177-186.

chronologique : la scène se passe en Sicile au IVe siècle et c'est seulement ensuite que Foucault revient en arrière au Ve siècle, au temps de Périclès. Il y rencontre la démocratie athénienne comme premier lieu d'apparition et d'exercice de la παρρησία. Or dit Foucault, en annonçant ce déplacement de Platon à Périclès, la παρρησία en démocratie ne comporte pas d'abord cette dimension de courage personnel dans la liberté du dire-vrai[1]. La scène démocratique n'est donc pas la meilleure pour illustrer ce que Foucault veut mettre en évidence : une rencontre problématique de l'éthique et de la politique, mieux une rencontre difficile du savoir, de l'éthique et du pouvoir, ou encore, en associant connaissance du vrai et transformation de soi, une expérience spirituelle faisant l'épreuve des rapports de pouvoir, une relation à la vérité engageant toute l'existence, éprouvant son sérieux dans l'affrontement avec le pouvoir en place.

S'il en est ainsi, si Périclès ne pratique pas le courage de la vérité aussi bien que Platon ou Diogène, pourquoi commencer avec la démocratie ?

Foucault part d'un texte de Polybe :

> On ne saurait trouver de système délibérément conçu de manière plus remarquable pour l'égale liberté de parole et le franc-parler, au total pour la véritable démocratie, ailleurs que chez les Achéens [ἰσηγορίας καὶ παρρησίας και καθόλου δημοκρατίας ἀληθινῆς σύστημα καὶ προαίρεσιν εἰλικρινεστέραν οὐκ ἂν εὕροι τις τῆς παρὰ τοῖς Ἀχαιοῖς ὑπαρχούσης][2].

Selon Polybe, la vraie démocratie est un système consciemment organisé pour favoriser l'égale liberté de parole (ισηγορία) et le franc-parler (παρρησία). En apparence, ces deux mots, ἰσηγορία et παρρησία, ont presque le même sens. L'ἰσηγορία (*isêgoria*), c'est la liberté pour n'importe quel citoyen de prendre la parole devant l'assemblée ouverte à tous. Dès lors, ou bien Polybe se répète en parlant de παρρησία, de parole libre, après avoir parlé d'ισηγορία, de la liberté de prendre la parole, ou bien il faut déterminer le rôle spécifique de la παρρησία, distinct de celui de l'égale liberté de parole, dans le fonctionnement de la démocratie. Foucault le fait en distinguant deux points de vue sur la démocratie.

1. « (…) alors que dans le texte de Plutarque [lu par Foucault pour décrire la scène d'affrontement entre Platon et Denys] (…) la *parrêsia* semble liée à une vertu, à une qualité personnelle, à un courage (c'est le courage dans la liberté du dire-vrai), le mot *parrêsia* tel que vous le trouvez employé à l'époque classique ne comporte pas, du moins ne comporte pas premièrement, fondamentalement et essentiellement, cette dimension du courage personnel… » (*GSA*, p. 68).

2. *Histoires*, II, 38, 6. C'est moi qui traduis, Foucault se contentant de résumer ce texte.

On peut d'abord considérer la πολίτεια, c'est-à-dire, selon Foucault, la constitution comme structure juridique. En relèvent l'égalité de tous les citoyens devant la loi (l'ἰσονομία d'Hérodote, non présente dans le texte de Polybe) et l'ἰσηγορία, le droit pour tout citoyen qui le désire de prendre la parole : celui qui le désire, en grec ό βουλόμενος, on pourrait presque dire comme le dictionnaire Bailly « le premier venu », mais en ôtant à l'expression tout sens péjoratif, du moins dans la bouche de ceux qui aiment la démocratie.

En second lieu, on peut détourner son regard de cette constitution juridique égalitaire et considérer les rapports réels de gouvernement. Ce qui apparaît maintenant, ce n'est plus l'égalité, mais la compétition pour la puissance au sein d'une élite. Pour désigner l'enjeu de la lutte, la puissance, Foucault parle de la δυναστεία. Il savait probablement que ce terme était dans la culture grecque plutôt péjoratif, connotant la puissance (δύναμις) d'un homme ou d'une minorité. Par exemple, Aristote, dans les *Politiques*, appelle δυναστεία la pire des oligarchies, la plus tyrannique, celle qui est à ce point despotique qu'elle cesse d'être un vrai régime politique [1]. Pour Foucault, la παρρησία intervient dans cette compétition pour la puissance, à laquelle, bien sûr, les citoyens ordinaires, les premiers venus dont on parlait à l'instant, assistent en spectateurs et en arbitres. Le combat oppose de manière un peu dichotomique, comme dans les mauvais westerns – et c'est un reproche qu'on a fait à Foucault – un bon et un mauvais usage de la παρρησία.

Du bon côté, il y a le franc-parler de celui qui a le courage de défendre ce qu'il croit vrai et juste, même en risquant l'impopularité. En effet la constitution égalitaire de la démocratie la met constamment en danger parce qu'aucun État ne peut subsister en étant gouverné par le premier venu. Foucault reprend le procès fait à l'égalité démocratique depuis l'origine, à partir du soupçon que Platon a orchestré de manière systématique. Seule une élite, qualifiée à la fois par son intelligence politique et son excellence éthique (son sens du bien commun et son courage) peut sauver la démocratie des dangers que fait peser sur elle sa structure

1. IV, 5, 2, 1292 b 7-10. Chez Platon, δυναστεία a un sens plus variable : dans le *Gorgias*, elle est pour Calliclès, associée à la tyrannie, la domination recherchée par ceux qui sont supérieurs par nature (492 b) ; dans le *Politique* (291 d), Platon parle « du régime dominé par la puissance [δυναστείαν] d'un petit nombre ». Enfin au livre III des *Lois* (680 b 1-5), tous appellent δυναστεία ce qui n'est pas encore tout à fait un régime politique, mais en tient lieu, la première forme d'organisation que se donnent les hommes après le Déluge, un pouvoir patriarcal qui se passe de lois écrites, tel celui que le Cyclope, chez Homère, exerçait sur son clan.

égalitaire. Étant donnée cette constitution égalitaire, la démocratie est perdue ou sauvée selon la manière dont elle est gouvernée, l'issue incertaine du combat pour l'ascendant arbitré par la multitude.

Du mauvais côté, la παρρησία est réduite à l'audace du démagogue. Il a lui aussi son franc-parler, il ose dire tout haut ce que tout le monde pense honteusement tout bas, pour prendre un exemple actuel, qu'il n'y a aucune raison de soigner gratuitement des étrangers en situation irrégulière.

Foucault illustre la παρρησία du démagogue en citant Euripide[1]. Il s'agit du procès d'Oreste, accusé d'avoir tué sa mère devant le peuple d'Argos. Prend la parole « un argien sans l'être » : il n'est pas autochtone, il a acquis la citoyenneté depuis peu parce que la loi d'accès à la citoyenneté est devenue plus laxiste (comme à Athènes, de Clisthène jusqu'à la loi de 451 proposée par Périclès qui réserve la citoyenneté aux fils d'un citoyen et d'une citoyenne, puis ensuite quand cette loi n'est plus appliquée), et il excite l'assemblée contre Oreste en « s'imposant par la force et en faisant confiance à sa παρρησία ignorante ».

Périclès est le héros un peu surprenant de la bonne παρρησία. En effet, Foucault accorde peu de temps à l'analyse de ses discours reconstitués par Thucydide : en gros trente minutes, ce qui est très peu comparé aux heures passées à analyser les textes d'Euripide ou les *Lettres* de Platon. Les analyses consacrées à Périclès sont minces, quantitativement et même qualitativement : tout se passe comme si Foucault ne croyait pas tant que cela à son champion de la bonne παρρησία.

Ce diagnostic est confirmé par l'heure que Foucault consacre en 1984 à résumer et à reprendre les analyses de 1983 à propos de la démocratie. En 1983, la crise de la démocratie d'Athènes était pour Foucault une crise de gouvernement et non une crise de régime. Foucault, je vais y revenir, séparait de manière rigide constitution et gouvernement, structure juridique égalitaire et relations inégalitaires de pouvoir. En 1984, il revient explicitement sur cette conclusion. Il affirme désormais que l'échec des hommes politiques comme Périclès était inévitable, que le régime démocratique était par nature incapable d'accueillir et de faire vivre la différence intellectuelle et éthique qui pouvait seule le sauver. Simplement

1. « Alors se leva un certain homme à la langue effrénée [ἀθυρόγλωσσος], puissant par son audace [ἰσχύων θράσει], argien sans être argien, s'imposant par la force [ἠναγκασμένος], faisant confiance au tumulte et à sa *parrêsia* ignorante [θορύβῳ τε πίσυνος κἀμαθεῖ παρρησίᾳ], assez persuasif pour plonger un jour les citoyens dans quelque désastre » (*Oreste*, vers 902-906). J'ai modifié la traduction Méridier utilisée par Foucault, Paris, Les Belles Lettres, 1959. Pour mon commentaire, *Politiques de Foucault*, II, chap. IV, p. 246-248.

gouvernementale dans le cours de 1983, la crise de la démocratie est devenue structurelle l'année suivante : une conclusion d'esprit platonicien.

Le traitement réservé à Aristote le confirme. Aristote n'est pas favorable à la démocratie athénienne, du moins dans la version la plus radicale où elle transforme en citoyens effectifs la plupart des hommes libres travailleurs manuels, y compris les commerçants, les artisans travaillant en ville et leurs salariés. Cependant, contrairement à Platon, Aristote admet la possibilité d'un régime où la multitude, pourtant composée d'hommes intellectuellement et moralement ordinaires, exerce sa suprématie à l'avantage de toute la communauté.

Foucault ne parle presque jamais d'Aristote, du moins en bien [1]. En 1983, il n'en parle jamais. En 1984, il lui consacre quelques minutes le 8 février quand il revient sur les conclusions de l'année précédente à propos de la démocratie. À la fin de sa première heure de cours, Foucault oppose « le retournement platonicien » et « l'hésitation aristotélicienne » face à la démocratie. Le retournement signifie simplement que pour Platon et pour Foucault, le régime démocratique égalitaire et la bonne παρρησία sont incompatibles : cette dernière se retourne en son contraire, la libre parole des démagogues. Non bien sûr que Foucault soit platonicien, au sens où l'être consisterait à vouloir mettre la science politique au pouvoir. Foucault s'efforce de lire Platon autrement mais reprend sans le critiquer son diagnostic à propos de la démocratie. L'intéressant, le 8 février, c'est l'hésitation devant la démocratie prêtée à Aristote : hésitation parce que Foucault, comme tout le monde, reconnaît qu'Aristote est plus favorable à la démocratie que Platon. Mais tout compte fait, Aristote serait contraint de reconnaître l'impossibilité d'un régime populaire droit. Pour le montrer, Foucault commente le passage où Aristote explique pourquoi le régime populaire droit, dont la forme déviée est la démocratie, n'a pas de nom propre et porte le nom commun à tous les régimes :

> Quand la multitude exerce la suprématie en vue de l'avantage commun, le régime a le nom commun à tous les régimes, celui de *politeia.* C'est bien dit. Car s'il est possible qu'un individu ou qu'un petit nombre se distingue par son excellence, il est vraiment difficile que les plus nombreux possèdent l'excellence en tout, sauf pour la guerre [2].

1. Il en parle dans le cours de 1970 où il est pour lui un adversaire qui inaugure le modèle d'une vérité étrangère à l'histoire et à la politique. De même, dans le cours de 1982, Aristote est le premier représentant de la rupture (que Foucault déplore) entre philosophie et spiritualité.

2. III, 7, a 25-1279 b 4.

Pour certains, Aristote appelle le régime populaire droit *politeia* parce qu'il serait le régime le plus politique. Foucault a raison d'écarter cette lecture : si l'on en reste à ce texte, elle est incompatible avec l'explication fournie par Aristote. Pour pouvoir nommer un régime, il faut pouvoir identifier et donc nommer le ou les meilleurs qui, comme Aristote le dit dans le cas de l'aristocratie, exerceront leur suprématie en visant le meilleur pour la cité, l'avantage commun. Or dans le cas du régime populaire droit, cette procédure de nomination ne fonctionne plus : on peut donner un nom propre à la royauté et à l'aristocratie, « car il est possible qu'un individu ou qu'un petit nombre se distingue par son excellence », mais « il est vraiment difficile que les plus nombreux possèdent l'excellence en tout ». Or une telle excellence de la multitude serait nécessaire pour qu'elle exerce sa suprématie en vue du meilleur : on ne peut nommer la bonne démocratie – celle qui accueillerait le discours vrai des meilleurs – parce qu'elle est impossible.

Pour Foucault, cette impossibilité est définitive, malgré les hésitations d'Aristote. Or dans ce texte, ce dernier se contente de dire que la *politeia* est problématique : comment en effet une masse de gens, pour la plupart ordinaires, pourrait-elle constituer le meilleur gouvernement pour la cité ? Dans ce qui suit aux livres III et IV, Aristote montre comment une multitude composée surtout de citoyens ordinaires médiocres peut être, dans certaines conditions, la meilleure instance suprême pour la cité, le gouvernement le meilleur en vue du meilleur. Aristote tente d'établir la possibilité d'une excellence collective, d'une excellence par composition et entreprend au livre IV de redéfinir la *politeia* : elle n'est plus la suprématie d'une partie de la cité, même la plus nombreuse, mais le régime où tous les citoyens délibèrent et décident de leurs affaires communes.

Or Foucault est silencieux sur cet aspect de l'argumentation d'Aristote. Il s'arrête à l'aporie du texte du chapitre 7 du livre III, ce qui transforme la détermination et le sérieux d'Aristote en hésitation à suivre Platon jusqu'au bout dans sa critique de la démocratie.

DEUX POINTS PEUVENT ÊTRE DISCUTÉS

1. Commençons par la distinction organisant tout l'exposé en 1983 entre la constitution égalitaire de la démocratie et son gouvernement, bon ou mauvais, par une élite. En 1983, elle conduit Foucault à l'idée que la crise de la démocratie est une crise de gouvernement et non de régime, ce qu'il remet lui-même en question l'année suivante. Pour éclairer la

discussion, il faut distinguer trois manières de comprendre ce qu'est un régime : une définition très large, une définition très étroite et, entre les deux, la position d'Aristote.

– En 1983, Foucault utilise une définition étroite de la πολίτεια. Elle est seulement pour lui une structure juridique distincte des relations réelles de gouvernement. C'est pour cette raison que j'ai utilisé comme il le fait le mot « constitution » pour traduire πολίτεια et non celui de régime. Cette définition est trop étroite. On ne peut séparer ainsi les principes du droit et la politique, la structure juridique et les rapports de gouvernement. Le principe égalitaire s'inscrit à Athènes dans les pratiques réelles, qu'il s'agisse du tirage au sort, de la reddition de compte, de la durée limitée des magistratures ou de la prise de parole à l'assemblée. Par ailleurs défavorable à la citoyenneté des artisans, Aristote montre qu'elle n'a rien de formel, qu'elle s'inscrit dans la pratique, en un mot que les artisans sont des vrais citoyens, même s'ils ne le sont pas à ses yeux à juste titre. Inversement le rôle des *leaders*, de Périclès par exemple, ne repose pas seulement sur leur capacité à jouer le jeu du discours vrai dans la bataille pour l'ascendant mais aussi sur la structure des institutions qui ne sont pas uniquement ordonnées à l'égalité. Périclès a été stratège à plusieurs reprises, ce qui était légalement possible, et il a été pour cela élu, ce qui était une pratique élitiste dont la démocratie faisait un usage réglé et déterminé. Résumons : la structure juridique n'était pas seulement égalitaire et la pratique politique n'était pas seulement la compétition entre les premiers des citoyens pour gouverner la masse. En réalité, le mot πολίτεια renvoie en même temps à la distribution des pouvoirs entre les citoyens et à la vie politique réelle : la πολίτεια, dit Aristote, « est une sorte de vie pour la cité » [1].

– À cette définition étroite de la πολίτεια, on peut opposer la définition très large qu'en donne Claude Lefort [2]. Pour Lefort, un régime est une certaine mise en forme de la coexistence humaine : non pas une simple constitution, même impliquant, comme c'est le cas chez Aristote, une vie politique et une façon de gouverner. Un régime est aussi pour Lefort une manière de vivre et de penser, une conception de l'univers et de la place

1. *Politiques*, IV, 11, 3, 1295 a 40 – 1295 b 1.

2. « Permanence du théologico-politique », in *Le temps de la réflexion 2*, Paris, Gallimard, 1981. Repris dans *Essais sur le politique*, Paris, Seuil, 1986. J'utilise l'édition publiée dans la collection Points, 2001, p. 275-327. Pour la distinction entre *le* politique et *la* politique, p. 279-285. « La question de la démocratie », in *Le retrait du politique*, Paris, Galilée, 1983. *Essais sur le politique*, p. 18-32, en particulier, p. 19-21. « Avant-propos », *Essais sur le politique*, en particulier, p. 8-11.

qu'y tient la communauté humaine ainsi mise en forme. Une πολίτεια est en même temps régime de gouvernement, régime psychique, régime de pensée et même régime ontologique : dans l'ouvrage de Platon que nous avons pris l'habitude d'appeler la *République*, et qui s'appelle en grec Πολίτεια, tous ces registres sont présents. Pour Lefort, il s'agit là *du* politique et non de *la* politique, *le* politique englobant au-delà de *la* politique au sens étroit, un style de vie sociale, une ontologie et une psychologie.

– Aristote est étranger à la distinction foucaldienne de la constitution et du gouvernement mais aussi à l'idée que la πολίτεια serait un régime organisant toute l'existence et toute la pensée, du psychisme individuel à l'ontologie en passant par la famille et la cité : la cité diffère qualitativement de la famille que la πολίτεια n'organise pas directement et l'ordre politique a une relative autonomie par rapport à l'ordre global de l'univers.

2. J'ai choisi d'évoquer Lefort parce qu'il est sans doute une cible de Foucault quand il décide d'adopter une définition très étroite de la πολίτεια. Il veut en effet dégager ainsi l'espace pour une analyse de ce qui est pour lui la politique réelle, non pas *le* politique objet de spéculation philosophique et ontologique, mais *la* vie politique réelle, les relations de pouvoir :

> (…) les problèmes de la *dunasteia*, les problèmes de la puissance, sont au sens strict les problèmes de la politique, et rien ne me paraît plus dangereux que ce fameux glissement de la politique au politique employé au masculin (« le » politique), qui me paraît, dans beaucoup d'analyses contemporaines servir à masquer (…) l'ensemble des problèmes (…) de la politique, de la *dunasteia*, de l'exercice du jeu politique et du jeu politique comme champ d'expérience (…) [1].

Laissons de côté cette critique dont Lefort est une cible probable. Elle a l'intérêt de nous révéler ce que Foucault visait à travers sa définition trop réductrice de la πολίτεια, sur laquelle il est revenu en 1984. Il s'agissait de mettre en lumière *la réalité de la vie politique* : un réseau complexe de relations de pouvoir et de gouvernement, présentes en tout régime, même démocratique. Foucault refuse de s'élever trop vite au-dessus du jeu politique et de l'expérience des conflits et de leurs péripéties, qu'il s'agisse, comme Lefort, d'accéder à la dimension *du* politique, celle où politique, psychologie et ontologie se rejoignent, ou, dans un sens différent, de définir avec Castoriadis *la* politique, la vraie, comme autonomie,

1. *GSA*, p. 146.

institution explicite de la société, en refusant de la confondre avec les jeux de pouvoir [1].

Castoriadis distingue lui aussi *le* politique et *la* politique, mais dans un sens différent de celui de Lefort. En toute société, écrit Castoriadis, existent nécessairement une ou des instances qui exercent un pouvoir explicite (distinct du pouvoir implicite des mœurs) en émettant des injonctions dont la violation entraîne des sanctions. Voilà *le* politique comme dimension invariante de toute société. *La* politique est au contraire un phénomène rare inventé par les Grecs en même temps que la démocratie : c'est « une activité collective dont l'objet est l'institution [explicite, consciente, JT] de la société en tant que telle. C'est en Grèce que nous trouvons le premier exemple d'une société délibérant explicitement au sujet de ses lois et les changeant ». Pour Castoriadis, la politique n'est donc pas, comme pour Foucault, « les intrigues de cour, ni les luttes entre les groupes sociaux qui défendent leurs intérêts ou leurs positions ». Quand il refuse de distinguer *la* politique et *le* politique, Foucault ne pense sans doute pas à Castoriadis, mais plutôt à Lefort, comme exemple du glissement du bas vers le haut, de la politique au politique. Cependant Castoriadis est atteint lui aussi, dans la mesure où, d'une autre manière que Lefort, il peut nous faire oublier la politique réelle au profit (je tente d'épouser le point de vue foucaldien) de l'autonomie comme « vraie politique ».

Foucault voit donc le danger d'un éloge de la démocratie, d'hier et d'aujourd'hui, qui, sous prétexte d'appeler à l'auto-gouvernement ou à l'autonomie, peut masquer l'existence des rapports réels de pouvoir et faire oublier la vigilance nécessaire à leur égard. Non que le pouvoir soit diabolisé : dès que des hommes vivent ensemble et coopèrent, d'une manière ou d'une autre, les uns tentent de gouverner les autres. Foucault met simplement en évidence la dynamique de ce genre de relation : on rencontre des résistances, on s'appuie sur elles pour les surmonter, on augmente son pouvoir et si, en bon libéral, on cherche à gouverner moins,

1. « [*Le* politique, c'est la dimension] qui a affaire avec le pouvoir, à savoir l'instance (ou les instances) instituée pouvant émettre des injonctions sanctionnables et qui doit comprendre toujours (…) au moins ce que nous appelons un pouvoir judiciaire et un pouvoir gouvernemental ». (« La démocratie comme procédure et comme régime », in *La montée de l'insignifiance*, Paris, Seuil, 1996). « Par politique, [en désignant ici *la* politique et non *le* politique] je n'entends pas les intrigues de cour, ni les luttes entre les groupes sociaux qui défendent leurs intérêts ou leurs positions (choses qui ont existé ailleurs), mais une activité collective dont l'objet est l'institution de la société en tant que telle. C'est en Grèce que nous trouvons le premier exemple d'une société délibérant explicitement au sujet de ses lois et les changeant » (« La *polis* grecque et la création de la démocratie », *op. cit.*, p. 282-283).

c'est toujours en espérant augmenter son emprise pour obtenir que les autres se dirigent eux-mêmes là où on veut les faire aller. Quel que soit le régime où l'on se trouve, la vigilance, la critique et la résistance sont donc nécessaires.

J'ai déjà noté les affinités, qui peuvent surprendre, de Foucault avec Platon. Foucault utilise à plusieurs reprises, sans un mot de critique, les textes du livre VIII de la *République* sur l'anarchie du régime démocratique, où la παρρησία, le franc-parler, devient la liberté de dire tout ce qui vous passe par la tête.

Dans sa réinterprétation de la figure du philosophe/roi, Foucault refuse toute valorisation de la science politique ; mais il emprunte au moins à Platon, l'ennemi de la démocratie, son élitisme, et même peut-être la crainte du peuple, quand il est impuissant à accueillir le discours vrai et courageux qui pourrait le guider dans la voie du bien commun. Cela a l'avantage de nous prémunir contre les dangers de la démagogie des populismes fascisants, à coup sûr considérables : nous en savons aujourd'hui quelque chose.

Il faut cependant se demander si l'on peut en rester au jugement de Foucault, proche finalement de celui de Platon, sur l'échec de la démocratie athénienne. Faut-il invoquer la nature de ce régime, la dynamique égalitaire elle-même, ou faire appel, par exemple en relisant mieux Thucydide que Foucault ne le fait en 1983, à une autre analyse plus historienne ?

Mais là n'est pas l'essentiel. Il y a sans doute un malentendu dans la relation de Foucault à la démocratie grecque. Sa critique, ou au moins sa prise de distance, vise moins les partisans grecs de la démocratie que l'éloge moderne de l'auto-gouvernement et de l'autonomie. C'est un malentendu, car les démocrates grecs ne comprenaient pas la démocratie de cette manière. Ils n'ont pas attendu Foucault pour savoir qu'il y a toujours des gouvernants et des gouvernés. Ce qu'il s'agissait pour eux de penser, ce n'était pas le dépassement par la politique des relations de gouvernement, mais plutôt la forme spécifique qu'elles prennent dans la cité, les magistrats n'exerçant ni le pouvoir despotique d'un maître, ni le pouvoir d'un père, ni celui d'un mari. De même les Athéniens ont précédé Foucault en vigilance critique. Ils savaient avant lui qu'il y a toujours danger à être gouverné par d'autres et que les relations de pouvoir doivent être surveillées et contrôlées. J'ai déjà évoqué la reddition de compte, qui tempérait l'ardeur à être candidat à telle ou telle magistrature ; il faudrait aussi montrer que les tribunaux populaires étaient des contre-pouvoirs auxquels on pouvait faire appel pour annuler les décisions de l'assemblée populaire. Le premier venu, comme nous l'avons vu, pouvait prendre la parole pour proposer une décision ; c'était à ses risques et périls puisqu'on pouvait par la suite porter plainte contre lui pour illégalité (c'est la γραφή παρανόμῶν) : même largement adoptée, sa proposition pouvait être annulée après examen devant un tribunal.

Je ne crois pas que Foucault, contrairement à Platon, ait été hostile à la démocratie. Mais il refuse une certaine manière d'en faire l'éloge et de la concevoir. Dans les années 1980, la dénonciation générale des totalitarismes pouvait conduire à une bonne conscience démocratique qui risquait de désarmer la critique. Et même quand l'éloge de la démocratie était moins consensuel et s'accompagnait, comme chez Castoriadis, d'une critique de la démocratie libérale, on continuait à user des thèmes de l'autogouvernement et de l'autonomie, la représentation ayant le seul tort d'en être une version complètement fictive et illusoire. Mais un peuple peut-il être autonome, peut-il se gouverner ? On peut déjà se demander s'il y a sens à penser un collectif comme un véritable individu-sujet : un peuple peut-il, comme un individu, se gouverner, si tant est qu'un individu puisse le faire ? Il faut ensuite réfléchir à ce qui fonde et rend possible le triomphe de l'autogouvernement, de l'autonomie et de l'élection, la valorisation moderne de la volonté et du consentement comme principale et parfois unique source de légitimation : de quel droit, dira-t-on, empêcher quelqu'un de faire ce qu'il veut, si cela ne nuit à personne d'autre que lui ? Or d'une telle valorisation de la volonté libre de tout, y compris parfois de s'auto-détruire, on ne trouve pas trace dans l'Antiquité. Cela mérite réflexion.

BIBLIOGRAPHIE

LES POLITIQUES

Traduction latine de Guillaume de Moerbeke (abr. GM), in *Aristotelis Politica*, hrsg. von Franz Susemihl, Leipzig, Teubner, 1872 ; reprise en tête du commentaire de Thomas d'Aquin (abr. TA, jusqu'à III, 8) et de Pierre d'Auvergne (abr. PA) qui l'utilisent : S. Thomæ Aquinatis, *In octo libros politicorum Aristotelis expositio*, édition Raimondo M. Spiazzi, Turin, Rome, Marietti, 1966, abr. Spiazzi. Pour la commodité du lecteur qui aurait des difficultés à se procurer l'édition Spiazzi, je cite aussi une édition antérieure : Sancti Thomæ Aquinatis, *In octo libros politicorum aristotelis expositio seu de rebus civilibus*, peculiaris editio, alumnis universitatis lavallensis exclusive reservata, Quebeci, 1940, abr. Laval.

Aristotelis Politica (texte grec), hrsg. von Franz Susemihl (Leipzig, Teubner, 1882), revue par Otto Immisch, Leipzig, Teubner, 1909.

Le livre de Politiques d'Aristote (environ 1370), Maistre Nicole Oresme, Published from the Text of the Avranches Manuscript 223 With a Critical Introduction and Notes by Albert Douglas Menut, *Transactions of the American Philosophical Society*, Independence Square, Philadelphia, New Series, volume 60, part 6, november 1970, abr. Oresme.

La Politique d'Aristote, in *La Morale et la Politique d'Aristote,* traduites du grec par Jean-François Thurot, Paris, Firmin Didot, 1824, t. II, abr. Thurot.

La Politique d'Aristote, trad. fr. Jules Barthélemy Saint-Hilaire, 2 volumes, Paris, imprimerie royale, 1837 ; 2e édition : Paris, Dumont, 1848.

La Politique, trad. Thurot, nouvelle édition revue par Augustin Bastien, Paris, Garnier Frères, 1881, abr. Bastien.

The Politics of Aristotle (texte grec), 4 volumes, William Lambert Newman, Oxford, Clarendon Press, 1887-1902.

Politique, texte grec et trad. Jean Aubonnet, Paris, Les Belles Lettres, 1960-1989, abr. Aubonnet.

La Politique, trad. Jules Tricot, Paris, Vrin, 1re édition 1962, 5e tirage, 1987, abr. Tricot.

Les politiques, trad. Pierre Pellegrin, Paris, Flammarion, 1re édition 1990, 2e édition 1993, abr. Pellegrin. Traduction reprise *in* Aristote, *Œuvres complètes*, sous la direction de Pierre Pellegrin, Paris, Flammarion, 2014, p. 2321-2536.

Politique, texte traduit par Auguste Francotte et Marie-Paule Loicq-Berger, présenté par Auguste Francotte, et annoté par Marie-Paule Loicq-Berger et Auguste Francotte, *in* Aristote, *Œuvres*, *Éthiques*, *Politique*, *Rhétorique*, *Poétique*, *Métaphysique*, édition publiée sous la direction de Richard Bodéus, Paris, Gallimard, 2014, p. 375-628 [1].

AUTRES ŒUVRES D'ARISTOTE OU ATTRIBUÉES À ARISTOTE

Ἀθηναῖων πολίτεια (littéralement, *Régime des Athéniens*), *Constitution d'Athènes*, texte grec et traduction, édition revue par Claude Mossé, Paris, Les Belles Lettres, 1996. Ce texte est aussi traduit, présenté et annoté par Philippe Gauthier, *in* Aristote, *Œuvres*, Paris, Gallimard, 2014, p. 629-698.

Éthique à Nicomaque, trad. fr. Jules Tricot, Paris, Vrin, 1987. Pour le texte grec, *Etica Nicomachea*, BUR, Rizzoli, 2012, 2 volumes.

Éthique à Eudème, trad. fr. Vianney Décarie, Paris, Vrin, 1997. Les deux *Éthiques* sont aussi traduites par Richard Bodéus, *in* Aristote, *Œuvres*, *ibid.*, p. 1-374.

Économique, texte grec et trad. fr. Abraham van Groningen et André Wartelle, Paris, Les Belles Lettres, 2003.

Les réfutations sophistiques, introduction, notes et commentaires par Louis-André Dorion, Paris, Vrin, 1995.

Rhétorique, trad. fr. Charles-Émile Ruelle, revue par Patricia Vanhemelryck, Paris, Librairie Générale Française, 1991.

Sur la noblesse, fragment 91 (à propos de Lycophron), *Les Sophistes*, I, présentations et traductions sous la direction de Jean-François Pradeau, Paris, Flammarion, 2009, p. 338-339.

The Works of Aristotle translated in English under the editorship of Sir David Ross, Volume XII, Selects Fragments, Oxford, Clarendon Press, 1952.

De la génération et de la corruption, édité et traduit par Marwan Rashed, Paris, Les Belles Lettres, 2005.

1. Cet ouvrage était terminé quand j'ai eu connaissance de cette traduction.

SOURCES ANTIQUES

ANTIPHON, *Sur la vérité*. *Les Sophistes*, I, présentations et traductions sous la direction de Jean-François Pradeau, Paris, Flammarion, 2009, p. 185-203.

CICÉRON, *Traité des lois*, édité et traduit par Georges de Plainval, Paris, Les Belles Lettres, 1959.

– *La République*, tome II, édité et traduit par Esther Bréguet, Paris, Les Belles Lettres, 1921.

DÉMOSTHÈNE, *Contre Phormion*, Johann Georg Baiter et Hermann Sauppe, *Oratores Attici* II, Zurich, 1850.

DIOGÈNE LAËRCE, *Vies et doctrines des philosophes illustres*, Paris, Librairie générale française, 1999.

ÉSOPE, *Aesop's Fables, a new translation*, Laura Gibbs, Oxford University Press, 2002.

EURIPIDE, *Oreste*, trad. Louis Méridier, Paris, Les Belles Lettres, 1959.

HÉRODOTE, *Histoires*, livre III, texte établi et traduit par Philippe Ernest Legrand, Paris, Les Belles Lettres, 1939.

– *Histoires*, livre V, texte établi et traduit par Philippe Ernest Legrand, Paris, Les Belles Lettres, 1946.

– *Histoires*, livre VII, texte établi et traduit par Philippe Ernest Legrand, Paris, Les Belles Lettres, 1951.

PLATON, *Gorgias*, texte établi et traduit par Alfred Croiset, revu par Jean-François Pradeau, Paris, Les Belles Lettres, 1997.

– *La République*, I-III, texte établi et traduit par Émile Chambry, Paris, Les Belles Lettres, 1932.

– *La République*, IV-VII, texte établi et traduit par Émile Chambry, Paris, Les Belles Lettres, 1931.

– *La République*, VIII-X, texte établi et traduit par Émile Chambry, Paris, Les Belles Lettres, 1934.

– *Le Politique*, texte établi et traduit par Auguste Diès, Paris, Les Belles Lettres, 1935.

– *Les Lois*, I-II, texte établi et traduit par Edouard Des Places, Paris, Les Belles Lettres, 1951.

– *Les Lois*, III-VI, texte établi et traduit par Edouard Des Places, Paris, Les Belles Lettres, 1951.

– *Lettre VII*, in *Œuvres complètes*, Paris, Flammarion, 2008.

– *Ménexène*, traduit par Louis Méridier, introductions et notes de Jean-François Pradeau, Paris, Les Belles Lettres, 1997.

PLUTARQUE, *La fortune ou la vertu d'Alexandre*, in *Œuvres morales*, t. V, 1re partie, édité et traduit par Françoise Frazier et Christian Froidefond, Paris, Les Belles Lettres, 1990.

– *Lycurgue*, in *Vies*, t. I, texte établi et traduit par Robert Flacelière, Émile Chambry et Marcel Juneaux, revue et corrigé par Jean Irigoin, Paris, Les Belles Lettres, 1993.

POLYBE, *Histoires,* livre II, édité et traduit par Paul Pédech, Paris, Les Belles Lettres, 1970.

– *Histoires*, livre VI, édité et traduit par Raymond Weil, avec Claude Nicolet, Paris, Les Belles Lettres, 1977.

STRABON, *Géographie*, trad. fr. Amédée Tardieu, Paris, Hachette, 1867.

THUCYDIDE, *La guerre du Péloponnèse*, t. I, livres I et II, texte établi et traduit par Jacqueline de Romilly, Paris, Les Belles Lettres, 2009.

– *La guerre du Péloponnèse*, t. II, livres III à V, texte établi et traduit par Jacqueline de Romilly, Paris, Les Belles Lettres, 2009.

– *La guerre du Péloponnèse*, t. III, livres VI à VIII, texte établi et traduit par Jacqueline de Romilly, Paris, Les Belles Lettres, 2009.

VALERE MAXIME, *Faits et dits mémorables*, t. II, texte établi et traduit par Robert Combès, Paris, Les Belles Lettres, 1997.

SOURCES MÉDIÉVALES ET MODERNES

BODIN, Jean, *Les Six Livres de la République*, 1re édition, Paris, Jacques du Puy, 1576 ; édition abrégée de l'édition de 1583, Paris, Librairie générale française, 1993.

BOTERO, Giovanni, *Raison et gouvernement d'Estat en dix livres, traduits de la quatrieme impression italienne* par Gabriel Chappuys, Paris, Guillaume Chaudière, 1599.

– *De la raison d'État* (1588-1598), trad. fr. Pierre Benedittini et Romain Descendre, Paris, Gallimard, 2014.

BRACTON, Henry de, *De legibus et Consuetudinis Angliæ, On the Law and Customs of England*, 4 volumes, traduction Samuel E. Thorne, Cambridge, Harvard University Press, 1968.

CONSTANT, Benjamin, *De la liberté des Anciens comparée à celle des Modernes*, discours prononcé à l'Athénée royal de Paris en 1819, in *De la liberté chez les modernes, Écrits politiques*, présenté par Marcel Gauchet, Pluriel, Paris, Librairie générale française, 1980, p. 491-515.

FILMER, Robert, *Observations upon Aristotles Politiques, Patriarcha and Others Writings*, Cambridge, Cambridge University Press, 1991, p. 235-286.

– *Patriarcha*, trad. fr. Frank Lessay, in *Le débat Locke-Filmer*, Paris, P.U.F., 1998, p. 143-257.

GROTIUS, Hugo, *De imperio summarum potestatum circa sacra*, rédigé en 1614, publication Hugonis Grotii, *de Imperio summarum potestatum circa sacra commentarius posthumus*, Lutetiæ Parisiorum, 1647.

– *De Jure belli ac pacis*, Paris, apud Nicolaum Buon, 1625.

– *Le droit de la guerre et de la paix*, traduction Barbeyrac, Amsterdam, 1724, réimpression Caen, Université de Caen, Centre de philosophie politique et juridique, 1984.

HOBBES, Thomas, *Eight bookes of the Peloponnesian Warre Written by Thucydides the sonne of Olorus. Interpreted with Faith and Diligence Immediately out of the Greeke by Thomas Hobbes, Secretary to ye late Earle of Devonshire*, Londres, Henry Seile, 1629, *EW* VIII ; *Préface à la traduction de* La Guerre du Péloponnèse *de Thucydide*, trad. fr. Frank Lessay, *Hérésie et Histoire*, Paris, Vrin, 1993, p. 117-161.

– *De Cive, The Latin Version*, The Clarendon Edition, Oxford, Clarendon Press, 1983.

– *De Cive*, trad. fr. Philippe Crignon, Paris, Flammarion, 2010.

– *Elemens philosophiques du citoyen. Traicté politique, où les fondemens de la societé civile sont descouverts*. Traduicts en Français par un de ses amis (Sam. Sorbière), Amsterdam, Blaeu, 1649.

– *Leviathan*, édition Noel Malcom, 3 volumes, Oxford, The Clarendon Edition, 2012 ; trad. fr. François Tricaud, Paris, Sirey, 1971.

– *Histoire ecclésiastique*, Paris, Honoré Champion, 2008.

– *Behemoth*, The Clarendon Edition, Oxford, Clarendon Press, 2010 ; trad. fr. Luc Borot, Paris, Vrin, 1990.

HOOKER, Richard, *Of the Laws of Ecclesiastical Polity*, Cambridge, Cambridge University Press, 1989.

JUNIUS BRUTUS, Étienne[1], *Vindiciæ, contra tyrannos : sive, de Principis in populum populique in principem, legitima potestate, Stephano Bruto Junio Celta* (1579), Édimbourg (lieu d'édition peut-être fictif), 1579 ; *De la puissance légitime du prince sur le peuple, et du peuple sur le prince*, traité très utile et digne de lecture en ce temps, escrit en latin par Estienne Junius Brutus, et nouvellement traduit en français, Genève (?), 1581, reproduction en fac-similé, Genève, Droz, 1979.

LOCKE, John, *Le second traité de gouvernement*, trad. fr. Jean-Fabien Spitz avec la collaboration de Christian Lazzeri, Paris, P.U.F., 1994.

MACHIAVEL, Nicolas, *De principatibus, Le Prince*, trad. et commentaire Jean-Louis Fournel et Jean-Claude Zancarini, Paris, P.U.F., 2000.

– *Discours sur la première décade de Tite-live*, trad. fr. Alexandro Fontana et Xavier Tabet, Paris, Gallimard, 2004.

– *Histoires florentines*, in *Œuvres complètes*, Paris, Gallimard, 1952.

– *Lettres à Francesco Vettori*, Paris, Payot & Rivages, 2013.

MARX, Karl, *Œuvres, Économie, I*, Paris, Gallimard, 1965.

– *Œuvres, Économie II*, Paris, Gallimard, 1968.

1. Pseudonyme probablement inspiré de Marcus Junius Brutus, l'assassin de César cité dans le texte. L'ouvrage est le plus souvent attribué à Hubert Languet (1518-1581) ou à Philippe Duplessis Mornay (1549-1623), travaillant seul ou à partir d'un premier texte de Languet. Les *Vindiciæ* sont des réquisitions.

MILL, John Stuart, *Considerations on Representative Government*, Londres, 1861 ; trad. fr. Patrick Savidan, *Considérations sur le gouvernement représentatif*, Paris, Gallimard, 2009.

MONTAIGNE, Michel de, *Essais*, édition Villey-Saulnier, Paris, P.U.F., 2004.

MONTESQUIEU, Charles-Louis de Secondat, *Considérations sur les causes de la grandeur des Romains et de leur décadence. Réflexions sur la monarchie universelle en Europe*, *Œuvres complètes de Montesquieu*, 2, Oxford, Voltaire Foundation, 2000.

– *De l'Esprit des lois*, Paris, Garnier, 1973.

PARKER, Henry, *Observations upon some of His Majesties Late Answer and Expresses*, London, 1642.

PASCAL, Blaise, *Pensées*, *Œuvres complètes*, Paris, Gallimard, 1954.

PUFENDORF, Samuel, *De jure naturæ et gentium libri octo*, Londini Scanorum (Lund en Suède), sumptibus A. Junghaus, 1672 ; Amstelodami (Amsterdam), apud Andream ab Hoogenhuysen, 1688, Photographic reproduction, Oxford, at the Clarendon Press, London, Humphrey Milford, 1934 ; *Le droit de la nature et des gens*, Amsterdam, 1706, réédition Bâle, 1732, réimpression, Université de Caen, Centre de philosophie politique et juridique, 1987.

ROUSSEAU, Jean-Jacques, *Œuvres complètes* III, Paris, Gallimard, 1964.

SIDNEY, Algernon, *Discourses Concerning Government*, Indiapolis, Liberty Fund, 1996.

SPINOZA, Baruch, *Traité théologico-politique*, Paris, P.U.F., 1999.

OUVRAGES OU TEXTES CONSACRÉS ENTIÈREMENT OU EN PARTIE AUX *POLITIQUES* D'ARISTOTE

Aristoteles' « Politik », Actes du XIe Symposium Aristotelicum, hrsg. von Gunther Patzig, Göttingen, Vandeenhoeck & Ruprecht, 1990.

Aristote politique. Études sur la Politique *d'Aristote*, sous la direction de Pierre Aubenque, publiées par Alonso Tordesillas, Paris, P.U.F., 1993.

Politique d'Aristote, sous la direction d'Emmanuel Bermon, Valéry Laurand et Jean Terrel, Pessac, PUB, 2011.

L'excellence politique chez Aristote, édité par Emmanuel Bermon, Valéry Laurand et Jean Terrel (publication réalisée à l'occasion d'un colloque international réuni à Bordeaux en juin 2008), Louvain-La-Neuve, Peeters, à paraître.

BODEUS, Richard, *Le philosophe et la cité. Recherches sur les rapports entre la morale et la politique dans la pensée d'Aristote*, Paris, Les Belles Lettres, 1982.

– Aristote, *La Justice et la cité*, Paris, P.U.F., 1996.

BRESSON, Alain, « Aristote et le commerce extérieur », *La cité marchande*, Bordeaux, Ausonius, 2000.

CAMERARIUS, Joachim, *Politicorum et œconomicorum Aristotelis interpretationes et explicationes accuratae*, Francfort, André Wechel, 1581.

CASTORIADIS, Cornelius, « Valeur, égalité, justice, politique de Marx à Aristote et d'Aristote à nous », *Les Carrefours du labyrinthe 1*, Paris, Seuil, 1998 (1re éd. : 1978), p. 325-413.

MOREL, Pierre-Marie, *Aristote, une philosophie de l'activité*, Paris, G-Flammarion, 2003.

PÉBARTHE, Christophe, « Aristote n'a pas découvert l'économie », *in* Pierre Rouillard (dir.), *Autour de Polanyi. Vocabulaires, théories et modalités des échanges*, Paris, Colloques de la Maison René-Ginouvès, 2005, p. 249-260.

RIBAS, Marie-Noelle, « Magistratures et magistrats aux livres IV, V et VI de la *Politique* », exposé prononcé aux journées organisées à Bordeaux en 2012 sur les *Politiques*.

– « De la méthode combinatoire appliquée à l'établissement des magistratures », exposé prononcé aux journées organisées à Bordeaux en 2012 sur les *Politiques*.

ROMEYER-DHERBEY, Gilbert, *Les choses mêmes. La pensée du réel chez Aristote*, Lausanne, L'Âge d'homme, 1983.

WORMS, Francis, *Aristote et la politique*, Paris, P.U.F., 1991.

AUTRES OUVRAGES

ARRIGHI, Giovanni, *Adam Smith in Beijing: Lineages of the 21st Century*, London/New York, Verso, 2007 ; trad. fr. Nicolas Veillescazes, *Adam Smith à Pékin*, Paris, Max Milo, 2009.

BECK, Ulrich, et GRANDE, Edgar, *Das kosmopolitische Europa*, Frankfurt am Main, Suhrkamp Verlag, 2004 ; trad. fr. Aurélie Duthoo, *Pour un empire européen*, Paris, Flammarion, 2007.

CASTORIADIS, Cornelius, « La *polis* grecque et la création de la démocratie », *Domaines de l'homme. Les carrefours du labyrinthe* II, Paris, Seuil, 1986, p. 304-306.

– « La démocratie comme procédure et comme régime », *La montée de l'insignifiance*, Paris, Seuil, 1996, p. 221-241.

– « La démocratie athénienne : fausses et vraies questions », *La montée de l'insignifiance*, Paris, Seuil, 1996, p. 183-193.

– *La cité et les lois. Ce que fait la Grèce*, 2. Séminaires 1983-1984, Paris, Seuil, 2008.

– *Thucydide, la force et le droit*. Séminaires 1984-1985, Paris, Seuil, 2011.

CHAMAILLOU, Grégoire, *Les chasses à l'homme*, Paris, La Fabrique Éditions, 2010.

GAILLE-NIKODIMOV, Marie, études réunies et introduites par, *Le gouvernement mixte : de l'idéal constitutionnel au monstre constitutionnel en Europe* (*XIIIe-XVIIe siècle*), Saint-Étienne, Publications de l'université de Saint-Étienne, 2005.

GRACIANNETTE, Bernard, MIQUEU, Christophe, et TERREL, Jean (textes réunis par), *Harrington et le républicanisme à l'âge classique*, Pessac, PUB, 2014.

GUTHRIE, William Keith Chambers, *The Sophists*, Cambridge, Cambridge University Press, 1971 ; trad. fr. Jean-Pierre Cottereau, *Les Sophistes*, Paris, Payot, 1988.

HANSEN, Mogens Herman, *La démocratie athénienne à l'époque de Démosthène. Structure, principes et idéologie*, Paris, Les Belles Lettres, 2003 (*The Athenian Democracy in the Age of Demosthenes, Structures, Principles and Ideology*, 1re éd. : 1991).

– Polis *et Cité-État. Un concept antique et son équivalent moderne*, Paris, Les Belles Lettres, 2001 (Polis *and City-State. An Ancient Concept and its Modern Equivalent*, 1re éd. : 1998, *addenda et corrigenda* : 2000 et 2001).

– Polis. *Une introduction à la cité grecque*, Paris, Les Belles Lettres, 2008 (1re éd. : Polis. *An introduction to the Ancient Greek City-State*, 2006).

HARDT, Michael et NEGRI, Antonio, *Empire*, Cambridge (Massachussets), London (England), Harvard University Press, 2000 ; trad. fr. Denis-Armand Canal, Paris, Exils Éditeur, 2000.

FINLEY, Moses Isaac, *Économie et société en Grèce ancienne*, Paris, La Découverte, 1984.

FOUCAULT, Michel, *Leçons sur la volonté de savoir*, cours au Collège de France, 1969-1970, Paris, « Hautes Études », Gallimard-Seuil, 2011.

– *Sécurité, Territoire, Population*, cours au Collège de France, 1977-1978, « Hautes Études », Gallimard-Seuil, Paris, 2004.

– *Subjectivité et vérité*, cours au Collège de France, 1980-1981, « Hautes Études », Gallimard-Seuil, Paris, 2014.

– *L'Herméneutique du sujet*, cours au Collège de France, 1981-1982, Paris, « Hautes Études », Gallimard-Seuil, 2001.

– *Le Gouvernement de soi et des autres*, cours au Collège de France, 1982-1983, Paris, « Hautes Études », Gallimard-Seuil, 2008.

– *Le Courage de la vérité, le gouvernement de soi et des autres*, 1983-1984, Paris, « Hautes Études », Gallimard-Seuil, 2009.

KRYNEN, Jacques, *L'empire du roi. Idées et croyances politiques en France. XIIIe-XVe siècle*, Paris, Gallimard, 1993.

LAURAND, Valéry, *Le vocabulaire des Stoïciens*, Paris, Ellipses, 2002.

– *La politique stoïcienne*, Paris, P.U.F., 2005.

– *Stoïcisme et lien social*, Paris, Garnier, 2014.

LEFORT, Claude, « Permanence du théologico-politique », *Le temps de la réflexion* 2, Paris, Gallimard, 1981. Repris dans *Essais sur le politique*, Paris, Seuil, 1986 ; p. 275-329 dans l'édition de la collection Points (2001) que j'utilise.

– « La question de la démocratie », *Le retrait du politique*, Paris, Galilée, 1983. Repris in *Essais sur le politique*, *op. cit.*, p. 17-32.

MANENT, Pierre, « La crise du libéralisme », *Commentaire*, n° 141, printemps 2013, p. 91-103.

MANIN, Bernard, *Principes du gouvernement représentatif*, Paris, Flammarion, 1996.

MEIKSINS WOOD, Ellen, *Citizens to Lords : A Social History of Western Political Thought from Antiquity to The Late Middle Ages*, Brooklyn, Londres, Verso, 2008 ; trad. fr. Véronique Dassas et Colette St-Hilaire, *Des citoyens aux seigneurs : une histoire sociale de la pensée politique de l'Antiquité au Moyen Âge*, Montréal, Lux Éditeurs, 2013.

MOREL, Pierre-Marie, *Démocrite et la recherche des causes*, Paris, Klincksieck, 1996.

ROMEYER-DHERBEY, Gilbert, *Les sophistes,* Paris, P.U.F., 1985.

ROSANVALLON, Pierre, *La contre-démocratie*, Paris, Seuil, 2006.

TERREL, Jean, *Hobbes*, Paris, Ellipses, 1997.

– *Les théories du pacte social. Droit naturel, souveraineté et contrat de Bodin à Rousseau*, Paris, Seuil, 2001.

– « Constituent power and resistance : did Locke have any followers ? », *in* Christophe Miqueu and Mason Chamie (eds.), *Locke's Political Liberty : Reading and Misreading*, Oxford, Voltaire Foundation, 2009.

– *Politiques de Foucault,* Paris, P.U.F., 2010.

– « De la critique de la volonté de savoir au courage de la vérité », *Cahiers philosophiques* n°130, 2012, p. 7-28.

– « Pouvoir instituant et résistance. Une pierre de touche dans les lectures des *Deux Traités* », *Philosophical Enquiries, Revue des philosophies anglophones*, n°2, décembre 2013, p. 9-42.

VIDAL-NAQUET, Pierre, *La démocratie grecque vue d'ailleurs*, Paris, Flammarion, 1990.

GLOSSAIRE DES TERMES GRECS

Ἀγαθός : bon, de bonne qualité ; τὸ ἀγαθόν, ce qui est bon, le bien ; [ἀνὴρ] ἀγαθός, homme de bien.

Ἀγελαίον ζῷον : animal grégaire, qui vit en troupeau (I, 2, 1253 a 8) et non seul comme le ζῷον μοναδικόν ; n'est pas nécessairement apte à la communauté (κοινωνικόν), soit capable d'œuvre commune (κοινὸν ἔργον) avec ses congénères comme l'animal politique (πολιτικὸν ζῷον).

Ἀγορά : place publique où se font les affaires (IV, 15, 9, 1299 b 16 et 15, 15, 1300 b 11-12), ὁ δέκα ἐτῶν μὴ ἀπεσχημένος τῆς ἀγορᾶς, celui qui ne s'est pas retiré des affaires depuis dix ans (III, 5, 1278 a 25-26).

Ἀγοραῖος βίος : vie de commerçant (VII, 9, 3, 1328 b 39) ; τὸ ἀγοραῖον [πλῆθος], l'ensemble de ceux qui vivent et travaillent sur l'ἀγορά, les commerçants (IV, 4, 10, 1291 a 4).

Ἀγορεύειν : littéralement, parler sur l'ἀγορά, d'où parler en public.

Ἀγρος : champ ; campagne.

Ἀδικία : injustice, tort, faute.

Ἀδύνατος : incapable de…

Ἄζυξ : non soumis au joug, non accouplé, d'où isolé, qualifie l'homme sans cité (ἄπολις) comparé à un pion (πεσσός) isolé des autres pions (dans un jeu de stratégie), ἄζυξ ὢν ὥσπερ ἐν πεττοῖς ; ou, si l'on corrige πεττοῖς en πετεινοῖς, à un rapace non soumis au joug parmi les oiseaux (I, 2, 10, 1253 a 7).

[οἱ] Ἀθηναῖοι : les Athéniens, Ἀθηναῖων πολίτεια, *Régime des Athéniens*, plutôt que *Constitution d'Athènes*, traduction usuelle de l'ouvrage d'Aristote.

Ἆθλον : prix d'un combat, récompense.

Ἀθυρόγλωσσος : à la langue effrénée (Euripide, *Oreste*, vers 903).

Αἴσθησις : sensation, perception.

Αἰσυμνητεία : aisymnètie, soit pour Aristote tyrannie élective, choisie, αἱρετὴ τυρρανίς (III, 14, 8, 1285 a 31-32). Il use de ce terme pour désigner les régimes que les cités grecques adoptent en imitant les royautés barbares.

Αἰσυμνήτης : aisymnète, c'est-à-dire tyran électif (III, 14, 8, 1285 a 31, et IV, 10, 2, 1295 a 14).

Ἀκμάζειν : être dans sa maturité, sa plus grande puissance.

Ἀκμή : pointe d'un objet, d'où le plus haut point de force, de puissance.

Ἀκρότατος, superlatif de ἄκρος (le plus haut) : tout à fait le plus haut, ἀκροτάτη πολιτεία, régime le plus haut de tous, supérieur à tous (IV, 1, 6, 1288 b 39-40).

Ἄκυρός : privé de la suprématie, soit du pouvoir de décider au dernier ressort (utilisé in *Politiques*, I, 13, 7, 1260 a 13, à propos de l'épouse qui a le pouvoir de délibérer sans celui de décider en dernier ressort, et dans le même sens in *Constitution d'Athènes* XLV, 4, à propos du Conseil.

Ἀληθινός : vrai, réel ; δημοκρατία ἀληθινή, véritable démocratie (Polybe, *Histoires*, II, 38, 6).

Ἀλλαγή : changement, échange.

Ἄλλος : autre ; οἱ ἄλλοι, les autres.

Ἁμαρτάνεῖν : manquer le but, dévier ; ἡμαρτημέναι [πολιτεῖαι], les régimes qui manquent leur but, III, 1, 1275 b 1.

Ἄμεινον, adverbe : mieux.

Ἀμφισβητεῖν : aller chacun de son côté, être en désaccord.

Ἄμφω : tous deux.

Ἀναγκαῖος : nécessaire.

Ἀναφέρειν : porter en haut, à Athènes, les contributions vers l'Acropole où se trouvait le trésor public – ἀρχὴ πρὸς ἥν αἱ πρόσοδοι τῶν κοινῶν ἀναφέρονται, la magistrature vers laquelle remontent les revenus publics, VI, 8, 6, 1321 b 31-32 ; βουλεύματα δὲ πάντα ἐς τὸ κοινὸν ἀναφέρει, il [le pouvoir de la multitude] fait remonter toutes les décisions à la délibération commune (Hérodote, III, 80).

Ἀναμίσγειν : mélanger l'un à l'autre.

Ἀνειμένη : pour un régime ou une harmonie, relâché.

Ἀνιέναι : laisser aller, lâcher, détendre, d'où, pour un régime ou une institution, les rendre plus démocratiques (*Politiques*) ; dans la *Rhétorique*, détendre le ressort d'un régime (=rendre une démocratie moins démocratique ou une oligarchie moins oligarchique).

[τὸ] Ἀντιπεπονθός (de ἀντιπάσχειν, éprouver à son tour) : la réciprocité ; τὸ ἴσον τὸ ἀντιπεπονθός, l'égal comme réciprocité (II, 2, 4, 1261 a 30-31) ; τὸ ἀντιπεπονθὸς κατ' ἀναλογίαν καὶ μὴ κατ' ἰσότητα, la réciprocité selon la proportion et non selon l'égalité (*EN*, V, 8, 1132 b 32-33, dans ce contexte, ἰσότητα désigne l'égalité « arithmétique » qui consisterait à traiter de la même manière le magistrat qui frappe un particulier et un particulier qui frappe un magistrat).

[τὸ] Ἀντιποεῖν γὰρ ἀνάλογον : le fait d'agir en retour en respectant les proportions, *EN*, V, 8, 1132 b 33-34.

Ἀντίστροφος : tourné du côté opposé, d'où en général, qui correspond à... ; l'oligarchie la plus déviée, la δυναστεία, a le même rapport aux autres oligarchies que la tyrannie aux autres monarchies et la démocratie la plus déviée aux autres démocraties, IV, 5, 2, 1292 b 7-9 ; il y a cependant une occurrence où ἀντίστροφος a peut-être son sens premier (Bailly), « renversé sans dessus dessous » – la 3 e espèce de tyrannie, celle qui semble être la tyrannie par excellence… correspond à la παμβασιλεία, ou plutôt en est le retournement, ἀντίστροφος οὖσα τῇ παμβασιλεία (IV, 10, 3, 1295 a 17-19).

Ἀξιοῦν : apprécier, juger digne.

Ἀπαντᾶν : pour des choses ou des événements, se produire, arriver.

Ἀπέχειν : tenir éloigné ou être éloigné ; la tyrannie, le pire des régimes, est celui qui est le plus éloigné d'être un régime, πλεῖστον ἀπέχειν πολιτείας (IV, 2, 2, 1289 b 2-3).

Ἀπέχεσθαι : au sens intransitif, se tenir éloigné de…, ἀπέχεσθαι τῆς ἀγορᾶς (III, 5, 7, 1278 a 25-26, être retiré des affaires), voir ἀγορά.

Ἁπλῶς : absolument, au sens plein – pour le citoyen (III, 1, 6, 1275 a 22) ou pour le juste (III, 9, 3, 1280 a 22).

Ἀποικία : colonisation, colonie, II, 10, 2, 1279 b 29 et IV, 4, 5, 1290 b 14 (ἀποικίζειν, transporter dans une autre résidence) ; par extension, Aristote écrit que le village est constitué par « colonisation » à partir de la famille (ἀποικία οἰκίας, I, 2, 6, 1252 b 17), ou encore que la multitude doit, quand la cité possède une campagne éloignée de la ville, y transporter sa résidence (ἐπί τῶν ἀγρῶν ποιεῖσθαι τὰς ἀποικίας, VI, 4, 14, 1319 a 35-36) pour pouvoir cultiver les terres.

Ἄπολις : apolitique, sans cité, I, 2, 10, 1253 a 3.

Ἀπορεῖν : être sans ressources, manquer de nourriture, I, 9, 11, 1257 b 14, de richesses, I, 11, 10, 1259 a 22 ; être dans l'embarras, dans une aporie, τά ἠπορημένα, les choses qui faisaient difficulté, III, 10, 5, 1281 a 38, en ce sens voir aussi διαπορεῖν.

Ἀπορία : aporie, difficulté.

[οἱ] Ἄποροι : les pauvres.

Ἀποψηφίζεσθαι : voir ψήφισμα.

Ἀρετή : excellence, vertu.

Ἀρετή ἀνδρὸς ἀγαθοῦ : excellence de l'homme de bien.

Ἀρετή πολίτου : excellence du citoyen.

Ἀρίστη πολιτεία : meilleur régime, régime excellent, mais aussi parfois excellente ou meilleure *politeia* (= mélange harmonieux d'oligarchie et de démocratie).

Ἀριστοκρατία : aristocratie ; μετ᾽εὐδοξίας πλήθους ἀριστοκρατία, aristocratie dont la multitude a bonne opinion (Platon, *Ménéxène*, 238 c-d).

[τὸ] Ἀριστοκρατικὸν : ce qui est aristocratique, propre à une aristocratie.

Ἁρμόζειν ou ἁρμόττειν : ajuster, adapter.

Ἁρμόνια : ajustement, juste proportion, harmonie.

Ἁρμόττουσα [πολιτεία] : [régime] en harmonie avec, accordé à…

Ἄρχειν : exercer un pouvoir ; οἱ ἄρχοντες, ceux qui exercent un pouvoir, qui gouvernent ; οἱ ἀρχομένοι, ceux qui sont gouvernés ; ὁ ἄρχων, au sens large, celui qui exerce un pouvoir, au sens étroit, celui qui exerce le pouvoir d'un magistrat (ἀρχή au sens étroit) ; ἄρχειν πολιτικῶς, exercer un pouvoir politique, ἄρχειν δεσποτικῶς, exercer un pouvoir despotique.

Ἀρχεῖον : collège de magistrats qui exerce une magistrature définie, d'où magistrature.

Ἀρχή : commencement origine (ἀρχὴ δημοκρατίας, le commencement de la démocratie, *Constitution d'Athènes*, XLI, 2) ; initiative de…, d'où pouvoir ; quand ce pouvoir est politique, ἀρχή désigne, au sens large, tout pouvoir, y compris le pouvoir qu'on exerce avec d'autres comme membre d'un tribunal ou de l'assemblée ; et, au sens étroit, une magistrature (un pouvoir attribué à un citoyen pour une durée définie) – il y a dans tout régime trois types de pouvoir (au sens large de ἀρχή), délibérer sur les affaires communes, exercer une magistrature (sens étroit de ἀρχή), juger (IV, 14, 1-2).

Ἀρχὴ βουλευτική : pouvoir de délibérer (définissant le citoyen).

Ἀρχὴ κριτική : pouvoir de juger (définissant le citoyen).

[κυρία] Ἀρχή et [κυρία] ἀρχή πάντων, voir ces termes.

Ἀρχιτεκτονικός : quand il s'agit d'une technique déterminée, le maître, celui qui la maîtrise complètement (III, 11, 11, 1282 a 3-4).

[τῶν πολεμικῶν] Ἄσκησις : entraînement aux arts de la guerre.

Ἀστασίαστος : étranger aux séditions, factions et soulèvements, voir στάσις.

Ἀσφαλής : qui ne glisse pas, stable.

Αὐτάρκεια : autarcie, αὐτάρκεια ζωῆς, autarcie de vie, vie autarcique.

Αὐτάρκης : autarcique.

Αὐτοκράτωρ, qui ne dépend que de soi-même, indépendant.

Αὐτονομία : le fait de relever de ses propres lois, autonomie (pas d'usage dans les *Politiques*).

Αὐτόνομος : autonome, une seule occurrence (V, 11, 26, 1315 a 4-7) – qualifie dans ce cas le citoyen dans une cité qui relève de ses propres lois et n'est pas gouvernée par un tyran ; chez Thucydide, relever de ses propres lois c'est plutôt ne pas être soumis à la domination d'une autre cité ou État, encore que l'autonomie externe implique l'autonomie interne.

[ὁ] Αὐτός, ἡ αὐτή, τὸ αὐτό : le même (masculin), la même, le même (neutre).

Αὐτόφυτος ἐργασία : activité auto-productive.

Ἀφροσύνη : démence, folie, absence de φρόνησις.

Βάναυσος : artisan, travailleur manuel, τὸ βάναυσον, la classe des artisans.

[οἱ] Βαρβάροι : les Barbares.

Βασιλεία : royauté.

Βασιλεύς : roi.

[τὸ] Βασιλευτὸν : ce qui est royal, propre à la royauté.

Βία : force.

Βιάζεσθαι : être contraint par la force.

Βίος αἱρετώτατος : vie la plus désirable.

Βίος ἡγεμονικός : vie d'hégémonie.

Βίος πολιτικός : vie politique.

Βλέπειν : voir, avoir en vue.

Βοηθεία : aide, assistance.

Βορέας : Borée, vent du nord.

Βουλεύειν : délibérer, siéger au Conseil (βουλή).

Βουλεύεσθαι : délibérer, siéger au Conseil.

βουλεύματα : toutes les décisions qui font l'objet de délibération.

[τὸ] Βουλευόμενον περὶ τῶν κοινῶν : dans un régime, l'instance ou les instances dont la fonction est la délibération sur les affaires communes (IV, 14, 2, 1297 b 41- 1298 a 1), dont la liste est ensuite précisée ; c'est la première des 3 fonctions ou genres de pouvoir présents en chaque régime (délibérer sur les affaires communes, être magistrat, juger) ; τὸ βουλευόμενον περί τῶν συμφερόντων, l'ensemble de ceux qui délibèrent sur les choses avantageuses, formule qui peut englober les magistrats, du moins ceux qui délibèrent aussi (VII, 9, 4, 1329 a 3).

Βουλευτής : bouleute, celui qui siège au conseil.

Βουλή : Conseil, à Athènes l'instance qui préside à l'assemblée et en prépare les délibérations.

[ὁ] Βουλόμενος : celui qui veut ceci ou cela ; donc à l'assemblée n'importe quel citoyen, II, 11, 6, 1273 a 11, le premier venu.

Γειτνίασις : voisinage.

Γένεσις : genèse, génération, production – πρὸς τὴν γένεσιν τῆς ἀρετῆς, en vue d'engendrer l'excellence (VII, 9, 4, 1329 a 1-2).

Γένος : genre, par exemple de royauté ; τὸ τῶν Ἑλλήνων γένος, la race des Hellènes (VII, 7, 3, 1327 b 29) ; γένος τὸ προπολεμῆσον (IV, 4, 10, 1291 a 7), ceux qui ont la charge de la guerre.

Γεωργία : culture de la terre.

Γεωργικός : qui concerne la culture de la terre, ὁ γεωργικός δῆμος, la partie du peuple qui s'adonne à cette culture (IV, 3, 2, 1289 b 32).

Γεωργός : cultivateur.

Γνῶσις : par opposition à χρῆσις, connaissance théorique.

Γραφαί : clauses écrites d'alliance militaire entre cités.

Γραφὴ παρὰ νόμων : poursuite en illégalité qu'on pouvait, à Athènes, opposer à une loi pourtant votée à une large majorité et qui donnait lieu à une procédure d'appel devant un tribunal populaire.

Γράφεσθαι παρὰ νόμων : intenter une action en illégalité (I, 6, 2, 1255 a 8-9).

Δαιτυμών : hôte invité à un repas, convive.

Δεσπόζειν : exercer une domination en maître, une domination despotique.

Δεσπότης : maître (au sens de celui qui possède un esclave et l'utilise).

Δεσποτός : propre à être gouverné despotiquement, φύσει τὸ μὲν [γενος] δεσποστόν ἐστι τὸ δε οὐ δεσποστόν, par nature telle race est vouée à être asservie à un maître, telle autre non (VII, 2, 15, 1324 b 37-38).

Δεύτερος πλοῦς : seconde manière de naviguer (par les rames, faute de vent), d'où solution de second rang (expression proverbiale utilisée dans les *Politiques* à propos de l'ostracisme, III, 13, 23, 1284 b 19) et par Platon dans le *Politique* (297 c) à propos des régimes à adopter (respectant strictement les lois) quand la rencontre du pouvoir et de la science politique n'a pas lieu.

Δεύτερως : en second lieu, en second rang, μία δευτέρως, *Lois*, V, 739 e 4-5, la cité de second rang pour l'unite.

Δηλοῦν : montrer, rendre visible, manifester.

Δημιουργός : artisan, travailleur manuel, ouvrier (distingué de l'instrument qu'il utilise) ; γένος ὃ μὴ τῆς ἀρετῆς δημιουργόν ἐστιν : catégorie d'individus qui n'est pas ouvrière d'excellence (dans la cité selon nos vœux, paysans, commerçants et artisans, VII, 9, 7, 1329 a 20-21) ; « démiurge », nom d'un magistrat important dans les cités doriennes (Bailly) ; Aristote cite le mot de Gorgias sur les démiurges de Larissa qui produisent des citoyens en masse comme des artisans produisent des mortiers (III, 2, 2, 1275 b 25-30) et, au livre IV (4, 16, 1291 a 35), τὸ δημιουργικὸν désigne la classe des magistrats dans une cité quelconque.

Δημοκρατεῖσθαι : être régi démocratiquement, avoir un régime démocratique.

Δημοκρατία : démocratie.

Δημοκρατία πρώτη : première démocratie, non au sens chronologique du régime démocratique le plus ancien, mais de la démocratie dans sa visée première (IV, 4, 22-23, 1291 b 30 *sq*.).

Δῆμος : le peuple, mais aussi l'assemblée populaire.

Διαιρεῖν : partager, diviser ; διείλομεν, nous avons divisé (IV, 3, 8, 1290 a 24).

Διανέμειν : distribuer ; διανέμεσθαι, partager entre soi.

Διαπορεῖν, être en difficulté, dans une aporie, τὸ πάλαι διαπορηθέν, ce qui faisait difficulté auparavant, III, 11, 20, 1282 b 7-8.

Διαπορεύειν : être dans l'embarras, dans l'aporie.

Διαφέρειν : différer, être différent.

Διείλομεν : voir διαιρεῖν.

Διέρχεσθαι περί τινος : parcourir un sujet.

[τὸ] Δίκαιον : le juste.

[τὸ κυρίως] Δίκαιον : ce qui est suprêmement juste.

[τὸ ἁπλῶς] Δίκαιον : ce qui est juste « absolument » par opposition à ce qui l'est partiellement, à un point de vue seulement, voir ἁπλῶς.

Δικαιοσύνη : la justice.

Δικαίως : de manière juste.

[τὸ] Δικαστήριον : le tribunal.

[ὁ] Δικαστής : celui qui siège dans un tribunal.

Διορίζειν : séparer par une limite, d'où déterminer, définir.

Διώκειν : poursuivre, chasser.

Δοκεῖν : paraître, sembler.

Δόξα ἀληθής : opinion vraie, opinion droite (III, 4, 18, 1277 b 28-29).

Δουλεύειν : asservir, réduire en esclavage.

Δοῦλος : esclave.

Δύναμις : puissance, force du corps dont la maturité (ἀκμή) vient à un âge plus précoce que celle de la φρόνησις, la prudence nécessaire au bon gouvernant

(VII, 9, 5-6, 1329 a 6-17) ; ναυτικὴ δυνάμις, puissance navale (VII, 6, 6, 1327 a 40).

Δύναμις [ἀρχῆς] : le domaine de compétence d'une magistrature.

Δύναμις [πολιτική] : la politique, entendue comme ensemble formé par la science politique et la τέχνη qu'elle permet (III, 12, 1, 1282 b 16).

Δύνασθαι : pouvoir.

Δυναστεία : forme la plus déviée d'oligarchie (IV, 5, 2, 1292 b 10), oligarchie sans mélange qui cesse de mériter le nom de régime. Foucault use du terme pour distinguer les problèmes de la *politeia* (réduite à la constitution, au sens juridique) et ceux de la *dunasteia*, des rapports de pouvoir ou de gouvernement (*Le gouvernement de soi et des autres*, p. 145-146 et « Annexe II », p. 366).

Ἑαυτόν, ἑαυτήν, ἑαυτό / ἑαυτοῦ, ἑαυτῆς, ἑαυτοῦ / ἑαυτῶ, ἑαυτῆς, ἑαυτῶ, pronon réfléchi composé, 3 ᵉ personne singulier, καθ' ἑαυτὴν μία πόλις εὐδαίμων, une unique cité heureuse par elle-même ; pour cette même cité s'administrer par elle-même (καθ' ἑαυτὴν) en faisant usage de bonnes lois (VII, 2, 16, 1225 a 1-3).

Ἐγγυητής : gage, garantie (*EN*, V, 8, 1133 b 12).

Ἔθνος : ethnie, nation, peuple.

Εἶδός : espèce ou forme, par exemple de démocratie ou d'oligarchie.

Εἵλως : ilote (serf à Sparte).

Εἰπεῖν : parler.

Εἴρειν : parler.

Εἵς, μία, ἕν : un, une, un (neutre).

Ἐκβαίνειν : s'écarter de…

Ἐκεῖνος : celui-là.

Ἐκκλησία : assemblée ouverte dans une démocratie à tous les citoyens.

Ἐκκλησιαστής : membre de l'assemblée.

Ἐλευτερία : liberté.

[οἱ] Ἕλληνες : les Hellènes, les Grecs.

Ἐμπειρία : savoir faire empirique (III, 11, 10, 1282 a 1).

Ἐμποδίζειν : faire obstacle à… ; μεδενὸς ἐμποδίζοντος τῶν ἐκτός, rien parmi les circonstances extérieures (τὰ ὑποκειμένα, voir ce terme) ne faisant obstacle au vœu du législateur (IV, 1, 3, 1288 b 23-24).

Ἐμπορία : commerce par mer, celui du grossiste et non celui du détaillant (καπηλεία).

Ἔνιοι : quelques uns.

Ἐξαμαρτάνειν : manquer le but, la cible…

Ἐξεῖναι : être permis de… à quelqu'un ; μὴ ἐξεῖναι, n'être pas permis à quelqu'un de…

Ἐξουσία : faculté de… – ἐξουσία κοινωνεῖν ἀρχῆς βουλευτικῆς ἢ κριτικῆς, faculté d'exercer en commun [avec les autres citoyens] le pouvoir de délibérer ou de juger (III, 1, 12, 1275 b 17-20).

Ἔξωθεν : de l'extérieur.

Ἐπιβάλλειν : apposer, apporter de l'extérieur.

Ἐπιεικεία : équité (au sens de la qualité qui permet d'être juste en dépassant la loi quand elle est insuffisante), sens de l'équité du bon citoyen.

Ἐπιεικεῖς : gens équitables et honnêtes (III, 10, 4, 1281 a 28).

Ἐπιμέλεια : soin qu'on prend de quelque chose, d'où administration, gouvernement ; περὶ τὸ θεῖον ἐπιμέλεια, le service divin, le culte rendu aux dieux (VII, 8, 7, 1328 b 12).

Ἐπιστήμη : connaissance scientifique.

Ἐπιστήσαντες : participe aoriste nominatif masculin pluriel de ἐφιστάναι.

Ἐπιτάσσειν : ordonner, prescrire.

Ἐπιτείνειν : tendre plus, d'où, rendre plus oligarchique (une démocratie ou une oligarchie) ; une fois dans les *Politiques* et aussi dans la *Rhétorique*, tendre le ressort d'un régime, accentuer sa tendance principale.

Ἐπιτήδευματα : mœurs, τά καθ'ἡμέραν ἐπιτηδευμάτα : les mœurs quotidiennes (Thucydide, II, 37, 2).

Ἐπονομάζειν : appliquer un nom à…

Ἐργάζεσθαι : avoir une activité, travailler.

Ἔργόν μᾶλλον καιρῷ ἢ λόγος κόμπω (Thucydide, II, 40, 2) : l'action ajustée à la situation plutôt que la parole qui fait du bruit.

Ἐρέτης : rameur.

[καθάπερ] Εἴρηται πρότερον : comme il a été dit auparavant.

Ἕτερος : autre au sens faible ; autre au sens de différent.

Εὐδαίμων : heureux.

Εὐδοξία πλήθους (Platon, *Ménéxène*, 238 c-d) : approbation, consentement de la multitude.

Εὐνομία : eunomie (VII, 4, 8, 1326 a 30), état d'une cité dont la législation est bonne et respectée, dont l'ordre est beau (εὐταξία, voir ce terme).

[οἱ] Εὔποροι : les riches.

Εὖρος : vent d'est.

Εὐταξία : bel ordre.

Εὐτελεία (Thucydide, II, 40, 1) : en bonne part, simplicité, frugalité. En grec, le mot a aussi un sens péjoratif (peu de valeur d'une chose). Dans les *Politiques*, l'adjectif correspondant (εὐτελής) a ce double sens – de peu de valeur (1272 b 41 et 1336 b 30) et, en bonne part, simple (pour l'étoffe d'un vêtement, 1267 b 26).

Εὐτύχημα : succès, bonne fortune.

Ἐυχή : vœu, souhait, μάλιστα κατ'εὐχὴν : le plus conforme à notre vœu (pour un régime).

Ἔυχομαι : former un vœu, un souhait, une prière, à propos des conditions fondamentales que nous souhaitons pour la cité des semblables, VII, 4, 2, 1325 b 39.

Ἐφιστάναι : placer quelque chose sur ou au-dessus ; τὸν νόμον ἐπιστήσαντες, ayant établi l'autorité de la loi (IV, 6, 2, 1292 b 28).

Ἔχει ἐργαζόμενος ζῆν : il a de quoi vivre grâce à son activité (IV, 6, 2, 1292 b 27).

Ζέφυρος : vent d'ouest.

Ζῆν : vivre, τὸ ζῆν καλῶς : le fait de vivre heureux, d'avoir une vie belle.

Ζητεῖν : rechercher.

Ζῷον πολιτικόν ou πολιτικὸν ζῷον : animal ou vivant politique (I, 2, 9, 1253 a 3 ; III, 6, 3, 1278 b 24). Au sens faible, animal capable d'œuvre commune avec d'autres, capable de communauté (la fourmi, l'abeille), au sens fort où l'homme est l'animal politique par excellence, destiné à vivre en cité.

Ἡγεμονία : hégémonie, pouvoir de celui qui conduit, qui guide, à distinguer toujours de la domination despotique. On peut distinguer 4 usages du terme ou de l'adjectif ἡγεμονίκος : 1. pour désigner dans une cité la conduite, la direction des opérations militaires (I, 10, 6, 1272 a 9 ; III, 14, 12, 1285 b 9 et 13, 1285 b 18) ; 2. pour désigner la suprématie politique (de type « économique » et non despotique) exercée dans une royauté ou une aristocratie (et non dans une *politeia*) par le ou les meilleurs, III, 17, 4, 1288 a 9 et 12 ; 3. pour désigner l'action d'un homme politique d'exception comme le législateur (une occurrence, IV, 11, 19, 1296 a 36-40) ; 4. pour désigner le pouvoir politique et non despotique d'une cité sur d'autres cités (IV, 11, 18, 1296 a 32 ; V, 4, 8, 1304 a 23 ; VII, 6, 6, 1327 b 5 ; VII, 14, 21, 1333 b 41).

Ἡγεμονίκος : voir ἡγεμονία.

Ἡμαρτημέναι πολιτεῖαι : régimes défectueux, littéralement qui manquent leur cible (ἁμαρτάνειν, manquer son but, se tromper).

Ἠναγκασμένος : s'imposant par la force, Euripide, *Oreste*, vers 904.

Θεωρία : théorie, contemplation.

Θής : thète, autrement dit travailleur manuel salarié ; τὸ θητικόν : la classe des travailleurs manuels salariés.

Θορύβῳ τε πίσυνος κἀμαθεῖ παρρησίᾳ : faisant confiance au tumulte et à sa *parrêsia* ignorante (Euripide, *Oreste*, vers 905).

Θυσία : sacrifices.

[οἱ] Ἰδίοι : pour des esclaves ou des périèques, ceux qui appartiennent en privé à des citoyens.

Ἴδιος : qui appartient en propre à…

[τὰ] Ἰδία : les biens privés d'un citoyen.

Ἱερατικός : qui relève des prêtres.

Ἱκανός : suffisant.

Ἰσηγορία : iségorie, liberté égale de prendre la parole, Hérodote, V, 78, pas d'usage dans les *Politiques*.

[τὸ] Ἴσον : l'égal.

Ἰσονομία : isonomie, égalité par et devant la loi (Hérodote, III, 80, Thucydide, III, 82, 8), pas d'usage dans les *Politiques*.

Ἰσχυρότερος, comparatif de ἰσχυρός : plus fort, plus vigoureux.

Ἰσχύων θράσει : puissant par son audace (Euripide, *Oreste*, vers 903).
Ἴσως : 1. également, selon l'égalité ; 2. peut-être.

Καθιστάναι : établir.
Καί : et, ou parfois c'est-à-dire.
Καλεῖν : appeler, nommer.
Καλός : beau, au sens de la beauté physique, mais aussi de la beauté morale ; καλὸς κἀγαθός (καλὸς καὶ ἀγαθός), de noble naissance, de haut rang ; καλοὶ κἀγαθοί, les gens « bien », ce qu'on dit, d'après Aristote, que les riches sont (IV, 8, 1293 b 37-42).
Καπηλεία : commerce de détail.
[ἡ] Καπηλική [τεχνή] : art du petit négoce.
[τὸ] Καπηλικόν, εἶδος τῆς χρηματιστικῆς : le commerce de détail comme forme de la chrématistique (I, 9, 9, 1257 b 2).
Κατασκευάζειν : appareiller, équiper, garnir, disposer, organiser, construire.
Κατά + génitif : du haut de… ; en vue de… ; contre (νομοθετεῖν…κατ' αυτῶν, III, 13, 14, 1284 a 14-15, légiférer sur eux ou contre eux).
Κατάστασις : action d'établir, d'instituer, par exemple des magistrats, κατάστασις δημοτική, procédure démocratique [pour instituer des magistrats] (IV, 15, 19, 1300 a 32) ; ce qui est établi, institué, par exemple un ensemble institué (κατάστασις) où tout est administré par décrets (IV, 4, 31, 1292 a 35-36).
Καταψηφίζεσθαι : voir ψήφισμα.
Κεῖσθαι : être étendu, être disposé, être établi, νόμοι κείμενοι ὀρθῶς, lois établies avec rectitude.
[οἱ] Κεκτημένοι τὰς οὐσίας : les propriétaires.
Κεραννύναι : mêler, εὖ κεκραμένη ἁρμονία, harmonie bien mélangée ou bien tempérée (IV, 3, 8, 1290 a 26) ; εὖ κεκραμέναι πολιτεῖαι, régimes résultant d'un bon mélange (V, 8, 2, 1307 b 30) ; τὰ δὲ [τῶν Ἑλλήνων ἔθνη] εὖ κέκραται), ceux des peuples grecs qui sont un heureux mélange [d'intelligence et de courage] (VII, 7, 4, 1327 b 35).
Κλαρῶται : clarotes, serfs travaillant la terre chez les Crétois (terme non utilisé dans les *Politiques*).
[τὰ] Κοινά : les affaires communes.
Κοινὴ γῆ : terre commune.
Κοινόν ἔργον : œuvre commune.
[τὸ] Κοινόν ου κοινῇ συμφέρον : l'avantage commun.
Κοινωνεῖν : être en communauté avec, prendre part en commun à…
Κοινωνία : communauté.
Κοινωνὸς ζωῆς : qui a une vie commune avec…
Κρᾶσις : mélange parfait, un seul usage dans les *Politiques* (II, 4, 8, 1262 b 18) dans cet exemple, fusion qui abolit les éléments dont il est fait, ce que les stoïciens appelleront σύγχυσις par contraste avec la κρᾶσις qui, selon eux, conserve ces éléments.

Κρατεῖν, dominer, τὸ κρατεῖν, le fait de dominer, la domination.

Κρίνειν : juger, décider.

[τὸ] Κρῖνον περὶ … : dans un régime, le ou les organes qui ont pour fonction de juger, les deux autres fonctions étant de délibérer sur les affaires communes et d'exercer une magistrature.

Κρίσις : le jugement.

Κτᾶσθαι : acquérir ; τὸ κεκτημένον μετρίαν οὐσίαν, la classe de ceux qui possèdent (littéralement, ont acquis) une fortune modérée (IV, 6, 2, 1292 b 25).

Κτῆσις : acquisition, au sens de l'acte d'acquérir et de ce qui est acquis et possédé.

Κτητικὴ [τέχνη] : art d'acquérir.

Κυβερνήτης : pilote qui tient le gouvernail dans un navire.

Κυρία ἀρχή : 1. pouvoir suprême. 2. magistrature la plus haute, la plus importante. 3. avec génitif, la magistrature compétente dans tel ou tel domaine (voir δύναμις).

Κυρία ἀρχὴ πάντων : pouvoir qui a la suprématie sur tous les autres ou suprême en tout.

[τὸ] Κύριον τῆς πολιτείας : l'instance suprême du régime.

Κύριος : pour un bien ou un pouvoir, suprême, le plus grand.

Κυρίως : en maître, de plein droit, au sens plein.

Κωμή : bourg, village.

Λέγειν : parler, dire ; ἡ λεγομένη μάλιστα κατὰ τὸ ἴσον, celle (la forme de démocratie) qui tient surtout son nom de l'égal (IV, 4, 22, 1291 b 30-31).

Λειτουργεῖν : exercer à ses frais certaines fonctions publiques.

Λῆρος : bagatelle, niaiserie (pour la monnaie si l'on juge qu'elle est une institution qui n'a rien de naturel, I, 9, 11, 1257 b 10-11).

Λύειν : délier, d'où abolir (une institution), et encore résoudre une aporie.

Λυσιτελής : qui acquitte la dépense ou la rançon, avantageux, utile.

Μαλακία (Thucydide, II, 40, 1) : mollesse, manque d'énergie.

Μαλακός : pour une harmonie ou un régime, mou, associé à relâché (ἀνειμένη καὶ μαλακή, IV, 3, 8, 1290 a 28) par rapport à l'harmonie qui est l'effet d'un beau mélange et du régime le meilleur.

Μαλακωτέρως : pour une harmonie, de manière plus molle.

Μάλιστα : tout à fait, au plus au point, le plus, surtout.

Μέγας : grand, μέγιστος, très grand, le plus grand, μείζων, plus grand.

Μειγνύναι ou μιγνύναι : mêler, mélanger ; εὖ μεμεῖχθαι δημοκρατίαν καί ὀλιγαρχίαν, bien mélanger démocratie et oligarchie (IV, 9, 6, 1294 b 14) ; μεμειγμένη καλῶς πολιτεία, régime (ou *politeia*) mélangée avec beauté (IV, 9, 10, 1294 b 35).

Μέλλειν : être sur le point de…

Μένειν ἢ μὴ μένειν τὴν πολιτείαν : conserver ou ne pas conserver le régime (VII, 9, 5, 1329 a 12).

Μέρος : partie, par exemple d'une cité, en un sens faible (élément qui lui est nécessaire) ou en un sens fort (les citoyens membres de la communauté).

[κατὰ] Μέρος : à tour de rôle, comme il est naturel à une partie.

[οἱ] Μέσοι : les gens de fortune moyenne, le groupe médian entre les riches et les pauvres.

[τὸ] Μέσον : le milieu, ἐς μέσον Πέρσῃσι καταθεῖναι τὰ πράγματα, mettre les affaires au milieu des Perses (Hérodote, III, 80) ; le juste milieu.

Μεσότης : mesure, juste moyenne.

Μεταβλητικός : qui concerne les échanges – χρῆσις…μεταβλητική, usage qui consiste à échanger (I, 9, 2, 1257 a 9), ἔστι ἡ μεταβλητικὴ πάντων [κτημάτων], cet usage de l'échange existe pour tous les objets acquis (I, 9, 4, 1257 a 14-15) ; μεταβλητική [χρηματιστική] la forme de chrématistique consistant à échanger (I, 11, 3, 1258 b 21 et 29).

Μεταβολή : changement.

Μεταδιδόναι : communiquer, donner une part.

Μετατιθέναι : au moyen, changer quelque chose, pour ceux qui se servent d'une monnaie, en changer.

Μετέχειν : participer à, avoir part à.

Μέτοικος : métèque, étranger qui vient s'établir quelque part, qui y réside.

Μετρεῖν : mesurer.

Μέτριος : mesuré, moyen, proche du milieu ; la démocratie est μετριωτάτη, la plus proche du juste milieu (IV, 2, 2, 1289 b 5).

Μετριότης : juste mesure, modération (du cens, IV, 14, 7, a 37 ; des proportions d'une partie du visage comme le nez, V, 9, 7, 1309 b 27 ; au pluriel, τὰς μετριότητας τοῦ βίου διώκειν, pour un tyran paraître « rechercher dans sa vie les attitudes modérées » pour conserver son pouvoir, V, 11, 33, 1315 b 2-3).

Μία δεύτερως : pour un régime ou une cité, un ou un régime, en second rang, seconde ou second pour l'unité (Platon, *Lois*, V, 739 e).

Μικρός : petit.

Μιξίς : mélange qui tient le milieu entre une simple composition (σύνθεσις maintenant les éléments sans les altérer) et la fusion (κρᾶσις dans les *Politiques*).

Μισθαρνία : usage du travail salarié.

Μισθός : salaire, indemnité versée à un citoyen qui siège à l'assemblée ou au tribunal.

Μοναρχεῖν : gouverner seul, en monarque, au passif être gouverné par un monarque.

Μοναρχία : monarchie, dont la forme droite est la royauté (βασιλεία) et la forme déviée la tyrannie (τυραννίς).

Μονόκωλος : qui n'a qu'un membre (κῶλον), par exemple une seule jambe – certains peuples grecs ont « une nature unijambiste, ἔχει τὴν φύσιν μονόκωλον, autrement dit ont une seule qualité, soit l'intelligence, soit le courage (VII, 7, 4, 1327 b 34-35).

Μόνος : seul.
Μόριον : partie de, élément de…, d'un composé, d'une cité ou d'un régime – en ce dernier sens, μόριον peut désigner un groupe de citoyens ayant part à la distribution des pouvoirs politiques et aussi un des 3 genres de ces pouvoirs (au sens large, voir ἀρχή), délibérer sur les affaires communes, exercer une magistrature (ἀρχή au sens étroit), juger, IV, 14, 1, 1297 b 37) que comporte tout régime.

Νέμειν : distribuer, répartir, partager.
Νομή : pâturage, I, 8, 6, 1256 a 33 ; activité de celui qui fait paître le bétail, VI, 4, 1, 1318 b 11.
Νομή : partage, distribution, d'où part échue, lot ; exemple d'une στάσις entre deux frères à propos de la répartition entre eux de l'héritage paternel (V, 4, 1303 b 34).
Νόμισμα : monnaie.
Νομοθετεῖν : légiférer.
Νομοθέτης : nomothète, législateur.
Νόμος : loi, mais aussi coutume ; institution s'il s'agit de distinguer φύσις et νόμος.
Νότος : vent du sud.

Ξένος : étranger.

Ὀδυρτικωτέρως, comparatif de ὀδυρτικῶς : plus tristement.
Οἰκεῖν : avoir sa maison quelque part, d'où y résider et, par extension, administrer ou gouverner sa maison ou même, si la différence οἰκία/πόλις est transgressée, gouverner une cité.
Οἰκεῖος : de la maison, domestique, d'où propre à quelqu'un, puis approprié à.
Οἰκέτης : habitant d'une maison, membre d'une famille.
Οἴκησις : résidence ; administration d'une maison et par extension (Platon, *Lois*), si la différence οικία/πόλις est transgressée, gouvernement d'une cité.
Οἰκία : maison, d'où famille.
Οἰκοδόμος : constructeur d'une maison, architecte.
Οἰκονομία : administration ou gouvernement d'une famille.
Οἰκονομεῖν : administrer, diriger, une famille et par extension, si la différence οἰκία/πόλις est transgressée, une cité.
Οἰκονομική [τέχνη] : art d'administrer une famille.
[ὁ] Οἰκονομικός : celui qui possède et pratique cet art.
[ὁ] Οἰκονόμος : celui qui gouverne une famille.
Οἰκονουμένη : pour un régime, si la différence οἰκία/πόλις est transgressée, gouverné, administré.
Οἶκος : maison, d'où famille.
Ὀλιγαρχία : oligarchie.
[οἱ] Ὀλίγοι : ceux qui sont peu nombreux, le petit nombre ; ὀλίγων ἀρχή, pouvoir du petit nombre.

Ὅμοιος : semblable.

Ὁμολογία : assentiment, accord – à propos du νόμος selon lequel ce qui est vaincu à la guerre appartient au vainqueur, d'où l'esclave κατὰ νόμον (I, 6, 1255 a 5-6).

Ὄνομα : nom.

Ὀνομάζειν : nommer, appeler par son nom.

Ὅπλα : armes lourdes dont l'achat et l'entretien supposent un certain revenu.

Ὁπλιτεύειν : être hoplite.

Ὁπλίτης : hoplite, celui qui porte des armes lourdes.

Ὀργάνον : outil, instrument.

Ὀρέγεσθαι : tendre vers, aspirer à…

Ὀρθὴ πολιτεία : régime droit ; ἡ ὀρθοτάτη πολιτεία, le régime le plus droit.

Ὅρος : limite, par exemple de la forme naturelle de chrématistique (I, 9, 18, 1258 a 18), de l'étendue de la propriété de chaque citoyen (II, 6, 9, 1265 a 32), de la richesse d'une cité, assez grande pour que la cité puisse se défendre contre les ennemis, mais non au point d'exciter leur convoitise (II, 7, 16, 1267 a 29) ; critère, par exemple du bon mélange d'oligarchie et de démocratie (IV, 9, 6-7, 1294 b 15).

Ὀστρακισμός : ostracisme, mesure par laquelle on bannissait pour 10 ans (sans condamnation devant un tribunal et sans débat) un citoyen qu'on souhaitait écarter provisoirement de la vie publique.

Ὄστρακον : tesson de céramique sur lequel on inscrivait le nom de celui qu'on voulait frapper d'ostracisme.

Ὅτι μάλιστα : autant que cela est possible.

Οὐσία : biens, fortune.

Παμβασιλεία : royauté absolue, royauté en tout.

Παμβασιλεύς : celui qui exerce une telle royauté.

Παρακρούειν : fausser l'équilibre d'un coup de pouce, d'où frauder.

Παρέκβασις : déviation (pour un régime).

Παρρεκβεβηκυῖαι πολιτεῖαι : régimes déviés.

Παρρησία (mot absent des *Politiques*) : franc-parler.

Παρρησιάζεσθαι (*Politiques*, V, 11, 7, 1313 b 15 et 16) : parler librement, ouvertement.

Πάτριος : de nos pères, ancestral, par exemple pour une πολίτεια.

Πείθεσθαι : être persuadé, d'où obéir.

Πειρᾶσθαι : tenter, essayer.

Πενέστης : péneste, serf travaillant la terre en Thessalie.

Πεπαιδευμένος : éduqué en tel ou tel domaine (médical par exemple).

Περιοίκοι : périèques, catégorie intermédiaire entre les hommes libres et les hilotes ou pénestes.

Πεσσοί ou πεττοί : pions d'un jeu de stratégie (I, 2, 10, 1253 a 7).

Πετεινοί : les oiseaux.

Πεφυκῶς : voir φύειν.

[οἱ] Πλείους : comparatif de [οἱ πολλοί], les plus nombreux.

Πλεῖστος : superlatif de πολύς, le plus nombreux.

Πλῆθος : multitude, et aussi un certain nombre ou quantité de… ; τὸ πλῆθος ἀέξειν : élever la multitude, lui confier la suprématie (Hérodote, III, 80).

Πλήν : du moins.

Πλοῦτος : richesse

Ποιεῖν : faire, produire, fabriquer.

Ποίησις : création, production.

Ποῖος : quel, de quelle nature ou qualité.

Πόλεμος : guerre.

Πόλις : cité.

[πρώτη] Πόλις : cité première, ou encore, cité qui comporte les éléments indispensables pour qu'il y ait cité. Aristote s'écarte de Platon sur sa définition (IV, 4, 11-14, 1291 a 10-28, et VII, 4, 11, 1326 b 7).

Πολίτεια : 1. régime, constitution ; 2. régime qui porte le nom commun à tous les régime (dans mon texte *politeia*) – le régime populaire droit du livre III et au livre IV le régime qui mélange de manière heureuse et harmonieuse démocratie et oligarchie.

[μέση] Πολίτεια : *politeia* moyenne, juste mesure immanente à tous les mélanges d'oligarchie et de démocratie.

Πολιτεύειν [τά πρὸς τὸ κοινὸν] : décider en citoyens des affaires concernant la communauté (Thucydide, II, 37, 2).

Πολιτεύεσθαι : être gouverné, être administré, pour un régime, II, 9, 2, 1269 a 34-35, pour une cité, ἄριστα πολιτεύεσθαι, être gouvernée au mieux, avoir un régime excellent ; participer à la vie politique (I, 7, 5, 1255 b 37) ; gouverner la cité (III, 7, 3, a 37).

[καλῶς] Πολιτεύεσθαι : être bien gouverné, vivre dans un beau régime.

Πολίτευμα : l'instance ou les instances qui ont la suprématie dans un régime et par là même permettent de le définir et de lui donner un nom propre.

Πολίτης : citoyen.

Πολίτης ἁπλῶς : citoyen au sens plein, absolu (III, 1, 6, 1275 a 22).

[ποιητός] Πολίτης : citoyen « fabriqué » par la loi (III, 1, 3, 1275 a 6).

Πολιτικὴ δύναμις : la science politique dans la mesure où elle est une τέχνη ou encore une puissance d'agir, voir δύναμις.

[τὸ] Πολιτικόν : III, 17, 3, 1288 a 7, ce qui qualifie une *politeia* ; VII, 9, 9, 1329 a 30, le corps des citoyens (composé du corps des hoplites et du corps de ceux qui délibèrent).

Πολιτικὸν ζῷον : voir ζῷον πολιτικόν.

Πολιτικός : politique et parfois, en un sens plus étroit, caractéristique d'une *politeia* (IV, 9, 2-3, 1294 b 1) ; le substantif ὁ πολιτικός peut désigner celui qui a la capacité d'exercer à titre individuel une fonction politique et qui apprend à l'exercer en étant aussi gouverné, par différence avec le roi.

Πολῖτις : citoyenne (III, 2, 3, 1275 b 33 ; 5, 7, 1278 a 28).

Πολλάκις : souvent.

[οἱ] Πολλοί : ceux qui sont nombreux, le grand nombre ; πολλῶν ἀρχὴ, pouvoir du grand nombre.

Πρᾶξις : action – αἱ πράξεις αἱ πολιτικαί, les activités politiques (VII, 9, 4, 1329 a 2).

Πρᾶσις : vente.

Πράττειν ou πράσσειν : traverser, parcourir, d'où accomplir, faire.

Προκεῖσθαι : être proposé comme but, par exemple la liberté comme récompense aux esclaves, VII, 10, 14, 1330 a 31-33.

Πρόξενος : proxène, c'est-à-dire citoyen d'une cité qui a la charge des intérêts d'une autre cité, par exemple un citoyen de Sparte ayant à Sparte la charge des intérêts athéniens.

[τὸ] Προπολεμῆσον : la classe de ceux qui font la guerre.

Προσαγορεύειν : appeler de tel ou tel nom.

Προσήκειν : être en rapport à, convenir, προσήκων, qui convient.

Προσλαμβάνειν : prendre en plus, ajouter.

[οἱ] Προσόδοι : les revenus.

Πρότερον : auparavant.

Πρῳρεύς : commandant de l'avant du navire, second du κυβερνήτης.

Πρῶτον : d'abord, en premier lieu.

Ῥηθείς, εῖσα, έν : participe aoriste passif de εἴρειν, parler, αἱ ἄρτι ῥηθεῖσαι ἀριστοκρατίαι, les aristocraties dont nous venons de parler (IV, 8, 1, 1293 b 24).

Σεισάχθεια : au sens propre, le fait de décharger d'un fardeau ; au sens figuré, la mesure la plus connue de Solon, le fait de libérer les paysans athéniens de l'esclavage pour dette (*Constitution d'Athènes*, VI, 1).

Σημαίνειν : marquer d'un signe, signifier.

Σκέψις : examen.

Σκοπεῖν : examiner.

Σκυτοτόμος : qui taille le cuir, cordonnier.

Σοφίζεσθαι + accusatif : ruser en quelque chose, utiliser un expédient.

Σόφισμα : ruse, expédient.

Σπουδαῖος : zélé, appliqué, d'où bon (pour un citoyen).

Στάσιμος : au sens actif, propre à arrêter, au sens passif, stable, fixe, constant (VIII, 5, 23, 1340 b 9 et VIII, 7, 12, 1342 b 13). Le sens passif s'impose pour la première occurrence : il s'agit des rythmes qui, pour les uns disposent à la stabilité et pour les autres mettent en mouvement. Dans le second cas, l'adjectif ne qualifie plus les dispositions psychiques mais le mode dorien : on peut comprendre soit qu'il est le mode le plus propre à stabiliser ces disposions (sens actif), soit qu'il est lui-même le mode le plus stable (sens passif).

Στάσις : au sens politique et social, action de se dresser, de s'opposer, contestation, conflit, soulèvement, action d'une faction.

Στοιχεῖον : élément ; principe.

Στοχάζεσθαι : avoir en vue, viser, tendre à…

Στρατηγία : stratégie – une des plus hautes magistratures à Athènes, à laquelle on est nommé par élection, le stratège étant le chef militaire le plus haut placé.

Στρατηγός : stratège.

Συγκεῖσθαι : être formé, composé de… ; τὰ συγκειμένα, les choses composées.

σύγχυσις : fusion d'éléments qui leur fait leurs propriétés, disinguée par les stoïciens de la κρᾶσις qui les leur conserve. Dans les *Politiques*, Aristote ne fait pas cette distinction.

Συμβαίνειν : en parlant d'événement, survenir par hasard, arriver, avoir lieu.

Συμβάλλεσθαι πλεῖστον εἰς… : contribuer pour une plus grande part à, III, 9, 15, 1281 a 4.

Συμβλητός : comparable.

Σύμβολον : symbole, jeton brisé en deux qui sert de signe de reconnaissance ; au pluriel σύμβολα désigne des conventions entre cités pour permettre à leurs ressortissants d'aller en justice comme demandeurs ou défendeurs (III, 1, 4, 1275 a 10) ou pour se protéger mutuellement de l'injustice (σύμβολα περὶ τοῦ μὴ ἀδικεῖν, III, 9, 1280 a 39), Aristote parlant des συνθῆκαι pour les accords commerciaux et des γραφαὶ pour les alliances militaires.

Συμβουλευεῖν : conseiller.

Συμμένειν : subsister.

Σύμμετρος : à la mesure de, approprié à.

Συμφέρειν : être avantageux, utile.

[τὸ] Συμφέρον, τὰ συμφέροντα : ce qui est avantageux, les choses avantageuses τὸ κοινῇ συμφέρον : ce qui est avantageux pour la communauté.

Συνάγειν : rassembler.

Σύνεγγυς : voisinage, affinité.

Συνεστηκότως : fermement, avec solidité, voir συνιστάναι, dont un des sens est rendre compact, solide ; συνεστηκότως μᾶλλον, de manière plus concentrée (VIII, 5, 22, 1340 b 1).

Συνέχειν : tenir ensemble.

Συνθήκη : convention, traité.

Σύνθεσις : composition.

Συνιστάναι : placer ensemble, réunir, rassembler ; au sens intransitif, être rassemblé, composé, constitué – κοινωνία ou πολίς συνεστηκυῖα, I, 1, 1, 1252 a 2 et IV, 4, 12, 1291 a 18, communauté ou cité constituée ; πολιτεία συνεστῶσα καλῶς, IV, 2, 4, 1289 b 16, régime de belle composition.

Σύνταξις : mise en ordre, organisation.

Συντείνειν : tendre ensemble ; tendre fortement.

Συντιθέναι : mettre ensemble, composer ; τὸ σύνθετον μέχρι τῶν ἀσυνθέτων διαιρεῖν, diviser le composé jusqu'à ses éléments indécomposables, I, 1, 3, 1252 a 18-20 ; συνθετέος, adjectif verbal en τέος de συντιθέναι marquant obligation – ἐκ τούτων ἀφ᾽ἑκατέρας ὥσπερ σύμβολον λαμβάνοντας συνθετέον, il faut partir d'elles pour composer avec l'une et l'autre une sorte de symbole (IV, 9, 1, 1294 a 34-35).

Σύντονος : fortement tendu.

Σύντονωτερος, comparatif de σύντονος : plus fortement tendu – αἱ συντονωτέραι, les régimes et harmonies plus fortement tendues (IV, 3, 8, 1290 a 27) ; συντονωτέραν ποιῆσαι τὴν πολιτείαν, tendre plus fortement le régime (V, 4, 8, 1304 a 21).

Συζῆν : vivre ensemble.

Συσσίτιον, souvent au pluriel συσσίτια : repas en commun.

Σύστασις : composition, constitution.

Σύστημα καὶ προαίρεσις εἰλικρινεστέρα : système et plan délibéré plus remarquable en faveur de … + génitif (Polybe, *Histoires*, II, 38, 6).

Σχῆμα : manière d'être, forme, figure, en particulier maintien imposant, d'où rang élevé (ἐν δε σχήματι μείζονι τεταγμέναι [ἀρχαί], magistratures qui ont été placées à un rang supérieur (VI, 8, 13, 1322 a 31-32).

Σχολάζειν : avoir du loisir, avoir une vie de loisir.

Σχολή : loisir.

Σφεῖς, σφεῖς, σφέα, nominatif, σφῶν, génitif, σφίσι(ν), datif, σφᾶς, accusatif : eux, elles.

Σῶμα : corps.

Σωφροσύνη : état sain d'esprit et de corps, d'où modération, tempérance.

Τάγμα : voir τάσσειν, disposition, IV, 9, 4, 1294 b 6.

Τάξις : organisation, ordre.

Τάσσειν ou τάττειν : mettre à une place appropriée, τάττειν κατά, classer comme… παμβασιλεία τεταγμένη κατὰ οἰκονομικήν, « royauté totale classée comme art du gouvernement domestique », III, 14, 15, 1285 b 31 ; βασιλεία τέτακται κατὰ τὴν ἀριστοκτατίαν, « la royauté se classe comme aristocratie ».

Ταὐτόν, τὸ αὐτὸ : la même chose.

Τείνειν πρὸς ἀρετὴν : tendre quelque chose ou quelqu'un vers l'excellence, pour une activité (VIII, 2, 2, 1337 a 41-42), par exemple comme la musique (VIII, 5, 3, 1339 a 22). Pour les composés de ce verbe comme ἐπιτείνειν, συντείνειν et ὑπερτείνειν, voir ces mots.

Τέλειος : achevé, accompli, ἀρετή τέλεια : excellence achevée, accomplie, III, 4, 3, 1276 b 32-34.

Τέταγμενος : participe parfait passif de τάσσειν.

Τέχνη : art, habileté à faire quelque chose, τὸ περὶ τὰς τέχνας, les gens de métier, la classe des artisans (τὸ βάναυσον) envisagée sous l'angle de leurs compétences techniques respectives.

Τεχνίτης : celui qui maîtrise une τέχνη, d'où l'artisan en tant qu'il exerce un métier (I, 13, 13, 1260 a 38 b 2, II, V, 28, 1264 b 23), qui suppose une relation avec un outil (*EN*, VIII, 14, 1161 a 30-1161 b 5).

Τιθέναι : poser, placer, d'où poser en principe.

Τίμημα : cens, impôt proportionnel au revenu foncier.

Τοκισμός : prêt à intérêt.

Τριττύς : trittye – à Athènes, chaque tribu (φυλή) est composée de 3 trittyes.

Τρόπος : manière, forme.

Τροφή : nourriture, alimentation ; τὸ περὶ τὴν τροφὴν πλῆθος, la multitude de ceux qui assurent l'alimentation de la cité, IV, 4, 9, 1290 b 40.

Τυγχάνειν : atteindre, rencontrer, obtenir par hasard ; se trouver être présent par hasard.

Τυραννίς : tyrannie.

Ὕλη : matière.

Ὑπάρχειν : se trouver ou exister chez…, I, 2, 11, 1253 a 11 ; prédominer, IV, 8, 7, a 12.

Ὑπερβολή : excès, démesure.

Ὑπερτείνειν : 1. tendre, tendre avec excès. 2. l'emporter sur.

Ὑπέχειν : l'emporter sur.

Ὑπόθεσις : principe, fondement (par exemple d'un régime).

[τὰ] Ὑποκειμένα : les données d'une situation, celles par exemple dont le législateur doit tenir compte pour organiser un régime.

[ἐκ τῶν] Ὑποκειμένων : en fonction de circonstances données.

Ὑπαλλάγμα : ce qu'on prend en échange d'une chose (*EN*, V, 8, 1133 a 29).

Ὑποψία (Thucydide, II, 37, 2, *Constitution d'Athènes*, XXII, 3) : regard en dessous, suspicion.

Ὑφάντης : tisserand.

Φαῦλος : vil, bas, de peu de valeur.

Φθόγγος : bruit, son.

Φιλία : amitié, amour.

Φιλοκαλεῖν (Thucydide, II, 40, 1) : aimer les belles choses, la beauté.

Φιλοσοφεῖν (Thucydide, II, 40, 1) : aimer la sagesse, philosopher.

Φρόνησις : prudence, forme la plus haute d'intelligence en matière éthique et politique.

Φρόνιμος : celui qui possède ce type d'intelligence.

Φύειν : dans son usage intransitif, naître, croître, ὁ κάλλιστα πεφυκῶς : celui qui est né avec les meilleures dispositions.

Φυλή : tribu.

[παρὰ] Φύσιν : contraire à la nature.

Φύσις : nature.

Χερνής, χερνῆτος : qui vit du travail de ses mains.

[τὸ] Χερνητικόν : la classe de ceux qui vivent du travail de leurs mains.

Χορηγεῖν : 1. conduire un chœur ; 2. exercer la fonction de chorège ; 3. pourvoir aux besoins de quelqu'un ; ἀρετὴ… κεχωρηγημένη, excellence bien pourvue en moyens, IV, 2, 1, 1289 a 30-33 et VII, 1, 13, 1323 b 41 1324 a 1 ; κεχορηγημένος, celui qui est riche en ressources, IV, 1, 1, 1288 b 14 ;

δεομένη πολλῆς χορηγίας πολιτεία, régime qui demande tout un cortège de moyens IV, 1, 6, 1288 b 39-40.

Χορηγία : fonction de chorège, ou encore liturgie consistant à équiper et organiser un chœur, d'où ressources dans un domaine quelconque, ἀρετὴ τυγχάνουσα χορηγίας, une excellence qui en trouve les moyens, I, 6, 3, 1255 a 13-16.

Χορός : chœur.

Χρεία : besoin.

Χρήματα : richesses. Associé à χρηματιστική, ce terme peut désigner les biens monétaires.

Χρηματισμός : activité de celui qui pratique la chrématistique.

Χρηματιστικὴ τέχνη : chrématistique, art d'acquérir des richesses en usant de la monnaie. Aristote utilise ce terme en deux sens – au sens à juste titre le plus courant, pour désigner l'art (déviant de la nature) qui use de l'invention monétaire pour acquérir *sans fin* des richesses, « l'art d'acquérir dont la conséquence est qu'il semble n'y avoir aucune limite à la richesse et à l'acquisition » (I, 9, 1, 1256 b 40-1257 a 1), et aussi en un sens plus général (I, 8, 1-3, 1256 a 1-19), pour l'art naturel d'acquérir des richesses grâce à la monnaie, quand la nécessité des échanges conduit à dépasser la famille et le village pour échanger dans la cité et entre les cités.

Χρηματιστικός : qui concerne la chrématistique, l'adjectif substantivé désignant celui qui la pratique.

Χρῆσθαι + datif : se comporter avec.

Χρήσιμος : utile.

Χρῆσις : pratique, usage.

Χρηστός : dont on peut se servir, de bonne qualité.

Χωρίζειν : séparer.

Χωρίς : séparément, à part.

Ψήφισμα : décret, καταψηφίζεσθαι, voter en faveur d'un décret ; ἀποψηφίζεσθαι, écarter un décret par son vote.

Ὠνή : achat.

Ὠφελεία : secours, aide, assistance.

Ὠφελεῖν : secourir, assister, aider.

INDEX NOMINUM

CHRONOLOGIE

Dates	Hommes et événements politiques	Penseurs et textes
Av. J.-C.		
IXe-VIIIe siècle selon Plutarque	Vie de Lycurgue, législateur mythique de Sparte	
Fin du VIIIe siècle -début du VIIe	Réforme de Théopompe, roi de Sparte	
655 (≈) – 625	Cypsélos est tyran à Corinthe	
640 (≈)-558	Vie de Solon	
627-585 (≈)	Périandre est tyran à Corinthe. À la même époque Thrasybule est tyran à Milet.	
594-593	Archontat et réformes de Solon	
600 (≈)-527 (≈)	Vie de Pisistrate	
538-527	Tyrannie de Pisistrate	
507-501	Réformes démocratiques de Clisthène	
495-425	Vie de Périclès	
490	Début de la 1re guerre médique	
490 (≈)-420 (≈)		Vie de Protagoras
484 (≈)-420		Vie d'Hérodote
483 (≈)-375 (≈)		Vie de Gorgias
480 (≈)-410		Vie d'Antiphon
410	Salamine, victoire navale des Athéniens sur les Perses	

470	Début de la carrière politique de Périclès	
470-69(≈)-399		Vie de Socrate
461 (≈)	Réformes démocratiques d'Éphialte : le pouvoir de l'Aréopage est affaibli	
461	Assassinat d'Éphialte	
460 (≈)-entre 400 et 395		Vie de Thucydide
444 (≈)-365		Vie d'Antisthène
431-404	Guerre du Péloponnèse	
428-424	Guerre entre Athènes et Mytilène	
428/27-348/47		Vie de Platon
415-413	Expédition de Sicile	
411	À Athènes, instauration et chute du régime oligarchique des Quatre-cents	
404	Exécution de Théramène	
384-322		Vie d'Aristote
371-287 (≈)		Vie de Théophraste, 1er successeur d'Aristote à la tête du Lycée
370	Assassinat de Jason, tyran de Phères en Thessalie	
355-347	3e guerre sacrée, intervention de Philippe de Macédoine en Phocide	
338	Victoire de Philippe à Chéronée contre la ligue des cités grecques dirigée par Athènes	
336	Complot et assassinat de Philippe par Pausanias Alexandre lui succède	
335		Fondation du Lycée par Aristote
330-323		Dates probables de la rédaction des *Politiques* selon Aubonnet

334 … 310		Dates extrêmes de la rédaction de la *Constitution d'Athènes*
208 (≈)-126 (≈)		Vie de Polybe
106-43		Vie de Cicéron
30 (≈)		Édition par Tyrannion et Andronicos de Rhodes du corpus aristotélicien à partir de la bibliothèque d'Appelicon ramenée à Rome par Sylla après la prise d'Athènes en 86 (récit de Strabon)
Apr. J.-C.		
Ier siècle		Vie de Valère Maxime
46 (≈)-125 (≈)		Vie de Plutarque
Début du IIIe siècle		Vie de Diogène Laërce
1254	Ordonnance de Saint-Louis pour la réforme du royaume	
1264 (≈)		Guillaume de Moerbeke traduit en latin les livres I et II de *Politiques*
1268 (≈)		Albert le Grand les commente
1268-1269 (≈)		Guillaume de Moerbeke dispose de tout le texte grec et reprend et achève sa traduction
Entre 1269 et 1274		Thomas d'Aquin la commente (jusqu'à III, 8)
Entre 1274 et 1304		Pierre d'Auvergne achève le commentaire
1305 (≈)		Première traduction perdue des *Politiques* en français
1356	Défaite de l'armée française à Poitiers. Captivité du roi de France	

1356-1358	La réforme du royaume est prise en main par les états de la langue d'oïl	
1364-1380	Règne de Charles V	
1371-1374		Traduction et gloses des *Politiques* par Nicolas Oresme
1378 (≈)		*Songe du vergier*

TABLE DES MATIÈRES

PREMIÈRE PARTIE

LES TROIS APORIES DU LIVRE III

DEUXIÈME PARTIE

LA POLITIQUE DU MÉLANGE

ANNEXES

Dépôt légal : septembre 2015
IMPRIMÉ EN FRANCE

Achevé d'imprimer le 15 septembre 2015
sur les presses de l'imprimerie « La Source d'Or »
63039 Clermont-Ferrand
Imprimeur n° 18142

PEFC/10-31-2008

Dans le cadre de sa politique de développement durable,
La Source d'Or a été référencée IMPRIM'VERT®
par son organisme consulaire de tutelle.
Cet ouvrage est imprimé - pour l'intérieur -
sur papier bouffant « Coral Book Ivoire » 70 g (main 1,6)
provenant de la gestion durable des forêts,
produit par des papetiers dont les usines ont obtenu
les certifications environnementales ISO 14001 et E.M.A.S.